国内外经典教材辅导系列·管理类

# 马工程《管理学》
## 考试题库【考研真题精选+章节题库】

主编：圣才考研网
www.100xuexi.com

中国石化出版社
·北京·

## 内 容 提 要

国内外经典教材辅导系列是一套全面解析当前国内外各大院校权威教科书的辅导资料。马克思主义理论研究和建设工程重点教材《管理学》是我国高校采用较多的管理学权威教材之一。本书是马工程《管理学》的学习辅导书，由两部分组成：第一部分为考研真题精选，精选了部分名校近年的考研真题，按照题型分类，并提供了详细解答。第二部分为章节题库，结合名校考研真题的考查重点，按照该教材的章目编排，共分为18章（含绪论和结语），精选典型习题（含考研真题、专升本真题）并提供了详细的参考答案。

圣才考研网（www.100xuexi.com）提供全国所有院校各个专业的考研考博辅导方案【网络课程、电子书、题库等】。购书享受大礼包增值服务【本书电子书（手机版、电脑版）】。手机扫码（本书封底）领取本书大礼包。

**图书在版编目（CIP）数据**

马工程《管理学》考试题库：考研真题精选＋章节题库/圣才考研网主编．—北京：中国石化出版社，2025.1.—ISBN 978－7－5114－7810－8

Ⅰ．C93－44

中国国家版本馆CIP数据核字第2025TH3920号



**中国石化出版社出版发行**
地址：北京市东城区安定门外大街58号
邮编：100011　电话：（010）57512500
发行部电话：（010）57512575
http://www.sinopec-press.com
E-mail:press@sinopec.com
武汉市盛宏源印务有限公司印刷
全国各地新华书店经销
*
787毫米×1092毫米 16开本 19.25印张 424千字
2025年1月第1版　2025年1月第1次印刷
定价：64.00元

# 序　　言

国内外经典教材辅导系列是一套全面解析当前国内外各大院校权威教科书的辅导资料。我国各大院校一般都把国内外通用的权威教科书作为本科生和研究生学习专业课程的参考教材，这些教材甚至被很多考试(特别是硕士和博士研究生入学考试)和培训项目作为指定参考书。为了帮助读者更好地学习专业课，我们有针对性地编写了一套与国内外教材配套的复习资料，并提供配套的名师讲堂和题库。

马工程《管理学》是我国高校采用较多的管理学权威教材之一。本书是该教材的学习辅导书，主要包括以下内容：

第一部分为考研真题精选。精选众多名校近年的管理学考研真题，按照题型分类，并提供了详细解答。通过本部分，可以熟悉考研真题的命题规律和难易程度。

第二部分为章节题库。结合国内多所知名院校考研真题的考查重点，按照该教材的章目编排，共分为18章(含绪论和结语)，精选典型习题(含考研真题、专升本真题)并提供了详细的参考答案。所选试题基本涵盖了每章的考点和难点，特别注重理论联系实际，凸显当前热点，供强化练习。

要深深牢记：考研不同一般考试，概念题(名词解释)要当作简答题来回答，简答题要当作论述题来解答，而论述题的答案要像是论文，多答不扣分。有的论述题的答案简直就是一份优秀的论文(其实很多考研真题就是选自一篇专题论文，完全需要当作论文来回答)！

购书即可享受大礼包增值服务！手机扫码(本书封底)领取本书大礼包。具体包括：①本书电子书(手机版、电脑版)；②考研专业课咨询服务。

圣才考研网(www.100xuexi.com)是圣才学习网旗下的考研考博专业网站，提供考研公共课和全国各高校管理类专业考研考博辅导班【一对一辅导(面授/网授)、网授精讲班等】、电子书、题库、全套资料(历年真题及答案、笔记讲义等)、国内外经典教材名师讲堂、考研教辅图书等。

**考研辅导**：kaoyan.100xuexi.com(圣才考研网)

**资格考试**：www.100xuexi.com(圣才学习网)

圣才考研网编辑部

# 前言

# 目　录

## 第一部分　考研真题精选



## 第二部分　章节题库

# 第一部分　考研真题精选

## 考研真题

### 一、单项选择题

1. 下列关于组织基本特征的论述，(　　)是不正确的。[西安石大 2022 年研]

A. 组织是由两个或两个以上的成员构成的

B. 相较于非正式组织，正式组织的目标一般是比较模糊的

C. 组织必须从事一定的活动

D. 任何组织在一定程度上都是独立存在的

2. 管理者在组织管理活动的实践中必须依循的基本规律不包括(　　)。[广西科大 2023 年研]

A. 人本原理　　B. 系统原理　　C. 效益原理　　D. 权变原理

3. 全球化管理的环境因素划分为一般环境与任务环境，下列不属于全球化的一般环境的是(　　)。[天津商大 2024 年研]

A. 经济体制和经济政策　　B. 竞争对手

C. 社会基础设施　　D. 文化环境

4. 下列不属于合法化导致组织趋同的机制是(　　)。[暨南大学 2024 年研]

A. 强迫机制　　B. 模仿机制　　C. 保障机制　　D. 社会规范机制

5. 下列不属于例外问题的是(　　)。[天津商大 2024 年研]

A. 组织结构变化　　B. 重大投资　　C. 重大人事任免　　D. 现金短缺

6. A 厂在生产纸张的过程中，由于废水的排放造成环境的污染，因此被国家有关部门明令关闭。在该案例中，影响 A 厂的主要环境因素是(　　)。[西安石大 2022 年研]

A. 政治法律环境　　B. 自然环境　　C. 社会文化环境　　D. 技术环境

7. 为缩小现状与目标之间的差距，可以在现状的基础上力求改进，随着时间的推移不断地逼近目标，也可以通过(　　)缩小差距。[天津商大 2023 年研]

A. 降低产品价格　　B. 变革现状　　C. 加大营销力度　　D. 加大广告开支

8. 某总经理把产品销售的责任委派给一位市场经营的副总经理，由其负责所有地区的经销办事处，但同时总经理又要求各地区经销办事处的经理们直接向总会计师汇报每天的销售数字，而总会计师也可以直接向各经销办事处经理们下指令。总经理的这种做法违反了什么原则？(　　)[广西科大 2024 年研]

A. 责权对应原则　　B. 指挥链的指挥统一性原则

C. 集权化原则　　D. 职务提高、职能分散原则

9. 一家产品单一的跨国公司在世界许多地区拥有客户和分支机构，该公司的组织结构应考虑按(　　)因素来划分部门。[广西科大 2023 年研；天津商大 2022 年研]

A．职能　　B．产品　　C．地区　　D．矩阵结构

10．以下哪一种组织结构违背了“统一指挥”的组织原则？（　　）［暨南大学 2024 年研］

A．直线职能制　　B．直线职能辅以参谋职能制

C．事业部制　　D．矩阵制

11．如果你是一位公司的总经理，当你发现公司中存在许多小团体时，你的态度是（　　）。［广西科大 2024 年研］

A．立即宣布这些小团体为非法，予以取缔

B．深入调查，找出小团体的领导人，向他们提出警告，不要再搞小团体

C．只要小团体的存在不影响公司的正常运行，可以对其不闻不问，听之任之

D．正视小团体的客观存在性，允许乃至鼓励其存在，对其行为加以积极引导

12．张总一直处于事务繁忙中，他觉得企业目前的状况需要他抽出时间来规划发展方向，但是他发现每天一上班就不停有人来汇报、签字、请示等，根本不能静下心来。好像是企业缺了他就根本不能正常运转一样。你认为他的问题是（　　）。［南京理工 2020 年研］

A．管理过于集权　　B．企业规模太大

C．下属处理问题的能力太低　　D．事情多是好事，说明企业在发展

13．某公司有三级管理层：公司总部、产品部（共有 12 个产品部）和各职能部门。由于公司的产品种类越来越多，总裁感到难以继续对所有的产品部进行有效的领导。为此，提出以下组织变革方案，请选出你认为最可行的方案。（　　）［广西科大 2024 年研］

A．在公司总部和产品部之间增加一个按产品大类组成的管理层

B．更换一位能力更强的公司总裁

C．淘汰几种产品

D．各产品部实行自主管理

14．关于人事考评指标，并未涉及的是（　　）。［天津商大 2024 年研］

A．设计要与实际考评内容保持一致　　B．设计指标具有普遍性

C．设计要涵盖工作的方方面面　　D．设计指标要具有可操作性

15．对文化和有效性的研究认为，文化、战略和环境之间的适当配置与文化的四种类型相关联，从而形成组织文化不同类型，除了（　　）。［暨南大学 2024 年研；天津商大 2023 年研］

A．适应型组织文化　　B．使命型组织文化

C．大团体型组织文化　　D．官僚制型组织文化

16．塑造组织文化时，应该注意（　　）。［天津商大 2022 年研］

A．主要考虑社会要求和行业特点，和本组织的具体情况无关

B．组织领导者的模范行为在组织文化的塑造中起到号召和导向作用

C．组织文化主要靠自律，所以不需要建立制度

D．组织文化一旦形成，就无须改变

17．奖赏性权力是否有效，关键在于（　　）。［湖南师大 2024 年研］

A．领导者要确切了解对方的真实需要

B．领导者的职位高低

C. 领导者是否拥有吸引人的个性

D. 领导者对对方失去既得利益的恐慌心理的利用

18. “士为知己者死”这一古训反映了有效的领导始于(　　)。[西安石大2022年研；暨南大学2020年研；2017年河南省专升本真题]

A. 了解下属的欲望和需要　　B. 为下属设定崇高的目标

C. 为了下属的利益不惜牺牲自己　　D. 上下级之间的友情

19. 某部门因预算的限制，有必要进行整编。部门经理请了本部门一位经验丰富的下属负责这项工作。这位下属在部门的每个领域都工作过，完全有能力胜任这项任务，可他却似乎对这项任务的重要性反应漠然。此时，部门经理应当采取哪种领导方式？(　　)[南京理工2020年研]

A. 低任务、低关系　　B. 低任务、高关系

C. 高任务、低关系　　D. 高任务、高关系

20. 下列选项中反映了管理者决策角色的是(　　)。[西安石大2022年研]

A. 启动新项目，并对其进行监督　　B. 对信息共享进行监管

C. 代表组织参加新项目的启动仪式　　D. 充当工作团队之间的联络人

21. 为了提高劳动生产效率，就必须采取强制、监督、惩罚的方法。麦格雷戈把这种理论称之为(　　)。[西安石大2021年研]

A. X理论　　B. Y理论　　C. 超Y理论　　D. Z理论

22. 新冠疫情之后很多公司实行弹性工作制，员工可以自行安排工作时间，甚至允许员工居家办公，这样他们对工作和个人的家庭、社交生活也有了较大的自由度。你认为该类公司的管理者所持有的对人的认识主要是倾向于哪一种？(　　)[暨南大学2024年研]

A. X理论　　B. Y理论　　C. Z理论　　D. 社会人

23. 高级工程师老王在一家研究所工作，该所拥有一流的研究设备。根据双因素理论，你认为下列哪一种措施最能对老王的工作起到激励作用？(　　)[湖南师大2024年研]

A. 调整设计工作流程，使老王可以完成完整的产品设计而不是总重复做局部的设计

B. 调整工资水平和福利措施

C. 给老王配备性能更为先进的个人电脑

D. 以上各条都起不到激励作用

24. 学校为了提高教学质量，对学生考试作弊都采取了严厉的措施，凡考试违纪者，一旦发现，成绩都以零分计，并不准再参加重修。这些措施实施后，作弊现象大大减少。从强化理论分析，它是属于(　　)。[西安石大2022年研]

A. 负强化　　B. 惩罚　　C. 自然消退　　D. 正强化

25. 比较链式与全通道式两种信息沟通网络的各自特点，可以得出以下(　　)结论。[广西科大2024年研]

A. 链式网络采取一对一的信息传递方式，传递过程中不易出现信息失真情况

B. 全通道式网络由于采取全面开放的信息传递方式，具有较高的管理效率

C. 全通道式网络比链式更能激发士气，增强组织的合作精神

D. 链式网络比全通道式网络更能激发士气，增强组织的合作精神

26. (　　)是指由于冲突主体内部或冲突主体之间存在不一致或不相容的结果追求所引发的冲突。[天津商大 2024 年研]

A. 目标冲突　　B. 认知冲突　　C. 情感冲突　　D. 程序冲突

27. 小刘是一家合资企业的总经理助理。为了提高企业的经济效益，总经理要求他提出一套建立企业有效管理控制系统的可行方案。总经理在提出工作要求时，提醒他一定要做到“牵牛要牵牛鼻子”。小刘分析了半天也不知道应该如何去牵“牛鼻子”。这里“牵牛鼻子”是指(　　)。[西安石大 2021 年研]

A. 确定控制对象　　B. 选择关键控制点

C. 制定控制标准　　D. 采取纠偏措施

28. 以下哪一点不属于反馈控制的作用？(　　)[湖南师大 2021 年研]

A. 在非周期性重复活动中，可以避免下一次活动发生类似的问题

B. 可以消除偏差对后续活动过程的影响

C. 人们可以总结经验教训，了解工作失误的原因，为下一轮工作的正确开展提供依据

D. 反馈控制可以提供员工奖惩的依据

29. 全面质量管理的本质在于(　　)。[湖南师大 2024 年研]

A. 精确测量

B. 关注流程

C. 授权于员工

D. 由顾客需求和期望驱动企业持续不断改善

30. 近年来，创新评估逐渐呈现的特性是(　　)。[天津商大 2024 年研]

A. 单一性　　B. 多维性　　C. 可操作性　　D. 广泛性

**二、判断题(正确的打“√”，错误的打“×”)**

1. 管理的本质就是领导。(　　)[天津商大 2024 年研]

2. 管理者是通过协调和监管其他人的活动以达成组织目标的人。(　　)[湖南师大 2018 年研]

3. 管理的科学性是以理性分析为基础的。(　　)[天津商大 2023 年研]

4. 法约尔认为，管理活动包含了技术活动、商业活动、财务活动、安全活动和会计活动。(　　)[西安石大 2022 年研]

5. 韦伯认为，只有法理型权力才能成为科层组织的基础。(　　)[天津商大 2024 年研]

6. 哈默提出的业务流程再造是围绕任务而不是结果进行组织。(　　)[天津商大 2023 年研]

7. 在环境比较复杂的情况下，决策一般由组织的高层管理者进行。(　　)[天津商大 2024 年研]

8. 决策在本质上是在“瞬间”选定某一方案。(　　)[广西科大 2022 年研]

9. 对于组织中确定性的决策，通常可以通过决策树法的方法进行备选方案的优化选择。(　　)[湖南师大 2021 年研]

10. 只有明确了主题，决策背景分析的各项工作才有明确的方向和中心。(　　)[天津商大 2024 年研]

11. 头脑风暴法的特点是倡导创新思维，强调在对别人的建议做出评论的基础上提出新的建议。(　　)[安徽财大 2022 年研]

12. 在管理活动中，计划一旦确定，就应严格照办，不可再作修改。(　　)[南京理工 2019 年研]

13. 为缩小现状与目标之间的差距，可以在现状的基础上力求改进，随着时间的推移不断逼近目标，也可以通过变革现状缩小差距。(　　)[湖南师大 2021 年研]

14. 目标管理又称成果管理或标的管理，目标管理的概念是管理学家甘特 1954 年在其著名的《管理实践》中最先提出的。(　　)[暨南大学 2023 年研]

15. 滚动计划法就是努力保证长期、中期、短期计划相衔接的一种方法，其目的是增加计划的刚性和适应性。(　　)[天津商大 2022 年研]

16. 直线制组织结构的专业化水平低且对管理人员的要求高。(　　)[广西科大 2022 年研]

17. 企业中管理人员的管理幅度，是指他所管理的全部下属数量。(　　)[湖南师大 2021 年研]

18. 管理者的管理层级越高，其管理幅度就应越大。(　　)[安徽财大 2022 年研]

19. 非正式组织的存在有其客观必然性和必要性，要允许其存在。(　　)[暨南大学 2023 年研]

20. 直线与参谋，越是明确各自的工作性质，了解两者的职权关系，就越有可能重视对方的价值，从而自觉地尊重对方，处理好相互间的关系。(　　)[暨南大学 2024 年研]

21. 人员配备是现代组织进行人才建设的基础，关系到组织的长远发展。(　　)[天津商大 2024 年研]

22. 公开选聘适合急于填补某一关键岗位人员的选聘需要。(　　)[天津商大 2024 年研]

23. 制度文化是指人类适应自身生存和社会发展需要而主动创建的规范体系。(　　)[天津商大 2024 年研]

24. 组织文化的核心是企业规章制度。(　　)[南京理工 2020 年研]

25. 领导和管理实际上不是同一概念。(　　)[西安石大 2022 年研]

26. 领导者就是管理者。(　　)[湖南师大 2017 年研]

27. 在管理方格理论中，(9，9)型对应的是任务型领导方式。(　　)[暨南大学 2024 年研]

28. 按照费德勒的权变理论，在有利情景和最为不利情景时，任务型领导方式较为有效。(　　)[南京理工 2020 年研]

29. 经济人假设认为，人是以追求个人利益最大化为目的并积极从事经济活动的主体。(　　)[天津商大 2023 年研]

30. X 理论是基于人性的“经济人”假设基础上提出来的，Y 理论是基于人性的“社会人”假设基础上提出来的。(　　)[安徽财大 2022 年研]

31. 目标管理对人性的假设是“社会人”的假设。(　　)[广西科大 2022 年研]

32. 期望理论的涵盖面太广，内涵比较笼统，且忽略了对个体行为意志的考虑，故其

适用范围有一定的局限性。(　　)[天津商大 2024 年研]

33. 正强化是指奖励那些符合组织需要的行为，以便使这些行为得到进一步加强，从而有利于组织目标的实现。因此应在组织中实施连续的、固定的正强化。负强化是指惩罚那些不符合组织目标的行为，应间断地实施。(　　)[安徽财大 2022 年研]

34. 让生产工人参与作业程序的设计不属于工作轮换方法。(　　)[湖南师大 2021 年研]

35. 工作丰富化和工作扩大化的区别在于，前者是增加一个员工所执行的任务数目，后者是允许员工对自己的工作有更大的控制力。(　　)[南京理工 2020 年研]

36. 一般来说，东方社会比较注重个人发展及成就，权力距离较小；而西方社会比较重视团队和谐，权力距离较大。(　　)[天津商大 2023 年研]

37. 如果发现一个组织中小道消息很多，而正式渠道的消息较少，则该组织存在的问题是：正式沟通渠道中信息传递不畅，需要调整。(　　)[南京理工 2020 年研]

38. 合作的基础是先建立互信。(　　)[天津商大 2024 年研]

39. 一般来讲，企业由四种经济主体所组成，即股东、债权人、管理者和普通员工。(　　)[天津商大 2024 年研]

40. 纯粹风险是指在经济环境没有变化的时候发生损失的可能性，通常是由自然客观因素或人们的错误或失当行为而造成的。(　　)[暨南大学 2024 年研]

41. 创新从狭义上来讲是指产生新的思想和行为的活动。(　　)[天津商大 2023 年研]

42. 层级结构是对企业组织活动中的关系和行为的规范。(　　)[暨南大学 2024 年研]

## 三、概念题

1. 系统原理[桂林理工 2024 年研]

相关试题：管理的系统原理[中南财大 2022 年研]、系统[中南财大 2023 年研]

2. 例外管理[西南财大 2024 年研；中南财大 2023 年研；天津商大 2023 年研]

3. 权变理论[南艺 2024 年研；桂林理工 2022 年研；华南师大 2014 年研；华南理工 2013 年研；人大 2010 年研]

4. 最小后悔准则[北邮 2024 年研；中南财大 2023 年研]

5. 直觉决策[浙大 2019 年研]

6. 古典决策理论[桂林理工 2024 年研]

7. 刚性预算管理[沈工大 2022 年研]

8. 正式组织[天津商大 2024 年研；河工大 2022 年研]

9. 权责对等[西南财大 2024 年研]

10. 职能部门化[中南财大 2023 年研]

11. 无边界组织[中南财大 2024 年研；南艺 2023 年研；北邮 2022 年研]

12. 层级整合[中南财大 2024 年研]

13. 人员配备[河工大 2022 年研]

14. 管理者与领导者[华东理工 2019 年研；中山大学 2015 年研]

相关试题：领导者[广工大 2024 年研；浙大 2019 年研]

15. 领导—成员交换理论[北大 2021 年研]

16．权变领导理论[湖南师大 2019 年研]

17．负强化[北邮 2024 年研；南京理工 2023 年研；广西大学 2023 年研；三峡大学 2023 年研；贵州大学 2023 年研；湖南师大 2022 年研；华东师大 2019 年研；安徽大学 2016 年研；华南理工 2014 年研]

18．冲突[贵州大学 2023 年研；沈工大 2019 年研]

19．建设性冲突[长安大学 2025 年研；河南大学 2023 年研；华中师大 2020 年研；东南大学 2019 年研]

20．现场控制[河工大 2024 年研]

相关试题：同期控制[安徽大学 2023 年研；常州大学 2022 年研；首都师大 2010 年研]

21．市场控制[湖南师大 2021 年研]

22．营销控制[天津商大 2024 年研]

23．决策支持系统[沈工大 2022 年研]

24．创新[北邮 2022 年研；华科 2017 年研；吉林大学 2016 年研；广东财大 2016 年研]

25．制度创新[桂林理工 2024 年研]

26．领导创新[西南林大 2024 年研]

## 四、简答题

1．管理学家彼得·德鲁克曾经说："管理不在于知，而在于行。衡量管理成效的唯一权威就是实践。"请结合对这句话的理解，谈谈对管理本质的认识。[南京师大 2022 年研]

相关试题：论管理的本质。[论述题，天津商大 2022 年研]

2．科学管理理论的核心思想和主要内容是什么？其对当代企业管理实践有何启示？[扬州大学 2024 年研]

相关试题：

(1)简述泰勒科学管理理论的主要内容。[河工大 2024 年研]

(2)论述泰勒的科学管理理论的主要观点。[论述题，常州大学 2022 年研]

(3)叙述泰勒的科学管理理论，并对其进行评价。[论述题，西安石大 2021 年研]

(4)简答泰勒所提出的科学管理制度有哪些主要内容。[湖南师大 2020 年研]

3．简答法约尔认为管理活动包括的内容。[湖南师大 2024 年研]

4．简述霍桑实验的基本过程和结论。[中南大学 2018 年研；桂林理工 2018 年研]

相关试题：

(1)请简述霍桑实验及其重要意义。[北邮 2023 年研]

(2)请简述人际关系学说的主要内容。[扬州大学 2023 年研；中财 2019 年研]

(3)请论述霍桑实验的 4 个阶段及人际关系学说的内容。[论述题，上政 2023 年研]

(4)梅奥人际关系学说的主要内容，并对梅奥的观点进行评价。[昆明理工 2018 年研]

(5)霍桑实验的主要结论有哪些，其对后来管理理论的发展有何影响？[哈工大 2017 年研]

(6)请简述霍桑实验的内容，以及霍桑实验得出的主要结论。[安徽师大 2017 年研；厦门大学 2011 年研；华南理工 2010 年研]

（7）简述霍桑实验的主要结论及其研究对哪些领域做出了贡献。［北邮2016年研］

5．简述明茨伯格提出的组织结构的基本形态。［天津商大2024年研］

6．全球化经营的任务环境的具体内容有哪些？［宁夏大学2018年研］

7．目前许多企业的管理人员都认为："计划跟不上变化，所以制定计划根本没有用。"这样的说法对不对？为什么？［广西科大2023年研］

相关试题：有人说计划不如变化，计划工作就是浪费，没有意义。谈谈您的观点。［论述题，南京理工2021年研］

8．简述决策追踪与调整的程序。［沈工大2022年研］

9．有效授权的影响因素。［中南财大2024年研］

10．简述领导者角色理论。［沈工大2022年研］

相关试题：

（1）根据明茨伯格的理论，管理者在一个组织中承担哪些角色？［南京理工2020年研］

（2）根据明茨伯格的理论，管理者应该扮演哪些角色？［南京师大2019年研］

11．请简述激励的机理。［北邮2024年研］

相关试题：简述激励机理。［沈工大2024年研］

12．如何有效管理组织内部的冲突？［南京师大2022年研］

相关试题：

（1）请简述处理冲突的方法有哪些。［北邮2024年研］

（2）请阐述组织冲突管理策略。［论述题，暨南大学2024年研］

（3）请举例说明：当组织冲突不足时，管理者常用哪些手段激发建设性冲突？［中国海大2024年研］

（4）组织抑制冲突的策略。［山东财大2021年研］

13．控制的内涵要点。［西南财大2024年研］

相关试题：简述控制的内涵。［天津商大2024年研］

14．控制标准的要求有哪些？［中南财大2023年研］

相关试题：简述控制标准的基本要求。［天津商大2023年研］

15．简述控制的过程。［吉林大学2024年研；河工大2024年研；武工大2024年研；中南财大2022年研］

相关试题：

（1）控制过程包括哪几个步骤，请逐一进行解释。［北邮2023年研］

（2）简述控制的过程，并阐述控制工作中应遵循的原则。［西安石大2022年研］

16．简述全面质量管理的内涵与实施原则。［广西科大2024年研］

相关试题：

（1）请简述全面质量管理是如何致力于质量的全面、持续改善，并贯穿质量控制活动全过程的。［北邮2024年研］

（2）简述全面质量管理的原则。［山东财大2023年研］

（3）简述全面质量管理实施原则。［沈工大2023年研］

17．危机的特征。［湖南师大2023年研］

相关试题：危机的特征有哪些？［广东财大 2024 年研］

18．简述管理创新的内涵。［山东财大 2023 年研；南京师大 2022 年研］

相关试题：谈谈你对“管理创新”的认识。［暨南大学 2022 年研］

19．消除组织变革障碍与抵触情绪的方法。［中南财大 2023 年研］

20．知识创新的模式。［中南财大 2024 年研］

## 五、计算题

1．公司打算对现有生产线进行调整，有三种方案，改进生产线、新建生产线、外包生产线。由于市场的复杂性，产品销路具有不确定性，可能会出现销路好、销路一般和销路不好三种情况。根据市场预测，在不同情况下的收益值见表 1。［南京师大 2022 年研］

**表 1**

| | 销路好 | 销路一般 | 销路不好 |
|---|---|---|---|
| 改进生产线 | 150 | 120 | -60 |
| 新建生产线 | 250 | 100 | -100 |
| 外包生产线 | 100 | 80 | 30 |

(1)按照乐观准则、悲观准则，公司分别应该如何调整生产线？

(2)请列出机会损失矩阵。

(3)按照最小后悔准则，公司应如何调整生产线？

2．D 公司拟生产某种新产品，有三个建厂方案可供选择：方案一，自建大厂；方案二，自建小厂；方案三，租赁工厂。根据市场预测，三个方案在未来实施过程中均可能发生以下三种情况，有关资料估算如表 2 所示(单位：万元)。［河工大 2024 年研］

**表 2　方案、状态及损益值情况估算表**

| 状态 / 损益值 / 方案 | 销路好 | 销路一般 | 销路不好 |
|---|---|---|---|
| 自建大厂 | 7600 | 4500 | -1400 |
| 自建小厂 | 4900 | 2800 | -600 |
| 租赁工厂 | 3150 | 1550 | -150 |

请根据上述资料试用最小后悔准则进行决策。

3．某企业为扩大某产品的生产，拟建设新厂，据市场预测产品销路好的概率为 0.7，销路差的概率为 0.3，有三种方案可供企业选择：

方案 1：新建大厂，需投资 300 万元。据初步估计，销路好时，每年可获利 100 万元；销路差时，每年亏损 20 万元，服务期为 10 年。

方案 2：新建小厂，需投资 140 万元。销路好时，每年可获利 40 万元；销路差时，每年仍可获利 30 万元，服务期为 10 年。

方案 3：选建小厂，3 年后销路好时再扩建，需追加投资 200 万元，服务期为 7 年，估计每年获利 95 万元。［南京理工 2021 年研］

试用决策树方法进行决策。

4. Y公司准备利用一个市场机会，现有三个投资方案可供选择：(1)新建大型工厂，需投资10000万元；(2)新建中型工厂，需投资5600万元；(3)新建小型工厂，需投资2800万元。使用期限均为10年。根据市场数据分析，三个方案每年的损益值及各状态发生的概率如表3所示(单位：万元)。[河工大2024年研]

**表3　各方案在不同市场情况下的损益值**

| 自然状态 | 概率 | 方案损益值/(万元/年) | | |
|---|---|---|---|---|
| | | 新建大型工厂 | 新建中型工厂 | 新建小型工厂 |
| 销路好 | 0.6 | 6500 | 3200 | 1600 |
| 销路差 | 0.4 | -700 | 1100 | 500 |

请根据上述资料试用决策树方法进行决策。

5. 某公司为生产新产品，有甲乙两套方案。甲方案投资200万元购进新设备安装一条全新的生产线，乙方案投资150万元对原有设备进行技术改造升级，两方案均可使用10年。预计该产品在未来各年中，1~7月的销路较好，8~12月销路较差。该产品的售价为20元，成本为10元。销路好时，甲方案每年可卖出60万件，乙方案每年可卖出50万件。销路差时，甲方案每年可卖出5万件，乙方案每年可卖出10万件。试用决策树法从甲乙两个方案中做出抉择。[南京理工2019年研]

## 六、论述题

1. 举例说明最近自己做的一次决策，请问它属于程序化决策还是非程序化决策？结合这次决策，谈谈应如何提高决策的科学性。[广西科大2023年研]

相关试题：

(1)请谈谈如何提高决策的科学性。[北邮2024年研]

(2)结合实际，谈谈如何提高决策的科学性。[常州大学2021年研]

2. 试论述基本的组织结构形式有哪些。简要说明各自优缺点。[扬州大学2024年研]

相关试题：

(1)矩阵式结构是什么？有哪些优缺点？[简答题，长安大学2025年研]

(2)矩阵制组织结构的特点是什么？有何优缺点？[简答题，湖南师大2024年研]

(3)简述直线职能制组织结构的优缺点。[简答题，河工大2024年研]

(4)何为直线职能制组织结构，其有哪些优点与缺点？[简答题，广西科大2023年研]

(5)简述矩阵制组织结构的优缺点。[简答题，河工大2023年研]

(6)论述职能制组织结构的优缺点。[湖南师大2022年研]

(7)简述事业部制组织结构的优点和缺点。[简答题，河工大2022年研；山东财大2021年研]

(8)直线职能制的优缺点、特点以及在什么情况下运用。[2019年河南省专升本真题]

3. 非正式组织的存在及其活动对组织目标的实现可能产生何种影响？如何有效地利用非正式组织？[暨南大学2024年研]

相关试题：

(1)论述非正式组织的作用、危害以及如何正确对待非正式组织。[吉林大学 2025 年研]

(2)请阐述非正式组织的存在及其活动对正式组织目标的实现有何影响。[桂林理工 2024 年研]

4. 试论人员配备的原则。[湖南师大 2023 年研]

相关试题:

(1)简述人员配备的原则。[简答题，沈工大 2023 年研]

(2)简述人员配备的定义及原则。[简答题，2024 年河南省专升本真题]

5. 联系实际谈谈塑造组织文化的途径。[暨南大学 2024 年研]

相关试题:

(1)有效的管理者可以从哪几个方面塑造组织文化?[简答题，西南财大 2025 年研]

(2)试论述组织文化的塑造途径。[湖南师大 2024 年研]

(3)简要阐述应如何塑造组织文化。[简答题，扬州大学 2024 年研]

(4)简述组织文化塑造的过程。[简答题，河工大 2023 年研]

(5)简述组织文化的塑造途径。[简答题，武工大 2023 年研]

(6)联系实际，谈谈塑造优秀组织文化的步骤。[常州大学 2022 年研]

(7)简述组织文化的功能和塑造途径。[简答题，沈工大 2021 年研]

6. 简述马斯洛“需要层次论”和赫茨伯格“双因素理论”的理论观点，分析两种理论对于管理者的启示，并结合企业管理实际，探讨如何有效进行激励员工。[沈工大 2019 年研]

相关试题:

(1)论述需要层次理论的主要观点。[天津商大 2024 年研]

(2)简述需要层次理论的主要观点。[简答题，河工大 2024 年研]

(3)简述马斯洛需要层次理论从低到高的 5 种需要层次。[简答题，沈工大 2023 年研]

(4)简述双因素理论的主要内容。[河工大 2023 年研]

(5)马斯洛需要层次论的基本内容是什么?[简答题，安徽财大 2022 年研]

(6)双因素理论的主要观点是什么?如何在管理中运用该理论?[简答题，南京理工 2020 年研]

(7)马斯洛需求层次理论中提出的 5 个方面需求是什么?[南京理工 2019 年研]

7. 面对 00 后的学生，假设你是一名高校班主任，根据所掌握的激励有关理论，谈谈你怎么激励你的学生。[广西科大 2023 年研]

8. 论述人性假设及其发展过程。[湖南师大 2023 年研]

相关试题：结合实际，谈谈你对几种人性假设的理解。[中国海大 2024 年研]

9. 2020 年新冠疫情下，如何进行危机反应和恢复管理?[中南财大 2023 年研]

10. 人工智能(AI)对组织变革的影响。[同济大学 2024 年研]

11. 目前管理活动有哪些时代背景?请结合目前的这些时代背景，从管理学角度分析我国企业改革创新的途径。[广西科大 2023 年研]

12. 尽管越来越多的人认同广义上的创业的概念，认为创业并不只是创办新企业，但是多数人仍然会觉得创业离自己较远，认为创业精神只适用于小型和新创立的企业，对此观点你怎么看?请说明你的理由。[安徽财大 2022 年研]

13. 曾几何时，科学无国界的说法备受推崇，但是华为手机芯片困局事件引发我国企业的深刻反思，请结合这一背景谈一谈你对企业技术研发与自主创新的看法。[安徽财大2021年研]

14. 移动互联网技术的发展与应用不断成熟，互联网 + 人工智能已经成为未来产业变革和科技革命的新引擎。请结合管理学的基本原理，谈一谈其为组织管理工作带来哪些新的机遇与挑战。[安徽财大2021年研]

相关试题：互联网技术的产生与普及，极大地改变了人们的生产生活方式，也推动着产业结构不断升级，这无疑为管理活动带来了新的机遇与挑战，具体表现在哪些方面，谈一谈你的看法。[安徽财大2020年研]

15. 二十大报告指出要“加快发展数字经济，促进数字经济和实体经济深度融合”。你认为企业应如何利用数字融合促进企业创新？[湖南师大2024年研]

16. 有效管理创新工作是在发掘创新动力基础上，进行科学创新管理决策，实施创新领导，评价创新效果。请对以上创新过程及其管理做出论述。[沈工大2022年研]

相关试题：企业创新的动力来源；在创新基础的选择、对象的选择、水平的选择、方式的选择上各有哪些注意点？[中南财大2024年研]

## 七、案例分析题

### 案例一

某民营玩具生产企业的产品主要销往国际市场。伴随着我国对外开放政策的实施，其市场不断扩大，销售额和出口额以年均20%的速度增长，企业的生产经营规模也在不断扩大，员工由最初不足200人增加到目前近2000人。与生产经营不断发展不同的是，该企业的组织结构没有做任何调整，仍然沿用最初建立时的类似直线型的组织结构，李厂长是绝对的领导，对企业的生产、销售、财务和人事等各项工作全面负责，且在许多具体问题上亲力亲为。但是，最近一段时间，企业遇到了一些事情，让李厂长应接不暇。首先，玩具生产是按合同订单执行，生产指令由厂长向各部门、各车间下达，遇到订单紧急的情况，往往是厂长带头，全体员工加班加点赶任务。这种赶任务、赶工期的现象，难免会出差错，个别情况下，玩具质量不达标，产品被客户返回，严重的甚至赔款。第二，伴随着企业规模的扩大和业务量的增加，企业急需招聘专业的管理人员和技术人员，并且需要对新系统进行培训，而以往的人员招聘、培训方式也需要做相应的调整。第三，企业的后勤管理没有专门的机构及人员，传统的做法是厂长临时派人去做，现在事情多了，头绪多了，传统做法落后了。凡此种种，以前运行良好的组织机构、管理方法等都失去了作用。面对现状，李厂长时常有力不从心的感觉，他也在不断思考应该如何解决现有的问题，以便能更好地适应企业不断发展的需要。[广西科大2024年研]

**根据上述资料回答问题：**

**1. 该企业目前采用的是何种组织结构？这种组织结构有何特点？**

**2. 你认为现有的组织结构能否支持企业的发展？企业的组织结构应做哪些调整？**

### 案例二

张厂长近来感到十分沮丧。一年半前，他获得某名牌大学工商管理硕士学位后，在毕业生人才交流会上，凭着满腹经纶和出众的口才，他力挫群芳，荣幸地成为某大公司的高级管理人员。由于其卓越的管理才华，一年后，他又被公司委以重任，出任该公司下属一家面临困境的企业的厂长。当时，公司总经理及董事会希望张厂长能重新整顿企业，使其扭亏为盈，并保证张厂长拥有完成这些工作所需的权力。考虑到张厂长年轻，且肩负重任，公司还为他配备了一名高级顾问王高工（原厂主管生产的副厂长），为其出谋划策。然而，在担任厂长半年后，他开始怀疑自己能否控制住局势。他向办公室主任抱怨道：在我执行厂管理改革方案时，我要各部门制定明确的工作职责、目标和工作程序，而王高工却认为，管理固然重要，但眼下第一位的还是抓生产、开拓市场。更糟糕的是他原来手下的主管人员居然也有类似的想法，结果这些经集体讨论的管理措施执行受阻，倒是那些生产方面的事情推行起来十分顺利。[中南财大2024年研]

**问题：**

**1. 从直线职权和参谋职权角度分析张厂长和王高工各自权力的来源。**

**2. 这家下属企业在管理中存在什么问题？如果你是该公司总经理助理，请就案例中的问题提出解决措施。**

**案例三**

王先生作为一名有能力的工程师，开创了一个小型生产企业，承接一些印刷电路的订货。公司有员工50人，是一人管理体制，王先生几乎处理他公司的所有业务，包括从计划、采购、市场、人事到生产监督的每一项工作。王先生对每一个部门的参与可以用图1所示的组织结构表示。王先生制定所有的决策，向他汇报工作的人执行每天的日常工作。王先生处理以下问题：(1)做企业计划；(2)建立、保持与现有和潜在顾客的联系；(3)安排财务筹资并处理日常的财务问题；(4)招募新员工；(5)解决生产中的问题；(6)监管库存、货物接收和发运；(7)在秘书的帮助下管理日常的办公事务。

他在工厂投入相当多的时间，指导工人该做什么和不该做什么。一旦他看到了自己不喜欢的事，就会叫附近任何一个职工来改变它。最近进行体检时，医生告诉他："如果你再消瘦下去，心脏病很快就会发作"，王先生正在考虑他的健康和公司的生存。[南京理工2021年研]

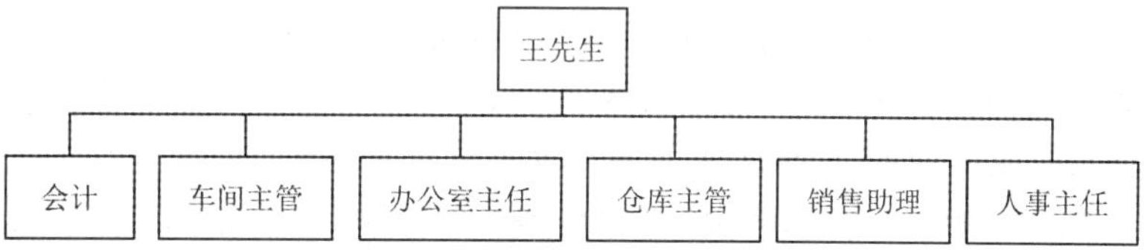


图1

**案例思考题：**

**1. 对该公司的组织结构形式作简单分析。**

**2. 授权会对王先生有何帮助？**

**案例四　苏小姐的思考**

苏小姐今年23岁，即将从某大学人力资源管理专业本科毕业。在过去的两年暑假都在某保险公司兼职，因此她在这里做过许多不同类型的工作。目前，她已接受该公司的邀请，毕业后将加入该保险公司，成为保险单更换部的主管。

苏小姐将要承担的工作要求她直接负责22名员工。他们的工作不需要什么培训而且具有高度的程序化，但此份工作要求员工的责任感较高。苏小姐工作的部门成员全部是女性，年龄从19岁到50岁，平均年龄为27岁。其中大部分人是高中学历，以前没有过工作经验。苏小姐将接替张女士的职位。苏小姐去年暑假曾在该部门工作过几周，因此比较熟悉她的工作风格，并认识大多数部门成员。她预计除了孙女士之外，其他将成为她下属的成员都不会有什么问题。孙女士今年40多岁，在保险单更换部工作了8年多，作为一位“老员工”，她在员工群体中很有分量。苏小姐断定，如果她的工作得不到孙女士的支持，将会十分困难。

苏小姐决定走好她的职业生涯。因此，她一直在认真思考：一名有效的领导者应具备什么样的素质？［河工大2024年研］

**请根据案例内容回答下列问题：**

**1. 影响苏小姐成功地成为领导者的关键因素是什么？**

**2. 为了帮助苏小姐赢得孙女士的支持，您有何建议？**

## 案例五　某计算机公司的权力集中与分散

美国某计算机公司曾经多年来按照职能系列来建立组织结构，由几位副总裁分管营销、财务、生产、人事、采购、工程及研发。随着公司业务发展，其产品系列从商用计算机扩展到复印机、电影摄像机和放映机、机床用计算机控制设备等。随着时间的推移，人们对以下情况感到不安：该公司的组织结构使总裁办公室以下的人员机构无法对公司的利润负责，也无法适应目前在国外许多国家进行的业务的广泛性，并且似乎加固了阻碍生产、销售和工程各职能部门之间有效协调的“壁垒”；此外，有许多决定似乎除了总裁办公室以外，其他任何低于这一级的机构都不能做出。

为了解决这一问题，总裁将公司分成15个在美国和海外各自独立经营的分公司，每个分公司对利润负有全部责任。然而在实行公司重组之后，总裁开始感到对分公司不能实施充分的控制了。分公司在采购和人事职能方面出现了大量的重复，各分公司经理无视总公司的方针和策略，各自经营自己的业务，在总裁面前逐步显示出分公司正在瓦解成一些独立的部门。

总裁眼见过一些大公司因其分公司经理犯了错误使该公司遭受重大损失而陷入困境的事例，终于认识到自己在分权方面走得太远了。于是，他撤回了分公司经理的某些职权，并要求他们就下述重要事项的决策应征得公司最高管理部门的批准：一是超过1万美元的资本支出；二是新产品的推行；三是制定销售价格的策略及政策；四是扩大工厂；五是人事政策的改变。

当分公司的一些经理们看到他们的某些职权被收回时，开始公开抱怨公司方针摇摆不定，一会儿分权，一会儿集权。总裁对自己处于这种情况也感到忧虑。［天津商大2024年研］

**请结合案例，运用管理学相关知识，回答以下问题：**

**1. 请对总裁设立15个独立经营分公司的合理性做出评价。**

**2. 你是否同意总裁为重新控制公司收回五项职权的做法？请陈述理由。**

## 案例六

助理工程师黄大佑是一个名牌大学高才生，毕业后工作已8年，于4年前应聘调到一家大厂工程部负责技术工作，工作认真负责，技术能力强，很快就成为厂里有口皆碑的“四大金刚”之一，名字仅排在厂技术部主管陈工之后。然而，工资却同仓管人员不相上下，夫妻小孩3口尚住在来时住的那间平房。对此，他心中时常有些不平。

黄厂长是一位有名的识才的老厂长。4年前，黄大佑调来报到时，门口用红纸写的“热烈欢迎黄大佑工程师到我厂工作”几个不凡的颜体大字，是黄厂长亲自吩咐人事部主任落实的，并且交代要把“助理工程师”的“助理”两字去掉。这确实使黄大佑当时工作更卖劲。

2年前，厂里有指标申报工程师，黄大佑属于有条件申报之列，但名额却让给一个没有文凭、工作平平的老同志。他想问一下厂长，谁知，他还未去找厂长，厂长却先来找他了：“黄工，你年轻，机会有的是。”去年，他想反映一下工资问题，这问题确实重要，来这里的其中一个目的不就是想得高一点工资，提高一下生活待遇吗？但是几次想开口，都没有勇气讲出来。因为厂长不仅在生产会上大夸他的成绩，而且，曾记得，有几次外地人来取经，黄厂长当着客人的面赞扬他。哪怕厂长再忙，路上相见时，总会拍拍黄工的肩膀说两句，诸如“黄工，干得不错”“黄工，你很有前途”等。这的确让黄大佑兴奋。前段时间，黄厂长还把一项开发新产品的重任交给他了。

最近，厂里新建好了一批职工宿舍，听说数量比较多，黄大佑决心要反映一下住房问题。谁知这次黄厂长又先找他，还是像以前一样，笑着拍拍他的肩膀：“黄工，厂里有意培养你入党，我当你的介绍人。”他又不好开口了，结果家没有搬成。

深夜，黄大佑对着一张报纸的招聘栏出神。第二天一早，黄厂长办公桌上多了一份辞职书。[湖南师大2024年研]

**问：请运用至少两个管理学的相关理论，解释一下黄大佑为什么会辞职。**

## 案例七　某分厂工资全额浮动失灵问题

某建筑装饰总公司的铝门窗及幕墙分厂，曾在一线工人及经营人员中率先实行工资全额浮动，收到不错效果。为激发技术人员的积极性，该分厂宣布全面实行工资全额浮动。决定宣布后，技术组抵触情绪很强，经分厂领导多次作思想工作，最终技术组被迫接受。

实行工资全额浮动后，技术人员的月收入是在基本工资基础上，按当月完成设计任务的工程产值提取设计费。比如，玻璃幕墙的设计费，基本按工程产值的0.27%提取。当然，技术人员除了做工程设计方案之外，还须作为技术代表参加投标，负责计算材料用量等技术工作。分配政策的改变，使小组每日完成的工程量有较大幅度提高，技术人员主动加班加点，“磨洋工”现象不见了。但随之而来的是，小组里出现了争抢任务的现象，大家都争抢难度小、产值高的工程项目设计，而难度大、短期内难见效的技术开发项目备受冷落。

彭工原来主动要求开发与自动消防系统配套的新项目，有心填补国内空白。但是实行工资全额浮动3个月后，他向组长表示，自己能力有限，希望放弃这个项目，要求组长重新给他布置设计任务。

李工年满58岁，是多年从事技术工作的高级工程师，他刚接手的一项工程设计尚处于准备阶段，当月无设计产值，结果仅得到最基本的工资，因此出现强烈的失落感。

尽管技术组长总是尽可能公平地安排设计任务，平衡大家的利益，但意见还是一大堆。小组内人心浮动，好几个人都有了跳槽的意向，组长感到自己越来越难做人了。[天津商大2023年研]

**请结合案例，运用管理学相关知识，回答以下问题：**

**1. 你是否同意对技术人员按工程产值提取设计费的做法？为什么？**

**2. 试用相关激励理论解释该分厂工资全额浮动失灵的原因。**

**案例八**

（一）管培生刘达

刘达1996年出生于安徽省蚌埠市一个普通工人家庭。2017年从某大学的机械设计制造及其自动化专业毕业，通过校园招聘进入华兴建筑工程公司工作。该公司是具有20多年工程机械制造历史的企业，各项管理工作严格规范。但公司员工年龄老化，平均年龄41岁，尤其是35名中层管理者平均年龄达45岁。

入职三年来，刘达工作兢兢业业，认真负责，和同事相处非常融洽。先后取得了低压电器维修技师、电气设备安装技师等资格，2019年获得公司“技术革新先进个人”称号。刘达在维检车间、生产技术部和装配车间的工作业绩和工作能力得到了部门领导和同事们的肯定。2019年10月，生产技术部副经理退休，公司决定提升他为生产技术部副经理。公司总经理期望他能够配合生产技术部经理推进新产品研发，尤其是着力解决智能制造转型过程中的关键技术问题。

（二）是信任，还是嘲讽？

俗话说，新官上任三把火。上任后第一次部门例会，刘达对矿山机械制造行业的竞争态势、智能制造系统在华兴建筑工程公司技术竞争力提升中的作用进行了深度剖析，制定了企业战略落地方案，把智能制造系统落地的周计划、月计划讲得条条是道。大家纷纷表态，要认真落实执行，坚决支持新领导工作。

刘达原来的工作主要是维修设备，编写技术手册等，技术性非常强。担任副经理后，他发现自己不仅要做工作计划，还要签发各种文件，参加很多会议，要处理上级通知他亟须处理的各种事务，要和生产车间、设备部等其他部门沟通协商资源的分配，有时还要接待各方面的访问者，和供应商进行谈判。他似乎总是在处理某种突发事件。他还发现似乎很多事情都安排不下去，会遭到“微笑的拒绝”。

软件出故障排除后，他让马姐写一个软件故障原因方面的总结，马姐马上微笑着推辞：“不行啊，我的水平太低了，这也不是我的工作任务。你水平高，你可以，还是你写吧！”

新产品工艺流程调整后，他布置周新工程师把原来的流程图重新制作。老周微笑着说：“这太难了，还要学新的软件，我不行，也没有时间。你可以，还是你来画吧”。

一周过去了，他发现智能制造系统落地的周计划很多都没有完成。为什么大家工作都互相推诿呢？为什么新计划推进缓慢呢？他也曾听到同事背后议论，认为他不过是个小孩子，过过官瘾而已。

（三）是能力，还是态度？

刘达到生产技术部的主要任务是着力解决智能制造转型过程中的关键技术问题，推进公司智能化转型。到生产技术部两个月后，刘达发现除了老陈和老王，其他员工逐渐从开始的被动接受，到现在积极学习，已经能够掌握新的方法和新的流程了。

老陈年近40岁，来公司已近10年，负责生产计划安排。一直以来，老陈工作勤勤恳恳、任劳任怨，但他生性悲观，墨守成规，认为保持原状才是明智之举。虽然刘达反复和他解释自动计划排程的操作流程，但他会举出各种理由来证明新流程存在缺陷，使得新方法无法推进。

同样是老工程师，负责工艺流程制图的老王快50了。老王性格开朗，和同事们关系很好，每天都有笑话把同事们逗得开开心心。面对新技术新方法，他主动学习，还利用周末到公司学习软件的操作。但是刘达发现其他一些同事常在背后对老王嗤之以鼻，他们认为老王只是表面文章做得好，其实他能力最差。刘达也发现虽然老王在积极学习，但是还是没能掌握新的工艺流程制图的原理和方法，已经影响到其他同事的工作进度了。

怎么才能让老陈和老王掌握新的技能呢？一个性格固执拒绝改变，一个灵活应变但学习能力差，刘达真不知道该如何处理。

(四)是兄弟，还是下属?

刘达在生产技术部编写全自动数控机床技术工艺文件时，德国工程师的傲慢和自己的学识经验不足使他的工作困难重重，当时比他早进公司几年的赵方工程师给了他很多的帮助。因为同为90后的“后浪”，刘达和赵方志趣相投，称兄道弟，结下了深厚的友谊。

刘达的任命通知一公示，赵方第一时间就发来微信：“兄弟，欢迎回来，以后你就是我领导了，可要多多关照啊!”虽然是祝福的短信，但也让刘达感觉到了压力。不出刘达所料，有一天，他把明天晚上开视频会议的通知刚发到工作群里，就收到了赵方的微信：“这两天我父母来了，明天的会议来不了，我要请个假哈!”虽然觉得无奈，但碍于兄弟情分也不好说什么。

一天，公司和成都的一项合作项目出现了技术问题，刘达安排前期负责该项目的小李去成都解决问题。刘达正在办公室和小李沟通一些细节问题，赵方也不敲门，直接进来就说：“你知道我一直想去成都，这个项目我也参与过，为什么就不安排我去呢，还是兄弟吗?”看着赵方生气的样子，刘达苦恼该怎样解释他才不会生气，才能理解自己、支持自己呢?

刘达到生产技术部工作三个月了，没想到会遇到这么多的难题……

(五)主动调整，力图改变

面对困境，刘达积极反思三个月来的林林总总，主动进行自我调整。

为了让老工程师们认可自己，信服自己，首先必须提高自己的业务能力。刘达利用周末和业余时间在中国大学慕课App系统地学习“管理沟通”“领导科学和艺术”等MBA课程，努力提高自己的组织协调能力等领导技能。此外，刘达一方面全面系统地学习掌握新的智能制造系统的操作流程，另一方面主动学习生产技术部其他业务知识，遇到不懂的问题就主动虚心请教老工程师们，由于年轻、勤奋好学，再加上信息技术和自动化方面的基础知识扎实，老工程师们逐渐认可了95后刘达的业务能力和沟通能力。

刘达认为，争取同龄人的支持也很重要。2020年新春，新冠疫情也影响到了公司的生产和销售，公司决定生产技术部的部分工作实行远程办公。刘达请赵方、小李等“90”后们和自己结成团队，发挥年轻、精力旺盛和网络技术能力强的优势，积极帮助老同事们解决在家远程办公遇到的网络软件操作问题。在这过程中刘达注意保持谦逊的态度，认真倾听他们的建议，也不失时机地展示自己的优势技能，进而争取他们对自己的支持。

让老员工跟上工作进度，还得从制度上下手。公司引入智邦国际制造ERP系统后，原有工作流程和工作方法都发生了很大的变化，原有的管理制度也要作相应的调整。公司复工复产后，刘达修订了原来的绩效考核指标，拟定了一个促进合作、鼓励参与的激励方案。同时，刘达建议给老陈和老王一个最后期限，如果还是不能掌握新的技能，就进行工作轮换，调整老陈和老王的工作。[北邮2024年研]

**请结合以上案例，思考如下问题：**

**1. 结合明茨伯格的经理角色理论，分析刘达从技术人员提升为生产技术部副经理后，工作角色发生了哪些变化？**

**2. 请结合管理的科学性和艺术性，分析刘达提升为生产技术部副经理后遇到困境的原因。**

**3. 请阐述领导权力的来源。并分析刘达主动调整、力图改变困境的做法，增强了哪些领导权力？**

**4. 请从沟通和激励的角度，谈谈你对管好“老”员工的建议。**

## 案例九　猎人、猎狗和兔子的故事

一条猎狗将兔子赶出了窝并一直追赶它，但追了很久仍没有捉到。牧羊看到此种情景，讥笑猎狗说：“你们两个之间小的反而跑得快得多。”猎狗回答说：“你不知道我们两个的跑是完全不同的！我仅仅是为了一顿饭而跑，它却是为了性命而跑呀！”

这话被猎人听到了，猎人想：“猎狗说得对啊！如果我要想得到更多的猎物，得想个好法子。”于是，猎人又买来几条猎狗并规定：凡是能够在打猎中捉到兔子的，就可以得到几根骨头，捉不到的就没有饭吃。这一招果然有用，猎狗们纷纷去努力追兔子，因为谁都不愿意看着别人有骨头吃，而自己没饭吃。就这样过了一段时间，问题又出现了。大兔子非常难捉到，小兔子好捉，但捉到大兔子得到的奖赏和捉到小兔子得到的骨头差不多。猎狗们善于观察发现了这个窍门，于是专门去捉小兔子。慢慢地，大家都发现了这个窍门。猎人对猎狗说：“最近你们捉的兔子越来越小了，为什么？”猎狗们说：“反正没有什么大的区别，为什么费那么大的劲去捉那些大的兔子呢？”

猎人经过思考后，决定不将分得骨头的数量与是否捉到兔子挂钩，而是采用每过一段时间，就统计一次猎狗捉到兔子的总重量。按照重量来评价猎狗，以决定一段时间内猎狗的待遇。于是猎狗们捉到兔子的数量和重量都增加了。猎人很开心。但是过了一段时间，猎人发现，猎狗们捉兔子的数量又少了，而且越有经验的猎狗，捉兔子的数量下降的就越厉害。于是猎人又去问猎狗。猎狗说：“我们把最好的时间都奉献给了您，但是随着时间的推移我们会老，当我们捉不到兔子的时候，您还会给我们骨头吃吗？”

猎人做了论功行赏的决定。分析与汇总了所有猎狗捉到兔子的数量与重量，规定如果捉到的兔子超过了一定的数量后，即使捉不到兔子，每顿饭也可以得到一定数量的骨头。猎狗们都很高兴，大家都努力去达到猎人规定的数量。一段时间过后，终于有一些猎狗达到了猎人规定的数量。这时，其中有一只猎狗说：“我们这么努力，只得到几根骨头，而我们捉的猎物远远超过了这几根骨头。我们为什么不能给自己捉兔子呢？”于是，有些猎狗离开了猎人，自己捉兔子去了。

猎人意识到猎狗正在流失，并且那些流失的猎狗像野狗一般和自己的猎狗抢兔子。情况变得越来越糟，猎人不得已引诱了一条野狗，问他到底野狗比猎狗强在哪里。野狗说：

“猎狗吃的是骨头，吐出来的是肉啊！”接着又道：“也不是所有的野狗都顿顿有肉吃，大部分最后连骨头都没得舔！不然也不至于被你诱惑。”于是猎人进行了改革，使得每条猎狗除基本骨头外，可获得其所猎兔肉总量的n%，而且随着服务时间加长，贡献变大，该比例还可递增，并有权分享猎人总兔肉的m%。就这样，猎狗们与猎人一起努力，将野狗们逼得叫苦连天，纷纷强烈要求重归猎狗队伍。[常州大学2022年研]

**根据上述案例，回答以下问题：**

**1. 该寓言故事蕴含了管理学的哪些理论？**

**2. 请运用管理学的相关理论分析该寓言故事对管理实践的启示。**

## 案例十

某民营企业是一个由仅几十名员工的小作坊机电企业发展起来的，2015年已拥有3000多名员工，年销售额达几千万，其原来的组织结构属于比较典型的直线职能制形式。随着本行业的技术更新和竞争的加剧，该企业的高层领导者开始意识到，企业必须向产品多元化方向发展，其中一个重要的决策是计划生产与原生产工艺较为接近、市场前景较好的电信产品。为此，企业也开始准备将组织结构由原来的直线职能制调整为事业部制。2016年，恰逢某国有电子设备厂濒临倒闭，于是他们并购了该厂，在对其进行技术和设备改造的基础上，组建了电信产品事业部，并在某国独立开展电信产品方面的业务。

小王是在2000年从国内一所名牌大学拿到硕士学位后到该民营企业开始工作的。9年后，他成了该公司的一名最年轻的中层干部。公司高层也发现了他的领导潜能和进取心，遂在2010年指派他到郊区生产基地的一个生产工厂主持工作，主要负责完成公司某些产品生产方面的任务。尽管小王应该以任务为导向，但他采取了一种民主的领导方式。他主张工作人员要以名字直接称呼，并鼓励下属人员参与决策制定。对于生产工厂的目标和指标，每个人都很了解，但实现这些目标的方法却是相当不明确的。不过，由于生产工厂规模相对较小，工厂每年都还能出色地完成企业安排的各项生产任务。小王也被认为是一位很成功的领导者和管理人员。

在企业并购成功后，该民营企业需要安排一个得力干将到某国负责新组建的电信产品事业部工作。企业高层思前想后，觉得小王是最合适的人选，于是就任命小王为新事业部的部门经理。小王也欣然接受，兴高采烈地走马上任。此外，根据并购协议，新组建的电信产品事业部的中基层管理人员由原厂的18名和企业新委派的12名管理人员组成。

在新的岗位上，小王发现，由于原厂是典型的生产型企业，该厂的管理风格是任务导向型的，中基层管理人员习惯于在工作中执行指令性政策。不过，由于原厂在某国已经营多年，中基层管理人员对工作业务、当地市场、政策环境等方面的情况更为熟悉和了解。而小王带来的12名管理人员则是自己在原单位进行精挑细选出来的，也习惯了小王的领导风格。于是，在新的事业部里，新老管理人员之间的沟通合作出现了一些问题。如双方沟通交往较少，彼此的信任程度有待提高。再加上思想、文化等方面的差异，使双方沟通中存在着障碍和干扰，导致了一些不必要的误会、矛盾，甚至是冲突的发生。

为了更快地扭转局面，小王更换了原厂的全部18名中基层管理人员，当然，按照协议，管理人员的来源还是在原厂的员工中进行选拔。但新晋升的管理人员，普遍对各自的管理工作不甚熟悉，导致工作中问题不断。为了确保有足够数量的管理人员来处理预期扩增的业务，小王只有通过在原厂和国内选拔增加管理人员来达到目的。一年时间，中基层管理人员增加得相当快，已由以前的30名增加到约50名。但是，小王以前成功的管理方式并没有取得相应的效果，该事业部在一年时间内丢掉了最好的两个客户。小王马上意识到事业部的管理人员过多了，因此决定解雇前一年刚招进来的12名中基层管理人员，以减少开支。他相信挫折只是暂时性的，在此后的几个月时间里又增加了6名中基层管理人员，以适应预期增加的工作量。但预期中的新业务并没有来，所以又重新缩减了中基层管理人员队伍。在2018年夏天的那个"黑色的星期二"，13名中基层管理人员又被解雇了。伴随着这两次裁员，留下来的中基层管理人员感到工作没有保障，并开始怀疑小王的领导能力。该民营企业的高层管理人员了解到问题后，决定将小王调回到国内生产基地的另一个生产工厂，也许在那里他的领导方式才能显现出很好的效果。[西安石大2022年研]

**根据资料，请回答以下问题：**

**1. 与企业原来的直线职能制相比，事业部制的组织结构形式具有哪些优点和缺点？**

**2. 这个案例更好地说明了小王遵循的是领导的行为理论，还是领导的权变理论？为什么？**

**3. 小王在生产工厂取得成功的策略，为什么在电信产品事业部中没能成功？从领导三要素(领导者、被领导者和情境)的角度分析其中的原因。**

## 案例十一　带货"直播女王"转型之路

说起薇娅，她能够这么的有影响力，能够被人这么称赞，其实是源自她的实力。在2018年的双11，薇娅在自己的直播间，仅仅用了两个小时，销售额就达到了2.67亿，在2019年的暖冬节达到了6.3亿。薇娅一场直播，最高观看人数达到过4300万。她这样的影响力，恐怕一些明星也赶不上。虽然没有在娱乐圈中发展，但她确确实实要比明星还要受人欢迎，话题度和热度也非常的高。

薇娅的童年，其实并不是很快乐，她的父母把更多的时间和精力放在了自己的事业发展上，根本没有时间去照顾孩子，所以小小年纪的薇娅就跟着外婆一起生活。别看她年纪小，但她却很是懂事，而且很是独立，从不给外婆添麻烦，外婆对于孩子的教育也比较严苛。在这种生活环境下成长的薇娅，有着隐忍而又顽强的性格，这也为她今后在事业上的发展奠定了坚实的基础。

薇娅那么年轻，就在北京和男友两人一块飘荡，一块干事业，而且到后来一个偶然的机会，她在朋友的推荐下参加了选秀节目。没有想到没有受过专业训练的薇娅，拿到了冠军的称号。而且还签约了环球唱片，薇娅现在是带货主播，可曾经的她却也发行过自己的专辑，而且也被经纪人安排着去节目组中拍戏。薇娅的估值还是蛮不错的，而且刚出道就有这么出彩的表现，按理来说，事业将会蓬勃发展。但她却并没有坚持下去，她觉得娱乐圈中的压力实在是太大了，她喜欢过自由自在的生活，毅然决然地从娱乐圈中退出，再次投入到了商业中。

薇娅出身"服装世家"，她的父母及亲戚，不少人活跃在线下服装零售领域，即便目前，她的堂兄依然经营着全国150余家的线下男装连锁店。很快，她从娱乐圈回到了服装行业，一面做平面模特，一面经营线下服装店。薇娅和董海峰两人将自己的服装店从北京开到了西安，一路走来，盈利不错，收入可观，两人又属于敢打敢拼类型。2011年，淘宝创业成为一种风潮，茵曼、御泥坊等最早一批淘品牌崛起。2010 年她们的日营业额已经从 40 万降到了 20 万，显然淘宝创业已经成为风潮。看到商机的薇娅关掉了全部线下店，转战淘宝，开网店，没有想到两人却翻了个底朝天。由于没经验，上网后的生意并不好，库存严重。前前后后，店铺亏损了 600 多万元。那段时间应该是她们最难熬的日子了，要比创业的时候还要艰难，朋友离她们越来越远，而且员工不断地辞职，让她们两人感到了生活的巨大压力。

2016 年 5 月，薇娅开始第一场直播，5000 人围观。那是忐忑而漫长的数小时，她都不知道该说些什么。6 月份，她已经慢慢轻车熟路，讲服装搭配，讲配饰选择，一场直播可以砍下 2 万单。她的语速非常快，针对每一款上新服装，她一边对着镜头试穿，一边介绍服装的颜色、材质、设计细节、穿在身上的感觉等，同时，也会提醒粉丝服装如何搭配。粉丝抛出了刷屏留言，她会一一作出回答，比如该穿什么尺码，该选什么样的颜色，是否比双 11 还优惠，对于断货的商品，薇娅也会要求工作人员跟商家争取加货。一款男士真皮羽绒服她还让自己的爸爸来亲自试穿。她每介绍一件衣服，后台工作人员就立刻在店铺上新一件。薇娅的运营总监奥利回忆，“一秒钟一千件，一点开就没有了，几乎件件数秒售罄。”最终，这场直播一直从 7 点播到了 12 点 40 分，吸引了 153.45 万用户观看，点赞数更是达到了 1230 万。“计划保 3000 万，冲 5000 万，没想到一不留神没刹住。”奥利说，最终，销量停在了 6979 万。

淘宝直播不同于娱乐直播，主播光环的背后是对行业有资深的了解。薇娅特别强调，为粉丝带去高性价比的好商品已经是主播间的共识。薇娅的身后有一个完整的生产链，目前她背后有着 40 个工厂，如果她停播一天，工厂方也就会因此而停工。更多时候，我们都以为直播间就是卖卖东西聊聊天什么的，但事实上背后却是很多团队作战的结果。薇娅更像是一台精确的赚钱机器，她的上百人的团队就是机器上的零部件，确保了这台机器的精确运转。这支团队会将来报名的 1000 个产品淘汰掉 800 多个，将剩下一两百个产品交给薇娅，薇娅会进行最后的表决。薇娅说现在不是说要赚多少钱而是自己有压力，前面是“薇娅的女人”，背后是完整产业链，前后她都要负责。

从娱乐圈小明星，到淘宝店主，再到直播网红，薇娅感受着互联网冲击下的商业变化，粉丝给她带来的荣誉和美好的生活。

（本案例根据薇娅创业史改写。资料包括：《薇娅成功之路：关实体店卖房创业、背后辛酸大揭秘》《薇娅带货的背后逻辑：“人场货”的模式下的人设建立》《淘宝直播主播网红：薇娅的励志创业故事！》）

**问题：**［南京理工 2021 年研］

**1. 从管理学原理出发，你认为薇娅直播成功的原因是什么？**

**2. 你如何看待薇娅的两次转型决策，她的决策有哪些理论依据？**

**3. 从薇娅创业角度来看，在创业过程中领导作用有哪些，如何才能创业领导？**

**4. 从社会发展角度来看，你认为直播带货对传统组织管理的冲击有哪些？为什么？**

## 案例十二

温哥华有一家印刷工厂，主要印刷信笺、办公表格等各种各样的产品，销售给加拿大西部的工商机构，该厂有 40 名工人。由斯但管理整个工厂，帮助他管理的还有 3 名主管。

也许是由于该机构内领导自由松散，原材料的浪费现象和失窃现象很严重，许多工人都在业余时间经营自己的小生意，利用公司的原材料印制办公表格、信笺等物，卖给当地的商人。印刷车间的工作时间从上午8点到中午12点，下午从1点到4点，但是几乎所有的工人在上午11点30分就准备去吃午饭，下午3点30分就准备下班了。该工厂生产成本之高使公司在多伦多的总部意识到其浪费问题的严重性。东部分公司的总经理桑得先生打算采取一些补救措施，桑得被公司总部的人看作专门解决麻烦的人，是效率专家。他被任命为斯但的顶头上司。

桑得注意到厂内原材料和时间的浪费问题，于是决定实行一系列改革来提高工作效率。来工厂一个星期内，他就做出了以下规定：(1)午饭时间缩短为30分钟，工人在12点30分之前不许离开车间。(2)下午3点50分之前，工人不许清理机器准备离开。(3)每名工人使用的原材料都要经过登记。例如：如果一名印刷工要印制4500份印刷品，他可以登记领到4505张纸，如果由于在印制时报废了一些纸需要多领些，他就必须填写一份表格说明原因。工人们的工作态度在两个星期内发生了很大的变化，他们不停地抱怨新的工作规定，还经常说桑得简直不知道自己在做什么，工人们的行为也开始发生了较大变化。例如，装订车间有一件工作是整理书页，大约九名工人要在一个大长方形的工作台旁不停地巡行，把从机器中输送出来的书页收集起来，整理成一本本的书或小册子，整理书页的工作非常单调，从前，工人们总是借闲聊来打发时间。

桑得到工厂三个星期后，工人们开始在工作时间尖声怪叫或吹口哨，一名女工还穿上旱冰鞋来往穿梭，尽管工人们的工作态度比以前更糟，产量却达到了前所未有的水平。乔是装订车间的头头，他决定应该采取一些行动来让桑得下不了台。一天下午，乔对其他的装订工人说："喂，我们没必要忍受这些态度，我们来一次疯狂大罢工吧！"工人们都表示赞成，但是，那些已婚的工人没法说服他们的配偶，让她们相信这是个好计划。工人们的态度更加糟糕了，工人们之间开始频繁地争吵，偶尔甚至还会拳脚相见，产量开始下降。总部公司的一位人事关系主管得知此事，决定让麦吉尔大学的一名毕业生福特以总部公司全权特使的身份来工厂帮助解决这场纠纷。福特的第一步行动就是召开一次印刷车间的员工会议，桑得也到了会。

福特："我叫福特，我之所以召开这次会议，是因为我听说过这里存在着极其严重的问题，自从我入印刷这行以来，我从未听说过任何一家印刷厂出现过这种情况。我从各种渠道听说这里工人们的工作态度很不好，这种情况没有任何理由再继续下去了。桑得，你难道没有意识到工作态度和产量之间存在着一种必然的联系吗？如果你继续让工作态度再继续变坏，你认为工厂的产量会怎么样？"桑得先生开始紧张了。"桑得，这不是管理工厂的办法，这些雇员也是人，你没有意识到这一点吗？除非你能得到他们的合作，否则你永远不可能顺利有效地进行管理，这儿必须有所改变。桑得，我会在厂里两个月左右，我想看到一些成果，你明白吗？"桑得回答："是，福特先生。"一些雇员后来对桑得在会上所受的待遇表示关切，而另外一些人则认为早该这样了。桑得取消了他的一切改革规定，工人们的工作积极性很快又提高了，同时他们又开始对浪费问题漠不关心了。[南京理工2019年研]

**案例思考题：**

**1. 桑得和福特的管理行为分别代表了两种不同的风格，他们都没有成功，试分析他们**

**的管理风格各自接近哪种管理流派的观点。为什么他们的做法在这里会行不通？**

**2．你认为还有什么更好的办法来解决这家印刷厂的问题？**

## 案例十三　中小股东为何站在董明珠对立面

刚刚过去的这个周末是个有趣的周末，几件事在朋友圈广泛传播。

第一件，格力电器于10月30日发布第三季度报告，1～9月份实现营业收入824.3亿元，同比增长1.11%；归属于上市公司股东净利润112.3亿元，同比增长12.82%；基本每股收益1.87元。

第二件，董明珠在28日召开的格力电器临时股东大会上突然发飙，像教训自家孩子一样教训中小股东："我进来不鼓掌，这是第一次""格力没有亏待你们！我讲这个话一点都不过分""你看看上市公司有哪几个这样给你们分红的？""我5年不给你们分红，你们又能把我怎么样？""两年给你们分了180亿，你去看看哪个企业给你们这么多？""格力从1个亿、从1%利润都没有甚至亏损的企业做到今天，达到13%的利润，是靠你们来的吗？"

董明珠发飙的结果是什么呢？大家都看到了，由董明珠主导的26项议案中的15项被否决，其中包括《关于公司本次发行股份购买资产并募集配套资金暨关联交易符合法律、法规规定的议案》《关于公司募集配套资金的议案》《关于补充调整公司募集配套资金方案的议案》等。

格力电器收购珠海银隆一案虽然通过，却是以66.96%的得票率贴着红线"低空飞行"。

26项议案15项被否，意味着格力电器若想继续收购珠海银隆，只能自掏腰包了。

此前，董明珠几次携魏银仓出现在媒体面前，将一个人们普遍不怎么看好的珠海银隆、钛酸锂电池及新能源公交车描绘得花团锦簇，以至于给人留下"格力电器铁定收购珠海银隆"的印象。甚至在董明珠的口中，珠海银隆以及新能源汽车承担了格力电器迈向下一个1000亿元目标的历史使命。

如此美好而神圣的未来，投资者怎么就不领情呢？这让一向出门自己拎包，为公司节约每一分钱的董明珠倍感委屈，觉得自己"一片丹心向阳开""奈何明月照沟渠"，于是，"我5年不给你们分红，你们又能把我怎么样"的话脱口而出。

问题是，为什么四年前亲手把董明珠扶上格力电器董事长位置的中小股东，四年后的今天亲手否决了由董明珠主导的15项议案？过去四年，董明珠到底做了什么，以至于让中小股东态度发生180度大转弯？

我们看看过去四年董明珠做了什么。

完全由董明珠主导的格力电器，过去四年可以分为两个两年。

第一个两年是2013～2014年，这期间，董明珠基本上"萧规曹随"，沿承了朱江洪在位时制定的企业发展战略，主要心思仍然放在了空调主业上。其间虽然也曾发生与雷军"10亿元豪赌"的插曲，毕竟尚无特别出格的表现。

2014年，格力电器实现营业收入1377.50亿元，归属于股东净利141.55亿元，达至企业发展史上的巅峰高度。但不少人认为，这两年格力电器的发展很大程度上属于"惯性滑行"，是朱江洪时代的余绪。

第二个两年是2015～2016年，这两年格力电器发生业绩大逆转，"营收"及"营收增长率"，"净利"及"净利增长率"，以及"总市值"等关键指标，一一被主要竞争对手美的集团超越。

再就是格力电器的发展战略越来越让人看不懂。2015 年以来，先后宣布进入手机及新能源汽车领域，结果均让人大失所望。

先说手机，至今已进入超过 18 个月的时间，但格力手机销量至今仍然是个谜。业内猜测，以董明珠张扬的个性，即使格力手机销量只有小米手机销量的三分之一，她也不会捂住不报。知情人士提供的信息显示，格力手机一代销量可能不会超过 10 万台，二代销量更是惨淡，至今不会超过 1 万台。

在不少人眼里，董明珠操作手机的路子实在外行到不能再外行，你看，她至今连一场正经的发布会都没开过，基本上就是靠她自己在公共场合“不经意地掏出手机”或“直接摔机”的方式推广，与主流企业推广方式格格不入。

让人无法理喻的背后，是董明珠自信心爆棚，总认为自己具有足够强大的市场号召力，只要她喊两嗓子不愁产品卖不出去。事实是，格力手机销售惨淡，估计连锤子都不如。由此可见，董的个人号召力，没有她自己想象得那么大。

新能源汽车则一开始就不顺，这不是一个良好的征兆，就不展开说了。

不过，从目前态势看，我们还不能得出“格力电器收购珠海银隆已经中止”的结论。以董愈战愈勇的个性，我想她不会就此罢手。事实上，格力高层已传出消息，称将调整收购方案后继续推进收购。至于公众及媒体对珠海银隆颇有微词，在董看来都不足为虑。

我统计了 2015 年以来媒体关于董明珠及格力负面报道的数量，发现与 2013～2014 年两年相比陡增 342%，其中针对董本人的负面评论占据 78%。我于是思考一个问题：到底是大家错了，还是董明珠错了？

进入“董明珠时代”的格力电器，做了两大战略决策，一做手机，二是收购珠海银隆。不幸的是，这两个决策均引发巨大争议，很难让人相信两大战略决策是审慎、理性论证的结果。

因此，投资者越来越担心，格力电器照目前这种态势滑行下去将十分危险，让董明珠悬崖勒马才是最负责任的选择。中小股东对格力收购银隆相关议案投出反对票，等于在关键时刻联手拯救了格力电器。“从来不会犯错”的董明珠，这一次会坐下来反躬自问“我错在哪里了”吗？

需要特别说明的是，很多人以为董明珠失去了中小股东支持才被否决。事实上，不少机构投资者对格力电器大幅溢价收购银隆同样不看好，甚至有机构投了反对票。他们并非不看好格力电器的资产质量及盈利能力，而是不看好格力的转型方向。

我坚持认为，是董明珠的“大跃进”情结害了格力，天天想着 2000 亿，必然会做出非理性的决策。须知，2000 亿是个结果而不应成为目标，格力电器应该重新回到家电主业上来，确保空调产业未来三年内不被美的超越，多元化重点应该放在以机器人为主的智能装备上，同时想方设法把晶弘冰箱和大松小家电做下去，而不是目前这种不温不火的局面。

当然，这样做的代价是格力电器未来五年不可能成长为 2000 亿体量的企业，但可确保格力电器是一个健康的企业。而目前这种非理性、大跃进式多元化，已经将格力置于十分危险的境地，面临生死存亡的抉择。

一直以来，股东就是企业的上帝，“为股东创造价值”几乎是所有上市公司的理念，像董明珠这样以傲慢的口吻教训中小股东的情况从来不曾发生。有人试图从心理学的角度分析成因，认为这可能缘于董明珠内心有一个强大的逻辑——“没有董明珠就没有格力”，她认为是她一手成就了格力，因此才会说出“两年给你们分了180亿，你去看看哪个企业给你们这么多”“格力从1个亿、从1%利润都没有甚至亏损的企业做到今天，达到13%的利润，是靠你们做来的吗?”董明珠无意之间把自己放在了“施舍者”位置上，拥有强烈的道德优越感。

这几年，董明珠给公众留下的印象越来越娱乐化，不是她的表达多么的幽默，而是人们越来越用“看笑话”的心态看待这位企业家，这对一个企业家是幸是悲?［中财2017年研］

**问题：**

**1. 管理者应当具备哪些技能？请你评价董明珠在这些方面的技能水平。**

**2. 请从组织变革的角度分析格力收购珠海银隆的原因和可能的障碍。**

**3. 在管理方格理论中，董明珠的领导方式属于哪一种？请分析这种领导方式的利弊。**

**4. 根据冲突的相互作用观点，董明珠与中小股东的冲突属于哪一类型的冲突？你认为董明珠应当如何处理与中小股东之间的冲突。**

# 考研真题详解

## 一、单项选择题

1. B 【解析】B项，正式组织的目标通常是明确和具体的，而非正式组织的目标则可能较模糊。

2. D 【解析】管理的基本原理是管理者在管理实践中须遵循的基本规律，主要包括人本原理、系统原理、效益原理和适度原理。D项，权变原理是指管理方法应根据具体环境的变化而变化，是一个重要的管理原则，但不属于基本规律。

3. B 【解析】全球化管理的环境包括一般环境和任务环境。其中，一般环境是指对组织活动产生间接影响的政治、经济、社会和文化环境。任务环境是指与组织活动直接相关的环境，包括供应商、竞争对手、销售商、顾客等。

4. C 【解析】迪马吉奥和鲍威尔认为，合法性导致组织趋同的三种不同机制为：①强迫性机制，即外部压力迫使组织遵循特定规范；②模仿机制，即组织模仿同领域成功组织的行为和做法；③社会规范机制，即社会规范形成共享观念和行为规范，影响组织行为。

5. D 【解析】例外问题是指那些偶然出现的、前所未见的、性质和结构不明确且具有重大影响的问题。D项，现金短缺属于常规例行问题，通常可以通过日常管理解决。

6. A 【解析】本题中，国家有关部门的明令关闭是基于环境保护法规，属于政治法律环境的影响。政治法律环境主要考虑政府政策、法律法规、政治稳定性等因素。

7. B 【解析】缩小现状与目标之间的差距，通常可采取以下两类措施：①逐步改进，即在现有基础上进行持续改进，逐步接近目标；②变革现状，或对现状进行根本性调整，如改变产品种类、大幅裁员等。

8. B 【解析】指挥链的指挥统一性原则强调每个下属应只向一个上级汇报工作，以避免多头指挥和责任不清的问题。本题中，各地区经销办事处的经理们需要同时向市场经营的副总经理和总会计师汇报，这会导致指挥混乱和管理效率低下，违反了指挥链的指挥统一性原则。

9. C 【解析】按地区划分，适用于一家产品单一的跨国公司在世界许多地区拥有客户和分支机构的情况。A项，按职能划分，适用于规模较小且业务相对简单的公司。B项，按产品划分，适用于产品线多样化的公司。D项，矩阵结构适用于项目导向型的公司，但复杂度较高，不适合所有情况。

10. D 【解析】D项，矩阵制中，员工同时接受来自两个方向的指挥：项目负责人和职能部门负责人。这种双重指挥结构违背了“统一指挥”的组织原则，可能导致命令冲突和责任不清。

11. D 【解析】小团体在组织中是普遍存在的现象，可以是正式或非正式的。小团体的存在并不一定是负面的，有时它们可以促进员工之间的沟通与合作，增强团队凝聚力。作为总经理，应正视小团体的客观存在性，并通过积极引导来发挥其正面作用，而不是简单地取缔或忽视。

A 项，宣布小团体为非法并予以取缔，可能会引起员工的反感和抵触情绪。

B 项，警告小团体领导人，这种方式过于强硬，可能破坏组织氛围。

C 项，完全不闻不问，可能导致小团体的负面影响逐渐扩大。

D 项，正视并积极引导，是最合理和有效的处理方式。

12. A 【解析】集权是指决策权集中在组织高层的一种权力系统。本题中，张总的问题在于管理过于集权，导致他无法抽身进行战略规划。他需要适当下放权力，让下属承担更多的责任。

13. A 【解析】题中随着公司产品种类的增加，总裁感到难以继续对所有产品部进行有效领导。在这种情况下，最可行的方案是在公司总部和产品部之间增加一个按产品大类组成的管理层，这样可以实现分层、专业化管理，提高决策速度。

B 项，更换一位能力更强的公司总裁并不能从根本上解决产品种类增多带来的管理问题。

C 项，淘汰几种产品可能会减少管理难度，但也会限制公司的业务发展。

D 项，各产品部实行自主管理虽可减轻总部的压力，但缺乏统一协调可能会导致资源浪费和管理混乱。

14. B 【解析】B 项，所设计的人事考评指标应尽量具有普遍性。但设计指标具有普遍性并不是必需的，某些指标可能只适用于特定岗位或人群。

15. C 【解析】根据文化、战略和环境的配置，组织文化可分为适应型、愿景型、小团体型和官僚制型四种类型。对组织来说，这四种文化都可能成功，但最终的成功还取决于外部环境和组织战略的需求。

16. B 【解析】A 项，塑造组织文化时，不仅要考虑社会要求和行业特点，还需结合本组织具体情况。

B 项，组织领导者的模范行为对组织文化的塑造具有重要的影响。领导者的行为和态度会直接影响员工的行为和态度，从而对组织文化的形成起到号召和导向作用。

C 项，组织文化虽需要员工自律，但仅靠自律不够。有效的组织文化还需通过制度来规范和强化。

D 项，组织文化不是一成不变的，会随着外部环境的变化和组织自身的发展不断调整和优化。

17. A 【解析】奖赏权力是指能对他人进行奖赏的权力。奖赏性权力的有效性取决于奖赏是否与下属的需求相一致。如果奖赏能够满足下属的实际需求，那么这种权力就会更加有效。

18. A 【解析】有效的领导应善于同下属交谈，倾听下属的意见，了解下属的欲望和需要，这样才能更好地激励他们。

19. B 【解析】题中情形下，下属已经有足够的能力完成任务，但缺乏积极性。因此，部门经理应采取低任务、高关系的领导方式，即减少对具体任务的指导，增加与下属的情感交流和激励。

20. A 【解析】根据领导者角色理论，A 项，涉及作决定（启动新项目）及后续的管理行为（监督），是典型的决策角色表现。B 项更多地体现了信息传递或沟通的角色。CD 两项反映了管理者的人际关系角色，C 项反映的是挂名首脑角色，D 项体现的是联络者角色。

21. A 【解析】AB 两项，麦格雷戈的X 理论认为，人本质上是懒惰的，不喜欢工作，需要通过强制、监督和惩罚来促使他们完成任务。Y 理论与 X 理论相反，认为人是积极主动的，能够自我激励，愿意承担责任，且在适当的条件下会努力工作。Y 理论强调信任、授权和支持。

C 项，超 Y 理论（又称权变理论）是由莫尔斯和洛希提出的，它认为管理者应该根据具体的情况灵活地选择管理方式，既不是完全的 X 理论，也不是完全的 Y 理论。

D 项，Z 理论是由威廉・大内提出的，结合了美国和日本的管理特点，强调长期雇佣、缓慢的评价和晋升过程、非专业化的经历道路等。

22. B 【解析】Y 理论假设员工是自我激励的，喜欢承担责任，且在适当的情况下会寻求和接受责任。这种理论支持给予员工更多的自主权和灵活性，符合题中弹性工作制和居家办公的理念。

23. A 【解析】根据双因素理论，赫茨伯格将影响员工满意度的因素分为激励因素和保健因素两类。AD 两项，通过改变工作内容，使老王能完成完整的产品设计，增加了其成就感和责任感，这是典型的激励因素。BC 两项，虽然重要，但它们主要是保健因素，只能消除不满，并不能显著提高工作积极性。

24. B 【解析】在强化的类型中，惩罚是指处罚令人不快或不希望的行为，以减少或削弱该行为。本题中，通过严厉的措施减少作弊行为，属于惩罚。A 项，负强化是指通过消除或终止厌恶、不愉快刺激来增强反应频率。C 项，自然消退是指以不给予期望结果的方式，减少某行为出现频次。D 项，正强化是指通过呈现愉快刺激来增强反应频率。

25. C 【解析】A 项，链式网络的信息传递过程中易出现失真。

B 项，全通道式网络的信息传递方式全面开放，管理效率较高，但这并不绝对。

CD 两项，链式网络信息传递路径单一，员工参与度低，不利于激发士气和增强合作精神。而全通道式网络信息传递全面开放，更能激发士气，增强组织的合作精神。

26. A 【解析】按产生原因不同，冲突可分为：①目标冲突，因存在不一致或不相容的结果追求所引发；②认知冲突，因存在不一致的看法、想法和思想而导致；③情感冲突，因情感上的不一致而引发；④程序冲突，因不一致或不相容的优先事件选择和过程顺序安排而产生。

27. B 【解析】良好的控制要选择关键控制点。“牵牛鼻子”是指选择关键控制点，即找到最关键的问题或环节进行控制，以确保整个系统的有效运行。

28. A 【解析】反馈控制的作用有：①避免周期性重复活动中再次发生类似问题；②消除偏差对后续活动的影响；③总结经验教训，为未来工作提供依据；④提供员工奖惩的依据。

29. D 【解析】全面质量管理强调以顾客为中心，通过不断改进产品和服务来满足甚至超越顾客的需求和期望。这种持续改进的过程是由顾客的需求和期望驱动的，确保企业能够长期保持竞争力。

30. B 【解析】近年来，创新评估逐渐呈现多维性。这意味着在评估创新时，不要仅关注单一的指标或方面，而是要从多个维度进行全面考量，包括但不限于技术先进性、市场潜力、经济效益、社会影响等。

## 二、判断题(正确的打“√”，错误的打“×”)

1. ×　2. √　3. √　4. ×　5. √　6. ×　7. √　8. ×　9. ×　10. √
11. ×　12. ×　13. √　14. ×　15. ×　16. ×　17. ×　18. ×　19. √　20. √
21. √　22. ×　23. √　24. ×　25. √　26. ×　27. ×　28. √　29. √　30. ×
31. ×　32. √　33. ×　34. √　35. ×　36. ×　37. √　38. √　39. ×　40. ×
41. ×　42. √

1. 管理的本质是协调人的行为。领导只是管理的职能之一。

4. 法约尔认为，管理活动包括计划、组织、指挥、协调和控制五个方面的内容。除了管理外，经营还包括技术、商业、财务、安全以及会计等一系列职能。

6. 哈默提出的业务流程再造的原则之一是围绕结果而不是任务进行组织。

7. 在复杂的环境下，高层管理者通常拥有更多的信息和资源，能够做出更全面的决策。

8. 决策是一个过程，通常包括识别问题、诊断原因、确定目标、制定备选方案、评价和选择方案、实施和监督六个阶段的工作，而不是在“瞬间”选定某一方案。

9. 对组织中存在不确定性和风险的决策，可通过决策树法进行备选方案优化选择；而确定性决策更多地依赖直接的成本效益分析来做出决定。

11. 头脑风暴法的特点是倡导创新思维，强调在不对别人的建议做出评论的基础上提出新的建议。

12. 在管理活动中，计划是动态的，需要根据实际情况进行调整。严格的照办可能会导致灵活性不足，影响组织的适应性和效率。

14. 目标管理是美国管理学家彼得·德鲁克在其1954年的《管理实践》一书中提出的。

15．滚动计划法的目的是增加计划的弹性和适应性，保证计划顺利实施。

16．直线制组织结构的专业化水平较低，但对管理人员的要求并不高，因为结构简单，职责明确。

17．管理幅度是指管理人员直接有效管理的下属人员数量，而不是全部下属数量。

18．一般来说，管理者的管理层级越高，其管理幅度越小。

22．公开选聘通常需要较长时间，不适合急需填补关键岗位的情况。

24．组织价值观是整个组织文化的核心和灵魂。

25．领导和管理是两个不同的概念，二者的职能范围、权力来源、主要功能不同。

26．领导者和管理者虽然有重叠，但并不完全相同。领导者侧重于激励和指导，而管理者侧重于计划、组织和控制。

27．在管理方格理论中，(9，9)型对应的是团队型领导方式，强调对人和任务的高度关注。(9，1)型对应的是任务型领导方式。

30．X 理论基于“经济人”假设；Y 理论则基于“自我实现人”假设。

31．目标管理对人性的假设是“自我实现人”的假设，即认为员工是积极主动的，能在适当条件下自我激励、自我管理。

33．间歇性的正强化往往比连续的、固定的正强化更有效。而负强化是指通过消除或减少不愉快的刺激来增加某种行为的发生频率。负强化也不一定要间断地实施，具体取决于实际情况和效果。惩罚是指处罚令人不快或不希望的行为，以减少或削弱该行为。

34．题中所述属于纵向扩大工作。纵向扩大工作是指将员工的工作范围沿组织层级的垂直方向扩大，如生产工人参与计划制定，自行决定生产目标、作业程序、操作方法等。

35．工作丰富化是指通过增加岗位的技术和技能含量，使工作更自主、具有挑战性，其允许员工对自己的工作有更大的控制力；而工作扩大化是指通过扩大岗位工作范围、增加岗位职责来提高工作效率。

36．一般来说，西方社会推崇个人主义，比较注重个人发展及成就，权力距离较小；而东方社会强调集体主义，比较重视团队和谐，权力距离较大。

39．企业一般由四种经济主体组成，即股东、经营者、管理者和普通员工。

40．题中所述为静态风险。纯粹风险是指只能导致损失而不会带来收益的风险。

41．创新从广义上来讲是指产生新的思想和行为的活动。

## 三、概念题

**1. 系统原理**[桂林理工 2024 年研]

**相关试题：管理的系统原理**[中南财大 2022 年研]、**系统**[中南财大 2023 年研]

**答：**系统原理是指在管理实践活动中，运用系统论的基本思想和方法指导实践，解决和处理问题的基本规律。系统是指在一定环境条件下由若干相互依存、相互作用的要素或子系统组合而成的具有特定功能的有机整体。这一原理强调了系统内部各要素间的协同工作对实现系统目标的重要性。根据系统原理，管理活动中的每个问题都应从系统(整体)和层次的角度处理，同时须具备开发观点、注重持续改进和创新。其要点有：整体性原理、动态性原理、开放性原理、适应性原理和综合性原理。系统原理是系统论在企业管理中的应用，为认识管理的本质和方法提供了新的视角。

**2. 例外管理**[西南财大 2024 年研；中南财大 2023 年研；天津商大 2023 年研]

**答：**例外管理是一种管理原则和方法，是指管理者应将主要精力集中在处理那些偏离计划、标准或预期的“例外”情况，而对于常规的、符合预期的事务则按既定的规则、程序和政策由下属或自动化系统进行处理。即在例外管理中，企业的高级管理人员将一般的日常事务授权给下级管理人员去处理，自己只保留对重要事项的决策和监督权，如重大政策的决定和重要人事的任免等。具体来说，例外管理的关键思想包括：处理重要事件；授权下属处理常规工作；应对突发情况。通过例外管理，组织可以更好地应对不确定性，提高管理效率，并确保关键决策得到妥善处理。

**3. 权变理论**[南艺 2024 年研；桂林理工 2022 年研；华南师大 2014 年研；华南理工 2013 年研；人大 2010 年研]

**答：**权变理论是一种管理理论，强调组织管理应依据环境的不确定性、组织自身的特点等情境因素来灵活应变。不存在普遍适用的、一成不变的管理原则与方法，管理者需审视内外部各种权变因素，如组织规模、技术水平、人员素质以及外部市场变化、竞争态势等。权变理论的核心思想是“具体情况具体分析”，强调灵活性和适应性，主张管理者应根据具体情况选择最适合的管理策略。在不同情境下，领导方式、组织结构设计、管理控制系统等管理要素均应做出相应调整与适配，以实现组织管理的有效性与目标达成。

**4. 最小后悔准则**[北邮 2024 年研；中南财大 2023 年研]

**答：**最小后悔准则是一种旨在将决策带来的后悔降到最低的决策方法，即决策者总是选择与最好结果偏离不大的行动方案。该准则介于乐观准则和悲观准则之间，通过构造机会损失矩阵，从每一行中选出最大的机会损失，再从中选择最小的机会损失，对应的方案即为最满意方案。后悔值是指在某种自然状态下，方案的最大收益与实际收益之差或最小损失与实际损失之差。最小后悔准则适用于不确定型决策，特别是在未来环境可能出现的自然状态及其概率未知的情况下，能帮助决策者做出较为合理的选择。

**5. 直觉决策**[浙大 2019 年研]

**答：**直觉决策是指决策者基于个人的经验、感觉和直觉，而不是依赖于系统的分析和数据，来做出快速决策的过程。这种决策方式通常在信息不完全或时间紧迫的情况下使用，能够帮助决策者迅速应对复杂多变的情况。直觉决策依赖于决策者的经验和判断力，有时能在缺乏明确证据的情况下产生有效的结果。

**6. 古典决策理论**［桂林理工 2024 年研］

**答：**古典决策理论是一种基于理性假设的决策模型，认为决策者在完全信息和确定性条件下，能够通过逻辑分析和计算来选择最优方案。该理论强调决策过程的系统性和客观性，假定决策者是理性的、目标明确的，并且能够最大化组织的利益。古典决策理论适用于相对简单和稳定的环境；但在复杂和不确定的现实情境中，其应用受到一定限制。

**7. 刚性预算管理**［沈工大 2022 年研］

**答：**刚性预算管理是指在预算执行过程中，严格按照预先设定的预算进行，不允许在执行过程中有任何变动。这种预算方式限制了执行人在实施过程中的灵活性。通常情况下，刚性预算会抑制执行人的积极性，且难以应对环境变化，只能在重点项目上采用。常见的刚性预算包括严格的财政支出预算和财政收入预算，这些预算设定了明确的上限或下限，以确保资金使用的规范性和可控性。

**8. 正式组织**［天津商大 2024 年研；河工大 2022 年研］

**答：**正式组织是指通过明确的规章制度、层级结构和职责分工来组织和管理成员的一种组织形式。即由两个或两个以上的人围绕一个共同目标，经过有意识、系统化的安排，由物、人和社会等要素组成的有机整体。它具有清晰的目标、固定的职位和明确的权力关系，通常通过书面文件如组织章程、岗位描述和工作流程来定义和规范成员的行为和责任。正式组织常见于企业、政府机构和非营利组织等，旨在提高效率、明确责任并确保组织目标的实现。

**9. 权责对等**［西南财大 2024 年研］

**答：**权责对等原则是指在组织里，每个级别的管理者都应具备与其职责相匹配的权力，并对其决策和行为负责。这意味着管理者应在授权范围内行动，并确保权力与责任相平衡，防止出现权力过大而无相应责任或反之的情况。权责对等确保了管理的有效性和公平性，提高了组织的运作效率和管理水平。

**10. 职能部门化**［中南财大 2023 年研］

**答：**职能部门化是指组织根据任务活动的相似性设立管理部门，将相关的职能集中在一个部门中。例如，生产部门负责采购、生产计划、工艺设备和质量管理；财务部门负责财务计划、预算、财务管理及决算等。职能部门化的主要优势包括：①专业化分工；②维护权威和统一性；③培训和技术提升；其局限性为：①不利于产品结构调整；②缺乏整体意识；③影响整体目标。

**11. 无边界组织**［中南财大 2024 年研；南艺 2023 年研；北邮 2022 年研］

**答：**无边界组织是指一种打破传统层级和部门界限的组织结构，强调灵活性、协作和信息共享。这种设计取消了传统的指挥链，以授权的团队取代部门，保持合理的管理幅度。在这种组织中，员工能够跨越职能、层级和地域的限制，自由地交流和合作，以更快地响应市场变化和客户需求。无边界组织通过促进跨部门的合作和创新，提高了组织的效率和适应性。

**12. 层级整合**［中南财大 2024 年研］

**答：**层级整合是指在组织的纵向设计中，确定管理幅度、层级数量以及各层级之间的权责关系，以体现不同的集权程度。其内容包括：①管理幅度设计。确定每个管理者直接管理的下属数量，以确保管理的有效性和效率。②集权与分权的平衡。合理分配决策权，既保证高层对关键事务的控制，又赋予基层足够的自主权，以提高灵活性和响应速度。③授权问题。明确各级管理者在决策和执行中的权限，确保责任和权力的匹配，促进组织内部的协调和高效运作。层级整合有助于优化组织结构，提高管理效能。

**13. 人员配备**［河工大 2022 年研］

**答：**人员配备是指组织根据岗位需求和工作要求，通过招聘、选拔、培训和安置等手段，合理分配和安排人力资源的过程。其核心是确保每个岗位都有合适的人选，以提高工作效率和组织绩效。人员配备不仅包括新员工的招聘，还包括现有员工的调动、晋升和培训，以实现人岗匹配和组织目标的达成。合理的人员配备可以提升组织的整体效能，确保各项任务得到有效执行，同时也有助于员工的个人成长和发展。

**14. 管理者与领导者**［华东理工 2019 年研；中山大学 2015 年研］

**相关试题：领导者**［广工大 2024 年研；浙大 2019 年研］

**答：**管理者是指那些通过协调和监督他人的活动达成组织目标的人；而领导者是指那些能够影响他人并拥有职权的人。管理者和领导者既相互联系又相互区别，具体表现在：①从范围看，所有的管理者都应当是领导者，因为领导是四大管理职能之一。但一个人可能是一个领导者，但并不是一个管理者。②从能力要求看，管理者可以依靠其特定职位所赋予的职权而指挥下级从事职责范围内的工作；与之不同，领导者（不论是组织正式任命的，还是从一个群体中崛起的）则可以运用来源广泛的权力，使受其影响的有关人员去执行超出职权命令范围的行动。③从职能的内涵和性质看，领导职能只是管理职能的一个组成部分，一个好领导未必就一定是有成效的管理者。

**15. 领导—成员交换理论**［北大 2021 年研］

**答：**领导者—成员交换理论认为，领导者会根据下属特点采取不同的领导方式。该理论强调领导者与下属之间的关系质量对领导效果的影响。领导者按关系不同将下属分为两类：①圈内人，与领导者关系密切，获得更多关注和支持，表现出更高的忠诚度和努力；②圈外人，与领导者关系疏远，获得较少支持和资源，工作满意度和绩效较低。高质量的领导者—下属关系能提高工作满意度、增强组织承诺、提升整体绩效。该理论警醒领导者应具有“博爱”精神，要尽可能多地与下属建立良好的关系，尽量增加圈内人、减少圈外人。

**16. 权变领导理论**［湖南师大 2019 年研］

**答：**权变领导理论认为，最有效的领导风格取决于具体的情境。费德勒的权变模型指出，组织效率取决于两个关键变量的相互作用：①领导者风格，分为两类：任务取向型（注重任务完成和目标达成）和关系取向型（注重人际关系和员工满意度）；②情境有利性，包括三个维度：领导者—成员关系、任务结构和职位权力。在高有利情境下（即领导者—成员关系良好、任务结构明确、职位权力大），任务取向型领导更有效；而在低有利情境下，关系取向型领导更有效。通过匹配领导风格和情境，可以提高组织的效率和绩效，促进团队协作和目标实现。

**17. 负强化**［北邮2024年研；南京理工2023年研；广西大学2023年研；三峡大学2023年研；贵州大学2023年研；湖南师大2022年研；华东师大2019年研；安徽大学2016年研；华南理工2014年研］

**答：**负强化是指通过惩罚不符合组织目标的行为，以削弱或消除这些行为，确保组织目标的实现不受干扰。常见的负强化方法包括批评、处分、降级等，有时不给予奖励或减少奖励也是一种负强化。实施负强化时应以连续负强化为主，即对每次不符合组织目标的行为都应及时进行惩罚，消除员工的侥幸心理，减少甚至杜绝这些行为的再次发生。

**18. 冲突**［贵州大学2023年研；沈工大2019年研］

**答：**冲突是指由于某种差异而引起的抵触、争执或争斗的对立状态。冲突是一种广泛的社会现象，通常源于对稀缺资源分配方式的分歧，以及不同的观点、信念、行为和个性之间的冲撞。冲突的特征有：①客观性。冲突是实际存在的。②主观知觉性。冲突的感知因人而异。③二重性。冲突既有积极的一面，也有消极的一面。④程度性。冲突的激烈程度可以有所不同，从轻微的分歧到严重的对抗。有效的冲突管理能利用其积极方面，减少负面影响，从而促进组织和个人的发展。

**19. 建设性冲突**［长安大学2025年研；河南大学2023年研；华中师大2020年研；东南大学2019年研］

**答：**建设性冲突又称功能正常的冲突，是指对组织有积极影响的冲突。即组织成员从组织利益角度出发，对组织中存在的不合理之处提出意见。它可以使组织存在的不良功能和问题充分暴露，防止事态的进一步恶化，同时促进不同意见的交流和对自身弱点的检讨，有利于促进良性竞争。其主要特点有：①双方关心企业共同目标的实现；②乐于了解对方的观点、意见；③以争论问题为中心；④在冲突中注重互相交换情况。适度的、建设性的冲突是组织创新的催化剂。管理者必须把鼓励建设性冲突的价值观传达给整个组织，并且通过变革组织结构、利用非正式沟通渠道、树立对立面等技巧来激发组织中的建设性冲突。

**20. 现场控制**［河工大2024年研］

**相关试题：同期控制**［安徽大学2023年研；常州大学2022年研；首都师大2010年研］

**答：**现场控制又称同步控制或同期控制，是指在某项工作或活动进行过程中实施的控制。其主要目的是及时处理例外情况和纠正偏差。最常见的同期控制是直接监督。现场控制包括监督和指导两项职能。其优点是：实时性、指导性；缺点是：①受制于管理者；②应用范围有限；③可能引发对立情绪。现场控制适合需实时监测和纠正的场景。

**21. 市场控制**［湖南师大2021年研］

**答：**市场控制是指组织借助经济力量，通过价格机制来规范内部部门和员工的行为。即通过外在市场机制来建立控制体系，利用价格机制来衡量和约束下属部门或员工的经济行为，从而增强企业活力和效率。企业内部的市场控制有三个层次：①公司层次上，规范独立的事业部门；②部门层次上，表现为公司内部交易；③个人层次上，常表现为激励制度和工资制度。通过市场控制，企业可以增强下属部门的独立性，自行控制和衡量经济行为，从而提高企业的整体效率和活力。

**22. 营销控制**[天津商大 2024 年研]

**答：**营销控制是指企业用于跟踪和确保营销活动按计划目标进行的一套完整工作程序。其主要目的是衡量和评估营销策略与计划的成果，并采取纠正措施以确保营销目标的完成。其主要类型包括：①年度计划控制，通过调整和纠正措施，检查年度销售、利润等目标的实现情况；②盈利控制，分析各产品和地区在不同营销渠道的实际盈利能力，指导企业调整产品和营销活动；③效率控制，分析特定产品和市场的盈利问题，寻找提高广告、人员推销、促销和分销效率的方法；④战略控制，定期重新评估市场进入方式，确保战略和计划抓住市场机会并适应环境。营销控制的重要性在于：提供规范与可控性；提升市场营销的效率；降低市场营销的风险。

**23. 决策支持系统**[沈工大 2022 年研]

**答：**决策支持系统（DSS）是一种以管理科学和行为科学为基础，利用计算机技术、仿真技术和信息技术，针对半结构化决策问题，支持决策活动的智能人机系统。它是管理信息系统（MIS）的高级形式，为决策者提供分析问题、建立模型、模拟决策过程和方案的环境。其特点是：系统的用户是决策者；使用固定的模型和方法解决半结构化决策问题。其旨在帮助管理者通过提供数据、模型和分析工具来提高决策的质量和效率。

**24. 创新**[北邮 2022 年研；华科 2017 年研；吉林大学 2016 年研；广东财大 2016 年研]

**答：**创新是指通过引入新的想法、方法、产品或服务，以改进现有状况或创造新的价值的过程。广义上的创新，是指产生新思想和行为的活动。熊彼特认为，管理创新就是建立一种新的生产组合过程，其基本形式包括五种：①引入一种新产品或某产品的一种新特性；②采用新的生产方式；③开辟新市场；④获得新的原材料或半成品供应来源；⑤建立一种新的组织形式。创新对于企业和社会的发展至关重要，因为它能够提高效率、增强竞争力，并推动经济增长。

**25. 制度创新**[桂林理工 2024 年研]

**答：**制度创新是指对企业制度进行的创新，旨在通过调整和优化企业的各项制度以提高效率、公平性和适应性，从而增强企业的竞争力和可持续发展能力。具体来说，制度创新通过改进企业的产权、经营和管理等方面的制度，优化企业所有者、经营者和劳动者之间的关系，确保权力和利益的合理分配，进而提高企业的整体效能和发展潜力。其核心在于通过改革或创建新的规则、流程和组织结构来提升效率和促进发展。制度创新是创新的前提，具有完善的企业制度创新机制，才能保证技术创新和管理创新的有效进行。

**26. 领导创新**[西南林大 2024 年研]

**答：**领导创新是指在领导理论和实践中的应用，通过引入新的思维和方式，革新原有的领导关系和情境，创造新的领导方法和途径，从而提升领导活动的绩效，更好地实现预期目标。领导创新是领导工作创新及对创新工作有效领导内容的总和。其内容包括培养和挖掘领导者的创新素质、创新领导方式以及构建激励创新的氛围。领导工作是领导者通过引领、沟通、指导和激励等手段对员工行为施加影响的过程。

## 四、简答题

**1. 管理学家彼得·德鲁克曾经说：“管理不在于知，而在于行。衡量管理成效的唯一权威就是实践。”请结合对这句话的理解，谈谈对管理本质的认识。**［南京师大2022年研］

**相关试题：论管理的本质。**［论述题，天津商大2022年研］

**答：**彼得·德鲁克认为，衡量管理成效的唯一权威是实践，这强调了管理的本质在于实践而非理论。管理强调以人为本，其本质是协调组织成员的行为。具体分析如下：

(1)管理的本质在于实践，即协调组织中人的行为。

德鲁克在《管理的实践》中指出，管理的本质不在于知而在于行，其验证不在于逻辑而在于成果，唯一的权威就是成就。管理是一种实践，强调知行合一，必须以知识和责任为基础。管理不是一门纯理论学科，而是强调实践和应用。管理的功能是通过管理和实践将静态的组织转化为动态的组织，以实现组织的绩效，从而提升自我价值。管理的成效需要通过实践来验证，而不是通过逻辑推理或理论分析。管理的成功与否取决于实际的成果和成就，而不是理论上的完美。

(2)管理的核心在于人的管理。

管理是一门关于人的学问，涉及人、事、物等多个要素，但最终任务的执行仍然依靠人。管理的核心是人的管理，要实现人和组织环境之间的协调，将个人目标和组织绩效更好地协调起来，以满足客户需求和企业发展目标。管理者的主要工作是选择合适的人做合适的事，并努力使其在工作中表现出符合组织需要的行为。人适其岗是实现组织目标的关键。

(3)管理的目标是创造顾客和实现组织绩效。

德鲁克认为企业的目的只有一个，就是创造顾客或满足某种社会需要。企业的基本职能包括市场营销和创新：市场营销是以顾客为中心，满足顾客的需求；而创新则是提供更好、更多的经济商品和服务。管理的成效需要通过实践来验证，通过满足顾客需求和企业创新来实现组织的绩效和生存。管理的任务是通过具体的行动和成果来实现组织目标。

(4)管理的科学性与艺术性：

管理是科学性和艺术性的有机统一。管理是一门科学，基于总结管理工作的客观规律，提供指导人们从事管理实践的理论和工具。管理的艺术性体现在管理者需要结合实际，具体问题具体分析，创造性地解决问题。管理的艺术性还体现在它是一种创造性的活动，推动社会的发展和进步。管理者既要善于利用系统化知识，又要善于发挥创造性。管理活动的有效性很大程度上取决于管理者能否艺术地运用科学的理论、手段和方法。

(5)管理的自然属性与社会属性：

管理具有二重性：①自然属性，指管理与生产力、社会化大生产相联系，通过组织劳动表现出来。技术发展水平影响管理特征。②社会属性，指管理与生产关系、社会制度相联系，通过指挥和监督劳动表现出来。管理要协调组织活动中人的关系，其目的体现管理主体利益和意志，其特征决定特定背景下的理论方法与背景紧密相连。

综上所述，德鲁克的管理思想强调实践的重要性，认为管理的本质在于知行合一，通过实践来验证和衡量管理的成效。管理的核心在于人的管理，通过满足顾客需求和创新来实现组织的绩效和生存。

**2．科学管理理论的核心思想和主要内容是什么？其对当代企业管理实践有何启示？**［扬州大学 2024 年研］

**相关试题：**

**(1)简述泰勒科学管理理论的主要内容。**［河工大 2024 年研］

**(2)论述泰勒的科学管理理论的主要观点。**［论述题，常州大学 2022 年研］

**(3)叙述泰勒的科学管理理论，并对其进行评价。**［论述题，西安石大 2021 年研］

**(4)简答泰勒所提出的科学管理制度有哪些主要内容。**［湖南师大 2020 年研］

**答：**(1)科学管理理论的核心思想和主要内容：

科学管理理论是由美国工程师弗雷德里克·泰勒在 20 世纪初提出的，其核心思想是通过科学的方法提高生产效率。其主要内容包括：

①改进工作方法，按工作要求挑选和培训工人：a．改进操作方法；b．标准化作业环境与条件；c．挑选和培训工人。

②改进分配方法，实行差别计件工资制。即在工资计算时，通过采取不同的工资率，付给未完成和完成定额的工人以不同工资。这种激励机制能够鼓励工人提供更多的产量，从而提高整体生产效率。

③改进生产组织，加强企业管理：a．设置计划部门，即将计划职能和执行职能分开，设立专职计划部门；b．实行职能工长制；c．例外管理。

(2)科学管理理论对当代企业管理实践的启示：

①重视科学方法。现代企业应继续采用科学的方法来优化流程和提高效率。例如，使用数据分析、精益生产和六西格玛等工具来改进工作流程。

②标准化与规范化。通过制定标准化的操作流程和规范，可以减少错误和浪费，提高产品质量和一致性。企业可以通过 ISO 认证等手段实现这一目标。

③专业化分工。在组织结构中实行专业化的分工，明确职责和权限，有助于提高工作效率和管理水平。企业可以通过建立高效的团队和部门来实现这一点。

④激励机制。设计合理的激励机制，如绩效奖金、股权激励等，可以激发员工的积极性和创造力。企业应制定公平、透明的激励政策，以提高员工的满意度和忠诚度。

⑤持续培训与发展。为员工提供持续的培训和发展机会，帮助他们提升技能和知识，以适应不断变化的工作要求。企业应投资员工的终身学习，以保持竞争力。

综上，科学管理理论强调通过科学的方法、标准化的操作、专业化的分工、合理的激励机制和持续的培训来提高生产效率。这些对现代企业管理实践仍然具有重要的指导意义。

**3．简答法约尔认为管理活动包括的内容。**［湖南师大 2024 年研］

**答：**法约尔认为，管理活动的内容包括以下五个方面：

(1)计划。指确定组织的目标并制定实现这些目标的行动计划。计划是管理的基础，涉及对未来进行预测并制定相应的行动计划。计划工作主要包括预测未来和制定具体的行动计划。这些计划明确了组织的目标、行动路线、各个阶段的任务以及所需的资源，是对未来活动的预先安排。

(2)组织。指建立组织结构，分配任务和职责，确保资源的有效利用。组织工作包括物的组织和人的组织，法约尔主要关注人的组织。在配备了必要的物质资源后，管理者需要合理组织人员以完成企业的基本职能。这包括选择合适的组织形式、确定各部门之间的关系、选聘和培训员工等。

(3)指挥。指指导和激励员工，确保其按计划执行任务。指挥是一种艺术。领导者需要具备良好的素质，掌握管理的基本理论。其目的是确保所有员工都能为企业利益做出最佳贡献。

(4)协调。指确保组织内部各个部门和活动之间的和谐与协作。协调是为了确保企业各项工作的和谐配合，从而顺利进行并取得成功。协调涉及平衡各种关系，如企业活动与资源的比例、各部门之间的相互影响、收入与支出、生产与销售等。实现协调的手段包括合理的计划制定和有效的信息沟通。

(5)控制。指监督和评估工作绩效，确保活动按计划进行，并采取必要的纠正措施。控制是确保计划目标得以实现的重要手段。控制工作主要是检查各项工作是否符合已定计划、指标和原则，并指出和纠正存在的问题，以防止类似错误再次发生。

这五个方面构成了法约尔的管理职能理论，为现代管理学奠定了基础。

**4. 简述霍桑实验的基本过程和结论。**[中南大学 2018 年研；桂林理工 2018 年研]

**相关试题：**

**(1)请简述霍桑实验及其重要意义。**[北邮 2023 年研]

**(2)请简述人际关系学说的主要内容。**[扬州大学 2023 年研；中财 2019 年研]

**(3)请论述霍桑实验的四个阶段及人际关系学说的内容。**[论述题，上政 2023 年研]

**(4)梅奥人际关系学说的主要内容，并对梅奥的观点进行评价。**[昆明理工 2018 年研]

**(5)霍桑实验的主要结论有哪些，其对后来管理理论的发展有何影响?**[哈工大 2017 年研]

**(6)请简述霍桑实验的内容，以及霍桑实验得出的主要结论。**[安徽师大 2017 年研；厦门大学 2011 年研；华南理工 2010 年研]

**(7)简述霍桑实验的主要结论及其研究对哪些领域做出了贡献。**[北邮 2016 年研]

**答：**(1)霍桑实验的基本过程：

梅奥领导了 1924—1932 年在芝加哥西方电气公司霍桑工厂进行的一系列实验(即霍桑实验)中后期的重要工作。该实验分四个阶段：

①第一阶段，工作场所照明实验。研究人员希望通过实验得出照明强度对生产率的影响。但实验结果发现，照明强度的变化对生产率几乎没有影响。

②第二阶段，继电器装配室实验。研究发现，监督和指导方式的改善能促使工人改变工作态度并增加产量。

③第三阶段，大规模访谈。结果发现，影响生产力的最重要因素是在工作中发展起来的人际关系，而不是待遇和工作环境。每个工人的工作效率不仅取决于他们自身的情况，

还与其所在小组中的同事有关。任何一个人的工作效率都要受同事们的影响。

④第四阶段，接线板接线工作室实验。这一阶段有许多重要发现，包括：a. 大部分成员都自行限制产量；b. 工人对不同级别的上级持不同态度；c. 成员中存在小派系。

(2)霍桑实验得出的主要结论(人际关系学说的主要内容)：

①企业的员工是社会人。科学管理学派认为金钱是刺激人们工作积极性的唯一动力，把人看作经济人。梅奥认为，工人是社会人，除了物质需求外，还有社会、心理等方面的需求，因此不能忽视社会和心理因素对工人工作积极性的影响。即人不是孤立存在的，而是属于某一工作集体并受这一集体影响的。

②满足工人的社会欲望，提高工人的工作积极性、主动性、协作精神等精神状态，是提高生产效率的关键。即满意的工人才是有生产率的工人。霍桑实验表明，生产效率提高的关键在于工作态度的改变，即工作士气的提高。

③企业中存在着一种"非正式组织"。正式组织是两个或两个以上的个人为了实现共同的目标组合而成的有机整体。非正式组织是伴随着正式组织的运行而产生的。非正式组织影响组织成员行为，是影响生产效率的重要因素。非正式组织和正式组织相互依存。管理者要发挥非正式组织的积极作用，减少其消极影响，营造有利于二者整合的组织文化环境。

④组织应发展新的领导方式。梅奥认为，这种新的领导方式是以社会和人群技能为基础的领导方式。它强调积极提高士气，协作配合，在集体工作中确保企业管理者和组织成员保持真诚持久的合作。

**5. 简述明茨伯格提出的组织结构的基本形态。**[天津商大 2024 年研]

**答：**明茨伯格提出了组织结构的七种基本形态，这些形态由工作核心层、战略高层、直线中层、技术官僚、支援幕僚、意识形态或文化这六个部分的不同组合形成。具体如下：

(1)创业型组织(简单结构)：

①特点：企业主创建并亲自管理企业，决策权集中；组织结构扁平，分工较粗，配备很少技术官僚和支持人员；沟通非正式且迅速，灵活性高，能快速适应环境变化。但规范性不足，依赖于管理者的个人能力和直接监督来协调活动。

②适用范围：小型或初创企业。

(2)机械型组织：

①特点：层级分明，控制严格；高度标准化、规范化；专业化程度高，行为正规、制度化，决策集中。其主要通过标准化作业流程来提高效率和确保一致性，对复杂动态环境的适应性较弱。

②适用范围：稳定环境中的大规模生产。

(3)多角化组织(分部式结构)：

①特点：业务范围覆盖多个领域，各领域由独立机械型组织运作，彼此联合。各组织活动有别，纵向分权高，自主性较高，主要通过成果标准化协调控制，以适应复杂业务需求，提升竞争力与效能，保障整体目标达成。

②适用范围：多元化经营的企业。

(4)专业型组织：

①特点：组织活动高技术性、职业性，工作复杂。技术官僚和支持人员在组织中的权

力较大、地位较高。纵向和横向分权程度较高。

②适用范围：专业服务行业。

(5)创新型组织(特别小组)：

①特点：支援幕僚的权力要求较强，组织对高度精密的创新发明有迫切需求。专业人员组成一个选择性的纵向和横向分权的单一系统，成员主要通过相互调适来协调。

②适用范围：研发和创新项目。

(6)使命型组织：

①特点：意识形态或文化在组织中起重要作用，能凝聚组织成员；高度分权。

②适用范围：非营利组织和宗教团体。

(7)政治型组织：

①特点：组织中存在政治权谋，可能导致成员间的冲突；缺乏集权和分权形式，决策过程复杂且充满不确定性。

②适用范围：政府机构和大型企业。

这七种基本形态涵盖了从简单到复杂的各种组织结构，每种形态都有其特定的特点和适用场景。

**6. 全球化经营的任务环境的具体内容有哪些？**［宁夏大学2018年研］

**答：**全球化经营的任务环境的具体内容包括：

(1)供应商。全球化进程使得全球化采购和全球化外包得以进行。全球化采购和外包不仅能够降低成本，而且能够提高产品质量。但是，全球化采购和外包也带来一些挑战，如复杂的质量控制、物流成本、供应时滞风险等。因此，全球化供应商和外包商的选择、控制与管理非常重要。

(2)竞争对手。不论是跨国经营还是当地经营，全球化环境导致了来自国内外日益加剧的竞争挑战。

(3)销售商。全球化给企业带来了更丰富的销售商选择机会。企业既可以利用境内外的传统销售商，又可以利用网络来营销自己的产品和服务。地区性或国际性的零售商往往既有传统商店，又有网上商城。

(4)顾客。曾经界限分明的国内或地区内市场已逐渐融合为一个全球市场，这样多种类的产品或服务可以被销往世界各地。这种融合不仅发生在消费品领域，而且也同时发生在工业品领域，为管理者提供了大量的机会。但也不能过分强调这种融合，因为各国的文化以及消费者的需求仍然存在着很大的差别。

(5)劳动力市场及工会。全球化不仅促进了劳动力在不同国家或地区间的流动，而且加快了劳动力市场的一体化和规范化。在经济全球化条件下，许多国家或地区的劳动市场变得更开放，成为全球一体化的一个组成部分。一个国家或地区的全球化程度依赖于该国或地区的经济发展水平、开放程度、关税保护政策，以及习俗、惯例等。

**7. 目前许多企业的管理人员都认为："计划跟不上变化，所以制定计划根本没有用。"这样的说法对不对？为什么？**［广西科大2023年研］

**相关试题：有人说计划不如变化，计划工作就是浪费，没有意义。谈谈您的观点。**［论

述题，南京理工 2021 年研]

**答：**“计划跟不上变化，所以制定计划根本没有用”这种说法不正确。具体分析如下：

(1)计划提供方向和指导。即使环境发生变化，计划仍然为管理者提供了基本的方向和指导。计划帮助管理者在面对变化时做出更快、更明智的决策。计划还可以作为应对变化的参考框架，使管理者能够迅速调整策略。

(2)计划是控制的基础。没有计划，管理者无法衡量实际结果与预期目标之间的差异。控制措施依赖于计划来识别和纠正偏差，确保目标的实现。计划为管理者提供了评估绩效的标准，使其能够及时发现问题并采取措施。

(3)计划减少不确定性。通过预测和分析未来的变化，计划帮助组织更好地应对不确定性。计划提供了应对变化的预案，使组织更灵活、适应性强。计划可帮助组织提前准备，减少突发情况带来的冲击。

(4)计划提高效率和效益。计划通过综合平衡，消除了无效活动，优化了资源配置，提高了工作效率，减少了浪费，增强了组织的整体效益。计划还帮助组织合理分配资源，避免资源浪费和过度使用。

(5)计划激励员工士气。明确的目标和计划可以激励员工，提高他们的积极性和参与度。无论是在长期还是短期，计划都为员工提供了清晰的目标和期望。计划使员工感到自己的工作有意义，有助于提升团队凝聚力和工作动力。

综上所述，尽管环境变化迅速，但科学合理的计划仍是管理和决策的重要工具。计划不仅提供了方向和指导，还为减少不确定性、提高效率和激励员工提供了坚实的基础。因此，制定计划非常有意义。

**8. 简述决策追踪与调整的程序。**[沈工大 2022 年研]

**答：**决策追踪与调整的程序如下：

(1)明确内容。从改进和提高绩效的角度出发，明确企业或部门的任务和产出。应将任务和产出分解为具体部分，便于成本和关键任务的分析，并进行量化和检查。可采用因果分析法，识别问题的可能原因，并整理成详细的文件。

(2)选择方向：①选择具有前瞻性的方向，如行业内领先企业的最佳实践。②选择与本企业或部门有相似特点的方向，逐步寻找竞争对手和其他潜在公司的最佳实践。确保所选方向具有可行性和相关性。

(3)收集资料和数据。设计科学合理的指标体系，系统地、定量地反映追踪内容。收集来自标杆企业、行业、全国乃至全球的样本数据，确保数据的全面性和准确性。

(4)分析差距。分析比较收集的数据，确定现状与决策标准之间的差距及管理措施差异。通过详细的数据分析，找出需要改进的具体领域。

(5)设定努力目标。基于差距分析，确定具体的追踪和调整目标。考虑经营规模、产品特性、生产过程和经营环境的差异，确保目标切实可行。

(6)沟通交流。就取得的各项进展进行内部交流，征询各方意见，并将决策追踪和调整的目标告知所有员工。确保信息透明，增强团队的参与感和认同感。

(7)改进。按反馈建议修正决策目标，改进计划方案。统一思想，确保所有成员目标一致、行动一致，避免消极心理效应。

（8）制定具体调整方案。包括详细的调整计划、实施方法和技术，以及阶段性的成绩评估。明确实施步骤和时间表，确保每一步都有清晰的指导。

（9）明确决策调整的职责。指定专人负责决策调整工作，必要时聘请外部专家进行指导。确保其他相关人员积极参与，特别是与决策内容密切相关的人员，明确各自的职责和任务。

（10）循环进行。完成一次决策追踪与调整后，及时总结并分析新情况、新发现。提出新的决策目标，进行下一轮的追踪，保持组织的持续改进和进取态势。通过不断的循环和反馈，不断提升决策的质量和效果。

**9．有效授权的影响因素。**［中南财大 2024 年研］

**答：**有效授权的影响因素有：

（1）授权内容。授权内容应适中，既能激发员工的积极性和创造性，又不会削弱上级管理者的权威。授权过多可能影响控制力，过少则无法充分调动员工积极性或减轻管理者负担。

（2）信息共享程度。受权者需要相关信息来做出决策。如果管理者仅授予部分职权而不提供充分信息，受权者将难以有效执行任务。信息共享不足会导致决策困难，影响授权效果。

（3）授权者的主观态度。授权者的权力观、授权意愿和责任心对其能否有效授权至关重要。积极的态度和信任能够提升授权的效果。

（4）接受方的条件。接受方需具备与授权内容相关的知识、能力、经验和责任心。适当的条件确保受权者能够高效完成任务，这直接影响授权范围和效果。

（5）隐含的奖励。有效的授权还包括物质和精神层面的奖励。即使是简单的口头表扬也能激励员工，但这一点在实际操作中常被忽视。

通过综合考虑这些因素，管理者可以更有效地进行授权，提高组织效率和员工积极性。

**10．简述领导者角色理论。**［沈工大 2022 年研］

**相关试题：**

**（1）根据明茨伯格的理论，管理者在一个组织中承担哪些角色？**［南京理工 2020 年研］

**（2）根据明茨伯格的理论，管理者应该扮演哪些角色？**［南京师大 2019 年研］

**答：**领导者角色理论认为，管理者需要在不同的角色之间进行转换。这些角色是指与特定职责或地位相关的一系列有条理的行为。明茨伯格认为，管理者扮演着十种角色，这十种角色可分为三大类：

（1）人际关系方面的角色：

即所有的管理者都要在组织中履行礼仪性和象征性职责，包括三种角色：

①挂名首脑，即象征性领导，履行法律性或社会性的例行职务。如签署法律文件、接待来访人员等。

②领导者，管理并激励下属，负责用人、培训和交际。领导角色最突出，是管理者权力最直接的体现。

③联络者，维持与外界的联系，建立提供信息和支持的网络。如回复来函、对外合

作等。

这三种角色是管理者必须要扮演的、工作范畴之内的工作。这三种角色的扮演在实践中并不是分离的，有时可能合为一体。

(2)信息传递方面的角色：

即管理者掌握企业营运的重要信息，需要履行收集、接收和传播信息的义务，包括三种角色：

①监听者，收集并获取各种信息，成为信息神经中枢。如处理邮件、现场视察等。

②传播者，向组织成员传播从外部和内部收到的信息。如传递邮件、会议等。

③发言人，代表所在组织向上级组织或社会公众传递本组织的有关信息。如召开董事会、股东会等。

(3)决策制定方面的角色：

即管理者需要做出决策或选择的义务，具体包括四种角色：

①企业家，寻求机会，制定改进方案并监督实施。如主持战略会议等。

②故障排除者，在面临重大、未预料的问题时采取补救措施。如故障处理会议等。

③资源分配者，分配组织资源，做出或批准重大决定。如时间安排、预算编制等。

④谈判者，代表组织进行重大谈判。如合同谈判等。

上述角色相互关联，共同构成了一个完整的管理系统。管理者的权威和地位决定了其在人际关系中的角色，这些角色带来信息输入并产生决策结果。管理者需要灵活地在这些角色之间转换，以确保组织目标实现。

**11．请简述激励的机理。**［北邮 2024 年研］

**相关试题：简述激励机理。**［沈工大 2024 年研］

**答：**激励是指通过影响人们的内在需要或动机来强化、引导或改变其行为，以实现组织和个人目标的一致性。激励机理揭示了激发个体行为积极性的一般原理，基于对人的行为规律和人性假设的正确认知。有效的激励措施必须符合这些规律和假设，否则无法调动个体的积极性。

(1)行为过程的基本变量：

根据人的行为规律，人的行为过程包括三类基本变量：

①刺激变量又称诱因，指外界对个体反应产生影响的刺激，如自然环境刺激、社会环境刺激。这些刺激是引发个体行为的诱因。

②机体变量，指影响个体反应的内部决定因素，包括个体的性格、动机等内在特征。

③反应变量，指由刺激变量和机体变量共同作用下产生的个体行为变化。

刺激变量引起机体变量(需要和动机)的变化。通过持续的刺激，使个体产生兴奋，从而引发积极的行为反应。

(2)人性假设：

根据人性假设，人的需要是一个复杂的动态系统，包括三类需要：

①物质经济需要，即基本的生活需求。

②社会关系需要，指与他人交往和归属感的需求。

③自我实现需要，指个人成长和自我发展的需求。

（3）激励的关键：

激励的关键在于识别并刺激不同时间、不同境遇下的优势需要。每个人的需要各异，且同一人在不同的时间和环境下，其需要也会发生变动。

综上，有效的激励需要基于对个体需要和动机的准确理解，并通过适当的外部刺激来激发其积极性，从而实现组织和个人目标的一致性。

**12．如何有效管理组织内部的冲突？**［南京师大2022年研］

**相关试题：**

**（1）请简述处理冲突的方法有哪些。**［北邮2024年研］

**（2）请阐述组织冲突管理策略。**［论述题，暨南大学2024年研］

**（3）请举例说明：当组织冲突不足时，管理者常用哪些手段激发建设性冲突？**［中国海大2024年研］

**（4）组织抑制冲突的策略。**［山东财大2021年研］

**答：**现代西方冲突理论认为，冲突对组织既有积极影响也有消极影响。过高或过低的冲突水平都会带来负面影响，因此需要将冲突控制在适当水平。有效的冲突管理应包括正确分析和处理冲突因素、过程及行为，引导冲突向建设性方向发展，避免破坏性冲突，并适度诱发建设性冲突。

（1）冲突抑制：

当冲突水平过高时，可采用以下几种策略来抑制冲突：

①竞争策略：

a．含义：又称强制策略，指为满足自身利益而忽视对方利益。

b．适用情况：拥有绝对优势且时间紧迫时，如需要迅速解决重大问题或他人的支持不重要时。

c．优缺点：虽然能快速解决问题，但可能引起对方不满，不利于长期关系的维护。

②合作策略：

a．含义：指通过沟通寻求双赢解决方案。

b．适用情况：双方都有意愿达成共识且时间充裕时，如时间压力小，各方非常希望出现双赢的局面，或问题特别重要时。

c．优缺点：能达到双赢的效果，但需双方都愿意投入时间和精力进行沟通。

③回避策略：

a．含义：指既不合作也不坚持己见。

b．适用情况：冲突不重要或情绪激动难以平息时，如冲突较小，情绪过激难以平静，或行动破坏大于解决收益时。

c．优缺点：短期内有效，但长期使用可能导致问题积累，忽略对方观点易遭非议。

④迁就策略：

a．含义：又称克制策略，指为了长远合作而牺牲自身需求。

b．适用情况：问题不重要或希望建立信任时，如争论的问题对你不重要或希望建立信任时。

c．优缺点：有助于建立良好的人际关系，但过度迁就可能导致自身利益受损。

⑤妥协策略：

a. 含义：又称谈判策略，指双方各让一步以达成部分满足。

b. 适用情况：势均力敌且需迅速解决问题时，如冲突双方势均力敌，需暂时解决办法或时间紧迫时。

c. 优缺点：能在短时间内找到折中方案，但可能无法完全满足双方需求。

(2)冲突激发：

适度的冲突有助于激发创意和保持组织活力。管理者可以通过以下手段来激发建设性冲突：

①合法化冲突。鼓励员工提出不同意见和创新想法，并给予实际奖励。如公开表扬敢于挑战现状、提出不同意见或创新想法的员工，提供加薪、晋升等实际回报。这可使员工感受到冲突是被接受和鼓励的，从而更愿意表达自己的观点。

②引入外部人才。新成员的不同背景和观点可刺激内部竞争，带来新的创意。招聘具有不同背景和价值观的外部人才，可打破“近亲繁殖”的局面。新成员带来的新鲜血液可以激发组织内部的竞争氛围，促进创新。

③组织结构变革。从传统的金字塔形结构转变为扁平化、网络化的结构，可促进平等和沟通。通过扩大管理幅度，减少管理层次，广泛引入工作团队，可实现组织结构的扁平化、网络化、虚拟化。这种新型组织结构强调平等与沟通，可提升建设性冲突水平，助力企业绩效增长，使其更适应环境。

通过这些方法，管理者可以更好地管理和利用冲突，实现组织目标。

**13. 控制的内涵要点。**[西南财大 2024 年研]

**相关试题：简述控制的内涵。**[天津商大 2024 年研]

**答：**控制是指衡量和矫正组织内部管理活动及其效果，以确保组织目标实现的过程。控制的内涵可从以下几个方面来理解：

(1)目的性。控制具有目的性，是为了保证组织活动按计划和标准进行，以达成特定目标。

(2)整体性。控制的整体性表现在以下三个方面：

①以系统理论为指导，将整个组织活动视为一个整体。

②覆盖组织活动的各个方面，包括各层次、部门和阶段。

③控制是全体成员的职责，而不仅仅是管理人员的责任。

(3)监督与纠偏。控制通过监督和纠偏来实现。通过监控组织活动及其效果，预警或发现偏差，分析原因并采取措施来进行纠偏。

(4)过程性。控制是一个持续的过程，通过检查、监督和纠正偏差，确保组织目标和计划的顺利实现。

**14. 控制标准的要求有哪些？**[中南财大 2023 年研]

**相关试题：简述控制标准的基本要求。**[天津商大 2023 年研]

**答：**控制标准的基本要求如下：

(1)简明性。标准应明确、具体，量值、单位及偏差范围清晰，表述通俗易懂，便于理解与执行。

(2)适用性。标准需有助于实现组织目标，明确规定各项工作的衡量时间、内容及要求，准确反映组织活动状态。

(3)一致性。标准应协调一致且公平合理，覆盖全面且无冲突，确保整个组织的管理控制工作和谐统一。

(4)可行性。标准设定要基于员工实际情况，既不过高也不过低，使大多数员工通过努力可以达到。

(5)可操作性。标准应便于实际工作绩效的衡量、比较和考核，易于识别责任单位，便于控制和调整。

(6)相对稳定性。标准在一定时期内保持稳定，同时应具备一定的灵活性以适应环境变化，特殊情况能够例外处理。

(7)前瞻性。标准既要满足当前需求，也要考虑未来发展，确保长期适用性和有效性。

**15. 简述控制的过程。**［吉林大学 2024 年研；河工大 2024 年研；武工大 2024 年研；中南财大 2022 年研］

**相关试题：**

**(1)控制过程包括哪几个步骤，请逐一进行解释。**［北邮 2023 年研］

**(2)简述控制的过程，并阐述控制工作中应遵循的原则。**［西安石大 2022 年研］

**答：**控制过程是确保组织活动按计划进行并实现目标的重要管理职能。这一过程主要包括确定标准、衡量绩效和分析与纠偏三个主要步骤。

(1)确定标准：

①明确控制对象。以组织活动成果为重点，构建涵盖各层次、部门人员工作成果的目标体系，综合考量环境、资源投入与活动过程等影响组织目标实现的关键要素。

②选择关键控制点。要统筹兼顾影响工作运行的重要环节、能提前预警重大损失的事项以及反映组织主要绩效且时空分布均衡的关键控制点。

③确定控制标准。运用统计计算法、经验估计法和工程方法来确定控制标准。标准分为定量标准和定性标准，必须与组织的理念和目标一致，便于检查和评价。

例如，一家制造企业可能选择生产效率作为控制对象，将生产线的关键环节(如质量检测点)作为关键控制点，并通过统计计算法确定每小时的产量标准。

(2)衡量绩效：

①衡量的主体。不同的衡量主体会导致控制工作的类型和效果不同。

②衡量的项目。衡量实际工作中与已制定的标准相对应的要素。

③衡量的方法。管理者可以通过亲自观察、利用报表和报告、抽样调查等方法获取实际工作绩效信息。

④衡量的频度。根据不同项目的需要，确定适宜的衡量频度，以确保有效控制。

例如，销售部门可以每月通过销售报表和市场调研报告来衡量实际销售额，并与设定的月度销售目标进行对比。

(3)分析与纠偏：

①分析偏差。偏差是指实际绩效与标准值之间的差异，分为正偏差(实际绩效超过标

准）和负偏差（实际绩效低于标准）。并非所有偏差都会影响最终业绩。

②实施纠偏。偏差出现后，经深入剖析成因，可针对性地采取纠偏措施。若计划标准不合理或环境有变，可修订标准；若工作本身致偏且计划标准无误，则可着力改善工作以提升绩效，实现有效控制。

例如，如果某生产线的实际产量持续低于标准，管理者首先分析原因，可能是设备老化或操作不当。如果是设备问题，则需要更新设备；如果是操作问题，则需要培训员工改进操作方法。

通过这些措施，企业可以确保组织活动按计划进行，并及时纠正偏差，以实现既定目标，提高整体绩效。

**16. 简述全面质量管理的内涵与实施原则。**［广西科大 2024 年研］

**相关试题：**

**（1）请简述全面质量管理是如何致力于质量的全面、持续改善，并贯穿质量控制活动全过程的。**［北邮 2024 年研］

**（2）简述全面质量管理的原则。**［山东财大 2023 年研］

**（3）简述全面质量管理实施原则。**［沈工大 2023 年研］

**答：**（1）全面质量管理的内涵：

全面质量管理，是指一个组织以质量为中心，以全员参与为基础，旨在通过让顾客满意和本组织所有成员及社会等相关者受益而达到长期成功的一种管理途径。全面质量管理强调组织中各层次员工的积极参与，致力于长期、全面和持续的质量改善。质量控制活动涵盖从市场调研、产品规划、开发、制造、检测、销售到售后服务的全过程。

（2）全面质量管理的实施原则：

①以顾客为关注焦点。顾客是组织生存与发展的关键。组织应以服务和满足顾客需求为前提和决策基础。组织要赢得顾客，需深挖顾客需求，不止于满足顾客需求，更要超越顾客预期，增强竞争力。

②领导作用。好的领导者可以帮助组织明晰目标、实现目标，这就要求组织领导者要明确组织的使命、愿景和核心价值观，创造组织内全员参与、全面参与的氛围，带领员工实现组织目标。

③全员参与。员工是组织的根本。组织的整个业务流程都有员工的直接参与。只有激发员工参与，提高其工作积极性和责任感，才能为组织带来效益。

④过程方法。在质量管理中，应将各项活动和所需资源视为过程来加以管理。通过识别、深入分析、控制和改进过程，确保所有影响质量的活动和环节都得到有效控制，从而更有效地实现预期目标。

⑤管理的系统方法。组织内部的管理需要采用较为系统的方法和思想，不仅便于内部任务的协调，而且有助于提高组织的有效性和效率。

⑥持续改进。顾客的需求在不断地变化和提高。企业必须时刻关注客户的需求，持续地对产品、过程和体系进行改进，以赢得顾客满意和竞争优势。

⑦基于事实的决策方法。企业决策信息要保持科学性、专业性和广泛性，这样基于客观数据的决策才能解决企业的真正问题。

⑧与供方互利的关系。大多数企业处于产业生态链中的一环，只有与上下游企业建立良好的合作关系，才能实现共赢。

**17．危机的特征。**［湖南师大 2023 年研］

**相关试题：危机的特征有哪些？**［广东财大 2024 年研］

**答：**危机是指突发的、严重影响组织生存与发展的一种状态。危机与风险不同：风险是损失的不确定性，而危机是可能带来严重破坏后果的突发事件。风险是危机的诱因，当风险积累到一定程度并爆发时，才会形成危机。并非所有风险都会引发危机。危机的特征有：

（1）突发性。危机往往突然发生，出人意料，打破了组织原有的运行状态。管理者通常没有足够的时间做出反应或准备，导致混乱和措手不及。

（2）危害性。危机不仅突然发生，还会给组织带来严重的破坏，包括直接或间接、有形或无形的损失。例如，设备损坏、设施毁坏以及组织声誉受损等。危机会导致决策失误和管理混乱。

（3）紧迫性。危机的发展非常迅速，可能在短时间内造成巨大损失或引发连锁反应。现代通信技术和快速的信息传播使得组织形象迅速受损，并引起公众的担忧和恐慌。因此，处理危机时，时间紧迫，管理者须迅速控制事态，及时决策并采取措施，以防止事态恶化或损失扩大。

（4）信息资源不充分。危机的突发性使得管理者对情况缺乏了解，没有足够时间收集信息。混乱和恐慌会导致信息失真，使管理者获取的信息复杂且不准确，加大了快速决策的难度。

**18．简述管理创新的内涵。**［山东财大 2023 年研；南京师大 2022 年研］

**相关试题：谈谈你对“管理创新”的认识。**［暨南大学 2022 年研］

**答：**管理创新活动是对管理活动进行改变的过程，产生新的管理思想和行为。其目的是提升组织创新能力、提高管理效率、创造社会财富并实现新的目标。其具体内涵如下：

（1）管理活动的构成：

①维持活动，涉及设计、启动和监视组织系统的目标、结构和运行规则，确保系统按预定规则运作。

②创新活动，是在组织系统与外部环境不协调时，对系统进行调整和改变，以应对新的挑战和机遇。

维持活动和创新活动相互联系、缺一不可。管理创新的核心不仅在于改进具体的管理职能，更在于推动管理思维的革新。

（2）管理创新的两种存在方式：

①流创新，指在现有管理思维框架下，对具体管理职能活动进行变革与优化，但不改变其背后的逻辑。例如，引入新的生产流程或改进产品特性。

②源创新，指对管理理念和思维本身进行根本性改革，构建全新的管理行为惯例。例如，重新定义组织结构或彻底改变组织文化。

通过这两种创新方式，组织能够保持灵活性和适应性，从而在竞争中立于不败之地。

(3)管理创新中的“管理”含义：

“管理”一词在管理创新中有两种含义：①名词意义，指管理工作的创新活动，通过引入新的管理方法和技术来改进组织运作，提高效率和效果。②动词意义，又称创新管理，指对人类创新活动的积极管理过程，包括规划、组织、指导和控制创新活动，确保其成功实施。组织活动可分为具体操作活动和管理活动，相应地形成了两类创新：一是具体操作创新，涉及生产、销售等直接实现组织目标的活动；二是管理创新，涉及战略规划、资源配置等间接支持组织目标实现的活动。有效的创新管理能提升创新活动的效率，帮助组织适应不断变化的内外部环境，实现持续发展和竞争优势。

**19. 消除组织变革障碍与抵触情绪的方法。**[中南财大2023年研]

**答：**消除组织变革障碍与抵触情绪的方法主要包括教育和沟通、参与和投入、提供便利和支持、操纵和拉拢以及明示或暗示的强制。这些方法各有优缺点，适用于不同的情况：

(1)教育和沟通：

①应用条件：信息缺乏或资料及分析不精确时。

②优点：通过教育和沟通，可以提高员工对变革的理解和支持度。一旦人们被说服，他们通常会积极参与并支持变革的实施。

③缺点：如果涉及的人数众多，这个过程可能非常耗时，且需要大量的资源来确保信息的准确传递。

(2)参与和投入：

①应用条件：变革发起者所需的资料不完整或其他人的反对力量强大时。

②优点：让员工参与到变革计划中，可以使他们感到自己的意见被重视，从而更热衷于变革的实施。参与者提供的相关信息也能使计划更加完善。

③缺点：如果参与者设计了不合适的方案，可能会浪费时间和资源。此外，过多的参与也可能导致决策过程变得复杂、缓慢。

(3)提供便利和支持：

①应用条件：某些人或团体将在变革中遭受明显损失，且反对力量强大时。

②优点：通过提供便利和支持，可以减少受影响群体的抵触情绪，为变革创造一个较平和的环境。这是一种相对简单且能有效避免强烈抵触的方式。

③缺点：如果其他员工意识到只有通过协商才能获得支持，可能会要求更多的补偿或支持，从而使组织付出高昂的成本。

(4)操纵和拉拢：

①应用条件：其他技巧无效或成本过高时。

②优点：这种方法可迅速解决问题，节省时间。通过拉拢关键人物或使用影响力，可快速推进变革。

③缺点：虽然短期内有效，但长期来看可能会埋下隐患。一旦员工意识到自己被操纵，可能会产生反感和不满，影响未来的合作和信任。

(5)明示或暗示的强制：

①应用条件：时间紧急且变革发起人有足够的权力时。

②优点：通过强制手段，可迅速解决任何反抗，确保变革按时推进。这种方法在紧急

情况下特别有效。

③缺点：强制手段可能会激怒一些员工，导致其抵触情绪加剧。这不仅会影响变革的效果，还可能引发其他问题，如员工士气低落或离职率上升。

通过这些方法，组织可以有效地激发员工对变革的积极性，减少抵触情绪，从而顺利推进变革。每种方法都有其适用场景和潜在风险，因此在实际操作中需要根据具体情况灵活选择和调整。

**20．知识创新的模式。**［中南财大 2024 年研］

**答：**野中郁次郎认为，知识创新通过隐性知识和显性知识的社会交互作用进行。知识创新过程可分为四种模式：

（1）社会化：从隐性知识到隐性知识。这是一个通过观察、模仿和实践来分享经验并创造新的隐性知识的过程。关键在于体验和建立信任的环境。社会化需要在一个充满关爱、信任和信念的环境中进行，这样才能有效地传递和共享隐性知识。

（2）外在化：从隐性知识到显性知识。即将隐性知识通过隐喻、类比、概念或模型等方式显性化。这种转化不仅有助于个人反省，还能促进团队成员之间的互动和讨论。领导者的形象化语言和想象力在这一过程中起着重要作用，能够帮助项目成员更好地理解和表达隐性知识。

（3）组合化：从显性知识到显性知识。这是将不同的显性知识体系统化为整体知识的过程。通过选择、添加、组合和分类现有的显性知识，可生成新的知识。在商业环境中，管理者常常将愿景、商业概念和产品概念分解并具体化，从而形成新的知识体系。组合化是一个网络化的过程，涉及多个知识体的整合。

（4）内在化：从显性知识到隐性知识。将显性知识转化为隐性知识，以指导个人行动，并通过“干中学”不断学习和完善。内在化使新的知识能够在虚拟情境中得到应用，并通过不断的练习和反馈逐步内化为个人的经验和技能。

这四个过程构成一个连续的、自我升级的螺旋式运动，推动组织知识的持续创新和扩张。每一步都相互关联，共同促进知识的创造、传播和应用。

## 五、计算题

**1．问题：**［南京师大 2022 年研］

**（1）按照乐观准则、悲观准则，公司分别应该如何调整生产线？**

**（2）请列出机会损失矩阵。**

**（3）按照最小后悔准则，公司应如何调整生产线？**

**解：**（1）按照乐观准则，该公司应新建生产线；按照悲观准则，该公司应外包生产线。具体分析如下：

①乐观准则，即选择在最好的情况下收益最大的方案。按照乐观准则，销路好时，各方案中的最大收益为 250，则该公司应选择新建生产线。

②悲观准则，即选择在最坏的情况下损失最小的方案。按照悲观准则，销路不好时，各方案中的最小损失为 30，则该公司应选择外包生产线。

（2）计算机会损失，列机会损失矩阵如表 4 所示。

表 4 机会损失矩阵

| | 销路好 | 销路一般 | 销路不好 |
|---|---|---|---|
| 改进生产线 | 250 - 150 = 100 | 120 - 120 = 0 | 30 - ( - 60) = 90 |
| 新建生产线 | 250 - 250 = 0 | 120 - 100 = 20 | 30 - ( - 100) = 130 |
| 外包生产线 | 250 - 100 = 150 | 120 - 80 = 40 | 30 - 30 = 0 |

(3)根据机会损失矩阵，计算每个方案的最大机会损失(后悔值)，则：改进生产线的最大机会损失为 100；新建生产线的最大机会损失为 130；外包生产线的最大机会损失为 150。

根据最小后悔准则，即选择最大机会损失最小的方案，则该公司应选择改进生产线。

**2. 请根据上述资料试用最小后悔准则进行决策。**[河工大 2024 年研]

**解：**利用最小后悔准则计算如下：

(1)确定各状态下的最佳收益。即根据不同市场状态下各方案的损益值，确定每个状态的最佳损益值。由表 2 可知，销路好时的最大收益为 7600(方案一自建大厂)；销路一般时的最大收益为 4500(方案一自建大厂)；销路不好时的最大收益为 -150(方案三租赁工厂)。

(2)计算机会损失，列机会损失矩阵如表 5 所示。

表 5 机会损失矩阵

| 方案 | 销路好 | 销路一般 | 销路不好 | 最大后悔值 |
|---|---|---|---|---|
| 自建大厂 | 7600 - 7600 = 0 | 4500 - 4500 = 0 | - 150 - ( - 1400) = 1250 | 1250 |
| 自建小厂 | 7600 - 4900 = 2700 | 4500 - 2800 = 1700 | - 150 - ( - 600) = 450 | 2700 |
| 租赁工厂 | 7600 - 3150 = 4450 | 4500 - 1550 = 2950 | - 150 - ( - 150) = 0 | 4450 |

(3)计算最大后悔值。由上表可知，自建大厂的最大后悔值为 1250 万元，自建小厂的最大后悔值为 2700 万元，租赁工厂的最大后悔值为 4450 万元。

则根据最小后悔准则决策，选择最大后悔值最小的方案，即方案一自建大厂。

**3. 试用决策树方法进行决策。**[南京理工 2021 年研]

**解：**用决策树方法计算期望收益如下：

(1)方案 1 新建大厂的期望收益：

$E_1 = 0.7\times(100\times10-300)+0.3\times(-20\times10-300)=340$(万元)。

(2)方案 2 新建小厂的期望收益：

$E_2 = 0.7\times(40\times10-140)+0.3\times(300-140)=230$(万元)。

(3)方案 3 选建小厂、再扩建的期望收益：

①前 3 年的期望收益 $E_{3,1}=0.7\times(40\times3-140)+0.3\times(30\times3-140)=-29$(万元)。

②后 7 年的期望收益(假设前 3 年销路好)$E_{3,2}=0.7\times(95\times7-200)=325.5$(万元)。

则总期望收益 $E_3=E_{3,1}+E_{3,2}=-29+325.5=296.5$(万元)。

综上所述，方案 1 的期望收益 340 万元最高，因此应选择方案 1 新建大厂。

**4. 请根据上述资料试用决策树方法进行决策。**［河工大 2024 年研］

**解：** 根据表 3 用决策树方法计算期望收益如下：

(1)新建大型工厂的期望收益：

$E_1=0.6\times(6500\times10-10000)+0.4\times(-700\times10-10000)=26200$(万元)。

(2)新建中型工厂的期望收益：

$E_2=0.6\times(3200\times10-5600)+0.4\times(1100\times10-5600)=18000$(万元)。

(3)新建小型工厂的期望收益：

$E_3=0.6\times(1600\times10-2800)+0.4\times(500\times10-2800)=8800$(万元)。

根据决策树法分析，新建大型工厂在 10 年期限内的预期收益最高。因此，Y 公司应选择新建大型工厂这一方案。

**5. 试用决策树法从甲乙两个方案中做出抉择。**［南京理工 2019 年研］

**解：** 用决策树方法计算期望收益如下：

(1)甲方案的期望收益：

年利润为：$(20-10)\times[60\times(7/12)+5\times(5/12)]\approx370.8$(万元)。

10 年期望收益 $E_{甲}=370.8\times10-200=3508$(万元)。

(2)乙方案的期望收益：

年利润为：$(20-10)\times[50\times(7/12)+10\times(5/12)]\approx333.3$(万元)。

10 年期望收益 $E_{乙}=333.3\times10-150=3183$(万元)。

综上所述，甲方案的期望收益大于乙方案的期望收益，因此应选择甲方案。

## 六、论述题

**1. 举例说明最近自己做的一次决策，请问它属于程序化决策还是非程序化决策？结合这次决策，谈谈应如何提高决策的科学性。**［广西科大 2023 年研］

**相关试题：**

**(1)请谈谈如何提高决策的科学性。**［北邮 2024 年研］

**(2)结合实际，谈谈如何提高决策的科学性。**［常州大学 2021 年研］

**答：** (1)最近一次决策举例：

①决策背景。最近，我需要决定是否购买一辆新车。我的旧车已经使用了多年，经常出现小故障，维修费用也在逐渐增加。考虑到通勤和家庭出行的需求，我决定更换一辆新车。

②决策过程：

a. 需求分析。明确购车的主要目的(通勤、家庭出行)和预算范围。

b. 信息收集。在网上查阅各种车型的评测和用户反馈；咨询朋友和同事的意见；到几家 4S 店实地考察，试驾几款心仪的车型。

c. 评估选项。对比不同车型的价格、性能、油耗、保养成本等；考虑品牌信誉和售后服务。

d. 做出决策。最终选择了一款性价比较高且符合需求的车型，并与销售商谈判价格和优惠条件。

e. 执行与反馈。完成购车手续，提车后进行一段时间的使用体验，确认是否满意。

③决策类型。这次决策属于非程序化决策。虽然购车是一个常见的决策，但每次购车的具体情况和需求都有所不同，需要根据当前的情况进行详细的分析和评估。此外，市场上的车型和价格也会不断变化，因此每次购车都需要重新进行决策。

(2)提高决策科学性的措施：

①明确目标和需求：a. 具体化，即明确购车的主要目的(如通勤、家庭出行、长途旅行等)和次要需求(如舒适性、安全性、燃油经济性等)。b. 量化，即设定具体的预算范围，包括购车预算和后续的维护、保险等费用。

②广泛收集信息：a. 多渠道获取，即通过互联网、汽车杂志、朋友推荐等多种渠道获取信息。b. 客观评价，即参考专业评测和用户反馈，注意区分广告宣传和实际用户体验。

③系统评估选项：a. 制定标准，即列出重要的评估标准，如价格、性能、油耗、保养成本、品牌信誉等。b. 权重分配，即根据个人偏好对每个标准赋予不同的权重。例如，如果非常重视燃油经济性，可以给这一项更高的权重。c. 综合评分，即为每个候选车型打分，并计算总分，选择得分最高的车型。

④考虑长期影响：a. 成本效益分析，即不仅要考虑购车时的成本，还要考虑后续的使用成本，如油耗、保险、保养等。b. 未来需求，即考虑未来的可能变化，如家庭成员增加、工作地点变动等，确保所选车型在未来几年内仍然适用。

⑤寻求专业意见：a. 咨询专家，即向汽车销售人员或机械师咨询专业意见，了解车辆的技术细节和潜在问题。b. 多方比较，即到多家4S店实地考察，对比不同经销商的服务和报价。

⑥风险评估与应对：a. 识别风险，即考虑可能出现的风险，如质量问题、售后服务不佳等。b. 制订预案，即提前准备应对措施，如选择有良好售后服务的品牌，或者购买延保服务。

⑦决策后的反馈与调整：a. 试用体验，即购车后进行一段时间的试用，观察车辆的实际表现。b. 反馈调整，即如果发现不符合预期，及时与经销商沟通，解决问题或考虑退换。

综上，通过明确目标和需求、广泛收集信息、系统评估选项、考虑长期影响、寻求专业意见、风险评估与应对以及决策后的反馈与调整，可以大大提高决策的科学性和有效性。这些步骤不仅适用于购车决策，也可以应用于其他重要决策中。

**2. 试论述基本的组织结构形式有哪些。简要说明各自优缺点。**[扬州大学2024年研]

**相关试题：**

**(1)矩阵式结构是什么？有哪些优缺点？**[简答题，长安大学2025年研]

**(2)矩阵制组织结构的特点是什么？有何优缺点？**[简答题，湖南师大2024年研]

**(3)简述直线职能制组织结构的优缺点。**[简答题，河工大2024年研]

**(4)何为直线职能制组织结构，其有哪些优点与缺点？**[简答题，广西科大2023年研]

**(5)简述矩阵制组织结构的优缺点。**[简答题，河工大2023年研]

**(6)论述职能制组织结构的优缺点。**[湖南师大2022年研]

**(7)简述事业部制组织结构的优点和缺点。**[简答题，河工大2022年研；山东财大

2021年研]

**(8)直线职能制的优缺点、特点以及在什么情况下运用。**[2019年河南省专升本真题]

**答：**基本的组织结构形式及各自的优缺点如下：

(1)直线制组织结构：

直线制组织结构，是指组织中的各种职位按垂直系统直线排列，各部门主管行使统一指挥和管理职能，不设专门职能部门的组织结构形式。其是最早出现的组织形式，常见于早期军队和小规模生产组织。

①优点：

a. 设置简单。直线制组织只需确定管理幅度，根据规模确定管理层级，管理成本低。

b. 权责关系明确。每个层级管理者的职责和权力非常清晰，易于维持纪律与秩序。

c. 利于组织有序运行。上下级之间的垂直关系有助于维系组织的秩序和纪律。

②缺点：

a. 专业化水平低。每个管理者需要承担多种工作，缺乏专业分工。

b. 缺乏横向沟通。直线制组织缺少横向沟通渠道，信息传递路径长，导致沟通不畅。

c. 对管理人员要求高。直线制组织需要通才型人才，培养周期长且成本高。

(2)职能制组织结构：

职能制组织结构又称U形结构，是指按专业职能划分部门，设立职能机构协助管理的组织结构形式。其是在直线制组织结构的基础上发展起来的，通过设置参谋职位来弥补直线制的不足。

①优点：

a. 专业化程度高。通过设置参谋岗位，能发挥专家作用，提高管理的专业化水平。

b. 减轻管理人员压力。参谋提供决策支持，使管理者能够专注于重要决策。

c. 降低管理成本。职能制组织能减少重复性工作，优化资源配置，进而降低管理成本。

②缺点：

a. 缺乏协调。在职能制组织中，各职能部门容易滋生本位主义，缺乏跨部门协作。

b. 职责不清。在职能制组织中，多头领导易导致指挥混乱，难以分清责任。

c. 难以培养通才型管理人才。管理者仅负责专业领域，缺乏全面管理经验，不利于通才型管理人员的培养。

(3)直线职能制组织结构：

直线职能制组织结构，是指以直线制为基础，在各层级设置职能部门的组织结构形式。该结构整合了直线制和职能制的优点，能取长补短。其适用于规模不大、产品种类不多、内外部环境稳定的中小型企业。

①优点：

a. 统一指挥与专业化管理相结合。直线职能制组织既保持了直线制的统一指挥优势，同时也引入了职能制的专业化管理。

b. 有效减轻管理者负担，规避多头指挥。职能部门的存在减少了对通才型管理者的需求，减轻了管理者的负担；同时直线制也避免了职能制中的多头领导问题。

②缺点：

a. 协调难度加大。直线部门与职能部门的目标不一致，容易引发冲突，甚至产生越权等问题。

b. 损害下属自主性。管理层级增加可能导致高度集权，影响下属自主性。

c. 环境适应能力差。组织结构缺乏弹性，难以快速应对环境变化。

d. 降低决策效率。沟通路径增加，信息传递不畅，影响决策效率。

e. 增加管理成本。管理层级和人员数量增加，协调难度加大，管理成本上升。

(4)事业部制组织结构：

事业部制组织结构又称 M 形结构，是指在公司总部领导下按产品、市场、地域或流程划分事业部，独立经营和自负盈亏，而总部主要充当外部监管者角色，保留人事决策、预算控制和监督等职能的组织结构形式。其适用于大型多元化企业，特别是那些需要对不同业务单元进行分权管理的企业。

①优点：

a. 利于管理者聚焦战略规划与决策。在事业部制组织中，高层管理者将日常行政事务下放给各事业部进行独立处理，便于集中精力进行组织战略决策和规划。

b. 利于培养通才。事业部独立经营，有利于培养具有全局意识的高级管理人才。

c. 增强环境适应能力。各事业部享有独立经营的权利，提高了对环境的适应能力和抵御风险的能力，这极大地提高了组织的积极性、主动性和创造性。

②缺点：

a. 管理成本上升。总部与各事业部都设有相应的职能部门，导致管理人员增加，管理成本上升。

b. 易滋生本位主义。各事业部独立经营，可能只考虑自身利益，影响企业整体战略目标的实现。

(5)矩阵制组织结构：

矩阵制组织结构是一种将纵向按职能划分的部门和横向按产品(或项目、服务等)划分的部门结合起来组成的组织结构形式。在这种结构中，既有按职能划分的垂直领导系统，又有按产品或项目划分的横向领导关系。其适用于临时性、需要多个部门密切配合的项目，如重大工程项目、新产品研发等。

①优点：

a. 机动性强。项目组灵活组合解散，适应临时性和复杂项目的需要。

b. 目标明确、人员结构合理。项目组有明确的目标和任务，并按目标进行人员配置，人员结构合理。

c. 促进创新。项目组成员来自不同职能部门，集思广益，可促进创新。

d. 沟通顺畅。矩阵制组织中，形成了网络状的信息传递通道，沟通更加顺畅。

②缺点：

a. 稳定性差。项目组按工作任务要求组建、解散，流动性较强，稳定性差，不利于员工产生归属感。

b. 多头指挥。项目组成员同时接受项目组和职能部门的双重领导，易造成指挥混乱。

c. 权责不对等。项目组负责人责任大于权力，影响积极性。

**3. 非正式组织的存在及其活动对组织目标的实现可能产生何种影响？如何有效地利用非正式组织？**［暨南大学2024年研］

**相关试题：**

**(1)论述非正式组织的作用、危害以及如何正确对待非正式组织。**［吉林大学2025年研］

**(2)请阐述非正式组织的存在及其活动对正式组织目标的实现有何影响。**［桂林理工2024年研］

**答：**(1)非正式组织是指独立于正式组织目标之外，以人际关系和谐为导向，受潜在不成文规定约束的个体组成的集合体。非正式组织在正式组织中普遍存在，其存在原因有：

①社会需求，即满足员工在工作环境中寻求归属感和社交支持的需求。

②信息交流，即提供自由灵活的信息交流平台，帮助获取难以通过正式渠道获得的信息。

③情感支持，即为员工提供情感支持和心理安慰，缓解工作压力。

④利益共享，即成员有共同的利益诉求，通过集体行动争取更好的待遇或解决问题。

⑤文化传承，即有助于组织文化的传承，老员工向新员工传递公司的价值观和行为规范。

(2)非正式组织对正式组织目标实现的影响：

①积极影响：

a. 满足个体需求。非正式组织基于情感和心理需求自发形成，可以满足员工的社会需求，如归属感、认同感和支持。

b. 促进内部沟通。非正式组织可以补充正式沟通渠道，提高信息传递效率。

c. 增强凝聚力。通过情感连接和融洽的沟通，非正式组织能够增强员工之间的默契和团队凝聚力，营造和谐的工作氛围，从而提高员工的工作积极性和投入度。

d. 支持组织活动。非正式组织依赖正式组织生存，因此会考虑组织的发展，并抵制可能影响组织发展的不良行为。这种自我调节机制有助于补充正式组织的制度和文化，促进组织活动的有序开展。

②消极影响：

a. 冲突和矛盾。非正式组织的目标和利益可能与正式组织不一致，导致内部冲突和矛盾，影响组织的整体协调和合作。

b. 信息扭曲。非正式组织中的信息传递可能不够准确或完整，导致误解和谣言的传播，干扰正式组织的信息沟通和决策过程。

c. 抵触变革。非正式组织可能对正式组织推行的变革持抵制态度，阻碍新政策、流程或技术的实施，降低组织的适应性和灵活性。

d. 资源分散。非正式组织可能会占用员工的时间和精力，使他们无法全身心投入到正式组织的任务中，导致资源分散和效率下降。

e. 破坏纪律。非正式组织中的行为规范可能与正式组织的规章制度相冲突，导致纪律松散，影响组织的秩序和执行力。

(3)有效利用非正式组织的措施：

①提高决策参与性，减少目标冲突。通过让组织成员更多地参与决策过程，增加透明度和认同感。这样可以避免因决策不透明和缺乏参与而导致的目标冲突，使正式组织和非正式组织的目标更加一致。

②加强沟通与信息共享。增强组织内部的沟通渠道，确保信息的及时传递和共享。这样可以有效遏制流言和小道消息的传播，促进组织内部的信任和理解。

③关心员工的工作和生活状况，理解并尊重其参与非正式组织的活动。通过提供支持和认可，引导员工将主要精力投入正式组织的工作中，提升其工作满意度和成就感。

④鼓励管理者参与非正式组织活动。管理者应积极参与非正式组织的活动，这不仅有助于了解员工的真实想法和需求，还能树立亲民形象，增强管理者的威信和影响力。

⑤营造利于整合的组织文化和氛围。要对非正式组织采取开放、包容的态度，认识到其与正式组织之间的互补关系，营造有利于二者整合的文化氛围，同时警惕非正式组织可能带来的潜在风险。

综上所述，管理者应认识到非正式组织的存在及其作用，尊重其在组织中的地位，通过引导和支持，利用非正式组织的优势来加强沟通、促进正式组织目标的实现，同时减少其潜在的消极影响。

**4. 试论人员配备的原则。**［湖南师大 2023 年研］

**相关试题：**

**(1) 简述人员配备的原则。**［简答题，沈工大 2023 年研］

**(2) 简述人员配备的定义及原则。**［简答题，2024 年河南省专升本真题］

**答：**人员配备是指基于岗位要求对组织人员进行配备，其原则有：

(1) 任人唯贤原则。选聘人员时应公正无私，实事求是地发现和使用真正有才能的人。这是组织持续发展和成功的关键。

(2) 程序化、规范化原则。人员选聘必须遵循科学合理的程序和标准，确保选拔过程的透明和公平。严格按照规定办事，才能选聘到真正适合组织发展的人才。

(3) 因事择人、因材器使原则：

①因事择人，指选聘人员应根据职位空缺和实际工作需要进行，确保人选符合岗位要求。

②因材器使，指根据个人能力和素质安排合适的工作，充分发挥每个人的潜力，激发工作热情。避免人才浪费或错配，提高组织效率。

(4) 量才使用、用人所长原则：

①量才使用，指根据每个人的能力大小安排合适的岗位，使其在最能发挥才能的位置上工作。

②用人所长，指用人时应注重发挥人的长处，选择最适合岗位要求的候选人，而不是追求全能型人才。

(5) 动态平衡原则。组织及其成员的需求是不断变化的，要不断调整人与事的匹配。能力突出的人员应被安排到更重要的岗位，而能力不足或不符合岗位要求的人员则需进行合理调整，以实现人与职位、工作的动态平衡。

**5. 联系实际谈谈塑造组织文化的途径。**[暨南大学 2024 年研]

**相关试题：**

**(1)有效的管理者可以从哪几个方面塑造组织文化？**[简答题，西南财大 2025 年研]

**(2)试论述组织文化的塑造途径。**[湖南师大 2024 年研]

**(3)简要阐述应如何塑造组织文化。**[简答题，扬州大学 2024 年研]

**(4)简述组织文化塑造的过程。**[简答题，河工大 2023 年研]

**(5)简述组织文化的塑造途径。**[简答题，武工大 2023 年研]

**(6)联系实际，谈谈塑造优秀组织文化的步骤。**[常州大学 2022 年研]

**(7)简述组织文化的功能和塑造途径。**[简答题，沈工大 2021 年研]

**答：**组织文化是组织内部共享的价值观、信念、行为规范和工作方式的总和。联系实际，塑造组织文化的途径如下：

(1)选择组织价值观。选择正确的组织价值观是塑造良好组织文化的第一步。确保价值观体现组织宗旨和发展战略，并得到员工和社会的认可。明确核心价值观可以帮助员工理解公司的使命和目标。

①体现宗旨和发展战略。价值观应反映组织的宗旨和未来发展方向。

②协调一致。价值观应与组织文化各要素相互协调。

③获得认可。价值观应得到组织成员和社会的认可与接受。

实例：谷歌的核心价值观之一是“用户至上”，这不仅体现了公司的宗旨，也得到了员工和社会的广泛认可。星巴克通过“伙伴认可”计划，奖励那些表现出色并符合公司价值观的员工。

(2)强化认同。在确立组织价值观和文化模式后，要通过广泛宣传、树立典型和加强培训，使组织文化深入人心。

①广泛宣传。利用内部媒体(如报纸、杂志、电视、网络、宣传栏等)广泛传播组织文化的内容和精髓，营造浓厚的舆论氛围。

②树立典型。通过树立模范典型来展示组织精神和文化的人格化身。

③加强培训和教育。通过开展内部培训和丰富多彩的活动，使员工系统地接受并强化对组织文化和精神的认同。

实例：Zappos 公司通过定期的全员会议、内部论坛和反馈机制，让员工能够自由表达意见和建议。此外，公司还通过表彰优秀员工来树立典型，增强员工对组织文化的认同感。

(3)提炼定格。成熟的组织价值观和文化模式需要经过精心分析、全面归纳和精练定格。具体步骤包括：

①深入分析。对反馈回来的意见和建议进行深入剖析和评价。

②综合归纳。在系统分析的基础上，进行综合整理、归纳、总结和反思。

③精练定格。对经过科学论证和实践检验的组织精神、价值观、伦理与行为进行条理化、完善化和格式化处理。

实例：苹果公司在确立其创新和卓越的价值观后，通过不断的市场反馈和内部评估，不断优化和完善其企业文化，最终形成了明确且具有影响力的企业价值观。

(4)巩固完善。对组织文化的巩固和完善主要是建立规章制度和领导者示范，以确保组织文化的持续性和稳定性。

①建立规章制度。在组织文化演变为全体成员的习惯之前，建立奖优罚劣的规章制度，确保每位成员从一开始就按照组织文化和精神的标准行动。

②领导者示范。领导者在塑造组织文化过程中起着决定性作用，其模范行为对员工有强大的示范效应。领导者应以身作则，率先垂范。

实例：亚马逊的新员工在入职时会接受为期数周的培训，内容不仅包括业务知识，还包括公司文化和价值观。同时，公司高层领导通过自身行为（如杰夫·贝索斯的客户至上理念）来示范和强化这些价值观。

通过以上途径，企业可以有效地塑造和强化组织文化，从而推动企业的长期发展。

**6. 简述马斯洛“需要层次论”和赫茨伯格“双因素理论”的理论观点，分析两种理论对于管理者的启示，并结合企业管理实际，探讨如何有效进行激励员工。**［沈工大2019年研］

**相关试题：**

**（1）论述需要层次理论的主要观点。**［天津商大2024年研］

**（2）简述需要层次理论的主要观点。**［简答题，河工大2024年研］

**（3）简述马斯洛需要层次理论从低到高的5种需要层次。**［简答题，沈工大2023年研］

**（4）简述双因素理论的主要内容。**［河工大2023年研］

**（5）马斯洛需要层次论的基本内容是什么？**［简答题，安徽财大2022年研］

**（6）双因素理论的主要观点是什么？如何在管理中运用该理论？**［简答题，南京理工2020年研］

**（7）马斯洛需要层次理论中提出的5个方面需求是什么？**［南京理工2019年研］

**答：**（1）马斯洛的需要层次理论及其对管理者的启示：

①理论观点。马斯洛将人类需要分为五个层次，从低到高依次为：

a. 生理需要，即最基本的生存需要，如食物、水、住所等。

b. 安全需要，指对稳定、安全环境的需求，如工作保障、健康保障等。

c. 社交需要，指与他人建立关系的需要，如友谊、爱情、归属感等。

d. 尊重需要，指被认可、尊重的需要，包括自尊和他人的尊重。

e. 自我实现需要，指个人成长和发展，实现潜能的需要。

马斯洛认为，这些需要是按层次逐级上升的，只有低层次需要得到满足后，才会追求更高层次的需要。

②对管理者的启示：

a. 了解员工需求。管理者应了解员工当前所处的需要层次，提供相应的支持和资源。

b. 逐步满足需求。从基本的生理需要和安全需要开始，逐步满足更高层次的需要。

c. 个性化激励。不同员工可能处于不同的需要层次，激励措施应个性化，具有针对性。

（2）赫茨伯格的双因素理论及其对管理者的启示：

①理论观点。赫茨伯格将影响员工满意度的因素分为保健因素和激励因素两大类：

a. 保健因素，如工资、工作条件、公司政策等。这些因素不足会导致员工不满，但满足不会提高员工满意度。

b．激励因素，如成就感、认可、责任感、工作本身等。这些因素能激发员工积极性、提高员工满意度。

管理者应增加激励因素来提高员工的工作积极性，而不只是通过改善保健因素来减少不满。

②对管理者的启示：

a．重视激励因素。除了提供良好的工作条件和薪酬外，还应关注如何通过成就感、认可和成长机会来激励员工。

b．持续改进。不断寻找和实施新的激励措施，以保持员工的积极性。

c．避免仅依赖保健因素。仅仅依靠提高工资或改善工作条件并不能长期激励员工。

(3)在企业管理中应用这两种理论进行有效激励：

在企业管理中，应用马斯洛的需要层次理论和赫茨伯格的双因素理论可以帮助建立更有效的激励机制。具体应用策略如下：

①满足基本需求：

a．合理薪酬。确保薪酬福利具有市场竞争力，满足员工的基本生活需求；提供透明的薪酬体系，定期进行薪酬评估和调整。

b．安全工作环境。提供健康和安全的工作环境，定期进行安全培训；建立员工援助计划，帮助解决个人和职业问题。

②增强社交需要，创造归属感：

a．团队建设。组织团队活动和团建活动，增强团队凝聚力；鼓励员工参与决策过程，提高员工参与感和归属感。

b．沟通开放。建立开放的沟通渠道，如定期的员工会议和反馈机制；促进跨部门合作和信息共享，增强内部沟通。

③提供成长机会，促进自我实现需要：

a．培训和发展。提供多样化的培训计划，满足不同层次员工的成长需求；支持员工自我学习，提供学习资源和时间。

b．职业发展路径。明确晋升路径，提供职业规划咨询；鼓励内部晋升，提供内部招聘机会。

④认可与奖励，提升尊重需要：

a．绩效奖励。建立公平的绩效考核机制，定期评估员工表现；依据绩效结果给予物质和非物质奖励，如奖金、礼品和表彰。

b．文化认可。定期举办表彰大会，公开认可员工贡献；通过公司新闻、内部通讯等方式宣传优秀员工事迹。

⑤增强激励因素：

a．赋予责任感。给予员工更多自主权和责任，促进其在工作中发挥创造力；设定明确且具有挑战性的目标，激励员工超越自我。

b．提升工作内容。设计丰富的工作内容，避免单调重复的任务；鼓励员工参与创新项目，提供技术和资源支持。

通过综合运用这些措施，管理者可以更有效地激励员工，提高员工的工作满意度和工作效率，从而推动企业的长期发展。

**7．面对00后的学生，假设你是一名高校班主任，根据所掌握的激励有关理论，谈谈你怎么激励你的学生。**［广西科大2023年研］

**答：**面对00后的学生，作为一名高校班主任，激励学生是一个复杂但至关重要的任务。这一代学生在数字化环境中成长，具有独特的价值观和行为特征。基于多种激励理论，可以有效地激励00后的学生：

（1）马斯洛的需要层次理论：

马斯洛认为，人类需要从低到高可分为以下五种，要识别学生的主导需要，对应采取相应措施：

①生理需要。确保学生的基本生活条件得到满足，如提供良好的宿舍环境、健康的饮食等。

②安全需要。营造一个安全和支持性的学习环境，通过心理咨询服务和安全教育来实现。

③社交需要。鼓励学生参与团队活动和社团，增强他们的归属感和社交网络。组织班级活动、小组讨论和团队项目，促进同学之间的交流与合作。

④尊重需要。给予学生充分的尊重和认可，倾听其意见和建议；表扬学生的成就，肯定其努力和贡献。

⑤自我实现需要。鼓励学生追求个人兴趣和职业目标，提供相关资源和支持。

（2）赫茨伯格的双因素理论：

赫茨伯格认为，管理者应改善保健因素来减少不满，同时增加激励因素来提高员工的工作积极性。

①保健因素。确保基本的学习和生活环境良好，提供必要的学习资源和设施，如图书馆、实验室、舒适的教室等。

②激励因素。通过设置挑战性任务、提供个性化指导和支持，激发学生的内在动力。鼓励学生参与学术竞赛、科研项目和社会实践，让他们感受到成就感和价值感。

（3）弗鲁姆的期望理论：

期望理论认为，个体的努力程度取决于其对成功的期望和对结果的价值评估。具体措施如下：

①明确目标。与学生一起制定清晰、具体且可达成的目标，确保学生明白自己的努力方向和期望结果。

②提供支持。为学生提供必要的资源和支持，帮助他们克服困难，如辅导、培训和学习资料。

③及时反馈。定期向学生提供反馈，让他们了解自己的进步和不足。正面反馈可以增强学生的自信心，负面反馈则应以建设性的方式提出。

④奖励机制。设计合理的奖励机制，当学生达成目标时给予适当的奖励。奖励可以是物质的（如奖学金、奖品）或精神的（如表扬、荣誉证书）。

（4）洛克的目标设置理论：

目标设置理论认为，具体且有挑战性的目标能更好地激励个体。具体措施如下：

①具体目标。与学生一起设定具体、明确且有挑战性的目标。如设定期末考试成绩目标、完成某个科研项目等。

②分解目标。将大目标分解成一系列小目标，逐步实现。这样可以让学生看到自己的进步，保持动力。

③跟踪进展。定期检查学生的目标进展情况，提供必要的指导和支持。帮助学生调整目标，确保其合理性和可行性。

(5)斯金纳的行为强化理论：

行为强化理论强调通过正强化和负强化来改变行为。具体措施如下：

①正强化。及时表扬和奖励学生的努力和成就；通过展示优秀作品或颁发小奖励，增强学生的自信心。

②负强化。消除或减少不良行为的后果，从而增加良好行为的发生。例如，对于经常迟到的学生，可以与其沟通，了解原因并提供解决方案，而不是简单地批评。

(6)自我决定理论：

自我决定理论强调个体的内在动机和自主性在行为中的重要性，并认为人类有三种基本的心理需求：自主性、能力感和关联感。当这些需求得到满足时，个体会表现出更高的内在动机和更积极的行为。

①自主性。鼓励学生自主选择学习内容和方式，如课程选修和项目选择，增强内在动机。

②能力感。通过适当的挑战和反馈，帮助学生认识自己的能力和潜力。

③关联感。建立师生之间的良好关系，增强学生的参与感和归属感。

总之，激励00后的学生需要综合运用多种激励理论，结合他们的特点和需求，制定具体的激励措施。通过满足不同层次的需求、提供支持和资源、设定明确的目标、给予及时的反馈和奖励，可以有效激发学生的积极性和创造力，帮助他们在学业和个人发展上取得更大的成功。

**8. 论述人性假设及其发展过程。**［湖南师大2023年研］

**相关试题：结合实际，谈谈你对几种人性假设的理解。**［中国海大2024年研］

**答：**合理的人性假设是激励的前提。关于人性的假设有多种观点，其中有代表性的有：

(1)经济人假设(X理论)：

①经济人假设认为，人是追求个人利益最大化的主体。其特点有：

a. 人自利且非孤立，通过交往谋求个人利益。

b. 人根据环境判断自身利益，使用各种手段追求利益最大化。

c. 人的唯一目的是追求个人利益，但最终会增加公共利益，须有良好的法制和规则。

d. 追求私利的手段随社会发展而变化，但自利本性不变。

②麦格雷戈的X理论对经济人假设作了详细解释。其基本观点有：

a. 多数人懒惰，逃避工作。

b. 多数人没有雄心，不愿承担责任，愿意接受指导。

c. 个人目标常与组织目标矛盾，须强制、惩罚他们为组织目标工作。

d. 工作多是为了满足基本需要，只有金钱和地位才能激励员工。

e. 人大致分为两类，多数人符合上述假设，少数人能自我激励，适合承担管理责任。

(2)社会人假设：

①背景：20 世纪二三十年代，生产力发展、竞争加剧和劳资关系紧张。

②核心观点：社会人假设认为，人不仅有经济需求，还有社会需求。其理论基础是人际关系学说。梅奥通过霍桑实验发现：人有思想、感情和社会需求，起决定作用的是工作中的人际关系。

③社会人假设的基本观点有：

a. 劳动者的工作动机主要来自社会需求，并通过同事关系获得认同感。

b. 工作本身失去意义，劳动者从社会关系中寻求意义。

c. 同事的社会影响力比管理者的经济诱因更重要。

d. 劳动者的工作效率受上司满足其社会需求的程度影响。

(3)自我实现人假设(Y 理论)：

①背景：20 世纪 50 年代，生产机械化，工作单调乏味，士气低落。

②核心观点：自我实现人假设又称自动人假设，认为人有发挥潜能、追求自我完美的需要。

③麦格雷戈在自我实现人假设的基础上提出了 Y 理论，其基本观点有：

a. 大多数人勤奋，只要环境允许，乐于工作。

b. 控制和惩罚不是唯一方法，人在执行任务时能够自我指导和控制。

c. 在正常情况下，大多数人不仅接受任务，还会主动寻求责任。

d. 大多数人具有想象力、智谋和创造力，在不受外界因素控制的情况下可以得到正常发挥。

e. 人体蕴藏着巨大潜力，但在现代工业条件下，一般人只能发挥少部分潜力。

f. 员工的自我实现倾向与组织目标一致。

(4)复杂人假设(超 Y 理论)：

①背景：20 世纪 60 年代末 70 年代初，由美国学者艾德佳·沙因提出。

②核心观点：复杂人假设认为，人性是复杂的，随时间和环境变化而变化。人性的复杂性体现在两个方面：

a. 个体的需求和潜力随年龄、知识、地位、环境和人际关系的变化而变化。

b. 群体中的人有不同的需求，千差万别。

③从复杂人假设出发，美国管理心理学家莫尔斯和洛什提出了超 Y 理论，强调管理方法应灵活多变，适应不同个体和情境。其基本观点包括：

a. 主体需要的差异性。不同的人，工作需求不同。一些人需要正规化的机构和条例，而另一些人则需要更多的自治和创造性机会。

b. 组织方式的相异性。管理应根据工作性质和员工需求，采取适当的组织形式和领导方式，以提高工作效率。

c. 控制程度的应变性。组织机构、员工培训、工资报酬和控制程度应根据工作性质、目标和员工素质来确定，不能一刀切。

d. 目标确立的递进性。当一个目标达成后，会激发员工的胜任感，促使他们为新的更高的目标努力。

综上，这些人性假设各有侧重，反映了不同时期对人性的不同理解。经济人假设强调自利，社会人假设强调社会需求，自我实现人假设强调潜能和自我完善，而复杂人假设则强调人性的多样性和动态变化。这些理论为管理和激励提供了不同的视角和方法。

**9．2020 年新冠疫情下，如何进行危机反应和恢复管理？**［中南财大 2023 年研］

**答：**2020 年新冠疫情下，可采取的危机反应和恢复管理如下：

（1）危机反应：

①成立危机处理小组。由危机处理小组负责制定和实施风险方案。明确风险级别和类型，确保快速响应和协调各项应对措施。

实践：许多企业在疫情初期迅速成立了由高层管理人员、相关部门负责人及外部专家组成的危机处理小组。例如，医院成立了由院长、医疗专家和后勤人员组成的应急小组，负责制定和实施应对措施。

②启动应急预案或制定新方案。根据实际情况启动现有的应急预案，并在预案与实际情况存在较大偏差时，及时制定新的应对方案。合理分配人力、物力和财力资源，确保应对措施的有效实施。

实践：例如，零售企业调整了供应链策略，增加了线上销售渠道。

③隔离危机。采取措施隔绝危机因素，防止其蔓延，降低或避免损失。隔离措施可分为危害隔离和人员隔离，具体根据实际情况选择合适的隔离方式。

实践：企业和机构采取了严格的隔离措施，如关闭办公场所、实行远程办公、限制人员流动等。医疗机构设置了专门的隔离区，防止病毒传播。

④获取信息。充分、准确地获取相关信息，提高反应时间和处理效率。组织成员需正确识别、判断危机的相关信息，以便做出准确的决策和应对。

实践：企业通过多种渠道收集疫情信息，包括政府公告、专业机构报告和社交媒体。例如，航空公司密切关注各国旅行禁令的变化，及时调整航班计划。

（2）危机恢复：

①成立危机恢复小组。由其负责收集、分析危机事件的详细信息，并基于组织内外部环境条件，制定、实施和反馈危机处理和恢复工作。

实践：企业成立了专门的危机恢复小组，负责收集、分析疫情对组织的影响，并制定恢复计划。例如，酒店业成立了由运营、市场和财务部门组成的恢复小组。

②获取危机处理信息。危机恢复小组要最大限度地收集有效信息，客观、公正地评估组织的风险事件，为危机决策提供可靠的依据。

实践：危机恢复小组通过调查问卷、数据分析和专家咨询等方式，收集了大量关于疫情对企业影响的信息。例如，制造业企业通过供应链数据了解原材料供应情况。

③制定并实施危机恢复计划。基于组织的实际情况，明确计划目标、预算、实施时间、人员等具体内容。确定处理事件的主次和重要性，跟踪并监督危机恢复情况，及时调整和完善恢复计划。

实践：企业制定了详细的危机恢复计划，明确了目标、预算、实施时间和人员安排。例如，餐饮企业推出了外卖服务，调整了菜单以适应市场需求。

④危机评估与发展。在危机恢复的最后阶段，进行详细的分析和评估，总结经验教训。在危机中谋求新的发展机遇，提升组织的抗风险能力和可持续发展能力。

实践：企业在恢复过程中不断进行评估，总结经验教训。例如，教育机构评估了在线教学的效果，改进了未来的教学模式。

通过这些步骤，企业能够在面对新冠疫情等重大危机时，有效地进行危机反应和恢复管理，保持业务的连续性和稳定性。

**10. 人工智能(AI)对组织变革的影响。**［同济大学2024年研］

**答：**人工智能(AI)对组织变革的影响如下：

(1)组织结构扁平化。AI推动组织结构向扁平化发展，减少中间管理层次，增强组织灵活性和创新能力。企业需重新设计组织架构，以适应快速变化的市场环境；通过精简管理层级，提高决策速度和响应能力。

(2)组织管理变革。AI帮助企业在决策上更加科学和及时，改变产品研发、市场营销、客户服务等领域。采用数据驱动和AI支持的管理工具，可提升管理效率。例如，使用预测分析来优化库存管理和市场策略。

(3)员工队伍转型。AI可替代流程化和简单的岗位，要求员工具备更高的学习和思考能力。要加大员工培训力度，促进技能更新，推动员工向高价值岗位转型；提供持续的学习和发展机会，帮助员工掌握新技术和新技能。

(4)组织协同性提升。AI打破数据孤岛，增强部门间协作和信息共享。实施跨部门数据整合平台，可提高企业响应速度；建立统一的数据管理系统，可确保各部门能够实时访问和利用数据。

(5)工作模式和职业转型。AI促使劳动力转型，催生新工作方式和“AI新员工”角色。鼓励人机协同，聚焦创新和高价值工作；培养员工与AI系统协同工作的能力，发挥各自优势。

(6)管理理念升级。AI时代下，管理理念需向数据驱动和客户价值导向转变。要构建以客户价值为核心的管理系统，如CRD系统；采用数据分析来了解客户需求，优化产品和服务。

**【扩展】**应对策略：

①强化顶层设计：a. 明确变革目标，从组织架构、运营管理、考核激励等方面进行系统规划；b. 制定详细计划，即设定具体的变革步骤和时间表，确保变革过程有序进行。

②打造数字化组织：a. 加速数字化转型，实现组织的在线化和互联网化，提高运营效率；b. 引入先进技术，采用云计算、大数据、物联网等技术，提升组织的技术水平。

③员工转型和培训：a. 推动技能更新，提供定期培训和学习资源，帮助员工掌握新技术；b. 提升团队协作，即加强团队建设，促进跨部门合作，提高整体执行力。

④管理理念创新：a. 采用数据驱动，即利用数据分析来支持决策，提高决策的科学性和准确性；b. 关注客户价值，即以客户为中心，不断优化产品和服务，提升客户满意度。

这些影响和策略共同推动组织在AI时代实现高效、创新和可持续发展。通过合理规划和有效执行，企业可以充分利用AI带来的机遇，应对挑战，保持竞争优势。

**11. 目前管理活动有哪些时代背景？请结合目前的这些时代背景，从管理学角度分析我国企业改革创新的途径。**［广西科大 2023 年研］

**答：**当前管理活动的时代背景主要受到全球化、数字化、可持续发展和社会责任等多重因素的影响。这些时代背景对企业管理和改革创新提出了新的要求和挑战。具体分析如下：

（1）管理活动的时代背景：

①全球化：a. 市场一体化。全球化使得市场更加一体化，企业可以更容易地进入国际市场，但也面临着更激烈的国际竞争。b. 供应链全球化。企业的供应链遍布全球，需要应对不同国家和地区的法律法规、文化差异和经济环境。

②数字化：a. 信息技术。云计算、大数据、人工智能、物联网等技术的发展，改变了企业的运营模式和管理模式。b. 数据驱动。数据成为企业决策的重要依据，通过数据分析可以实现精准营销、优化运营并提升客户体验。

③可持续发展。企业需要关注环境保护，减少对自然资源的消耗和污染排放，实现绿色生产和可持续发展。

④社会责任：a. 企业伦理。企业在经营活动中需要遵循道德和法律规范，避免不正当竞争和违法行为。b. 利益相关者。企业不仅要考虑股东的利益，还要关注员工、客户、供应商、社区等多方利益相关者的权益。即企业不仅要追求经济效益，还要承担社会责任，关注员工福利、社区发展和公益事业。

（2）我国企业改革创新的途径：

①战略创新：a. 多元化与国际化。企业可以通过多元化经营和国际化战略，拓展新的市场和业务领域，降低单一市场的风险。b. 创新驱动。将创新作为企业发展的核心战略，鼓励技术创新、产品创新和服务创新，提升企业的核心竞争力。

②组织结构与管理模式创新：a. 扁平化管理。通过减少管理层级，提高决策效率和响应速度；利用信息技术实现信息的快速传递和共享。b. 灵活组织。构建灵活的组织结构，适应不断变化的市场和技术环境。例如，设立跨部门项目组，促进协同合作。

③数字化转型：a. 信息化建设。加强企业信息化建设，引入先进的信息系统和管理工具，提高运营效率和管理水平。b. 数据驱动决策。建立数据采集和分析系统，通过数据分析支持科学决策；利用大数据和人工智能技术优化业务流程。

④人才培养与激励：a. 人才引进与培养。重视人才引进和培养，建立完善的人才培训体系，提升员工的专业技能和综合素质。b. 激励机制。设计合理的激励机制，包括薪酬激励、股权激励和职业发展激励等，激发员工的积极性和创造力。

⑤可持续发展与社会责任：a. 绿色生产。推行绿色生产和循环经济，减少资源消耗和环境污染。采用环保技术和材料，提高能源利用效率。b. 社会责任。积极参与社会公益活动，履行企业社会责任。关注员工福利，提供良好的工作环境和发展机会。

⑥开放合作与协同创新：a. 产学研合作。加强与高校、研究机构的合作，推动产学研一体化，加速科技成果的转化和应用。b. 产业链协同。与上下游企业建立紧密的合作关系，实现产业链协同创新。通过共享资源和技术，提升整体竞争力。

（3）案例分析：

①华为：a. 战略创新。华为通过多元化经营和国际化战略，成功进入全球市场，成为全球领先的通信设备供应商。b. 组织结构与管理模式创新。华为实行扁平化管理和灵活的组织结构，通过内部创业和项目制推动创新。c. 数字化转型。华为在产品研发和生产中广泛应用大数据、人工智能等技术，提高产品质量和生产效率。d. 人才培养与激励。华为建立了完善的人才培训体系，通过高薪和股权激励吸引和留住优秀人才。

②阿里巴巴：a. 战略创新。阿里巴巴通过多元化经营，从电子商务扩展到金融科技、云计算等多个领域。b. 组织结构与管理模式创新。阿里巴巴实行扁平化管理和灵活的组织结构，通过“小前台、大中台”模式提高运营效率。c. 数字化转型。阿里巴巴在电商、金融、物流等领域广泛应用大数据和人工智能技术，提升用户体验和运营效率。d. 可持续发展与社会责任。阿里巴巴积极参与社会公益活动，推出“蚂蚁森林”等环保项目，履行企业社会责任。

综上，在当前全球化、数字化、可持续发展和社会责任的时代背景下，我国企业需要通过战略创新、组织结构与管理模式创新、数字化转型、人才培养与激励、可持续发展与社会责任以及开放合作与协同创新等多种途径进行改革创新。通过这些措施，企业可以更好地应对挑战，抓住机遇，实现可持续健康发展。

**12. 尽管越来越多的人认同广义上的创业的概念，认为创业并不只是创办新企业，但是多数人仍然会觉得创业离自己较远，认为创业精神只适用于小型和新创立的企业，对此观点你怎么看？请说明你的理由。**［安徽财大2022年研］

**答：**创业精神并不只是创办新企业的专属，它是一种广泛适用于各种组织和个人的态度和行为模式。这种精神包括创新、冒险、灵活性、持续学习和对机会的敏锐捕捉。

（1）创业精神的广义含义：

①创新与变革：

a. 创新。创业精神的核心是创新。无论是在大型企业、政府部门还是非营利组织中，创新都是推动发展的关键因素。如谷歌通过持续的技术创新，推出了诸如Google Maps、Google Drive等新产品和服务。

b. 变革。创业精神鼓励不断寻求改进和变革，以适应不断变化的市场和技术环境。这不仅适用于初创企业，也适用于成熟企业和各类组织。

②风险承担与灵活性：

a. 风险承担。创业精神意味着愿意承担一定的风险以追求新的机会。在大型企业中，这可能表现为推出新的产品线或进入新市场；在政府部门中，这可能表现为实施新的政策或改革。

b. 灵活性。创业精神要求组织和个人具备高度的灵活性，能够快速响应市场和技术的变化。无论是初创企业还是大型企业，都需要这种灵活性来应对不确定性。

③持续学习与适应：

a. 持续学习。创业精神强调持续学习和自我提升。在任何组织中，员工都需要不断学习新的技能和知识，以保持竞争力。例如，IBM通过内部培训和外部合作，不断提升员工的技术能力。

b. 适应性。创业精神要求组织和个人能适应不断变化的环境。这包括对新技术、新市场和新法规的适应。

（2）创业精神在不同组织中的应用：

①大型企业：

a. 内部创业。许多大型企业鼓励内部创业，设立创新实验室或孵化器，支持员工提出并实施新的创意。例如，3M公司通过“15%时间”政策，允许员工将部分工作时间用于创新项目。

b. 企业文化。大型企业可以通过培养一种支持创新和冒险的企业文化，激发员工的创业精神。例如，亚马逊鼓励员工进行“Day 1”思维，始终保持初创企业的活力和创新精神。

②政府部门：

a. 公共服务创新。政府部门可以借鉴创业精神，推动公共服务的创新。例如，通过引入新技术（如电子政务系统）提高服务效率，或者通过社会创新项目解决社会问题。

b. 政策创新。政府部门可以通过制定和实施创新政策，促进经济发展和社会进步。例如，新加坡政府通过一系列创新政策，成功打造了全球领先的科技创新生态系统。

③非营利组织：

a. 社会创新。非营利组织可以通过社会创新项目，解决社会问题并创造价值。例如，阿育王基金会（Ashoka）支持社会企业家，推动社会变革。

b. 资源利用。非营利组织可以通过创新的方式筹集和利用资源，提高运营效率。例如，通过众筹平台为项目募集资金，或者通过合作伙伴关系共享资源。

（3）个人层面的创业精神：

①职业发展：

a. 自我驱动。个人可以在职业生涯中展现创业精神，通过不断学习和提升自己的技能，抓住新的职业机会。例如，通过在线课程和认证，提升自己的专业能力。

b. 灵活就业。越来越多的人选择灵活就业方式，如自由职业者、远程工作者等。这种灵活性和自主性体现了创业精神。

②日常生活：

a. 解决问题。在日常生活中，创业精神可以帮助个人更好地解决问题。例如，通过创新的方法解决家庭或社区中的实际问题。

b. 持续学习。个人可以通过持续学习，不断提升自己的知识和技能，适应不断变化的社会环境。

综上，创业精神不仅仅局限于创办新企业，而是一种广泛适用于各种组织和个人的态度和行为模式。无论是在大型企业、政府部门还是非营利组织中，创新、冒险、灵活性、持续学习和对机会的敏锐捕捉都非常重要。通过培养和应用创业精神，组织和个人可以更好地应对变化，推动发展，创造更大的价值。因此，创业精神并不是离我们很远的概念，而是每个人都应具备的一种积极态度和行为模式。

**13. 曾几何时，科学无国界的说法备受推崇，但是华为手机芯片困局事件引发我国企业的深刻反思，请结合这一背景谈一谈你对企业技术研发与自主创新的看法。**［安徽财大2021年研］

**答：**华为手机芯片困局事件引发了广泛的关注和深刻的反思，这一事件凸显了企业在技术研发与自主创新方面的重要性。具体分析如下：

(1)技术研发与自主创新的重要性：

①减少外部依赖：

a. 供应链安全。华为事件表明，过度依赖外部供应商和技术可能会在关键时刻受制约。通过自主研发核心技术，企业可减少对外国供应商的依赖，确保供应链的安全和稳定。

b. 自主可控。自主研发使得企业能够更好地控制技术的发展方向和应用，避免因外部因素导致技术中断或限制。

②提升竞争力：

a. 技术创新。自主研发可以推动技术创新，使企业能够在激烈的市场竞争中保持领先地位。例如，华为在5G技术上的突破使其在全球通信市场中占据了重要地位。

b. 品牌价值。拥有核心技术的企业更容易建立强大的品牌形象，赢得消费者的信任和忠诚。华为的品牌形象因其在技术研发方面的投入而得到了显著提升。

③应对国际环境变化：

a. 政策风险。国际政治环境的变化可能导致技术封锁和贸易限制。通过自主研发，企业可以在面对这些不确定性时更加从容。

b. 市场准入。一些国家和地区可能对使用特定技术的产品有严格的市场准入要求。自主研发可以帮助企业更好地满足这些要求，进入更多市场。

(2)面临的挑战与对策：

①高研发投入：

a. 资金压力。自主研发需要大量的资金投入，包括研发人员的工资、设备购置、实验材料等。企业需要合理规划财务，确保有足够的资金支持研发活动。

b. 长期回报。技术研发往往是一个长期的过程，短期内可能看不到明显的经济效益。企业需要有长远的战略眼光和耐心。

②人才短缺：

a. 人才培养。企业需要重视人才培养和引进，建立完善的培训体系，吸引和留住高水平的研发人才。

b. 国际合作。虽然强调自主创新，但这并不意味着闭门造车。企业可以通过国际合作，引入先进的技术和管理经验，加速研发进程。

③知识产权保护：

a. 法律保障。企业需要加强知识产权保护，防止核心技术被竞争对手窃取。同时，也要遵守国际知识产权法规，避免侵权纠纷。

b. 专利布局。通过合理的专利布局，企业可以保护自己的创新成果，并在必要时进行技术许可或转让，获得额外收益。

④市场验证：

a. 产品迭代。自主研发的产品需要经过市场的验证和反馈，不断进行优化和改进。企业应建立快速响应机制，根据市场需求调整研发方向。

b. 用户需求。技术研发要紧密围绕用户需求展开，确保开发出的产品能够真正解决用户痛点，提供更好的用户体验。

(3)总结与建议：

①持续投入。企业应持续投入研发资金，建立稳定的研发投入机制，确保技术研发的连续性和稳定性。

②人才培养。重视人才培养和引进，建立完善的人才培养体系，为技术研发提供坚实的人力资源支持。

③开放合作。在强调自主创新的同时，也要注重国际合作，通过引入先进的技术和管理经验，加速技术研发进程。

④市场导向。技术研发要紧密结合市场需求，确保开发出的产品能够真正解决用户的痛点，提供更好的用户体验。

⑤法律保护。加强知识产权保护，通过合理的专利布局，保护企业的创新成果，避免侵权纠纷。

总之，华为手机芯片困局事件提醒我们，企业必须重视技术研发与自主创新，减少对外部技术的依赖，提升自身的竞争力和抗风险能力。通过持续投入、人才培养、开放合作和法律保护等措施，企业可以更好地应对未来的挑战，实现可持续发展。

**14. 移动互联网技术的发展与应用不断成熟，互联网+人工智能已经成为未来产业变革和科技革命的新引擎。请结合管理学的基本原理，谈一谈其为组织管理工作带来哪些新的机遇与挑战。**［安徽财大2021年研］

**相关试题：互联网技术的产生与普及，极大地改变了人们的生产生活方式，也推动着产业结构不断升级，这无疑为管理活动带来了新的机遇与挑战，具体表现在哪些方面，谈一谈你的看法。**［安徽财大2020年研］

**答：**移动互联网技术的发展与应用，加上人工智能（AI）的不断成熟，给组织管理工作带来了前所未有的机遇与挑战。结合管理学的基本原理，具体分析如下：

（1）新的机遇：

①决策支持与优化：

a. 大数据分析。移动互联网和AI技术可以收集和处理大量数据，通过数据分析为企业提供更准确的市场洞察和预测。管理者可以基于这些数据做出更加科学和精准的决策。

b. 智能辅助决策。AI算法可以帮助管理者处理复杂的决策问题，提供预测和建议。例如，AI可以用于销售预测、库存管理和资源分配，提高决策效率和准确性。

②运营效率提升：

a. 自动化与智能化。AI和移动互联网技术可实现许多业务流程的自动化，减少人工干预，提高工作效率。例如，客服机器人可自动处理常见问题，减轻客服人员的工作负担。

b. 供应链优化。物联网（IoT）和AI技术可以实时监控供应链中的各个环节，优化物流和库存管理，降低运营成本。例如，通过预测性维护，企业可以提前发现设备故障，避免生产中断。

③客户服务与体验：

a. 个性化服务。AI可以通过分析用户行为和偏好，提供更个性化的服务。例如，推荐系统可以根据用户的购买历史和浏览记录，推荐相关产品和服务。

b. 即时反馈与响应。移动互联网使得企业能够实时接收客户的反馈，并通过社交媒体和在线客服系统迅速响应，提高客户满意度。

④人力资源管理：

a. 招聘与培训。AI 和移动互联网技术可以帮助企业更高效地进行人才招聘和培训。例如，AI 简历筛选工具可快速筛选出合适的候选人，而在线学习平台可提供灵活的培训方案。

b. 绩效管理。数字化工具可以更好地进行绩效管理和评估，提高员工的工作积极性和效率。例如，通过数据分析，管理者可以更客观地评估员工的表现。

⑤创新与研发：

a. 快速迭代。移动互联网和 AI 技术使得产品开发周期大大缩短，企业可以通过敏捷开发方法快速推出新产品并根据市场反馈进行迭代。

b. 开放式创新。企业可以利用互联网平台与外部创新资源合作，如众包、开源社区等，加速技术创新。

（2）新的挑战：

①数据安全与隐私保护：

a. 信息安全。随着企业数字化程度的提高，信息安全变得尤为重要。企业需要加强网络安全措施，保护敏感数据免受攻击。

b. 隐私保护。企业在收集和使用用户数据时，必须遵守严格的隐私保护法规，否则可能面临法律风险和信任危机。

②组织变革与文化适应：

a. 管理复杂性。新技术的应用增加了管理的复杂性，管理者需要具备更强的沟通和协调能力，以应对扁平化管理和远程协作带来的挑战。

b. 文化变革。引入新技术往往伴随着组织文化的变革，企业需要培养一种开放、创新的文化，鼓励员工接受和使用新技术。

③技能与培训需求：

a. 技能更新。员工需要不断学习新技能，以适应新技术的应用。企业需要投入资源进行培训和发展，帮助员工掌握必要的技术知识。

b. 人才短缺。AI 和移动互联网技术的快速发展导致了对高技能人才的需求增加，企业可能面临人才短缺的问题。

④伦理与合规：

a. 伦理问题。AI 技术的应用可能引发一系列伦理问题，如算法偏见、自动化取代人类工作等。企业需要制定明确的伦理准则，确保技术应用的公平性和透明性。

b. 合规管理。互联网时代的法律法规不断更新，企业需要确保其业务活动符合相关法规要求，避免法律风险。

总之，移动互联网和 AI 技术的发展给组织管理工作带来了巨大的机遇，包括决策支持、运营效率提升、客户服务优化、人力资源管理和创新加速。然而，这些新技术也带来了数据安全、组织变革、技能培训和伦理合规等方面的挑战。企业需要积极应对这些挑战，通过持续创新和优化管理方式，抓住机遇，实现可持续发展。

**15．二十大报告指出要“加快发展数字经济，促进数字经济和实体经济深度融合”。你认为企业应如何利用数字融合促进企业创新？**［湖南师大 2024 年研］

**答：**企业可以通过以下几种方式利用数字技术与实体经济的融合来促进创新：

(1)数字化转型。企业应积极采用云计算、大数据、人工智能等先进技术，对生产流程进行数字化改造。这不仅能够提高生产效率，还能通过数据分析帮助企业更好地理解市场需求变化，从而快速响应市场。

(2)智能制造。利用物联网(IoT)技术和自动化设备实现智能化制造，可以在显著提升产品质量的同时降低生产成本。例如，在生产线中安装传感器收集数据，并通过AI算法优化调度计划或预测维护需求。

(3)个性化定制服务。借助强大的计算能力和灵活的供应链管理，企业能够为客户提供更加个性化的产品和服务。在这种模式下，消费者可以直接参与产品设计过程，满足其独特的需求。

(4)跨界合作创新。数字经济时代鼓励不同行业之间的交流合作。通过开放平台共享资源和技术，传统制造业可以与互联网公司等新型业态形成互补优势，共同开发出全新的商业模式或解决方案。

(5)构建生态系统。围绕核心业务建立一个包含供应商、合作伙伴乃至最终用户的完整生态系统。在这个体系内，各方参与者都可以贡献自己的力量并从中获益，从而形成良性循环，推动整个行业的持续发展。

总之，企业应把握“数字融合”的机遇，积极探索适合自身特点的发展路径，不断创新以适应快速变化的商业环境。

**16. 有效管理创新工作是在发掘创新动力基础上，进行科学创新管理决策，实施创新领导，评价创新效果。请对以上创新过程及其管理做出论述。**［沈工大2022年研］

**相关试题：企业创新的动力来源；在创新基础的选择、对象的选择、水平的选择、方式的选择上各有哪些注意点？**［中南财大2024年研］

**答：**有效管理创新工作是在挖掘企业创新动力后，进行科学的创新决策，开展创新组织与领导工作，评估创新效果，进而针对经营问题找到新创新动力的循环过程。有效管理创新工作的主要内容如下：

(1)发掘创新动力：

创新源自企业内外部的一系列机会。德鲁克认为，创新动力来源主要有以下几种：

①意外的成功或失败。意外的成功通常为企业创新提供丰富机会；意外的失败是指企业在某产品的技术开发或市场开发的设计、论证以及执行非常精心和努力，最终仍然失败，那么这种失败必然隐含了某种变化，实际上向企业预示了某种机会的存在。

②企业内外的不协调。主要有：a. 宏观或行业经济景气状况与企业经营绩效的不协调；b. 假设和实际的不协调；c. 对消费者价值观的判断与消费者的实际价值观不一致。

③过程改进的需要。过程改进是指对组织内已有程序(尤其是工艺程序)进行创新完善，针对薄弱环节，利用新知识、新技术不断提升工作效率、降低生产成本的过程。组织内部过程改进的需求与其生产方式、生产经营过程密切相关。

④产业和市场的改变。行业结构和市场结构一旦出现变化，企业必须迅速做出反应，在生产、营销以及管理等方面进行创新和调整，否则可能影响企业在行业中的相对地位，甚至带来经营上的灾难，引发企业的生存危机。

⑤人口结构的变化。其直接决定劳动力市场供给，进而影响企业生产成本。

⑥观念的改变。消费者的态度随着其对事物的认知和观念的转变而转变。而消费态度决定了消费行为，从而影响上市产品的受欢迎程度。

⑦新知识的产生。新知识的出现往往给企业带来了新的发展机会，关键性技术的更迭则意味着企业要进行全面的更新换代。

(2)科学创新管理决策：

企业在创新过程中需要进行一系列管理决策，涉及创新基础、对象、水平和方式。

①创新基础的选择。企业需确定创新活动的层级(集团公司、事业部或运营单元)，并选择创新类型(基础性、应用性或工艺性)。这决定了创新活动的组织范围和资金需求。

②创新对象的选择。从技术创新角度看，创新对象可以是材料、产品、工艺或手段。产品创新改进结构或性能，提升用户体验并降低成本；工艺创新可以提高产品质量，降低生产成本，增强价格竞争力。

③创新水平的选择。企业在创新水平上可以选择先发优势战略或后发优势战略。先发优势战略是指率先行动，抢占市场先机；后发优势战略则是规避风险，选择合适时机进入市场。此外，企业还需要考虑顺轨创新(沿现有方向连续创新)、选轨创新(在多个方向上选择)和转轨创新(转向新的创新轨道)，每种方式都有其特定的风险和收益。

④创新方式的选择。组织要根据自身能力、成本等选择是进行独立开发还是联合开发。独立开发要求企业具备雄厚的技术和资金实力，成功时可以获得垄断利润，但失败时需独自承担损失。联合开发则是与外部机构合作，共同分担风险和收益，成功时共享成果，失败时共担损失。这种方式可以使企业集中更多资源进行更深入的研究。

(3)实施创新领导，主要分为八个环节：

①树立紧迫感，组织创新需要时刻保持紧迫感，避免被竞争对手抢先。

②在组织内部建立强有力的领导联盟，调动组织内成员的创新积极性。

③为组织构建愿景规划，保持创新的持续性。

④沟通创新愿景，降低组织成员的抵触心理。

⑤广泛的授权运动。

⑥夺取短期胜利，鼓舞成员创新的信念。

⑦巩固已有创新成果，深化创新。

⑧维持已有成果，将创新成果制度化。

(4)创新活动的评估与审计：

①创新成果需要定量化衡量，组织根据创新目标对创新活动进行科学评估。

②经过评估之后，组织可以在定量化的数据中寻找不满足期望的部分，从而聚集关键问题，为后续创新提供更好的解决办法。

## 七、案例分析题

### 案例一

**根据上述资料回答问题：**[广西科大 2024 年研]

**1. 该企业目前采用的是何种组织结构？这种组织结构有何特点？**

**答：**(1)该企业目前采用的是直线制组织结构。在这种结构中，决策权和管理权集中在企业的最高领导者（李厂长）手中，所有的工作指令和决策均由厂长直接下达。

（2）直线制组织结构的特点有：

①集中决策。所有的管理和决策权集中在李厂长一人身上，厂长负责生产、销售、财务和人事等各个方面。

②设置简单。这种结构较为简单，适合小规模企业，便于管理和沟通。在企业初创阶段，能够快速响应市场变化，适应性较强。

③缺乏专业化。由于所有工作由厂长亲自管理，缺乏专业化的管理人员，导致管理效率低下。

④工作负荷重。厂长的工作负荷过重，难以全面兼顾各项事务，容易导致决策失误和管理混乱。

**2. 你认为现有的组织结构能否支持企业的发展？企业的组织结构应做哪些调整？**

**答：**（1）现有的直线制组织结构已无法支持企业的持续发展，原因如下：

①管理效率低下。随着企业规模的扩大，李厂长无法有效管理所有事务，导致工作效率低下和决策迟缓。

②人力资源不足，缺乏专业分工。企业急需招聘专业管理人员和技术人员，但现有结构无法有效支持人力资源的管理和培训。

③质量控制难。生产指令由厂长直接下达，缺乏专业的质量管理体系，容易导致产品质量不达标，影响企业声誉。

④后勤管理混乱。后勤管理缺乏专门的机构和人员，导致管理不善，影响生产效率。

（2）为适应企业不断发展的需要，企业的组织结构应做以下调整：

①转变为职能制组织结构。将企业调整为职能制组织结构，设立专业的部门（如生产部、销售部、财务部、人力资源部等），各部门分别负责特定职能。通过专业化管理，可提高工作效率，减轻李厂长的管理负担。

②设立中层管理。在各职能部门中设立中层管理人员，负责具体的业务管理和决策，形成管理层次。中层管理人员能有效分担李厂长的管理工作，提高决策效率和响应速度。

③建立质量管理体系。设立专门的质量管理部门，负责产品质量的监督和控制，确保产品符合标准。提高产品质量，可减少退货和赔款风险，增强客户满意度。

④完善人力资源管理。建立系统的人力资源管理体系，负责人员招聘、培训和绩效评估等。提高员工的专业能力和整体素质，可增强团队的协作能力。

⑤后勤管理专业化。设立专门的后勤管理部门，负责后勤支持和服务，确保生产顺利进行。提高后勤管理的效率，可减少因管理混乱导致的生产延误。

通过以上调整，企业能够建立起更科学、高效的组织结构，适应市场变化和业务发展需要，从而实现持续增长。

## 案例二

**问题：**［中南财大2024年研］

**1. 从直线职权和参谋职权角度分析张厂长和王高工各自权力的来源。**

**答：**（1）张厂长的权力来源于直线职权。具体分析如下：

直线职权是指组织中上级指挥下级工作的权力，通常伴随着对下级工作绩效的直接责任。张厂长作为企业的厂长，拥有对企业各部门进行直接管理、指挥和控制的权力，这属于直线职权。

(2)王高工的权力来源于参谋职权。具体分析如下：

参谋职权是指为直线管理者提供咨询、建议和支持的权力，但不具有直接指挥下级的权力。王高工作为高级顾问，主要职责是为张厂长提供专业建议和支持，帮助其更好地完成管理工作，但无权直接指挥员工或做出决策，这属于参谋职权。

**2. 这家下属企业在管理中存在什么问题？如果你是该公司总经理助理，请就案例中的问题提出解决措施。**

**答：**(1)这家下属企业在管理中存在以下问题：

①直线与参谋职权界限不清，导致管理措施执行受阻。从案例描述来看，张厂长和王高工在企业管理和生产重点上存在意见分歧，这表明二者之间的角色定位可能不够清晰。理想情况下，直线管理者(如张厂长)应负责制定并实施战略决策；而参谋人员(如王高工)则提供支持性建议，不应干涉具体执行过程。

②部门间目标不一致，生产部门更重视短期效益而非长期管理改进。生产部门更关注短期内提高产量、开拓市场等直接经济效益，而忽略了通过优化内部管理来实现长远发展的重要性。这种差异使得张厂长提出的改革方案难以得到广泛支持。

③缺乏有效的沟通机制，导致张厂长与王高工及其他主管人员之间存在分歧。虽然公司给张厂长配备了高级顾问以协助其工作，但在实际操作过程中，双方似乎未能就如何平衡生产和管理达成共识。良好的沟通渠道有助于解决此类冲突，并确保所有参与者都能理解并支持共同目标。

(2)如果我是该公司总经理助理，我会采取以下措施：

①明确界定张厂长与王高工各自的角色和职责范围，避免出现越权现象。

②加强跨部门协调，促进不同职能领域间的交流与合作。

③设立专门项目组负责监督改革计划的实施情况，并定期向高层汇报进展。

## 案例三

**案例思考题：**［南京理工2021年研］

**1. 对该公司的组织结构形式作简单分析。**

**答：**(1)王先生的公司采用的是直线职能制组织结构。在这种结构中，王先生作为唯一的决策者和管理者，直接负责公司的所有业务，包括计划、采购、市场、人事和生产监督等。具体分析如下：

①一人管理体制。王先生几乎处理公司所有的业务，从战略规划到日常运营。

②集中决策。所有重要的决策都由王先生决定，其他员工主要执行日常工作。

③多任务管理。王先生参与每一个部门的工作，包括企业计划、客户关系、财务管理、人力资源、生产问题解决以及库存管理等。

(2)案例中这种组织结构的优缺点：

①优点：

a. 决策迅速。由于所有决策都由一个人做出，决策过程非常迅速。

b. 统一指挥。王先生对整个公司的运营有全面的控制，可确保各部门之间协调一致。

c. 灵活性高。王先生可以直接干预和调整任何问题，具有很高的灵活性。

②缺点：

a. 工作负荷大。王先生需要处理大量的事务，工作压力极大，容易导致过度劳累。

b. 缺乏专业分工。由于王先生一人包揽所有工作，无法做到专业化管理，可能导致某些领域的效率低下。

c. 风险集中。公司的成功高度依赖于王先生个人的能力和健康状况，一旦他出现问题，公司将面临巨大风险。

d. 损害员工积极性。员工只负责执行日常任务，缺乏自主性和创新性，可能影响其工作积极性和职业发展。

**2. 授权会对王先生有何帮助？**

**答：**(1)授权是指将部分决策权和责任下放到较低层级的管理者或员工手中，以提高组织的灵活性和效率。授权对王先生的好处有：

①减轻工作负担。通过授权，王先生可以将一些日常管理和决策任务交给下属，从而减轻自己的工作压力，有更多时间关注公司的战略方向和发展。

②提高工作效率。授权可以提高员工的责任感和主动性，使他们能更高效地完成工作任务，减少决策滞后和执行延误。

③促进员工成长。授权给员工更多的责任和决策权，有助于其职业发展和个人成长，提高员工的满意度和忠诚度。

④分散风险。通过授权，公司不再完全依赖王先生一个人的能力，降低了因个人健康或其他原因带来的风险。

⑤提高决策质量。授权可以使决策更贴近实际操作层面，利用员工的专业知识和经验，提高决策的质量和效果。

(2)具体建议：

①明确职责。王先生可以将不同部门的具体职责明确分配给不同的负责人，如设立财务经理、生产经理、销售经理等。

②建立信任。通过培训和指导，培养下属的能力，并逐步建立起对他们的信任。

③设定目标。为每个部门设定明确的目标和绩效指标，定期进行评估和反馈。

④沟通机制。建立有效的沟通机制，确保信息的透明和及时传递，以便王先生能随时了解各部门情况。

⑤监督与支持。虽然授权了部分决策权，但王先生仍需定期监督并提供必要支持，以确保各项工作顺利进行。

综上，通过合理的授权，王先生不仅能够改善自己的健康状况，还能提升公司的整体运营效率和管理水平，确保公司的长期稳定发展。

### 案例四　苏小姐的思考

**请根据案例内容回答下列问题：**［河工大 2024 年研］

**1. 影响苏小姐成功地成为领导者的关键因素是什么？**

**答：**影响苏小姐成功成为领导者的关键因素有：

(1) 人际关系。根据变革型领导理论，建立良好的人际关系有助于激励和影响团队成员。苏小姐与团队成员的良好关系和熟悉程度可以增强信任感。

(2) 沟通能力。有效的沟通是领导成功的基础。根据情境领导理论，苏小姐需要根据团队成员的不同需求调整她的沟通方式，以确保信息传递清晰。

(3) 适应能力。领导者需要灵活应对不同的情境和团队成员。面对孙女士，苏小姐需要理解她的经验和影响力，并适应这种动态关系。

(4) 责任感。根据权变理论，作为领导者，苏小姐需要展现出对工作的高度责任感，以激励团队成员共同追求目标。

(5) 管理经验。虽然是新晋领导者，但她的兼职经历为她提供了管理和协调的初步经验，这也是成功的基础。

**2. 为了帮助苏小姐赢得孙女士的支持，您有何建议？**

**答：**为了帮助苏小姐赢得孙女士的支持，可采取以下措施：

(1) 建立信任关系。根据变革型领导理论，苏小姐应主动与孙女士沟通，了解她的工作方式和意见，表现出对她的尊重和认可，从而建立信任。

(2) 倾听与反馈。根据情境领导理论，定期与孙女士进行一对一的交流，倾听她的建议和反馈，展示出对她经验的重视。同时，可适应她的沟通风格以增强互动。

(3) 共同目标。利用目标导向理论，与孙女士共同设定部门目标，让她感受到自己的价值和参与感，增强团队凝聚力。

(4) 团队合作。根据团队领导理论，鼓励团队合作，增强集体责任感。

(5) 给予支持与授权。在适当的时候，给予孙女士一些工作上的自主权，让她感受到被信任和重视，增强她对新领导的支持和认可。

### 案例五　某计算机公司的权力集中与分散

**请结合案例，运用管理学相关知识，回答以下问题：**［天津商大 2024 年研］

**1. 请对总裁设立 15 个独立经营分公司的合理性做出评价。**

**答：**设立 15 个独立经营的分公司有其合理性，但这种结构也存在一定的风险。具体分析如下：

(1) 设立分公司的合理性：

①利润责任明确。每个分公司对自身的利润负责，可以激励管理层更加关注盈利能力，推动业绩提升。

②市场灵活性。独立的分公司能够根据各自区域的市场需求快速做出反应，提高了市场适应能力。

③减少管理层级。分公司可以简化决策过程，减少从总公司到各部门的层级，使得决策更为高效。

（2）这种结构存在的一定风险：

①资源重复。分公司在采购和人事等职能上出现重复，导致资源浪费。

②缺乏协调。各分公司可能会忽视总公司的总体战略，导致整体目标不一致。

③管理控制弱化。总裁对分公司的控制力减弱，可能导致分公司各自为政。

综合来看，设立独立经营分公司初衷是为了提升灵活性和责任感，但在实施过程中需要平衡权力分配与控制，以确保整体利益。

**2．你是否同意总裁为重新控制公司收回五项职权的做法？请陈述理由。**

**答：**我同意总裁收回五项职权的做法，理由如下：

（1）统一战略方向。收回这些关键职权可以确保所有分公司在重要决策上与总公司的战略目标保持一致，有助于避免分歧和资源浪费。

（2）减少风险。关键决策如资本支出和新产品推出等涉及重大风险，集中控制可以降低因分公司独立决策而可能带来的损失。

（3）增强协调性。通过设定需要总公司批准的事项，可以强化各分公司之间的协调，促进信息共享和最佳实践的传播。

（4）提升管理效率。虽然分权有助于提升灵活性，但在某些关键领域实施集权有助于提升决策的效率和一致性。

总之，适度的权力集中与分散相结合，能够在保证灵活性的同时，维护公司的整体战略与效率。

**案例六**

**问：请运用至少两个管理学的相关理论，解释一下黄大佑为什么会辞职。**［湖南师大2024年研］

**答：**运用管理学理论，对黄大佑辞职的原因分析如下：

（1）弗鲁姆的期望理论：

期望理论认为，员工的动机取决于其对努力与绩效、绩效与奖励以及奖励与满足需要之间的关系的期望。具体来说，员工会根据以下三个因素来决定是否付出努力：

①期望（$E-P$），即员工相信自己的努力能够带来好的绩效。黄大佑工作认真负责，技术能力强，因此他有信心通过努力获得好的绩效。即其期望值（$E$）很高。

②工具性（$P-R$），即员工相信好的绩效能够带来奖励。尽管黄大佑有良好的绩效，但他并没有得到相应的奖励（如晋升为工程师、加薪、改善住房条件等）。这使得他对绩效与奖励之间的关系产生了怀疑，即 $P-R$ 值较低。

③效价（$V$），即员工对奖励的价值评估。黄大佑希望得到更高的工资、更好的住房条件和职业发展机会，但这些都没有实现。因此，他对现有奖励的效价（$V$）很低。

激励取决于行动结果的价值评价（即效价）和其对应的期望值的乘积，即 $M=V\times E$。通过期望公式可知，即使 $E$ 值很高，但如果 $V$ 值很低，整体的激励力 $M$ 也会很低。即黄大佑虽然通过努力带来了好的绩效，但没有得到预期的奖励，期望与现实的落差导致其动机下降，最终选择辞职。

（2）亚当斯的公平理论：

公平理论认为，员工会将自己的投入（如努力、技能）与产出（如薪酬、晋升）进行比较，并与他人进行横向或纵向比较。如果员工感到不公平，他们会采取行动来恢复平衡。

①应用到案例中：

a. 内部公平。黄大佑看到自己的工资与仓管人员相当，而他的工作性质和技术能力显然高于仓管人员。这种内部的不平等让他感到不公平。

b. 外部公平。黄大佑可能也了解到其他公司类似职位的薪酬水平，发现自己在当前公司的工作回报低于市场平均水平，进一步加剧了他的不满。

②具体表现：

a. 横向比较。黄大佑将自己的工资和住房条件与同事进行比较，发现自己的待遇明显不如一些工作表现平平的老同志，甚至不如仓管人员。

b. 纵向比较。黄大佑回顾自己过去的努力和贡献，发现尽管他得到了厂长的认可和表扬，但实际的物质回报却没有显著提升。

综上，黄大佑觉得自己的努力和贡献没有得到应有的回报，与其他同事相比存在明显的不公平，其不满情绪逐渐积累，最终导致他决定辞职，以寻求一个更加公平合理的工作环境。

## 案例七　某分厂工资全额浮动失灵问题

**请结合案例，运用管理学相关知识，回答以下问题：**［天津商大 2023 年研］

**1. 你是否同意对技术人员按工程产值提取设计费的做法？为什么？**

**答：**我不同意对技术人员按工程产值提取设计费的做法，原因如下：

（1）激励不均衡。这种薪酬制度可能导致技术人员仅关注短期和高产值的项目，忽视了对技术开发和创新项目的投入，影响了整体的技术进步和长期发展。这种现象在案例中表现为技术开发项目备受冷落。

（2）团队合作受损。工资全额浮动制度促进了个人利益的最大化，导致团队内部争抢任务，破坏了团队合作氛围。技术人员更关心个人收益，而非团队整体目标，可能导致团队分裂和人心浮动。

（3）员工士气低落。如案例中的李工，由于没有工程产值而感到失落，影响了其工作积极性和对公司的忠诚度。这种做法可能导致一些资深员工的流失。

（4）工作性质不匹配。技术人员的工作往往需要较长的研发周期和持续投入，短期的产值提取方式不适合此类工作，可能抑制创新和研发。

**2. 试用相关激励理论解释该分厂工资全额浮动失灵的原因。**

**答：**该分厂工资全额浮动失灵的原因可用以下激励理论来解释：

（1）赫茨伯格的双因素理论。根据这一理论，员工的满意度受到保健因素和激励因素的影响。

①保健因素不足。保健因素如工资水平、公司政策等，直接影响员工的满意度。在该分厂，工资全额浮动导致一些技术人员（如李工）因缺乏工程产值而获得基本工资，感到失落和不满。

②激励因素缺乏。激励因素包括成就感、工作挑战和自我实现等。在工资全额浮动的

情况下，技术人员更关注短期高产值项目，导致长期技术开发项目被忽视，缺乏成就感和个人发展机会。这使得他们在工作中感到无趣、缺乏动力，进一步降低了整体满意度。

综上所述，该分厂未能平衡保健因素和激励因素，导致了技术人员的流失和工作积极性下降。

(2)马斯洛的需要层次理论。技术人员不仅需要经济上的激励，还需要自我实现的满足。工资全额浮动使得他们更关注短期收益，可能导致个人发展机会和成就感的缺失，影响了自我实现需要，导致他们对工作的热情降低。

(3)期望理论。该理论认为，员工的激励来源于对奖励的期望。当技术人员认为工资全额浮动制度无法体现他们的努力和成果时，他们的工作积极性就会降低。彭工放弃开发新项目的行为反映出他对获得回报的期望降低，导致了激励失效。

(4)公平理论。员工在进行工作时会关注自我投入与回报的公平性。本案中，技术人员对任务分配和收入的公平感受到影响。尽管技术组长努力公平安排任务，但在激励机制的设计上，工资全额浮动制度未能考虑到不同项目的难易程度和工作时间差异，使得一些技术人员感到不公平，进而导致人心浮动和跳槽意向增加。

综上所述，该分厂的工资全额浮动制度虽在短期内取得了一定效果，但由于未能充分考虑技术人员的工作特点和需求，导致了激励机制失灵。

### 案例八

**请结合以上案例，思考如下问题：**［北邮2024年研］

**1．结合明茨伯格的经理角色理论，分析刘达从技术人员提升为生产技术部副经理后，工作角色发生了哪些变化？**

**答：**根据明茨伯格的领导者角色理论，经理在组织中扮演着十种不同的角色，可分为人际关系角色、信息传递角色和决策制定角色三大类。刘达从技术人员提升为生产技术部副经理后，其工作角色发生了显著变化。担任技术人员时，他扮演的主要是“技术专家”角色，专注于技术性工作，如设备维修、技术手册编写等。成为副经理后，他需要更多地参与到人际关系角色和信息传递角色中，如与其他部门沟通、参加会议、处理文件等，这些都是他以前作为技术人员很少涉及的；同时，他还需要承担决策制定角色，如推动智能制造系统的落地，制订周计划和月计划等。具体分析如下：

(1)从专注于技术到综合管理。刘达的工作重心从单纯的技术维修和编写技术手册转变为全面的管理工作，包括制订计划、签发文件、参加会议、处理突发事件等。

(2)从执行者到决策者。他不再只是执行具体的技术任务，而是需要参与决策过程，推动新产品的研发和技术革新。

(3)从个体贡献者到团队领导者。刘达需要带领团队，协调各部门之间的合作，处理复杂的人际关系，提高团队的整体效率和凝聚力。

通过这些角色的变化，刘达的工作内容和职责变得更加多样化和复杂化，需要他在多个方面提升自己的能力和素质。

**2．请结合管理的科学性和艺术性，分析刘达提升为生产技术部副经理后遇到困境的原因。**

**答：** 管理的科学性涉及对决策、组织、控制等过程的理性和系统化处理，强调技术和方法的应用。而管理的艺术性则涉及对人际关系的处理、对员工的激励和调动，以及对复杂局面的灵活应对。对刘达提升为生产技术部副经理后遇到困境的原因分析如下：

(1)从管理的科学性角度分析：

①缺乏系统化的管理知识。刘达虽然技术能力强，但缺乏系统的管理知识和经验，导致他在制订计划、处理突发事件等方面显得力不从心。

②流程和制度问题。公司原有的管理制度和流程没有及时调整，无法适应新的智能制造系统的要求，导致工作效率低下。

(2)从管理的艺术性角度分析：

①沟通技巧不足。刘达在与老员工沟通时，缺乏有效的沟通技巧，未能说服他们接受新的技术和方法。

②人际关系处理不当。与赵方等同龄人之间的关系处理不够妥当，导致他们在工作中产生抵触情绪。

③激励机制不完善。未能有效激励老员工，导致他们对新计划的抵触和拖延。

**3. 请阐述领导权力的来源。并分析刘达主动调整、力图改变困境的做法，增强了哪些领导权力?**

**答：**(1)领导权力的来源：①奖赏权力，指通过奖励来影响他人。②强制权力，指通过施加惩罚来影响他人。③法定权力，指由职位带来的正式权力。④参照权力，指基于个人魅力和榜样作用的影响力。⑤专家权力，指基于专业知识和技能的影响力。

(2)刘达主动调整、力图改变困境的做法，增强了以下领导权力：

①专家权力。通过学习 MBA 课程和掌握新的智能制造系统，刘达提高了专业能力，增强了专家权力。

②参照权力。通过积极的态度和勤奋的学习，刘达逐渐赢得了老工程师们的认可，增强了参照权力。

③法定权力。通过修订绩效考核指标和拟定激励方案，刘达加强了自己在管理上的法定权力。

**4. 请从沟通和激励的角度，谈谈你对管好“老”员工的建议。**

**答：**(1)从沟通角度分析，对管好“老”员工的建议有：

①多倾听。多听取老员工的意见和建议，了解他们的想法和需求。

②清晰表达。明确传达公司的目标和计划，确保老员工理解新的要求。

③尊重经验。尊重老员工的经验和贡献，让他们感到被重视。

④双向沟通。建立双向沟通机制，鼓励老员工提出意见和建议。

(2)从激励角度分析，对管好“老”员工的建议有：

①物质激励。通过奖金、福利等方式激励老员工。

②精神激励。给予老员工更多的认可和表扬，提高其工作积极性。

③培训与发展。提供培训机会，帮助老员工掌握新技能，增强其自信心。

④参与决策。让老员工参与决策过程，增强其归属感和责任感。

通过以上措施，刘达可以更好地管理和激励老员工，有效提高其工作积极性和适应能力，推动公司智能制造转型的顺利进行。

## 案例九　猎人、猎狗和兔子的故事

**根据上述案例，回答以下问题：**［常州大学2022年研］

**1. 该寓言故事蕴含了管理学的哪些理论？**

**答：**该寓言故事主要蕴含了管理的激励理论。激励理论研究如何通过外部奖励和内在动机来激发员工的积极性和工作表现。具体分析如下：

(1)公平理论。即员工会将自己的投入与所得与其他人的进行比较，如果感到不公平，就会调整自己的行为以恢复平衡。案例中，当猎狗发现捉大兔子与小兔子获得的回报差不多时，它们开始选择更容易完成的任务(即捕捉小兔子)。这说明了员工对工作成果与报酬之间公平性的感知会影响其行为。

(2)期望理论。即个人的行为受其对未来结果预期的影响。随着年龄增长或体力下降，猎狗担心未来无法继续获得足够的食物支持生存。这种担忧影响了当前的工作态度和努力程度。

(3)目标设定理论。即明确的目标能够提高员工的工作动力和绩效。为了解决效率低下问题，猎人设定了具体可达成的目标，并提供了相应的奖励机制，以此提高团队成员的积极性。

这些理论共同揭示了通过合理的激励机制、公平的报酬体系以及明确的目标设定，可以有效提升员工的工作积极性和整体绩效。

**2. 请运用管理学的相关理论分析该寓言故事对管理实践的启示。**

**答：**该寓言故事对管理实践的启示如下：

(1)明确且合理的激励机制。组织需要设计出既能满足短期业绩需求又能兼顾长期发展目标的激励方案。如案例中的猎人最后采取了“基本工资+绩效提成+利润分成”的方式，既保证了员工的基本生活，也激励他们追求更高的业绩。

(2)关注员工的成长与发展。企业应当重视人才培养和个人职业生涯规划，确保员工能够看到自己在公司内部的发展前景。对那些表现出色但面临职业生涯瓶颈的老员工，可以通过培训、转岗等方式帮助他们重新找到定位。

(3)加强沟通与反馈。管理层应及时了解一线工作者的实际感受及其对现有政策的看法，并据此调整策略。同时也要定期向全体员工通报公司的经营状况以及各项改革措施背后的考量，增强透明度，减少误解。

(4)构建正向的企业文化。营造一个相互尊重、合作共赢的工作氛围有助于提升整个团队的凝聚力和战斗力。领导者应以身作则，树立良好的榜样形象，同时也要注重培养员工之间的信任感和支持精神。

(5)适时调整战略方向。面对外部环境变化或内部结构老化等问题时，管理者需具备敏锐的洞察力和果断的决策能力，及时做出相应调整以适应新形势下的挑战。

### 案例十

**根据资料，请回答以下问题：**［西安石大 2022 年研］

**1. 与企业原来的直线职能制相比，事业部制的组织结构形式具有哪些优点和缺点？**

**答：**与企业原来的直线职能制相比，事业部制组织结构形式的优缺点如下：

（1）优点：

①灵活性。事业部制能更快适应市场变化和技术更新，便于产品多元化。

②自主性。每个事业部可以自主决策，提升响应速度和决策效率。

③专业化。各事业部专注于特定产品，积累专业知识和市场经验。

④培养通才。事业部制有助于培养具备全局视野和多面管理技能的通才型高级管理人才。

（2）缺点：

①资源重复。各事业部可能独立配置资源，导致资源浪费和重复。

②协调困难。不同事业部之间的协调和沟通可能变得复杂。

③滋生本位主义。各事业部可能会追求自身利益，影响相互协作和企业整体战略目标的达成。

④管理成本。增加事业部可能导致管理层次增加、管理成本上升。

**2. 这个案例更好地说明了小王遵循的是领导的行为理论，还是领导的权变理论？为什么？**

**答：**这个案例更好地说明了小王遵循的是领导的权变理论。理由如下：

小王在不同的情境中采取了不同的领导风格。在原生产工厂，他采用了民主的领导方式，适应了团队的需求；而在电信产品事业部，他未能适应原厂员工的任务导向型管理风格，导致了沟通与合作问题。

**3. 小王在生产工厂取得成功的策略，为什么在电信产品事业部中没能成功？从领导三要素（领导者、被领导者和情境）的角度分析其中的原因。**

**答：**从领导三要素角度分析，小王在生产工厂的成功策略在电信产品事业部中没能成功的原因有：

（1）领导者。小王在原工厂的成功依赖于其民主型领导风格，但在电信产品事业部中，他未能有效调整领导方式，导致新老员工之间的信任不足和沟通不畅。

（2）被领导者。原厂中基层管理人员习惯于任务导向型管理，而小王的领导风格与之不符，导致新组建团队的执行力下降。

（3）情境。电信产品事业部的市场和业务环境与原厂不同，增加了管理的复杂性。小王未能适应新的市场需求和管理环境，导致了团队的失利。

这三者的互动关系使得小王在电信产品事业部未能复制在生产工厂的成功策略。

### 案例十一　带货“直播女王”转型之路

**问题：**［南京理工 2021 年研］

**1. 从管理学原理出发，你认为薇娅直播成功的原因是什么？**

**答：**从管理学原理出发，薇娅直播成功的原因主要有：

（1）目标明确与战略定位：

①目标明确。薇娅明确了自己的目标是为粉丝提供高性价比的商品，并且通过直播的方式实现这一目标。这体现了目标管理理论，即通过设定明确的目标来指导和激励员工。

②战略定位。她将自己定位为“带货女王”，专注于直播带货，而不是泛娱乐化的内容。这符合波特的战略定位理论，即通过差异化和集中化战略来获得竞争优势。

（2）高效的团队协作：

①专业团队。薇娅背后有一个完整的团队，包括运营、选品、客服等多个部门，确保了直播的顺利进行。这体现了系统理论，即企业是一个由多个子系统组成的整体，各个子系统需要协同工作。

②分工明确。每个团队成员都有明确的职责，如产品筛选、直播策划、技术支持等，形成了高效的协同工作体系。这符合科学管理理论中的分工原则，即通过专业化分工提高效率。

（3）精准的目标市场：

①了解受众。薇娅深入研究和了解她的目标受众，知道他们需要什么，喜欢什么，从而能够提供符合需求的产品。这体现了市场营销理论中的市场细分和目标市场选择。

②用户粘性。通过建立良好的互动关系，薇娅培养了一批忠实粉丝（“薇娅的女人”），这些粉丝成为她稳定的支持者。这符合客户关系管理理论，即通过维护和增强客户关系来提升客户忠诚度。

（4）强大的供应链管理：

①供应链整合。薇娅与多个工厂合作，确保了产品的质量和供应稳定性。她背后的40个工厂可以快速响应市场需求。这体现了供应链管理理论，即通过优化供应链来提高效率和降低成本。

②灵活应变。在直播过程中，薇娅能够迅速调整库存和加货，满足粉丝的需求。这符合敏捷管理理论，即通过快速响应变化来保持竞争力。

（5）高效的沟通与互动：

①实时互动。薇娅在直播中与粉丝保持高频互动，回答问题，提供购物建议，增强了用户的参与感和信任感。这符合沟通理论，即通过有效的沟通来建立和维护良好的人际关系。

②情感连接。薇娅通过真诚的态度和专业的知识，建立了与粉丝之间的情感联系，提升了用户忠诚度。这符合领导力理论中的情感智力概念，即通过理解和管理情绪来建立更好的人际关系。

**2. 你如何看待薇娅的两次转型决策，她的决策有哪些理论依据？**

**答：**对薇娅的两次转型决策具体分析如下：

（1）第一次转型（从娱乐圈到服装行业）的理论依据：

①期望理论。薇娅意识到娱乐圈的压力太大，不符合她的个人期望和价值观，因此选择退出，转向她更感兴趣的商业领域。

②SWOT分析。薇娅评估了自己的优势（服装世家背景）、劣势（缺乏电商经验）、机会（淘宝创业风潮）和威胁（竞争激烈），最终决定转型。

（2）第二次转型（从服装店到直播带货）的理论依据：

①环境适应理论。薇娅看到了互联网和直播带货的兴起，及时调整自己的业务模式，适应新的市场环境。

②创新扩散理论。薇娅作为早期进入直播带货领域的先行者，通过不断学习和创新，逐渐掌握了直播带货的核心技能，并成功吸引了大量粉丝。

**3．从薇娅创业角度来看，在创业过程中领导作用有哪些，如何才能创业领导？**

**答：**（1）从薇娅创业角度来看，在创业过程中领导作用有：

①愿景设定。领导者需要有清晰的愿景和目标，能够激励团队成员共同努力。

②资源整合。领导者需要整合各种资源，包括人力、物力、财力等，以支持企业的运营和发展。

③团队建设。领导者需要组建一个高效、互补的团队，并通过培训和指导提升团队的整体能力。

④决策制定。领导者需要在关键时刻做出正确的决策，引导企业走向正确的方向。

⑤危机应对。领导者需要具备危机处理的能力，能够在遇到困难时迅速找到解决方案，保持团队的士气。

（2）成为创业领导者的措施：

①自我认知。清楚自己的优势和劣势，不断提升自身的管理和领导能力。

②持续学习。不断学习新的知识和技能，适应市场的变化。

③沟通能力。具备良好的沟通技巧，能够与团队成员、合作伙伴和客户有效沟通。

④决策能力。在面对复杂情况时，能够迅速做出明智的决策。

⑤激励员工。通过合理的激励机制，激发员工的积极性和创造力。

⑥风险管理。具备风险意识，能够识别和管理潜在的风险，确保企业稳定发展。

**4．从社会发展角度来看，你认为直播带货对传统组织管理的冲击有哪些？为什么？**

**答：**（1）从社会发展角度来看，直播带货对传统组织的管理冲击有：

①销售模式的变化：a．去中间化。直播带货减少了中间环节，直接连接生产者和消费者，降低了成本，提高了效率。b．即时互动。直播带货提供了即时互动的平台，消费者可以直接与主播交流，增加了购买的趣味性和体验感。

②组织结构的变革：a．扁平化。直播带货要求快速响应市场变化，传统的层级式管理可能不再适用，企业需要更扁平化的组织结构。b．灵活性。直播带货需要高度的灵活性和创新能力，企业需要建立更灵活的组织架构，以适应快速变化的市场需求。

③人力资源管理：a．多技能人才。直播带货需要具备多种技能的人才，如内容创作、数据分析、供应链管理等，企业需要重新定义人才标准和培训体系。b．激励机制。直播带货的成功很大程度上依赖于主播的表现，企业需要设计合理的激励机制，以吸引和留住优秀的人才。

④供应链管理：a．快速响应。直播带货要求供应链能够快速响应市场需求，企业需要建立更敏捷和高效的供应链管理体系。b．库存管理。直播带货的订单波动较大，企业需要采用更灵活的库存管理策略，以避免库存积压或断货。

(2)原因：

①技术驱动。互联网和移动通信技术的发展，使得直播带货成为可能，并且越来越受到消费者的欢迎。

②消费者行为变化。年轻一代消费者更倾向于通过社交媒体和直播平台获取信息、购物，这推动了直播带货的发展。

③市场竞争。传统零售业的竞争日益激烈，企业需要寻找新的增长点和竞争优势，直播带货成为一种有效的手段。

综上，直播带货不仅改变了销售模式，还对组织结构、人力资源管理和供应链管理等方面产生了深远影响。企业需要适应这种变化，不断创新和优化管理模式，以保持竞争力。

## 案例十二

**案例思考题：**［南京理工 2019 年研］

**1. 桑得和福特的管理行为分别代表了两种不同的风格，他们都没有成功，试分析他们的管理风格各自接近哪种管理流派的观点。为什么他们的做法在这里会行不通？**

**答：**(1)桑得的管理风格及其做法行不通的原因：

①管理流派观点：

a. 科学管理理论(泰勒主义)。桑得采取了一系列严格的规章制度来提高工作效率，如缩短午饭时间、严格控制原材料使用等。这些措施强调标准化、规范化和效率最大化，符合科学管理理论的核心思想。

b. X 理论。桑得对工人的态度较为严厉，认为工人需要严格的监督和控制才能提高效率。这种观点认为员工本质上是懒惰的，需要通过外部激励(如惩罚)来提高生产力。

②其做法行不通的原因：

a. 缺乏灵活性。桑得的措施过于僵化，没有考虑员工的实际需求和感受。例如，缩短午饭时间和严格控制原材料使用，虽然短期内提高了产量，但长期来看导致了员工的不满和抵触情绪。

b. 忽视人际关系。桑得忽略了员工的情感和工作环境，没有建立起良好的人际关系。这导致员工士气低落，甚至出现了罢工和冲突。

c. 过度控制。桑得的严格控制措施使员工感到被束缚，失去了工作的自主性和积极性。这种高压管理方式在短时间内可能有效，但无法持续。

(2)福特的管理风格及其做法行不通的原因：

①管理流派观点：

a. 人际关系理论(梅奥的人际关系学说)。福特强调与员工沟通，重视员工的感受和合作。他召开员工会议，试图通过对话解决问题，这体现了人际关系理论的核心思想。

b. Y 理论。福特认为员工是有能力自我管理和承担责任的，通过建立良好的人际关系和信任，可以激发员工的积极性。这种观点认为员工本质上是积极主动的，可以通过内在激励来提高生产力。

②其做法行不通的原因：

a. 缺乏具体措施。福特虽然强调了人际关系的重要性，但在实际操作中并没有提出具体的改进措施。仅仅依靠口头上的鼓励和批评，难以从根本上解决问题。

b. 权威不足。福特虽然是总部派来的全权特使，但在工厂中的实际影响力有限。他在会上对桑得的批评虽然让一些员工感到满意，但也可能导致桑得失去威信，进一步影响管理效果。

c. 短期干预。福特计划在厂里待两个月左右，这种短期干预很难带来持久的改变。解决工厂的问题需要长期的努力和持续的关注。

**2. 你认为还有什么更好的办法来解决这家印刷厂的问题？**

**答：**为了解决这家印刷厂的问题，可以综合采取以下措施：

(1)改善管理制度：

①灵活的工作时间。允许工人在一定范围内灵活安排午餐时间和下班时间，以提高员工的满意度。

②合理的原材料管理。建立更加合理的原材料管理制度，既减少浪费，又不过于苛刻。例如，设立一定的容错率，允许工人在合理范围内多领用一些原材料。

(2)加强沟通与培训：

①定期沟通会议。定期召开员工会议，听取员工的意见和建议，及时解决工作中遇到的问题。

②培训与教育。开展员工培训，提高其专业技能和工作责任感。同时，进行职业道德教育，增强员工的职业操守。

(3)激励机制：

①绩效考核。建立公平透明的绩效考核制度，根据员工的工作表现给予相应的奖励或处罚。

②奖金与福利。设立奖金制度，对于表现优秀的员工给予物质和精神上的奖励。同时，提供良好的工作环境和福利待遇，提高员工的工作满意度。

(4)团队建设：

①团队活动。组织团队建设活动，增强员工之间的凝聚力和合作精神。

②文化建设。营造积极向上的企业文化，树立正确的价值观和职业观，提高员工的责任感和归属感。

(5)技术与流程优化：

①引入新技术。引入先进的生产技术和设备，提高生产效率和产品质量。

②流程优化。优化生产流程，减少不必要的环节，提高整体工作效率。

(6)管理层的角色转变：

①领导力提升。提升管理层的领导力，使其能更好地理解和支持员工，建立良好的上下级关系。

②授权与信任。适当授权给基层管理人员，让他们有更多的决策权，同时信任员工，相信员工有能力做好工作。

通过综合采取上述措施，可以在提高生产效率的同时，改善员工的工作态度和工作环境，从而实现企业的可持续发展。

## 案例十三　中小股东为何站在董明珠对立面

**问题：**［中财2017年研］

**1．管理者应当具备哪些技能？请你评价董明珠在这些方面的技能水平。**

**答：**(1)管理者应具备以下技能：

①技术技能，即掌握与专业领域相关的知识和技能。

②人际技能，即与他人有效沟通、合作和激励的能力。

③概念技能，即理解组织整体，制定战略方向，进行决策的能力。

(2)对董明珠的技能水平分析如下：

①技术技能。董明珠在空调制造和技术方面有深厚的专业背景，但她在手机和新能源汽车等新领域方面的技术能力不足。例如，格力手机销量不佳，新能源汽车项目也面临诸多挑战。

②人际技能。她以强势和直接著称，在某些场合表现出对中小股东的不满，这表明她在处理人际关系上可能存在问题。她的公开言论有时过于直接，可能导致一些负面情绪。

③概念技能。董明珠在制定公司战略方面表现出一定的远见，如推动多元化发展，但这些战略并未得到市场的广泛认可。她的一些决策(如收购珠海银隆)引发了争议，显示出她在战略规划上的不足。

**2．请从组织变革的角度分析格力收购珠海银隆的原因和可能的障碍。**

**答：**(1)格力收购珠海银隆的原因：

①多元化战略。格力希望通过收购珠海银隆进入新能源汽车市场，实现业务多元化，减少对单一空调业务的依赖。

②增长目标。董明珠希望带领格力实现更高的营收目标，认为新能源汽车是未来的重要增长点。

③协同效应。即期望通过整合资源和技术，提升公司在新能源领域的竞争力。

(2)收购珠海银隆可能的障碍：

①市场接受度。新能源汽车市场竞争激烈，格力作为新进入者面临巨大挑战。

②资源整合。格力需要将现有资源与珠海银隆的资源有效整合，这可能涉及复杂的管理和文化融合问题。

③股东反对。中小股东对收购案持怀疑态度，担心收购会稀释公司的盈利能力。

**3．在管理方格理论中，董明珠的领导方式属于哪一种？请分析这种领导方式的利弊。**

**答：**(1)根据管理方格理论，董明珠的领导属于(9，1)方格：任务型管理。理由如下：

董明珠倾向于关注任务完成，强调效率和结果，较少关注员工的情感需求。她经常以强硬的态度推进自己的决策，表现出典型的任务导向型领导风格。

(2)任务型领导方式的利弊分析：

①优点：

a．高效执行。这种领导风格能够迅速推动决策实施，提高工作效率。

b．目标明确。领导者通常有清晰的目标，并且能够坚定地追求这些目标。

②缺点：

a. 员工士气低落。忽视员工情感需求可能导致员工士气低落，影响团队凝聚力。

b. 创新受限。过度关注任务可能会抑制创新思维和灵活性。

**4. 根据冲突的相互作用观点，董明珠与中小股东的冲突属于哪一类型的冲突？你认为董明珠应当如何处理与中小股东之间的冲突。**

**答**：(1)根据相互作用冲突观，冲突可以是积极的，也可以是消极的。董明珠因为26项议案中的15项被否决，并以傲慢的口吻教训中小股东，这种行为不仅降低了中小股东对她的信任感，还可能妨碍企业实现平稳的发展。因此，董明珠与中小股东之间的冲突属于破坏性冲突。

(2)董明珠应采取迁就策略和合作策略来处理与中小股东之间的冲突：

①迁就策略。迁就是指一方为了维护和谐关系而放弃自己的部分利益。董明珠可以通过倾听中小股东的意见和担忧，展示出她愿意妥协的态度。例如，她可以暂停或重新评估一些争议较大的项目(如收购珠海银隆)，以缓解中小股东的不满情绪。这有助于重建信任，减少对立情绪，为后续的合作打下基础。

②合作策略。合作是指双方共同努力寻找双赢的解决方案。董明珠可以邀请中小股东参与决策过程，共同探讨公司的未来发展方向。通过建立一个由董事会成员、管理层和中小股东代表组成的委员会，定期讨论战略规划和财务状况。这种方式能确保各方的声音都被听到，增加决策的透明度和合理性，从而提高整体满意度。

(3)具体措施：

①提供数据支持。董明珠应拿出充分的数据来证明她的决策是基于对公司长远发展的考虑。例如，详细解释多元化战略的市场调研结果、预期收益和风险分析等。同时，要通过专业的第三方机构进行独立评估，增加数据的可信度。

②调整战略目标。董明珠应重新审视公司的长期发展目标，确保这些目标是切实可行的，而不是仅仅追求一个具体的数字(如2000亿)；要将重点放在提升核心业务的竞争力上，逐步推进多元化战略，避免急功近利。

③增强沟通和透明度。定期召开股东大会，向中小股东汇报公司的发展情况和未来规划；建立一个开放的沟通渠道，让中小股东能随时提出意见和建议，并得到及时的反馈。

④建立信任。通过实际行动展示对股东利益的关注，例如继续分红政策，保持稳定的股息回报；在决策过程中充分考虑中小股东的利益，确保他们的投资能够获得合理的回报。

通过这些措施，董明珠可以有效地管理和化解与中小股东之间的冲突，为企业的长远发展创造一个更加和谐和稳定的基础。

# 第二部分 章节题库

# 绪 论

## 0.1 考研真题与典型题

### 一、单项选择题

1. 关于管理的组织职能，以下说法错误的是(　　)。[广西科大 2023 年研]

A. 管理者需要对所选择的活动进行分解，据此规定不同岗位的任务和职责

B. 管理者根据不同的标准把各个岗位整合成不同的部门并规定不同部门间的权力关系

C. 管理者根据不同任务的要求招募合适的人员并把他们安置在不同的岗位上

D. 形成了完整的体制之后进行企业的生产经营活动

2. 关于早期的管理思想，以下说法错误的是(　　)。[广西科大 2023 年研]

A. 泰勒被人们称为“组织理论之父”

B. 法约尔对管理理论的形成和发展有着卓越的贡献

C. 梅奥开启了管理研究中的“行为科学”之旅

D. 20 世纪 60 年代管理学的理论框架逐渐成熟

3. “政之所兴，在顺民心；政之所废，在逆民心”体现了(　　)思想。[2024 年河南省专升本真题]

A. 依法治理　　B. 重人求和　　C. 预谋慎战　　D. 顺道无为

4. 儒家思想强调管理的核心是(　　)。[2022 年河南省专升本真题]

A. 财富　　B. 人　　C. 物质　　D. 法制

5. 下列关于西方工厂制度早期的管理思想的说法正确的是(　　)。[2020 年河南省专升本真题]

A. 罗伯特·欧文是我们所熟悉的空想社会主义者，他是 18 世纪英国初期最有成就的实业家之一

B. 亚当·斯密是著名的古典经济学家，他认为劳动是国民财富的重要源泉之一

C. 哲学家查尔斯·巴贝奇继续了斯密关于劳动分工的研究，为管理理论的系统形成奠定了坚实的基础

D. 欧文、斯密、巴贝奇以及其他一些人对工厂制度早期管理问题的思考是综合的，不零散的

6. 学习和研究管理学要具有科学的管理思维，要有破除迷信、因时制宜、知难而进和敢为人先的思维，这种思维是(　　)。[2021 年河南省专升本真题]

A. 战略思维　　B. 历史思维　　C. 辩证思维　　D. 创新思维

7. 在马克思主义指导下，学习和研究管理学的基本方法是(　　)。[2024 年河南省专升本真题]

A. 定量与定性　　B. 归纳与演绎　　C. 比较分析法　　D. 理论联系实际

**二、填空题**

1. 学习和研究管理学，要以______为指导思想。[2020 年河南省专升本真题]

2. 管理学的研究体系是由______的过程特点决定的。

**三、判断题(正确的打“√”，错误的打“×”)**

1. 学习和研究管理学抓住关键问题，承认矛盾、分析矛盾是系统思维的观点。(　　)[2023 年河南省专升本真题]

2. 辩证思维，就是要“以史为鉴、知古鉴今，善于运用历史眼光认识发展规律”。(　　)[2022 年河南省专升本真题]

## 0.2 考研真题与典型题详解

**一、单项选择题**

1. D 【解析】ABC 三项，分解活动、整合部门、招募和安置人员都是管理组织职能的重要组成部分。

D 项，组织职能贯穿整个企业管理过程，而不是在形成完整体制后才开始进行生产经营活动。

2. A 【解析】A 项，泰勒被称为“科学管理之父”，马克斯·韦伯是“组织理论之父”。

3. B 【解析】题干中的这句话体现了儒家的重人求和思想。重人思想包括得人，强调顺应民意，得民心。

4. B 【解析】儒家思想一直强调管理的核心是人。以人为本的管理理念，要求关注人的需要，注重用人之道，实现人的和谐。

5. B 【解析】A 项，罗伯特·欧文是19 世纪初英国著名的空想社会主义者、企业家和慈善家，被誉为现代人事管理之父和人本管理的先驱。

C 项，查尔斯·巴贝奇是英国剑桥大学数学家。

D 项，欧文、斯密、巴贝奇等人对工厂制度早期管理问题的思考是零散的。

6. D 【解析】科学的管理思维是战略思维、历史思维、辩证思维、创新思维和底线思维的统一。其中，创新思维要求破除迷信，因时制宜，知难而进，敢于领先。即创新思维要通过打破常规、灵活应对、勇于挑战和创新来推动管理和实践的发展。

7. D 【解析】在马克思主义指导下，学习和研究管理学的基本方法是理论联系实际。ABC 三项为研究与学习管理学普遍运用的社会科学方法。

## 二、填空题

1. 马克思主义　　2. 管理活动

## 三、判断题（正确的打“√”，错误的打“×”）

1. ×　**【解析】**题干所述为辩证思维。系统思维是指人们运用系统观点，把对象的互相联系的各个方面及其结构和功能进行系统认识的一种思维方法。

2. ×　**【解析】**题干所述为历史思维。辩证思维是指通过认识、分析和解决矛盾来推动事物的发展。

# 第一章　管理导论

## 1.1　考研真题与典型题

### 一、单项选择题

1. 为实现共同目标而一起工作的群体称为(　　)。[广西科大 2022 年研]

A. 管理　　B. 决策　　C. 管理人员　　D. 组织

2. 古今中外对管理的概念有众多解释，错误的是(　　)。[西安石大 2021 年研]

A. 管理就是借他人之力把事情办好

B. 协调一个组织的活动以达到其目标

C. 运用各种权力来源，以便达成个人目标

D. 管理者通过计划、组织、领导、控制实现组织目标

3. 管理的载体是(　　)。[天津商大 2023 年研]

A. 管理职能　　B. 管理活动　　C. 管理对象　　D. 组织

4. 管理的本质是(　　)。[暨南大学 2022 年研]

A. 决策　　B. 效率　　C. 效果　　D. 协调

5. 以下命题不正确的是(　　)。[北科 2013 年研]

A. 管理的实质是协调　　B. 管理的目的是实现组织目标

C. 管理就是计划　　D. 管理是在一定环境下进行的

6. 管理为管理主体利益服务、管理主体为实现其预期目的需借助手段的特点决定了管理具有特殊的(　　)属性。[西安石大 2022 年研]

A. 自然　　B. 社会　　C. 实践　　D. 目标

7. 管理者影响人的行为的手段无非两类，一类与权力有关，另一类与(　　)有关。[广西科大 2023 年研；2020 年河南省专升本真题]

A. 组织文化　　B. 组织宗旨　　C. 组织目标　　D. 经济利益

8. 为了成为有效的全球化管理者，必须具备一些关键的知识与能力，以下不属于这些知识与能力的是(　　)。[广西科大 2023 年研]

A. 文化适应能力　　B. 观察能力　　C. 创新能力　　D. 国际商务知识

9. 在企业管理活动实施过程中，管理者履行管理职责的根本目的是(　　)。[2022 年河南省专升本真题]

A. 实现管理者目标　　B. 实现组织目标

C. 提高员工的技能　　D. 提高管理者技能

10. 某大型企业在行业内一直以技术领先、制度规范、人才济济、运营高效而颇受好评。但近年来该企业业绩却持续下滑，士气低落，管理人员与技术人员的流失逐年增多。从管理职能的角度出发，该企业最有可能存在问题的地方是(　　)。[2021 年河南省专升

本真题]

A. 计划职能　　B. 组织职能　　C. 领导职能　　D. 控制职能

11. 管理者必须因地制宜地将管理知识与具体管理活动相结合，这里强调的是(　　)。[2017年河南省专升本真题]

A. 管理的科学性　　B. 管理的艺术性

C. 管理学的历史性　　D. 管理学的实用性

12. 美国管理大师彼得·德鲁克说过，如果你理解管理理论，但不具备管理技术和管理工具的运用能力，你还不是一个有效的管理者。反过来，如果你具备管理技巧和能力，而不掌握管理理论，那么充其量你只是一个技术员。这句话说明(　　)。[2020年河南省专升本真题]

A. 是否掌握管理理论对管理者工作的有效性来说无足轻重

B. 如果理解管理理论，就能成为一名有效的管理者

C. 有效的管理者应该既掌握管理理论，又具备管理技巧与管理工具的运用能力

D. 有效的管理者应该注重管理技术与工具的运用能力，而不必注意管理理论

13. 在组织管理活动中，解决具体问题时，要统筹兼顾，不仅要考虑到目前影响，还要考虑到对未来可能产生的影响。这运用了管理的什么原理？(　　)[2023年河南省专升本真题]

A. 人本原理　　B. 效益原理　　C. 系统原理　　D. 适度原理

14. 管理活动中存在许多矛盾的选择。一方面的优点正好是另一方面的局限要求，所以，管理者必须在两个极端之间找到最恰当的点，进行适度管理，实现适度组合。这是管理的(　　)。[2022年河南省专升本真题]

A. 适度原理　　B. 人本原理　　C. 系统原理　　D. 效益原理

15. 自20世纪90年代以来，越来越多的政府和企业开始采用企业资源计划、办公自动化系统、大数据、云平台调整组织的运作和管理模式，这种管理活动表现为(　　)。[2024年河南省专升本真题]

A. 全球化　　B. 信息化　　C. 市场化　　D. 智能化

16. 市场化是指用市场机制而非行政命令方式实现资源配置。市场机制主要包括(　　)。[2023年河南省专升本真题]

A. 投资机制、供求机制和创新机制　　B. 价格机制、供求机制和创新机制

C. 价格机制、供求机制和竞争机制　　D. 投资机制、供求机制和竞争机制

## 二、多项选择题

全球化的任务环境包括(　　)。[2022年黑龙江省专升本真题]

A. 供应商　　B. 销售商　　C. 顾客　　D. 竞争对手

E. 劳动力市场及工会

## 三、填空题

1. 现代企业经济活动主要包括三个环节：资源筹措、______、产品销售或成果处理。[2024年河南省专升本真题]

2. 组织活动及其参与要素属于管理的______。[2022 年河南省专升本真题]

3. 管理的主体是______。[2021 年河南省专升本真题]

4. 管理的本质是协调，协调的中心是______。[2017 年河南省专升本真题]

### 四、判断题(正确的打“√”，错误的打“×”)

1. 管理的实质是协调组织中的不同资源在不同时空的努力以有效地实现组织的活动目标。(　　)[天津商大 2022 年研]

2. 从事管理工作的人就是管理者。(　　)[南京理工 2019 年研]

3. 经济活动是人类社会活动的主要内容，人类其他活动都是直接或间接地为经济活动服务的。(　　)[天津商大 2022 年研]

4. 组织要通过管理努力保证始终让正确的人用正确的方法在正确的岗位上从事正确的工作。(　　)[天津商大 2022 年研]

5. 人本原理要求对组织活动的管理既是“依靠人的管理”，也是“为了人的管理”。(　　)[湖南师大 2019 年研]

6. 系统是指由若干相互依存、相互作用的要素或子系统组合而成的具有特定功能的有机整体。(　　)[天津商大 2023 年研]

7. 股份制是指将企业的资本划分为一定数量的股份，继而发行认购，吸收投资人入股的一种资本组织形式。(　　)[天津商大 2022 年研]

8. 为了保证决策活动的有效实施，管理者要根据目标活动的要求设计合理的组织，这是管理的领导职能。(　　)[2023 年河南省专升本真题]

9. 不同的时代背景下，技术发展的不同对整合资源利用过程的管理必然体现了不同特征。(　　)[2022 年河南省专升本真题]

10. 随着大数据技术的发展，管理活动中累积了大量的数据，因此我们要坚持理性分析，不可依靠直觉判断。(　　)[2024 年河南省专升本真题]

11. 组织文化一旦形成，对组织成员的行为影响就是持续、普遍的，并且是高成本的。(　　)

### 五、概念题

1. 组织[沈工大 2022 年研；常州大学 2019 年研]

2. 企业资源计划[天津商大 2024 年研]

### 六、简答题

1. 简述管理工作的主要内容。[沈工大 2023 年研]

2. 简述管理的基本方法。[桂林理工 2024 年研]

### 七、论述题

1. 试论述管理的概念和基本特征。[湖南师大 2024 年研]

相关试题：简述管理的基本特征。[简答题，河工大 2022 年研]

2. 试述管理的科学性与艺术性之间的关系。[西南财大 2016 年研；北工商 2015 年研]

### 八、案例分析题

**升任公司总裁后的思考**

郭宁最近被所在的生产机电产品的公司聘任为总裁。在准备接任此职位的前一天晚上，他浮想联翩，回忆起在该公司工作20多年的情况。

他在大学学的是工业管理，到该公司工作最初担任液压装配单位的助理监督，开始感到手忙脚乱，但由于他的好学，加上监督长的指点，很快胜任了工作，之后被提升为装配部经理。

当助理监督时，主要关心的是每日的作业管理，技术性很强。当上装配部经理不久，他就发现自己需要做的事情很多，为了让装配工作与整个公司的生产作业协调起来，他主动到几个工厂去访问，并将学到的知识运用到实际工作中去，工作完成得很出色。

他担任装配部经理6年之后，在与5名竞争对手较量之后，被提升为规划工作副总裁。他自信有能力做好此工作，但由于高级职务工作的复杂性，使他接任时碰到了不少麻烦。例如，他很难预料1年以后的产品需求情况，而且在新的岗位上他还要不断地处理市场营销、财务、人事、生产等部门之间的协调，这些他过去都不熟悉。但是，他还是适应了，并做出了成绩。此后又被提升为负责生产工作的副总裁，现在又被提升为总裁。他知道居于最高主管职位的人应该自信有处理可能出现的任何情况的才能，但他也明白自己尚未达到这样的水平。因此，他想到自己明天就要上任了，不免开始为此而担忧。[桂林理工2018年研]

**问题：**

**1. 请分析总结郭宁担任助理监督时的主要管理职责和应具备的管理技能。**

**2. 你认为郭宁要成功地胜任公司总裁的工作，哪些管理技能是最重要的？为什么？**

**3. 结合本例及所学内容，比较并归纳基层管理者与高层管理者的职责与技能方面的差异。**

## 1.2 考研真题与典型题详解

### 一、单项选择题

1. D 【解析】管理的载体是组织。组织是指一群人为了实现某个共同目标而形成的有机结合体。

2. C 【解析】C项，管理的核心是通过协调和整合资源来实现组织目标，而非仅仅为了达成个人目标。

3. D 【解析】管理的载体是组织。组织包括企事业单位、国家机关、政治党派、社会团体以及宗教组织等。管理的本质是协调，核心是处理人际关系，目的是为了实现既定的目标。

4. D 【解析】管理的本质是协调，即规范和协调人的行为，以有效地实现组织目标。

5. C 【解析】C项，管理不仅仅是计划。管理包括决策（含计划）、组织、领导、控制等一系列职能。计划只是管理的一个起始环节，它主要是确定目标和制定实现目标的行动方案。但仅有计划是不够的，还需要组织资源、领导人员、控制过程等其他职能来共同保证目标的实现。

6. B 【解析】管理具有二重性：①自然属性，与生产力、社会化大生产相联系，通过“组织劳动”表现出来；②社会属性，与生产关系、社会制度相联系，通过“指挥、监督劳动”表现出来。管理是为了实现特定目标而进行的社会活动，因此具有社会属性。题干所述体现了管理的社会属性。

7. A 【解析】管理者影响人的行为手段有两类，一类与权力有关，另一类与组织文化有关。即管理者既要运用权力规范并管控被管理者的必要行为，也要借助组织文化来引导成员的行为选择。

8. B 【解析】全球化管理须具备的关键能力包括国际商务知识、文化适应能力、换位思考能力和创新能力。这四项能力是一个整体，是“跨地区、跨国家与跨文化管理能力”。

9. B 【解析】管理的目的是有效实现组织目标。管理通过实施决策、组织、领导、控制、创新等职能，协调他人的活动，使别人同自己一起实现既定目标。

10. C 【解析】管理的职能有决策、组织、领导、控制、创新五种。其中，领导职能重视工作中人的因素，通过影响个体或群体的行为来努力实现目标。本题中，员工士气低落，人员流失，说明没有重视人的因素，领导不足。

11. B 【解析】管理的科学性是指管理作为一个活动过程，其中存在着一系列基本的客观规律。管理的艺术性强调管理的实践性，没有管理实践就无所谓管理艺术。题干中须将管理知识与具体管理活动相结合，强调的是管理的实践性，即管理的艺术性。

12. C 【解析】管理既是一门科学，又是一门艺术。管理理论和管理工具体现了管理的科学性，而管理的实践过程则彰显了其艺术性。在实际操作中，管理者需依据环境、条件及对象的具体情况及其变化，灵活应用科学的原理、方法和技术。即有效的管理者应既掌握管理理论，又具备管理技巧与管理工具的运用能力。

13. C 【解析】根据系统原理，管理活动中的每一个问题都是系统中的问题。解决具体问题时，要统筹兼顾、综合考虑局部与整体、内部与外部、目前与未来，这样才能妥善地处理组织问题。

14. A 【解析】题干所述为适度原理。适度原理要求管理者在处理组织内部各种矛盾、协调各种关系时把握好度的问题。

15. B 【解析】企业资源计划、办公自动化系统、大数据、云平台是企业信息化管理的表现。从企业、政府等组织的角度来看，信息化是将现代信息技术与先进管理理念相结合的过程。它通过将组织的各项活动数据化和数字化，并利用信息系统处理生成信息资源，供各级人员使用，以支持决策和行动。

16. C 【解析】市场化是指在开放市场中，利用市场机制来配置资源。市场机制主要包括价格机制、供求机制和竞争机制。

## 二、多项选择题

ABCDE 【解析】全球化管理的环境因素包括：①一般环境，包括：政治与法律环境、经济环境、社会与文化环境、技术环境；②任务环境，包括：供应商、竞争对手、销售商、顾客和劳动力市场与工会。

## 三、填空题

1. 资源转换　2. 客体　3. 管理者　4. 人

## 四、判断题（正确的打"√"，错误的打"×"）

1. √ 2. × 3. √ 4. √ 5. √ 6. √ 7. √ 8. × 9. √ 10. ×
11. ×

2. 管理者是一种专门的职业，要协调和监管他人的工作，需要具有专门知识、利用专门技术和方法来进行管理活动。因此，仅从事管理工作的人不一定就是管理者。

8. 题中所述为管理的组织职能。领导是凭借组织权力与自身能力，指挥、影响下属达成组织目标的管理活动过程。

10. 管理的基本方法一般以理性分析为基础，或以直觉判断为依据。二者可结合使用。

11. 组织文化形成后，对组织成员行为的影响是持续、普遍的，且低成本。

## 五、概念题

**1. 组织**［沈工大2022年研；常州大学2019年研］

**答：**组织是指一群人为实现共同目标而协同行动的集合体。组织是管理的载体，包括企事业单位、国家机关、政治党派、社会团体以及宗教组织等。其特征包括：①成员构成，由两个或两个以上的成员组成；②目标明确；③从事特定活动；④相对独立性，即在一定程度上独立存在，与外部社会有明确界限。

**2. 企业资源计划**［天津商大2024年研］

**答：**企业资源计划（ERP）是在20世纪90年代初由美国加特纳公司在MRPⅡ基础上发展起来的一种管理系统。ERP是一种基于信息技术的管理平台，结合系统化的管理思想，旨在为企业决策层和员工提供辅助决策和日常运营的工具与手段。具体来说，ERP通过统一部署和配置企业资源，制定不同部门的具体计划（如销售、财务、生产和采购计划等），以实现资源的最佳配置，提高资源利用率和企业竞争力。ERP涵盖了整个企业和其供应链的管理体系，以供应链管理理论为基础，利用现代网络化信息技术对核心企业的供应链资源进行计划、组织和控制。

## 六、简答题

**1. 简述管理工作的主要内容。**［沈工大 2023 年研］

**答：**为了提高组织资源的利用效率，管理者需要进行决策、组织、领导、控制和创新等一系列工作。

（1）决策。指从未来多种可能的行动方案中选择一个最合理的方案。管理者需要研究组织的内外部环境，分析外部机会和威胁以及内部优势和劣势，从而制定合理的目标。接着，将这些目标细化为具体的行动计划，明确各部门和岗位的具体要求。

（2）组织。组织设计是为了确保决策的有效实施。这包括根据活动需求设置岗位、组合岗位形成部门、规定部门间的相互关系，并将合适的人安排在合适的岗位上。此外，还需要发布工作指令并提供必要的支持，整合正式与非正式组织，并根据变化调整组织结构。

（3）领导。指通过权力和能力指挥和影响下属，以实现组织目标的过程。有效的领导需要管理者利用优秀的素质和适当的方式，满足员工的需求和特点，提高并维持员工的工作积极性，并在合理的制度环境中进行管理。

（4）控制。控制是为了保证组织按预定要求运作。这包括预先制定工作标准，检查和监督各部门和环节的工作，判断工作结果是否符合目标，分析偏差原因，并制定和实施纠正措施。

（5）创新。创新是为了应对不断变化的环境和技术。这包括不断改进活动方法和技术，优化组织活动和人员安排，调整活动方向和内容，通过持续的创新来提高组织的效率和适应性。

综上所述，管理包括决策、组织、领导、控制和创新等核心内容，这些工作共同确保组织高效、有序地运行。

**2. 简述管理的基本方法。**［桂林理工 2024 年研］

**答：**管理者在组织管理活动中要运用多种方法。管理方法可按不同的分类标准划分：①按属性不同，可分为法律方法、行政方法、经济方法和教育方法；②按管理层次不同，可分为宏观管理方法、中观管理方法和微观管理方法；③按管理对象不同，可分为人事管理方法、物资管理方法、资金管理方法等。

从抽象角度看，这些方法或者以理性分析为基础，或者以直觉判断为依据。

（1）理性分析：

理性分析强调管理的科学性，通过科学手段和方法来组织管理过程。理性分析不仅包括大量严格的定量方法，还基于严密的逻辑思维。具体步骤包括：

①环境与条件分析，即对组织活动的外部环境和内部条件进行充分分析。

②方案制定与比较，即在此基础上制定不同方案，并进行充分比较。

③可行性论证，即选择实施方案，并进一步论证其可行性和合理性。

④定量分析方法。方案的制定、比较和论证过程都要运用如数学模型等大量科学的定量分析方法。

理性分析的基础是严密的逻辑思维，通过对管理实践中的大量相关因素及其相互关系的观察、分析、归纳和演绎，得出一般规律和特征。这种方法被广泛认为是科学管理的重要手段。

（2）直觉判断：

尽管理性分析非常重要，但在实际管理中，直觉判断也发挥着重要作用。直觉判断虽然看似不那么精确和科学，但在处理时间敏感性和复杂问题时显示出优越性。直觉判断实际上是一个快速的逻辑思维过程的结果。尽管目前无法用科学语言完全描述其特征，但其科学内涵丰富。提升管理者的直觉判断能力应成为管理教育研究的重要课题。

综上，理性分析和直觉判断都是管理中不可或缺的方法，二者结合使用可更有效地应对各种管理挑战。

## 七、论述题

**1．试论述管理的概念和基本特征。**［湖南师大2024年研］

**相关试题：简述管理的基本特征。**［简答题，河工大2022年研］

**答：**（1）管理的概念：

管理是指管理者运用相关知识、技术和方法对组织活动进行决策、组织、领导、控制并不断创新以有效实现组织目标的过程。

（2）管理的基本特征：

①目的性。管理的目的是有效地实现组织目标。即管理是人类一项有意识、有目的的协作活动，是为实现组织既定的目标而进行的。“有效”主要是指通过较少的资源消耗达成目标，要有效率且有成效地完成。效率意味着“正确地做事”；成效意味着“做正确的事”。

②专业性。管理的主体是具备专门知识、技术和方法的管理者。管理是一种专门活动。管理者要协调和监管他人的工作，以实现组织目标。

③客体多样性。管理的客体是组织活动及其参与要素。为了有效实现组织目标，管理需要研究如何充分利用各种资源，并合理安排组织活动。这包括对人力资源、财务资源、物质资源和信息资源的有效配置和利用，以确保组织的各项活动能高效、有序地进行。

④综合性。管理是一个多阶段、多项工作的综合过程，涵盖了决策、组织、领导、控制和创新等一系列工作。管理者在制定决策后，需要组织实施这些决策，激发员工的工作热情，跟踪项目进展，并根据环境变化及时调整决策。通过这种综合性的工作，管理者能确保组织目标顺利实现，并应对不断变化的外部环境。

**2．试述管理的科学性与艺术性之间的关系。**［西南财大2016年研；北工商2015年研］

**答：**管理既是一门科学，又是一门艺术。具体分析如下：

（1）管理的科学性：

管理的科学性首先是指有效的管理必须有科学的理论、方法作指导；其次，要遵循管理的基本原理、原则，管理必须科学化。管理从传统走向现代，是从经验逐渐走向科学的过程。人们通过总结管理中的大量成功经验和失败教训，已经归纳、抽象出了管理的一些基本原理和原则。这些管理原则较好地解释了管理过程中涉及的两组或多组变量之间的关系，遵循这些基本的原理和原则对管理效率的提高至关重要。

管理的科学性体现在管理是一门有规律可循的学科，可通过观察、实验、分析、归纳等科学方法进行研究。管理科学有一套完整的理论知识体系，涵盖组织行为学、运筹学、经济学等诸多学科的知识。这些理论为管理实践提供了坚实的根基与指引。

(2)管理的艺术性：

管理的艺术性强调管理是一种创造性的实践活动，需要根据具体情境灵活运用管理知识和技能。管理的艺术性由两个因素决定：①管理总是在一定环境中的管理。管理的最终目的是使组织适应环境，而环境又在不断地变化和发展，因此就不可能有一成不变的管理模式。管理的模式和方法要视具体情况而定。②由管理的主要对象——人所具有的主观能动性和感情所决定。人的主观能动性的基础是人能够积极地思考，并能够自主地作出行为决定。管理工作者只有充分利用这种主观能动性，才能将人们的积极性和创造性调动起来，使人们自觉地为实现组织目标努力工作。此外，人还富有感情，感情是最难量化、模式化的东西。管理者要根据具体的管理对象、管理环境、管理目的，采取相应的措施去解决问题。

(3)管理的科学性和艺术性的关系：

①科学性是艺术性的基础。科学的管理理论和方法为管理者提供了知识和方法的支持，使管理更具系统性和有效性。

②艺术性是科学性的补充和升华。管理的艺术性能使科学的管理理论和方法在复杂多变的环境中更好地发挥作用，弥补科学管理的不足。

③二者相互渗透、相互促进。随着管理实践的发展，科学的管理理论不断吸收艺术化管理实践中的经验，进行完善和创新。同时，艺术性的管理实践也需要不断地用科学的方法进行评估和改进，从而提高管理的有效性。

综上，管理的科学性和艺术性是相辅相成的两个方面。科学性为管理提供理论基础和方法支持，艺术性则使管理更具灵活性和适应性。优秀的管理者应具备扎实的管理理论知识，并能在实践中灵活运用，实现二者的有机结合。

## 八、案例分析题

### 升任公司总裁后的思考

**问题：**[桂林理工 2018 年研]

**1. 请分析总结郭宁担任助理监督时的主要管理职责和应具备的管理技能。**

**答：**郭宁担任助理监督时，其职位属于基层管理者，应当着重具备技术技能，主要的管理职责也是对技术的管理。郭宁需要熟悉并掌握液压装配这个专业领域的知识、流程、工具、技术等，这对基层管理者来说非常重要。

**2. 你认为郭宁要成功地胜任公司总裁的工作，哪些管理技能是最重要的？为什么？**

**答：**公司总裁属于高层管理者，更需要能系统看待整体的概念技能。

理由：对于高层管理者来说，概念技能最为重要。概念技能是指管理者用来对抽象、复杂的情况进行思考和概念化的能力。如果担任公司总裁，郭宁可能会面临组织整体的大问题，这类问题很可能以往没有出现过，在行业内毫无经验可借鉴，此时就需要郭宁能从系统角度分析组织整体面临的问题，并有条理、有逻辑地将思考分析的结果抽象化为简单明了的观点。在这个过程中，郭宁需要具备问题分析能力、资源协调能力、风险分析和管理能力等。

**3．结合本例及所学内容，比较并归纳基层管理者与高层管理者的职责与技能方面的差异。**

**答**：对基层管理者与高层管理者的职责与技能方面的差异分析如下：

（1）职责不同。高层管理者的主要职责是为组织制定战略目标，统筹组织发展方向；基层管理者的主要工作职责是执行为实现战略目标所制定的任务，包括具体的监督、执行、追踪等各项工作。

（2）技能不同：

①高层管理者最需要具备的是概念技能。高层管理者往往面临组织整体的问题，甚至是整个行业出现的危机，这类问题更多时候没有经验可借鉴，需要系统分析并得出抽象结论，因此更需要概念技能。

②基层管理者最需要具备的是技术技能。基层管理者的职责是解决工作中的技术问题，要十分熟悉专业领域内的技术方法。

# 第二章　管理理论的历史演变

## 2.1　考研真题与典型题

### 一、单项选择题

1. 泰勒科学管理的假设前提认为人基本上是受经济利益所推动的(　　)。[天津商大 2024 年研]

A. 经济人　B. 社会人　C. 复杂人　D. 自我实现人

2. 泰勒认为科学管理的中心问题是(　　)。[天津商大 2022 年研]

A. 实现标准化　B. 制定科学报酬制度

C. 提高人工素质　D. 提高效率

3. (　　)第一个全面系统地提出了管理的计划、组织、指挥、协调与控制五项职能。[天津商大 2023 年研]

A. 韦伯　B. 亨利·法约尔　C. 泰勒　D. 罗伯特·欧文

4. “没有一成不变、普遍适用的最佳管理理论与方法”是哪个学派的主张？(　　)[广西科大 2022 年研]

A. 科学管理　B. 系统管理　C. 管理科学　D. 权变管理

5. 以下哪一点属于“权变管理理论”的最大特点？(　　)[西安石大 2021 年研]

A. 重视人的因素

B. 力求在决策中减少个人艺术成分

C. 根据不同的具体条件，采取相应的组织结构、领导方式等

D. 通过提高工人的“士气”，从而达到提高效率的目的

6. “管理就是决策”是著名管理学家(　　)给管理所下的定义。[湖南师大 2021 年研]

A. 法约尔　B. 孔茨　C. 西蒙　D. 泰勒

7. “一个下属人员只应接受一个领导人的命令”，如果这条原则被打破，“权力将受到损害，纪律将受到危害，秩序将被扰乱，稳定将受到威胁”。这个原则是法约尔提出的(　　)。[2024 年河南省专升本真题]

A. 纪律　B. 统一指挥　C. 统一领导　D. 权力和责任

8. 关于企业再造理论的原则，说法正确的是(　　)。[2023 年河南省专升本真题]

A. 围绕任务而不是结果进行组织

B. 让使用流程最终产品的人参与流程的进行

C. 将任务集成而不是将并行的活动联系起来

D. 在工作未被完成的地方进行决策，将控制融入流程中

9. 社会系统学派的代表人物为(　　)。[2022 年河南省专升本真题]

A. 西蒙　B. 波特　C. 德鲁克　D. 巴纳德

10．支援幕僚在组织中有较强的权力要求。在这种组织中，有高度专门化知识和技能的专业人员组成一个“选择性的纵向和横向分权的单一系统”。在这个系统内，成员主要通过相互调适来实现协调。明茨伯格认为，这种形态的组织是（　　）。[2021 年河南省专升本真题]

A．创业型组织　　B．机械型组织　　C．创新型组织　　D．使命型组织

## 二、多项选择题

1．亨利·法约尔指出管理的职能有（　　）。[2021 年广东省专升本真题]

A．计划　　B．运输　　C．指挥　　D．协调

2．古典管理理论包括（　　）。[2010 年广东省专升本真题]

A．泰勒的科学管理理论　　B．马斯洛的需要层次理论

C．梅奥的人际关系学说　　D．韦伯的行政组织理论

E．法约尔的一般管理理论

## 三、填空题

1．巴纳德认为正式组织的协作系统包含了三个基本要素：协作的意愿、共同的目标、______。[2024 年河南省专升本真题]

2．泰勒曾对生产作业方法的标准化和生产过程组织的合理化进行了系统的思考，并在此基础上于 1911 年出版了《______》一书。[2023 年河南省专升本真题]

3．巴纳德是社会系统学派的创始人，他在 1938 年发表的代表作______提出组织是一个协作系统。[2019 年河南省专升本真题]

4．从______角度看，没有一成不变的、普遍适用的、最好的管理理论和方法，一切应取决于当时的既定情况。[2023 年河南省专升本真题]

5．西蒙认为管理就是______。[2022 年河南省专升本真题]

6．与历史上的其他组织类型相比，学者韦伯认为______是最理想的组织形式。[2020 年河南省专升本真题]

## 四、判断题（正确的打“√”，错误的打“×”）

1．泰勒认为，应满足员工的社会、心理方面的需要，从而激发其积极性。（　　）[西安石大 2022 年研]

2．就管理的职能而言，法约尔认为管理就是要确切地知道要别人干什么，并注意他们用最好最经济的方法去干。（　　）[天津商大 2023 年研]

3．法约尔认为，人有不同的禀赋才能，只要工作合适，都可以成为第一流的工人。（　　）[天津商大 2022 年研]

4．韦伯提出了有效管理的 14 条原则。（　　）[南京理工 2019 年研]

5．巴纳德认为，管理的本质是决策，所有管理工作都是围绕着决策的制定和组织实施来进行的。（　　）[天津商大 2022 年研]

6．巴纳德认为，作为正式组织的协作系统，都包含了三个基本要素，即协作的意愿、共同的目标和信息的沟通。（　　）[西安石大 2022 年研]

7．根据权变理论的观点，组织应该根据所处环境以及内部活动特点来设计和选择适合

自己的结构形式。(　　)[天津商大 2022 年研]

8. 权变理论认为，企业管理要根据内外条件随机应变，没有什么一成不变的、普遍使用的、"最好的"技术和方法。(　　)[湖南师大 2019 年研]

9. 泰勒的科学管理就是用科学的工作方法代替传统的经验管理方法。(　　)[2022 年河南省专升本真题]

10. 法约尔认为，管理职能由计划、组织、指挥、领导、控制等一系列工作构成。(　　)[2024 年河南省专升本真题]

11. "橘生淮南则为橘，橘生淮北而为枳"体现了权变管理理论的基本思想。(　　)[2014 年河南省专升本真题]

### 五、概念题

1. 合法性机制[湖南师大 2024 年研]

2. 业务流程再造[河工大 2024 年研；武工大 2023 年研]

### 六、简答题

1. 评述法约尔的一般管理理论的主要思想。[广西科大 2024 年研]

2. 为社会所接受的合法的权力类型。[中南财大 2024 年研]

相关试题：法理型权力的内涵是什么？法理型权力有什么特征？[2022 年河南省专升本真题]

3. 简述明茨伯格组织协调机制的主要形式。[沈工大 2022 年研]

相关试题：在组织理论中，组织协调机制主要有哪些？[2020 年河南省专升本真题]

4. 简述西蒙决策理论的主要思想。[沈工大 2024 年研]

5. 简述管理思想的权变观。[南京师大 2022 年研]

6. 简述巴纳德的协作系统的三个基本要素和经理人员的职能。[2023 年河南省专升本真题]

相关试题：巴纳德认为正式组织存在和发展的条件是什么？[2007 年河南省专升本真题]

### 七、论述题

为提高劳动生产率，增加企业盈利，泰勒在企业管理实践和理论探索上做了哪些工作？[天津商大 2023 年研]

### 八、案例分析题

亨利是一家冷冻食品厂的厂长，该厂专门生产一种奶油特别多的冰激凌。在过去的几年中，该厂每年销量稳步递增。但是今年的情况发生了较大变化，不仅销售量比去年同期下降 18%，生产量低于计划水平，缺勤率也比去年高 20%，员工迟到早退现象也有所增加。亨利认为这种情况的发生，很可能与管理有关，但他也不能确定具体原因，更不知道如何解决。他决定去请教管理专家。[扬州大学 2024 年研]

**问题：**

**1. 假如亨利分别去请教具有科学管理理论和行为管理理论的专家，您认为这两位专家将如何诊断这一管理问题？**

**2. 请您结合所学知识谈谈对案例材料中问题的解决办法。**

# 2.2 考研真题与典型题详解

## 一、单项选择题

1. A 【解析】A项，泰勒的科学管理理论假设人是经济人，即人主要受经济利益驱动。
B项，社会人假设是由梅奥提出的，强调人的社会需求。
C项，复杂人假设是由超Y理论提出的，强调人的多样性和复杂性。
D项，自我实现人假设是由马斯洛提出的，强调人的高层次需求。

2. D 【解析】泰勒认为科学管理的中心问题是提高效率，即通过科学的方法来改进工作流程和方法，从而提高生产效率。

3. B 【解析】亨利·法约尔是第一个全面系统地提出管理五项职能(计划、组织、指挥、协调与控制)的管理学家。他在其著作《工业管理与一般管理》中详细阐述了这些管理职能。

4. D 【解析】权变管理学派认为，没有一成不变的最佳管理理论与方法，应根据具体环境的变化而变化。
A项，科学管理强调通过科学的方法来提高工作效率。
B项，系统管理强调将组织视为一个系统，强调整体性和各部分之间的相互作用。
C项，管理科学学派强调使用数学和统计方法来解决管理问题。

5. C 【解析】权变管理理论认为，组织管理要根据内外条件随机应变，没有什么一成不变的、普遍适用的、最好的技术和方法。其最大特点是根据不同的具体条件，采取相应的组织结构、领导方式等。

6. C 【解析】美国学者西蒙认为，“管理就是决策。”决策贯穿整个管理过程。

7. B 【解析】在法约尔的14条管理原则中，纪律的实质“是对协定的尊重”；统一指挥是指“一个下属人员只应接受一个领导人的命令”；统一领导是指对达到同一目标的全部活动，只能有一个领导人和一项计划；权力的正确使用须规定责任的范围。

8. B 【解析】哈默业务流程再造的七个原则为：①围绕结果进行组织。②让使用流程最终产品的人参与流程。③将信息加工工作合并到真正产生信息的工作中去。④将地理上分散的资源集中看待、处理。⑤联系并行的活动。⑥在工作被完成的地方决策，把控制融入流程。⑦在信息源即时掌握信息。

9. D 【解析】巴纳德是社会系统学派的创始人、“现代管理理论之父”，其代表作是1938年出版的《经理人员的职能》。他强调，组织是一个协作系统。

10. C 【解析】题中所述为创新型组织。A项，创业型组织即简单结构，由企业主创建并亲自管理。B项，机械型组织的专业化程度高，决策权力较集中。D项，使命型组织的基本特征是高度分权。

## 二、多项选择题

1. ACD 【解析】20 世纪初，法国工业家法约尔在其著作《工业管理与一般管理》中写道，所有管理者都行使着五种管理职能：①计划；②组织；③指挥；④协调；⑤控制。

2. ADE 【解析】古典管理理论于 19 世纪末 20 世纪初形成，以经济人假设为基础，强调运用经济刺激的手段来调动工人的积极性，以提高劳动生产率。其代表性理论有泰勒的科学管理理论、马克斯·韦伯的行政组织理论和法约尔的一般管理理论。BC 两项属于行为管理理论。

## 三、填空题

1. 信息的沟通

2. 科学管理原理

3.《经理人员的职能》

4. 权变理论

5. 决策

6. 科层组织

## 四、判断题（正确的打"√"，错误的打"×"）

1. × 2. √ 3. × 4. × 5. × 6. √ 7. √ 8. √ 9. √ 10. ×
11. √

1. 泰勒的科学管理理论认为人是经济人，激发其积极性的主要措施是经济上的奖惩，而不是满足员工的社会和心理需求。泰勒的科学管理理论主要关注提高劳动生产率。

3. 题中为泰勒的观点。法约尔更强调管理的普遍性和原则性。

4. 提出有效管理 14 条原则的是亨利·法约尔。韦伯主要提出了官僚制（科层制）的理论。

5. 题中观点是西蒙的。巴纳德认为，组织是一个协作系统。

10. 法约尔认为，管理职能由计划、组织、指挥、协调、控制等一系列工作构成。

11. 该谚语反映了因环境而变的权变管理理论思想。

## 五、概念题

**1. 合法性机制**[湖南师大 2024 年研]

**答：**合法性机制是指制度环境诱使或迫使组织采纳被外部认同的组织结构和行为的作用机制。具体来说，它是促使组织采纳在外部环境中具有合法性的组织结构和行为的一种制度力量。组织为了获得社会承认和生存发展，会采纳符合社会规范、法律法规等制度环境的结构和行为。合法性机制主要包括：组织结构和行为的合法性、制度力量的作用。合法性机制是组织在外部制度环境中生存和发展的关键因素之一。通过采纳具有合法性的组织结构和行为，组织可以获得社会的认可和接受，从而确保其生存和发展，并有助于维护社会秩序和推动组织发展。

**2. 业务流程再造**［河工大2024年研；武工大2023年研］

**答：**业务流程再造又称业务流程重组、企业经营过程再造，是指对企业经营流程彻底进行再思考和再设计，以便在业绩衡量标准（如成本、质量、服务和速度等）上取得重大突破。它强调以业务流程为中心，以关心客户的需求和满意度为目标，对现有的业务流程进行根本的再思考和彻底的再设计，从而使企业在成本、质量、服务和速度等方面获得突破性改善。流程再造的意义是通过对企业原有业务流程的重新塑造，包括进行相应的资源结构调整和人力资源结构调整，提高企业整体竞争力。

## 六、简答题

**1. 评述法约尔的一般管理理论的主要思想。**［广西科大2024年研］

**答：**（1）法约尔一般管理理论的主要思想：

①经营和管理：法约尔认为，经营和管理是两个不同的概念，管理只是经营的一部分，而经营的范围更为广泛，还包括技术、商业、财务、安全以及会计等一系列职能。其中，技术职能是涉及材料加工和产品制造的活动；商业职能包括原材料和设备的采购及产品销售相关的市场活动；财务职能是围绕资金的筹集和运用展开的活动；安全职能是涉及设备和人员保护的活动；会计职能对资金运动过程中的变化进行记录、归类和分析，以确保资金的合理使用。作为经营的一部分，管理职能包括计划、组织、指挥、协调、控制等。

②管理的14条原则，包括劳动分工、权力和责任、纪律、统一指挥、统一领导、个人利益服从整体利益、人员的报酬、权力集中、等级制度、秩序、公平、人员稳定、首创精神、人员的团结。

③管理要素：

a. 计划，即预测未来并安排行动，制定行动计划以实现组织目标。

b. 组织，即合理配置人员和资源，选择组织形式并规定各部门关系。

c. 指挥，即通过领导艺术使员工做出最佳贡献，确保企业有效运作。

d. 协调，即确保各项工作和谐配合，平衡各种关系以促进企业成功。

e. 控制，即验证工作是否符合计划，并纠正缺点以确保目标实现。

（2）对法约尔一般管理理论的评价：

①优点：

a. 系统全面性。法约尔提出了管理的五大职能，为管理活动提供了清晰框架。这种系统的理论体系能帮助管理者全面理解管理工作，提高管理效率和效果。

b. 普遍适用性。强调管理原则适用于各类组织，促进了不同组织间的管理交流和经验借鉴。

c. 强调管理的科学性。法约尔提出了一系列科学的管理原则，如分工、专业化、统一指挥等。其理论使管理工作更规范化、标准化，推动了管理科学的发展。

d. 注重管理的实践性。其理论基于实际管理经验，提出的管理原则和方法切实可行，能帮助解决实际问题。其提供的工具和方法有助于提高管理者的工作能力和水平。

e. 对管理教育的贡献。法约尔强调管理教育的重要性，为培养管理人才奠定基础，应用广泛。

②局限性：

a. 过于强调静态的组织结构。忽视动态变化和环境影响，可能导致组织缺乏灵活性和适应性。

b. 对人性的认识不足。强调理性和规范性，忽视员工的情感和需求，可能无法充分调动员工积极性。

c. 缺乏对组织变革的深入研究。对组织变革关注不够，未提供具体方法和策略；在快速变化环境中应用受限。

d. 对管理环境的复杂性认识不足。未充分考虑管理环境的复杂性和多样性。且理论过于理想化，缺乏对实际环境的深入分析。

综上，法约尔的一般管理理论为现代管理学奠定了基础，具有重要的理论和实践价值。尽管存在一些局限性，但其理论仍广泛应用于各种组织中。实践中，应结合实际情况，不断完善和发展管理理论。

**2. 为社会所接受的合法的权力类型。**［中南财大 2024 年研］

**相关试题：法理型权力的内涵是什么？法理型权力有什么特征？**［2022 年河南省专升本真题］

**答：**韦伯认为，为社会所接受的合法的权力有三种类型：

(1) 传统型权力。传统型权力基于对习惯和古老传统的认同和尊重。它通常由族长或部落首领行使，臣民或族人服从是因为他们认为这些传统神圣不可侵犯。

(2) 个人魅力型权力。其建立在对某个英雄人物或具有特殊品质的人的个人崇拜上。这种权力依赖于领导者不断创造奇迹，但在日常管理中难以维持。

(3) 法理型权力。指基于对法律和标准规则的合法化信念，对那些通过正式程序获得权力的人的服从。这种权力依赖于对法律和规章制度的尊重，而非个人魅力或传统。韦伯认为，法理型权力是科层制组织的基础。法理型权力的特点包括：

①连续性。权力不会因领导人的更换而中断。

②合理性。担任职务的人员是根据其能力和任务需求来挑选的。

③法律保障。领导人可以通过法律手段确保权力的行使。

④明确规定。所有权力都有明确的规定，并按照组织任务所需职能进行详细划分。

总之，法理型权力通过法律和规章制度的保障，确保了组织管理的连续性、合理性和透明度，为科层组织的高效运作提供了坚实基础。

**3. 简述明茨伯格组织协调机制的主要形式。**［沈工大 2022 年研］

**相关试题：在组织理论中，组织协调机制主要有哪些？**［2020 年河南省专升本真题］

**答：**根据明茨伯格的观点，组织协调机制的形式主要有：

(1) 相互调适。即通过私下沟通达成协调，如基层员工之间的交流。这种机制适用于小规模、简单组织，依赖个人间的直接互动来解决问题。

(2) 直接监督。即由一个人向相关人员下达命令或指示以实现协调。这种方式适用于中等规模的组织，通过明确的指挥链来确保任务的执行和协调。

（3）工作程序标准化。即为工作人员明确制定工作程序以实现协调。这种方法通过详细规定每一步操作，确保一致性和高效性，适用于大规模生产环境。

（4）成果标准化。即通过规定工作结果来协调和控制组织成员的行为。这种方式关注最终产出，而不是具体过程，适用于难以标准化的工作流程。

（5）技术（技能）及知识标准化。即通过培训使员工具备共同的技术或知识背景以达成协调。这种方法确保所有员工具备相同的技能和知识，从而提高整体工作效率。

（6）规范标准化。即将行为规范注入组织工作，使所有成员根据相同信念选择和表现行为。这种方式通过建立共同的文化和价值观，促进组织内部的一致性和凝聚力。

这些协调机制在时间上相继出现，在空间上也可能同时并存。随着企业规模和复杂性的增加，从简单的相互调适到直接监督，再到各种标准化方式，最终可能又回到基于共同文化、价值观和行为规范的相互调适。在一个具有相当规模的企业中，多种协调机制通常同时存在，但其中一种可能占主导地位。通过综合运用这些机制，组织能够更有效地应对各种挑战，确保各项活动顺利进行。

**4．简述西蒙决策理论的主要思想。**［沈工大 2024 年研］

**答：**西蒙决策理论的主要思想如下：

（1）管理就是决策，决策贯穿管理过程始终。西蒙等人认为，决策是组织及其活动的基础，组织则是由决策者组成的系统。组织之所以存在，是因为所有组织成员做出了参加组织的决策，这也是组织成员的第一个选择（决策）。

（2）决策过程。管理的实质是决策。决策是由一系列相互联系的工作组成的一个过程。这个过程包括四个阶段的工作：

①情报活动。搜集、分析、反馈所感知到的外部信息，为决策的制定提供信息资源。

②设计活动。根据信息情报资源，分析、制定、设计可供选择的各种备选方案，提供最终决策。

③抉择活动。根据已形成的备选方案，通过预测结果和比较分析，选择最合适的一个行动方案。

④审查活动。评估所做出的抉择结果，分析其合理性。

（3）决策的准则。选择是决策的核心。正确的选择需要基于合理的评价标准，科学、严谨地分析各种备选方案并预测未来结果。因为不可能做出“完全合理”或“最优”的决策，所以只能满足于“令人满意的”这一准则。

（4）程序化决策和非程序化决策。程序化决策侧重于例行活动，通过既定程序处理重复性高的问题；非程序化决策则侧重于非例行活动，通过个别处理的方式解决之前未发生过、性质和结构尚未明确的问题。

**5．简述管理思想的权变观。**［南京师大 2022 年研］

**答：**管理思想的权变观即权变管理理论，主要形成于 20 世纪 70 年代以后的西方管理学界。该理论认为，组织管理需要根据内外部环境条件的变化灵活调整，不存在一成不变或普遍适用的最佳技术和方法。即组织的性质、使命、活动特点及所处环境不同，在管理活动中选择的技术与方法也应不同。

（1）权变学派的主要观点：

权变管理的核心在于根据环境自变量和管理思想及技术的因变量之间的函数关系来确定最有效的管理方式。通过深入分析众多管理事例，权变学派致力于研究管理方法与环境因素之间的相互关系，将复杂的管理实践归纳为几个基本类型，并为每个类型寻找合适的管理模式。管理技术和方法应随环境变化而调整，强调适应性和灵活性，以实现最佳组织绩效。

环境自变数与管理因变数的关系可以解释为“如果—就要”的关系。总之，权变管理强调在不同的内外部环境下，灵活选择和调整管理方法和技术，以实现最佳的管理效果。

通过这种方式，权变管理不仅提供了一种理论框架，还为实际管理工作提供了具体的指导原则。它强调了环境对管理决策的重要性，并提倡管理者根据实际情况灵活调整管理策略，以实现最佳的组织绩效。

（2）重要理论：

①莫尔斯和洛什的“超 Y 理论”，强调管理方法应根据具体情况灵活调整。

②费德勒的权变领导模型，指出领导风格的有效性取决于情境因素，如领导者—成员关系、任务结构和职位权力。

总之，权变管理理论强调管理方法应根据具体的内外部环境进行灵活调整，以更好地达成组织目标。

**6. 简述巴纳德的协作系统的三个基本要素和经理人员的职能。**［2023 年河南省专升本真题］

**相关试题：巴纳德认为正式组织存在和发展的条件是什么？**［2007 年河南省专升本真题］

**答：**（1）巴纳德的协作系统的三个基本要素：

①协作意愿。组织成员必须愿意在协作条件下提供劳动和服务。这种意愿涉及个人的自我克制和部分行为控制权的让渡，使个人行为非个人化，从而与组织的整体目标相一致。

②共同目标。组织需要有一个共同的目标，这是协作意愿的前提。没有共同目标，成员无法明确自己的努力方向，也无法从协作中获得满足感，从而无法形成有效的协作。

③信息沟通。信息沟通是连接共同目标和协作意愿的关键。通过信息沟通，成员可以对组织目标有共同的认识，并且组织能够了解成员的协作意愿及其强度，从而有效地将个人努力转化为协作劳动。

（2）经理人员的职能：

巴纳德认为，经理人员在组织中的作用是在信息沟通系统中作为联络中心，通过协调成员的活动来确保组织的正常运转和共同目标的实现。具体来说，经理人员的职能包括：

①建立和维护信息系统。确保信息在组织内部顺畅流通，使所有成员都能及时获取必要的信息，支持决策和行动。

②获取必要服务。从组织成员那里获取所需的各项服务，确保组织工作顺利进行。

③明确共同目标。设定组织的共同目标，并通过具体的部门目标来细化和解释这些目标，确保所有成员都明白自己的角色和责任，共同努力实现组织目标。

## 七、论述题

**为提高劳动生产率，增加企业盈利，泰勒在企业管理实践和理论探索上做了哪些工作？**［天津商大 2023 年研］

**答：**泰勒科学管理理论的实质是提高劳动生产率。其研究强调生产过程的科学化、合理化和标准化，侧重于用科学手段解决现实生产问题，提高企业的生产效率，以达到盈利目的。为了提高劳动生产率，增加企业盈利，泰勒在企业管理实践和理论上的探索主要围绕以下三个方面展开，旨在通过科学的方法提高劳动生产率和企业盈利：

（1）改进工作方法，按工作要求挑选和培训工人：

①改进操作方法。即将生产过程中的每个环节分解成动素，研究其必要性和合理性，确定完成每项任务的最佳时间和最有效动作，形成标准作业方法，并制定标准作业时间。

②标准化作业环境与条件。即制定标准化的工作流程、工具和操作方法，确保每个工人按照统一的标准进行操作。例如，通过实验确定最优铁锹装量，设计不同类型的铁锹。

③挑选和培训工人。即根据不同工人的特长分配工作，并按标准作业方法进行集中培训，确保工人掌握科学的操作方法。

（2）改进分配方法，实行差别计件工资制：

泰勒认为，要想工人有更多的产量，工资不仅应稳定，且应随着产量的增加而增加；实行差别计件工资制，即在工资计算时，通过采取不同的工资率，付给未完成和完成定额的工人以不同工资。这种激励机制能鼓励工人提供更多的产量，从而提高整体生产效率。

（3）改进生产组织，加强企业管理：

①设置计划部门。即将计划职能和执行职能分开，设立专职计划部门，负责调查研究、制定标准、发布命令和控制。

②实行职能工长制。即将管理工作细分，每个职能工长负责某一方面的工作，通过专业化分工，提高管理效率。

③例外管理。即高层管理者授权下级处理日常事务，自己保留对例外事项或重要问题的决策权，为分权化管理和事业部制提供理论依据。

通过这些方法，泰勒将科学引入管理领域，创立了一套具体的管理方法，显著提高了生产效率，推动了管理理论的发展。

## 八、案例分析题

**问题：**［扬州大学 2024 年研］

**1．假如亨利分别去请教具有科学管理理论和行为管理理论的专家，您认为这两位专家将如何诊断这一管理问题？**

**答：**（1）科学管理理论专家的诊断：

科学管理理论侧重于提高效率和生产力，关注工作流程的优化和员工的科学管理。根据这一理论，专家可能会诊断出以下具体问题：

①流程非标准化。可能缺乏明确的标准操作程序，导致员工在生产过程中出现不必要的重复或浪费。

②工时管理不当。没有科学的工时管理，可能导致生产效率低下。需要进行时间和动

作研究来优化工作流程。

③设备利用率低。可能存在设备维护不足或不合理的排班安排，导致生产量低于计划水平。

④激励机制缺失。缺乏基于绩效的激励机制，导致员工缺乏动力提高生产效率。

(2)行为管理理论专家的诊断：

行为管理理论关注员工的心理和社会需求，强调人际关系和沟通。根据这一理论，专家可能会诊断出以下具体问题：

①员工士气低落。高缺勤率和迟到早退现象可能表明员工对工作缺乏热情，士气低落。

②沟通不畅。管理层与员工之间可能存在沟通障碍，员工的意见和需求未被充分重视。

③工作环境不佳。工作环境可能不符合员工的期望，缺乏支持和认可，导致员工满意度低。

④组织文化问题。可能存在不健康的组织文化，缺乏尊重和信任，影响员工的工作积极性。

通过这些诊断，亨利可以更清楚地了解工厂面临的具体管理问题，并有针对性地采取相应措施进行改善。

**2. 请您结合所学知识谈谈对案例材料中问题的解决办法。**

**答：**结合相关管理理论，为了全面解决亨利冷冻食品厂的问题，亨利可采取以下措施：

(1)优化生产流程：

①引入技术和工具。使用先进的生产管理软件或工具，帮助提高生产效率、监控生产进度。

②培训与开发。为员工提供专业技能培训，确保他们能胜任新的生产技术或流程。

(2)改善员工管理：

①实施激励机制。设计具有吸引力的激励计划，如绩效奖金、晋升机会、表彰制度等，鼓励员工提高工作绩效。

②灵活工作安排。根据员工的个人需求和生产需求，提供灵活的工作时间安排，以降低缺勤率和迟到早退现象。

(3)增强沟通与互动：

①建立反馈机制。通过匿名意见箱或定期面谈，收集员工反馈，及时解决员工的困惑或不满。

②组织团队活动。定期组织团队建设活动，增强员工之间的互动，提高其归属感和团队协作能力。

通过这些措施，亨利可以更好地应对管理问题，提升工厂的生产效率和员工满意度。

# 第三章　决策与决策过程

## 3.1　考研真题与典型题

### 一、单项选择题

1. 企业面临的境况日益繁多，企业的决策越来越难以靠个人的智慧与经验来确定，因此现代决策应该更多地依靠(　　)。[天津商大 2022 年研]

A. 多目标协调　　B. 下级意见　　C. 动态规划　　D. 集体智慧

2. 下列决策哪一种更倾向于程序化决策？(　　)[西安石大 2021 年研]

A. 组织结构调整　　B. 多元化经营

C. 企业合并　　D. 原材料订购

3. 美国克莱斯勒汽车公司的总经理艾柯卡普曾经说过："等到委员会讨论以后再射击，野鸡已经飞走了。"关于这句话，正确的理解是(　　)。[广西科大 2023 年研]

A. 委员会决策往往目标不明确

B. 委员会决策的正确性往往比较差

C. 群体决策往往不能把握市场的动向

D. 群体决策往往不讲究时效性，只考虑做出合理的决策

4. 决策过程的第一步就是(　　)。[广西科大 2022 年研]

A. 明确目标　　B. 诊断问题　　C. 拟订方案　　D. 环境分析

5. 下列关于决策任务的表述不正确的是(　　)。[2020 年河南省专升本真题]

A. 从组织外部视角看，决策的任务是增强核心竞争优势

B. 从组织内部视角看，决策的任务还包括调整和优化组织管理体系

C. 从外部环境视角看，决策的任务是让组织灵活适应外部环境的变化

D. 从未来发展的角度看，让组织保持创业精神也是决策的题中应有之义

6. 某一快递公司在市区规划了 30 条不同的汽车路线，但是这些路线中会遇到概率不定的堵车现象，此时，快递人员选择最短时间内到达的路径的线路决策属于(　　)。[2022 年广东省专升本真题；2013 年河南省专升本真题]

A. 不确定型决策　　B. 风险型决策

C. 确定型决策　　D. 以上都不是

7. 根据决策所涉及的问题看，决策分为程序化决策和非程序化决策，属于程序化决策的是(　　)。[2024 年河南省专升本真题]

A. 新产品的研发　　B. 工资制度的调整

C. 产品结构的调整　　D. 工人工资的结算

8. 某企业是我国一家著名的白酒制造企业，该企业长期致力于高档白酒的生产经营。随着白酒市场竞争的日趋激烈，该企业打算向中低端市场扩张，则该企业将面临的重大决

策属于(　　)。[2006 年河南省专升本真题]

A. 程序化决策　　B. 非程序化决策

C. 确定型决策　　D. 非确定型决策

9. 个人决策与群体决策各有优缺点，因此，在做决策时必须根据所做决策的具体情况，采用相应的决策方式。以下几种情况中，不适宜采取群体决策方式的是(　　)。[2019 年河南省专升本真题]

A. 确定投资一个重大项目　　B. 决定公司重要副职的工作安排

C. 新产品上市时机的选择　　D. 签订一项产品销售合同

10. A 公司生产部门年初制定的 2023 年度的生产目标比 2022 年的生产目标上浮了 30%，由于没有充分考虑公司自身产能和资源限制，该决策目标制定太高，导致 2023 年底并未完成，造成生产计划失败，同时严重挫伤生产部员工积极性。这样的结果是由于决策主体没有把握好决策的(　　)。[2024 年河南省专升本真题]

A. 目标性　　B. 可行性　　C. 动态性　　D. 创造性

11. 任何决策都需要不同程度的创造性思维，创造性思维过程的四个阶段是(　　)。[2023 年河南省专升本真题]

A. 无意识审视、直觉、洞察力、实施

B. 无意识审视、直觉、洞察力、验证

C. 无意识审视、直觉、理性分析、实施

D. 无意识审视、直觉、理性分析、验证

12. 某公司开会研究决定，研发部必须在一定时期内为公司各关键市场推出具有较高市场份额的新产品，对于这决定，你的看法是(　　)。[2019 年河南省专升本真题]

A. 时间不明确，在实行中缺乏操作标准

B. 市场份额较高描述不清，要有详细数字，予以量化

C. 关键市场提法不具体，范围难以界定

D. 应综合考虑上述意见

13. 某经理发现开例会时总是出现部分员工迟到 5～10 分钟的现象，经调研发现，员工是由于接送子女上学而延误，由此总经理决定将每周例会推迟 30 分钟，总经理的决定体现的决策原则是(　　)。[2022 年河南省专升本真题]

A. 重要性原则　　B. 准确性原则　　C. 灵活性原则　　D. 民主性原则

14. 老牌汽车福特在发展过程中，并非事事成功。比如它推出的经济实用型艾德舍尔型汽车就遭到惨败。福特在推出这款汽车之前花了大量时间与金钱，收集了可能需要的大量统计数据。这些数据显示，这种型号的汽车正是市场所需要的。可当时顾客购买汽车从价格实惠转为凭爱好购买，这变化却被忽略了。当这种变化被认识到的时候，福特公司已将这种型号的汽车投放市场，遭到惨重失败。这个案例说明(　　)。[2019 年河南省专升本真题]

A. 福特公司统计分析员因为反应不灵敏而导致失败

B. 福特公司的失败主要是太倚重可量化的数据，而忽视了决策的灵活性原则，统计分析员没有分析现实中出现的变化

C．依靠数量化信息的收集和处理是理性决策法优越于经验决策法的主要方面，福特公司的失败就在于没有摒弃传统的经验决策法

D．就重大决策的质量而言，信息收集中的问题与信息处理中的问题相比，后者所起的作用更为重要，福特公司就有力地说明了这点

15．不确定性情境下，决策方案选择准则包括乐观准则、悲观准则以及(　　)。[2023年河南省专升本真题]

A．等概率准则和最优准则　　B．最小后悔准则和最优准则

C．最小后悔准则和大概率准则　　D．最小后悔准则和等概率准则

16．一个企业有以下四种情况(见表3－1)，用最小最大后悔值法，可以选择哪一种方案？(　　)[2024年河南省专升本真题]

**表3－1**

| 损益值<br>状态方案 | 销售量高 | 销售量一般 | 销售量低 |
|---|---|---|---|
| A方案 | 120 | 60 | －20 |
| B方案 | 90 | 50 | 15 |
| C方案 | 75 | 45 | 22 |
| D方案 | 70 | 40 | 15 |

A．A方案　　B．B方案　　C．C方案　　D．D方案

17．某零售店选定三个备选方案。其主要数据见表3－2，根据最小最大后悔值法，该商店最佳方案是(　　)。[2019年河南省专升本真题]

**表3－2**

| 方案 | 销售高 | 销售一般 | 销售低 |
|---|---|---|---|
| 甲方案 | 1000 | 550 | 200 |
| 乙方案 | 900 | 500 | 300 |
| 丙方案 | 800 | 400 | 350 |

A．甲方案　　B．乙方案　　C．丙方案　　D．甲乙都可

## 二、填空题

1．狭义的决策是一种行为，广义的决策是个______。[2022年河南省专升本真题]

2．根据环境因素的可控程度，决策类型可以分为三类，确定型决策、______、不确定型决策。[2024年河南省专升本真题]

3．管理的核心是决策，决策具有目标性、可行性、______、整体性和创造性。[2023年河南省专升本真题]

4．决策的核心要素是______。

## 三、判断题(正确的打“√”，错误的打“×”)

1．从实际情况看，决策者只要按正确的决策程序和方法办事，最终选择的一般都是最优方案。(　　)[天津商大2024年研]

2. 根据决策的可靠程度，可以把决策分为确定型决策、风险型决策和业务决策。(　　)[湖南师大 2017 年研]

3. 决策的目的就是选择一个最佳方案。(　　)[天津商大 2023 年研]

4. 决策首先必须识别机会或是发现问题。(　　)[天津商大 2023 年研]

5. 如果决策问题涉及的条件中有些是未知的，对一些随机变量，连它们的概率分布也不知道，这类决策问题被称为风险型决策。(　　)[天津商大 2021 年研]

6. 风险型决策的风险性要大于不确定型决策。(　　)[西安石大 2022 年研]

7. 环境是组织生存与发展的土壤，环境变化往往是导致企业进行变革决策的一个最直接的原因。(　　)[天津商大 2022 年研]

8. 管理的核心是决策，决策是科学性和艺术性的运用。(　　)[2024 年河南省专升本真题]

9. 程序化决策一般处理例外问题。(　　)[2022 年河南省专升本真题]

10. 企业开发新产品的决策属于程序化决策。(　　)[2010 年河南省专升本真题]

11. 组织文化影响组织成员对待变化的态度，进而影响决策者和决策实施者对待不同方案的选择和评价。(　　)[2023 年河南省专升本真题]

## 四、概念题

不确定型决策、风险型决策[安徽财大 2021 年研]；确定型决策与不确定型决策[安徽财大 2020 年研]

## 五、简答题

1. 简述决策的特征。[沈工大 2024 年研；湖南师大 2023、2021 年研]

相关试题：论述决策的特征。[论述题，吉林大学 2025 年研]

2. 简述决策的功能和任务。[2022 年河南省专升本真题]

## 六、计算题

1. H 公司打算生产某种产品。根据市场预测，产品销路有 3 种情况，即销路好、销路一般和销路差。生产该产品有 3 种方案：A、新建生产线；B、改进生产线；C、与其他单位合作。据估计，各方案在不同情况下的收益如表 3－3 所示(单位：万元)。[湖南科大 2021 年研]

请用后悔值法决策，该企业应选择哪种方案?

**表 3－3　收益表**

| 方案 | 销路好 | 销路一般 | 销路差 |
| --- | --- | --- | --- |
| A | 56 | 36 | －12 |
| B | 80 | 54 | －124 |
| C | 44 | 30 | 6 |

2. H 公司拟建设一个用于生产新产品的工厂，现有三个备选方案：(1)新建大厂；(2)新建小厂；(3)租赁工厂。据市场预测，三个方案在实施过程中均可能发生以下四种情况，现将有关资料估算如表 3－4 所示(单位：万元)。[河工大 2023 年研]

表 3-4　各方案的自然状态及损益值

| 自然状态 / 损益值 / 方案 | 销路好 | 销路一般 | 销路差 | 销路极差 |
|---|---|---|---|---|
| 新建大厂 | 2500 | 1500 | -500 | -1100 |
| 新建小厂 | 1600 | 900 | -200 | -500 |
| 租赁工厂 | 1150 | 550 | -50 | -250 |

请根据上述资料试用最小后悔准则进行决策。

## 七、论述题

1. 论述群体决策的利弊。[天津商大 2024 年研]

相关试题：群体决策的优缺点。[中南财大 2023 年研]

2. 数字技术驱动时代，可能出现的决策理性限制有哪些？企业如何提升决策科学性？[南京理工 2021 年研]

## 八、案例分析题

### 案例一　王厂长的两次决策

佳迪饮料厂的王厂长回顾 8 年的创业历程，真可谓是艰苦创业，上下求索。但是最令全厂上下佩服的还是四年前王厂长决定购买二手设备的举措，饮料厂也因此跻身国内同行业的强手之林。今天，王厂长又通知各部门主管及负责人晚上在厂部会议室开会。

晚上 8 点，会议准时召开。王厂长郑重地讲道："我将大家召集到这里，是想听听大家的意见和想法。我们厂比起 4 年前已经发展了很多，可是，比起国外同类行业的生产技术还差得很远。我想，我们不能满足于现状，我们必须从硬件条件入手，即引进世界一流的先进设备，这样一来，就会带动我们的人员、带动我们的技术一起前进。我想，这也并非不可能，4 年前我们不就是这样做的吗？现在厂的规模扩大了，厂内外事务也相应增多了，我想听听大家的意见，然后再做决定。"

大家都清楚地记得，4 年前王厂长宣布引进二手设备时，有近 70% 的成员反对，即使后来王厂长谈了他近 3 个月对厂内外环境的一系列调查研究结果后，仍有近半数以上的人持反对意见，10% 的人持保留态度。但是王厂长在这种情况下仍采取了引进二手设备的做法。事实证明这一举措使佳迪饮料厂摆脱了当前设备落后、资金短缺的困境。二手设备那时价格已经很低，但在我国尚未被淘汰，佳迪饮料厂也由此走上了发展道路。

王厂长见大家心有余悸的样子，便说道："大家不必顾虑，今天这项决定完全由大家做出，我想这也是民主政策的体现，如果大部分人同意，我们就宣布实施这一决定；如果大部分人反对的话，我们就取消这一决定，现在大家举手表决吧。"于是，会场上有 70% 的人投了赞成票。[天津商大 2022 年研]

**请结合案例，运用管理学知识分析以下问题：**

**1. 王厂长四年前的那次决定取得显著效果的原因。**

**2. 王厂长四年后的这次决定又有什么不同？**

## 案例二　耗时6年才选定新CEO，GE解密决策全过程

7年前，杰夫·伊梅尔特也正是经历如此漫长的考察、竞逐，才从最初24名候选人中脱颖而出，成为通用电气公司(GE)历史上第9任CEO。现在，轮到他选择交棒人了。2017年6月12日，GE正式对外宣布，GE医疗现任CEO约翰·弗兰纳里将成为下一任CEO。GE考察和选择CEO的过程，历来被业界当作教科书一般的案例所称道。通常大公司CEO的选拔流程为1~2年，GE则花费长达6年时间。GE的CEO平均任期为12.5年，高于标普500企业CEO平均8.8年的任期。

以下来自GE主管人力资源的高级副总裁苏珊·皮特斯，她亲口解密了此次选择接班人的过程以及方法论。

(1)确定CEO候选人

首先，我们将有潜力的候选人调动到有助其发展的领导职位上，让他们历练更多的新工作岗位，同时也面对越来越多复杂的问题。这会耗费数年时间。

早在2012年，我们撰写了CEO的职位说明书，并在接下来的几年中不断进行完善。我们基于对公司环境、策略和文化的了解，以及对百余位外部领导者和有关文献的研究，撰写了我们自己的“公司领导能力清单”，列出了通用电气公司下任伟大CEO的必备能力。董事会依据我们的指标考察内部候选人，并对内外部候选人进行一一评估。我们掌握了历年数据，其中包括各候选人在全球的业务领导、企业绩效统计、执行力审查、领导能力和同事反馈等方面的历史记录。经过深思熟虑，通用电气公司董事会决定由内部候选人继任才是最佳路径。

我们让内部候选人继续担任更为复杂重大的职位，以检验他们能否胜任公司最重要的领导职责，包括CEO。2013年，我们慎重考虑了交接时机，交接日期预定在2017年夏季。这充分考虑了公司战略规划投资组合转型以及两任CEO如何实现平稳交接。

(2)面试候选人

我们的最后一步是什么？面试。

通用电气公司董事会直接向候选人提问，他对于CEO一职的看法，以及他对于通用电气公司的愿景思考。董事会向候选人提出了几个极具挑战性的难题，并深入聆听了他们的想法。这些问题包括：你认为你目前的领导团队最欣赏你的哪种领导方式？在当前环境下，你会如何使通用电气公司胜出？你会在资本配置和资产组合管理等方面推动哪些战略性改革？你认为你要维护的通用电气公司文化中最好的一面是什么？你计划改革哪些方面？你收到过的最糟糕的个人反馈是哪些？哪些专业或个人经历帮助你形成了全球化视野？

约翰·弗兰纳里成为通用电气公司的下一任CEO。在为通用电气公司工作的30年来，约翰已经展现出了他是一个具有大局观、爱好钻研、适应性强又有韧性的人。他的一个特质就是他能融入自己领导的团队。

所以，通用电气公司董事会选择了这样一位具备国际经验的终身学习者作为运营者，他将拥有领导、授权和激励能力。[常州大学2020年研]

**根据以上材料，回答下列问题：**

**1. GE做出选择约翰·弗兰纳里作为其下一任CEO的决策过程。**

**2. 从这个决策过程中你得到什么启示？**

# 3.2 考研真题与典型题详解

## 一、单项选择题

1. D 【解析】现代决策应更多地依靠集体智慧，因为单靠个人的智慧和经验已难以应对复杂多变的环境。

2. D 【解析】程序化决策处理的是例行问题。原材料订购是一种重复性的、常规性的决策，属于程序化决策。ABC 三项属于非程序化决策。

3. D 【解析】题中艾柯卡普的这句话强调的是，群体决策往往过于注重讨论和达成共识，而忽视了决策的时效性。群体决策的优点在于可以集思广益，但缺点是决策过程可能较长，导致错过最佳时机。

4. B 【解析】决策过程通常包括六个阶段的工作：①识别问题；②诊断原因；③确定目标；④制定备选方案；⑤评价、选择方案；⑥实施和监督。

5. A 【解析】决策的任务包括：①从外部环境视角看，灵活适应外部环境；②从组织内部视角看，调整优化组织管理体系；③从未来发展角度看，保持创业精神。

6. A 【解析】不确定型决策是指决策者在客观自然状态完全不能确定的情况下进行的决策。本题中，30 条汽车线路因堵车概率的不同，最短时间内到达的路线不定，属于不确定型决策。

7. D 【解析】程序化决策是指在问题重复发生时，决策者根据既定的政策、程序或规则进行的决策。非程序化决策则是处理那些不常发生或例外的非结构化问题。ABC 三项属于非程序化决策。

8. B 【解析】非程序化决策，又称一次性决策或非例行决策，具有极大的偶然性和随机性，很少重复发生，其程序无章可循，因而其目标实现的风险性较大。该企业从高端市场转向中低端市场，属于非程序化决策。

9. D 【解析】决策时，选择个人决策还是群体决策要视具体情况而定。群体决策适用于复杂、受多方面影响的决策，而个人决策则适用于时间紧迫或责任明确的情况。ABC 三项情形下，适宜采用群体决策。

D 项，签订产品销售合同通常是一个具体、操作性的任务，涉及的主要是合同条款和商务谈判。这种决策通常需要快速反应和明确的责任划分，更适合由具有相关权限的个人（如销售经理）来决策。群体决策在这种情况下可能导致决策过程繁琐和缓慢，不利于及时抓住商业机会。

10. B 【解析】决策的可行性特征，是指决策方案的实施要充分考虑其实施条件与资源限制。本题中，该公司因没有充分考虑自身产能和资源限制，决策目标制定太高，从而导致生产计划失败，这违背了决策的可行性。

11. B 【解析】创造性思维过程一般包括无意识审视、直觉、洞察力、验证四个相互交叉、相互作用的阶段。

12. D 【解析】由题干可知，公司的决定在时间、市场份额以及关键市场这几个方面都没有明确具体的规定，因此应综合考虑 ABC 三项意见。

13. C 【解析】决策的灵活性原则要求，决策在复杂环境中应能适应组织调整或外部变化。本题中，总经理根据实际情况调整会议时间，以解决员工的实际问题，这体现了决策的灵活性和对变化的适应能力。

14. B 【解析】决策的灵活性原则要求，决策在复杂环境中应能适应组织调整或外部变化。本题中，福特公司在推出艾德舍尔型汽车时，尽管收集了大量的统计数据，但忽略了市场变化，导致失败。具体来说，福特公司太倚重可量化的数据，而忽视了决策的灵活性原则，没有及时分析和应对现实中出现的变化。

15. D 【解析】不确定性情境下，决策方案的选择有四个基本准则：①乐观准则，即选择每个方案中最好结果的行动方案；②悲观准则，即选择每个方案最坏结果中的最好行动方案；③等概率准则，即选择期望值最大的行动方案；④最小后悔准则，即选择与最好结果偏离不大的行动方案。

16. B 【解析】根据最小最大后悔值法，列机会损失矩阵见表 3－5。则 B 方案的最大机会损失最小，应选择 B 方案。

**表 3－5 机会损失矩阵**

| | 销售量高 | 销售量一般 | 销售量低 | 最大机会损失 |
|---|---|---|---|---|
| A 方案 | 120－120＝0 | 60－60＝0 | 22－(－20)＝42 | 42 |
| B 方案 | 120－90＝30 | 60－50＝10 | 22－15＝7 | 30 |
| C 方案 | 120－75＝45 | 60－45＝15 | 22－22＝0 | 45 |
| D 方案 | 120－70＝50 | 60－40＝20 | 22－15＝7 | 50 |

17. B 【解析】根据表 3－2 列机会损失矩阵见表 3－6，甲方案的最大机会损失为 150，乙方案的最大机会损失为 100，丙方案的最大机会损失为 200，则乙方案的最大机会损失为 100 最小，该商店的最佳方案是乙方案。

**表 3－6 机会损失矩阵**

| 方案 | 销售高 | 销售一般 | 销售低 | 最大机会损失 |
|---|---|---|---|---|
| 甲方案 | 1000－1000＝0 | 550－550＝0 | 350－200＝150 | 150 |
| 乙方案 | 1000－900＝100 | 550－500＝50 | 350－300＝50 | 100 |
| 丙方案 | 1000－800＝200 | 550－400＝150 | 350－350＝0 | 200 |

## 二、填空题

1. 过程　　2. 风险型决策　　3. 动态性　　4. 决策主体

## 三、判断题(正确的打"√",错误的打"×")

1. ×　2. ×　3. ×　4. √　5. ×　6. ×　7. √　8. √　9. ×　10. ×
11. √

1. 实践中,由于信息不完全和不确定性,即使按正确的决策程序和方法办事,也未必能选出最优方案,往往是满意方案。

2. 根据环境的可控程度,决策可分为确定型决策、风险型决策和不确定型决策。

3. 决策的目的是选择一个满意方案,而不是绝对的最佳方案,因为现实中很难找到所有方面都最优的方案。

5. 题中情形下,这类决策问题被称为不确定型决策。风险型决策是指虽然存在不确定性,但可以估计出各种结果的概率分布。

6. 风险型决策和不确定型决策的风险性不同,但不能简单地说风险型决策的风险性更大。风险型决策有一定的概率信息,而不确定型决策没有概率信息。

9. 程序化决策一般处理例行问题;非程序化决策一般处理例外问题。

10. 企业开发新产品的决策属于非程序化决策。

## 四、概念题

**不确定型决策、风险型决策**[安徽财大2021年研];**确定型决策与不确定型决策**[安徽财大2020年研]

**答**:按环境因素的可控程度不同,决策可分为:

(1)确定型决策,是指在稳定、可控条件下进行的决策。在确定型决策中,决策者掌握准确、可靠且可衡量的信息,能够确切知道决策目标以及每个备选方案的结果,并通过直接比较选择最佳方案。

(2)风险型决策又称随机决策,在这类决策中,存在多种可能的自然状态,但决策者知道每种状态发生的概率。虽不能准确预测每个方案的结果,但能估计各方案及其结果的可能性。选择最佳方案时需要考虑各种结果的概率,但风险不可避免。

(3)不确定型决策,是指在不稳定条件下进行的决策。在不确定型决策中,决策者不知道有多少种自然状态,或即使知道也无法得知每种状态发生的概率。这种决策面对不可预测的外部条件或缺少关键信息,难以确切估计备选方案或其结果。大多数工商企业面临的决策问题属于此类。

综上,确定型决策是在完全可控和信息明确的情况下做出的;风险型决策涉及已知的概率分布,但仍存在不确定性;不确定型决策则面临高度的不确定性和信息不足。科学的决策方法可以帮助将风险型问题和不确定型问题转化为更易于处理的确定型问题。

## 五、简答题

**1. 简述决策的特征。**［沈工大 2024 年研；湖南师大 2023、2021 年研］

**相关试题：论述决策的特征。**［论述题，吉林大学 2025 年研］

**答：**决策是指管理者识别并解决问题以及利用机会的过程。决策的特征有：

（1）目标性。决策必须有明确的目标，这些目标体现了组织期望的结果。目标不仅是评价和检查决策方案的标准，也是组织成员行动的方向。先进且具有挑战性的目标能推动组织不断进步，超越竞争对手，实现变革和发展。

（2）可行性。决策方案必须考虑实施条件和资源限制，确保与组织的能力和环境相适应。目标过高会导致计划失效，挫伤员工积极性；目标过低则无法充分发挥资源效益。合理的决策目标能够平衡资源利用和组织能力，确保计划的有效执行。

（3）动态性。决策应根据外部环境的变化进行调整。组织的外部环境和内部状况都在不断变化，决策者需要密切监控这些变化，及时调整策略以保持组织与环境的动态平衡。灵活运用管理理论，处理好两难困境，实现持续创新。

（4）整体性。决策涉及组织全体成员，决策方向和具体方案的实施是共同的责任。同时，决策内容需兼顾组织各个方面，确保各部门工作均衡协调。决策是一个系统工程，需要统筹兼顾，综合考虑，才能妥善处理组织中的每一个问题。

（5）创造性。决策需要创造性思维，包括无意识审视、直觉、洞察力和验证四个阶段。创造性思维通过头脑风暴、集思广益等方法，找到新的组合和解决方案，从而实现决策的创新性和有效性。

**2. 简述决策的功能和任务。**［2022 年河南省专升本真题］

**答：**（1）决策的功能：

决策的核心功能在于做出选择，从而解决识别出的问题。具体来说，决策的功能包括：

①组织层面：

a. 明确方向。决策为组织提供明确的方向，确保所有管理活动都朝着既定目标前进。

b. 协调行动。通过明确的目标决策，统一组织成员的行为，使分散的力量集中到共同目标上。

②个体层面：

a. 激发积极性。明确的决策能够激发组织成员的积极性，促使其根据目标要求积极工作和学习。

b. 提升能力。在目标的实现过程中，成员会不断提高自己的能力和技能，从而获得成就感和满足感。

（2）决策的任务：

①适应外部环境。从外部环境视角看，决策需要使组织能够灵活应对外部环境的变化，确保组织能够在不断变化的环境中生存和发展。

②优化内部管理。从组织内部视角看，决策应致力于调整和优化组织的管理体系，提高组织的效率和效能。

③保持创业精神。从未来发展角度看，决策还应关注组织的长期发展，保持创业精神，

推动组织不断创新和进步。

总之，决策不仅为组织提供了明确的方向和目标，还激发了成员的积极性，使组织能够灵活适应外部环境的变化，优化内部管理，并保持持续创新的动力。

## 六、计算题

**1．请用后悔值法决策，该企业应选择哪种方案？**［湖南科大2021年研］

**解**：用后悔值法计算如下：

（1）确定各状态下的最佳收益。由表3－3可知，销路好时的最大收益为80（方案B）；销路一般时的最大收益为54（方案B）；销路差时的最大收益为6（方案C）。

（2）计算机会损失，列机会损失矩阵如表3－7所示：

**表3－7　机会损失矩阵**

| 方案 | 销路好 | 销路一般 | 销路差 | 最大机会损失 |
|---|---|---|---|---|
| A | 80－56＝24 | 54－36＝18 | 6－（－12）＝18 | 24 |
| B | 80－80＝0 | 54－54＝0 | 6－（－124）＝130 | 130 |
| C | 80－44＝36 | 54－30＝24 | 6－6＝0 | 36 |

（3）计算最大机会损失。由上表可知，方案A的最大机会损失为24，方案B的最大机会损失为130，方案C的最大机会损失为36，则方案A的最大机会损失最小，该企业应选择方案A。

**2．请根据上述资料试用最小后悔准则进行决策。**［河工大2023年研］

**解**：利用最小后悔准则计算如下：

（1）确定各状态下的最佳收益。由表3－4可知，销路好时的最大收益为2500万元（新建大厂）；销路一般时的最大收益为1500万元（新建大厂）；销路差时的最大收益为－200万元（新建小厂）；销路极差时的最大收益为－250万元（租赁工厂）。

（2）计算机会损失，列机会损失矩阵如表3－8所示：

**表3－8　机会损失矩阵**

| 方案 | 销路好 | 销路一般 | 销路差 | 销路极差 |
|---|---|---|---|---|
| 新建大厂 | 2500－2500＝0 | 1500－1500＝0 | －200－（－500）＝300 | －250－（－1100）＝850 |
| 新建小厂 | 2500－1600＝900 | 1500－900＝600 | －200－（－200）＝0 | －250－（－500）＝250 |
| 租赁工厂 | 2500－1150＝1350 | 1500－550＝950 | －200－（－50）＝15 | －250－（－250）＝0 |

（3）计算最大机会损失。由上表可知，新建大厂的最大机会损失为850万元，新建小厂的最大机会损失为900万元，租赁工厂的最大机会损失为1350万元。

根据最小后悔准则决策，即选择最大机会损失最小的方案，则H公司应选择新建大厂。

## 七、论述题

**1．论述群体决策的利弊。**［天津商大2024年研］

**相关试题：群体决策的优缺点。**［中南财大2023年研］

**答**：(1)群体决策的概念：

群体决策是指通过多人共同参与，集思广益，共同分析和制定决策的过程。这种决策方式常见于组织中的委员会、团队、任务小组等，旨在解决复杂和不确定的问题。

(2)群体决策的优点：

①集中专家智慧可应对复杂问题，提出建设性意见。群体决策能够汇集不同领域的专家，共同解决复杂的决策问题。通过专家的广泛参与，可以在决策方案实施前发现潜在问题，提高决策的针对性和有效性。

②利用更多知识和信息。群体决策能够利用更多的知识和信息，形成更多的可行性方案。

③全面性。成员来自不同背景，具有不同的经验和知识，有助于提高决策的全面性和科学性，挖掘出更多可行的解决方案。

④普遍认同，易于接受。群体决策容易获得广泛认同，有助于决策的顺利实施。且决策群体的成员具有广泛的代表性，所形成的决策是综合各成员意见的结果，有助于得到相关部门或人员的理解和接受，并在实施中得到支持与配合，提高决策实施的质量。

⑤勇于承担风险。在群体决策中，群体成员通常比个人决策时更敢于承担更大的风险，从而可能带来更多的创新和突破。

(3)群体决策的缺点：

①时间过长，效率低下。群体决策需要多人参与，意见多样化，达成一致意见可能需要较长时间，可能导致决策效率低下。

②责任不明确，可能无人负责。群体决策缺乏明确的责任人，可能导致决策失误时难以追责。尽管决策后果应由集体共同负责，但参与者的意见差异使得责任追究变得复杂。

总之，群体决策能够集中多方智慧，提高决策的全面性和科学性，但也存在决策效率低和责任不明确等问题。因此，在实际应用中，需要权衡这些优缺点，合理选择决策方式。

**2. 数字技术驱动时代，可能出现的决策理性限制有哪些？企业如何提升决策科学性？**［南京理工 2021 年研］

**答**：(1)数字技术驱动时代的决策理性限制：

在数字技术驱动时代，尽管数据和分析工具提供了前所未有的支持，但决策过程中仍存在一些理性限制。这些限制包括：

①信息过载或数据孤岛。海量数据可能导致信息过载，使决策者难以处理和理解所有信息。这会使决策过程变得复杂且耗时，可能导致决策疲劳。而不同部门或系统之间的数据隔离，会使决策者缺乏全局视角，决策可能片面或不全面。

②认知偏差。决策者可能受个人经验、情感等因素的影响，导致偏见。这样决策可能不够客观，带有主观性。

③算法依赖或偏见。过度依赖算法可能忽视人类判断的重要性。这样决策可能过于机械，缺乏灵活性和创新性。且算法的设计和训练数据可能存在偏见，导致不公平或歧视性的结果。

④短期导向。快速变化的环境可能促使决策者关注短期利益，忽视长期战略。这样企业的长远目标被忽略，可能无法实现可持续发展。而基于历史数据的决策可能无法应对当

前和未来的挑战。

⑤技术不确定性。现有的技术和工具可能无法完全捕捉和处理复杂的业务问题。且新技术的快速变化可能增加决策风险。这样，决策可能基于不成熟或不稳定的技术，会带来不确定性。

（2）为了克服这些限制并提升决策的科学性，企业可以采取以下措施：

①数据分析。利用数据分析工具提炼关键信息，支持决策。可使用商业智能（BI）工具、数据可视化软件（如 Tableau、Power BI）和大数据分析平台（如 Hadoop、Spark）。数据分析可以帮助决策者从海量数据中提取关键信息，减少信息过载。

②跨部门合作。鼓励不同部门之间的信息共享与协作，避免孤立决策。可建立统一的数据平台和协作工具（如企业级数据仓库、项目管理软件）。跨部门合作可打破数据孤岛，确保决策的全面性和准确性。

③培训与教育。加强员工的决策能力培训，提升理性思维水平。如提供在线课程、工作坊和内部培训，涵盖数据分析、批判性思维等内容。培训与教育可提高员工的决策能力和理性思维水平，减少认知偏差。

④情境模拟。通过模拟不同决策情境，评估可能的结果。如使用仿真软件、沙盘推演等工具进行决策模拟。情境模拟可以帮助决策者更好地理解和预测不同决策路径的可能结果。

⑤建立反馈机制。定期评估决策结果，及时调整策略。可实施绩效管理系统，定期进行回顾和总结会议。建立反馈机制可以确保决策的有效性，并根据实际情况及时调整策略。

通过这些综合措施，企业能在数字技术驱动时代更科学地制定和执行决策，从而在竞争激烈的市场中保持领先地位。

## 八、案例分析题

### 案例一　王厂长的两次决策

**请结合案例，运用管理学知识分析以下问题：**［天津商大 2022 年研］

**1. 王厂长四年前的那次决定取得显著效果的原因。**

**答：**王厂长四年前的那次决定取得显著效果的原因有：

（1）市场分析。王厂长经过近 3 个月的市场调研，对行业现状、竞争对手和设备价格进行了深入分析，确保决策基础扎实。

（2）风险评估。虽然有 70% 的员工持反对意见，但王厂长根据市场情况和资金状况评估了引进二手设备的风险，发现其风险可控。

（3）成本效益显著。当时二手设备价格低廉，能够有效降低初始投资成本，从而让企业在资金短缺的情况下实现设备升级。

（4）灵活应变能力。王厂长展示了良好的灵活应变能力，能够在市场变化中及时调整策略，适应行业发展需要。

（5）领导力和决策能力。尽管面临反对声音，王厂长依然坚持自己的判断，展现出强有力的领导风格和决策能力，最终推动了企业的转型。

（6）团队建设。王厂长在实施决策后，注重团队的建设和培训，帮助员工适应新设备，提升整体素质，从而提高了生产效率。

**2. 王厂长四年后的这次决定又有什么不同?**

**答:** 王厂长四年后的这次决定的不同之处在于:

(1)民主决策。与四年前的个人决策不同，王厂长在这次决策中采用了民主投票的方式，鼓励员工参与，提高了员工的参与感和认同感。

(2)环境变化考量。四年后，企业已经发展壮大，王厂长意识到市场环境和技术水平的变化，决定引进世界一流的先进设备，而不仅限于二手设备。

(3)团队信任度。经过四年的发展，员工对王厂长的信任度增强，表示支持的员工的比例上升至70%，显示出团队凝聚力和向心力的提升。

(4)技术导向。四年前的决策主要关注设备成本，而四年后则更加注重技术升级和产品质量，反映出企业发展的战略重心转变。

(5)风险承担的变化。四年前，企业处于资金短缺的困境，风险相对较高；而现在，企业规模扩大，王厂长在决策中考虑风险的能力和承受能力显著提高。

(6)决策依据的变化。四年前的决策主要基于市场调研和财务状况，而这次决策则更注重团队的意见和共识，体现出管理理念的进步。

(7)目标驱动的变化。四年前的目标是解决设备落后问题，而四年后则是追求行业竞争力，目标更加长远。

## 案例二　耗时6年才选定新CEO，GE解密决策全过程

**根据以上材料，回答下列问题:** [常州大学2020年研]

**1. GE做出选择约翰·弗兰纳里作为其下一任CEO的决策过程。**

**答:** GE选择约翰·弗兰纳里作为其下一任CEO的决策过程如下:

(1)识别问题:

①背景。杰夫·伊梅尔特即将退休，需要选择一位合适的继任者来领导通用电气公司。

②问题。确定谁是最佳的CEO候选人，以确保公司的持续成功和发展。

(2)诊断原因:

①需求分析。GE需要一个能够应对复杂商业环境、推动公司战略转型并维护公司文化的领导者。

②现状评估。董事会认识到，选择合适的CEO需要长时间的考察和培养，以确保候选人在多个关键领域具备丰富的经验和能力。

(3)确定目标:

①明确标准。制定详细的“公司领导能力清单”，列出下任CEO应具备的能力，如国际经验、大局观、适应性等。

②时间规划。设定交接日期在2017年夏季，确保有足够的时间进行平稳过渡。

(4)制定备选方案:

①内部选拔。从内部候选人中挑选，通过调动到不同岗位进行历练，积累多方面的经验和能力。

②外部考察。同时考虑外部候选人，但最终决定由内部候选人继任。

(5)评价、选择方案:

①综合评估:

a. 历史数据。考察候选人在全球业务领导、企业绩效统计、执行力审查、领导能力和同事反馈等方面的历史记录。

b. 面试提问。董事会直接向候选人提出一系列具有挑战性的问题,深入了解其想法和能力。

c. 全面考量。综合考虑候选人的业绩、领导力、文化契合度和个人特质。

②最终选择。约翰·弗兰纳里因其具备国际经验、终身学习者的特点,以及他在过去30年中展现的大局观、适应性和韧性,最终被选为下一任CEO。

(6)实施和监督:

①交接安排。确定交接日期为2017年夏季,确保交接过程平稳。

②战略对接。新任CEO与前任紧密合作,确保公司在战略上的连续性和稳定性。

③持续支持。提供必要的支持和资源,帮助新任CEO顺利过渡,并监督其工作表现。

**2. 从这个决策过程中你得到什么启示?**

**答:**从这个决策过程中得到的启示有:

(1)长期规划与系统性培养:

①提前准备。GE早在6年前就开始准备CEO接班人计划,体现了其对未来长远发展的重视。

②系统培养。通过让潜在候选人担任不同岗位,积累多方面的经验和能力,确保他们在未来能够胜任最高领导职务。

(2)明确的标准与评估机制:

①详细标准。GE制定了详细的“公司领导能力清单”,明确了CEO所需的各项能力。

②全面评估。不仅考察候选人的业绩和领导力,还关注同事反馈和个人特质,确保全方位评估。

(3)透明且严谨的选拔流程:

①公开透明。整个选拔过程由董事会主导,确保公正性和透明度。

②深入面试。通过一系列具有挑战性的问题,深入了解各候选人的想法和能力,确保选出最合适的人选。

(4)注重文化和价值观的传承:

①文化契合。选择的CEO不仅要具备出色的领导能力,还要能够维护和发扬公司的核心文化和价值观。

②持续改进。鼓励新任CEO在继承优秀传统的同时,提出改革措施,推动公司不断进步。

(5)平稳过渡与战略对接:

①提前规划。确定交接日期并提前进行准备工作,确保交接过程平稳。

②战略对接。新任CEO需要与前任紧密合作,确保公司战略的连续性和稳定性。

通过这一系列细致周到的安排,GE确保了CEO的顺利交接,同时也为其他企业在高层领导选拔上提供了宝贵的参考。

# 第四章　环境分析与理性决策

## 4.1　考研真题与典型题

### 一、单项选择题

1. 某公司经过几年的发展后，在战略方面积累了很多经验和教训，所以决定分析一下公司的优势和劣势。下列不属于优势和劣势的内容是(　　)。[西安石大 2021 年研]

A. 公司高层管理者之间比较团结，凝聚力强

B. 公司销售渠道方面比竞争对手弱

C. 市场增长迅速，提高了对企业产品的需求

D. 公司研发部开发了一项降低成本的新技术

2. 决策背景具有不稳定性，并对决策工作产生复杂的影响，其性质特征不包括(　　)。[天津商大 2023 年研]

A. 稳固性　　B. 复杂性　　C. 整体性　　D. 综合性

3. 将对某一问题有兴趣的人集合在一起，在完全不受约束的条件下，敞开思路、畅所欲言，引起思维共振，产生组合效应，进行创造性思维的决策方法是(　　)。[西安石大 2022 年研]

A. 因果分析法　　B. 头脑风暴法　　C. 德尔菲法　　D. 5W2H 法

4. 环境分为三个层次：一般或宏观环境、具体或微观环境以及组织内部环境。组织具体或微观环境包括(　　)。[2024 年河南省专升本真题]

A. 顾客、供应商、竞争者、管制机构、资源分配者

B. 顾客、供应商、竞争者、管制机构、战略同盟伙伴

C. 顾客、中间商、竞争者、管制机构、战略同盟伙伴

D. 顾客、中间商、竞争者、管制机构、特殊利益群体

5. PEST 分析方法是环境分析的常用方法，其中增长率、政府收支及汇率、利率、通货膨胀属于(　　)。[2024 年河南省专升本真题]

A. 经济环境　　B. 技术环境　　C. 政治环境　　D. 社会环境

6. 环境分析最常用的是一般环境分析。对特定的组织而言，需要对特定的环境进行分析。其中，公民的环保意识、消费理念和就业观念属于(　　)。[2023 年河南省专升本真题]

A. P(政治与法律环境)　　B. E(经济环境)

C. S(社会与文化环境)　　D. T(技术环境)

7. 随着微电子工业的发展，打印机基本取代了打字机。这反映了行业竞争“五力模型”中的(　　)。[2020 年河南省专升本真题]

A. 替代品的威胁　　B. 潜在进入者的威胁

C. 购买者的威胁　　　　　　　　　　D. 供应商的威胁

8. 关于SWOT分析，说法错误的是(　　)。[2022年河南省专升本真题]

A. SWOT分析是由安德鲁斯提出来的

B. SWOT是内外部环境综合分析方法

C. SWOT是决策各要素之间的关系

D. SWOT是一个二维矩阵，即用图形的形式表现出来

9. 古典决策理论遵循的原则是(　　)。[2022年河南省专升本真题]

A. 满意原则　　B. 最优原则　　C. 降低成本原则　　D. 节约原则

10. 行为决策代表性模型不包括(　　)。[2020年河南省专升本真题]

A. DHS模型　　B. WS模型　　C. BHS模型　　D. HS模型

11. 决策者在制定决策时，通过广泛的协商、讨论、协调利益关系，在达成妥协的基础之上进行决策，这种非理性决策属于(　　)。[2023年河南省专升本真题]

A. 精英决策模型　　　　　　　　　　B. 渐进决策模型

C. 领导集体决策模型　　　　　　　　D. 政治协调决策模型

12. (　　)依靠专家背靠背地发表意见，各抒己见，管理小组对专家们的意见进行统计处理和信息反馈，经过几轮循环，使分散的意见逐步统一，最后达到较高的预测精度。[2022年河南省专升本真题]

A. 头脑风暴法　　B. 名义小组技术　　C. 德尔菲法　　D. 强迫联系法

13. 现有两个所需代价相同的投资(见表4-1)，下面说法正确的是(　　)。[2020年河南省专升本真题]

**表4-1**

| | 获利 | 可能性 | 损失 | 可能性 |
|---|---|---|---|---|
| 第一方案 | 100万元 | 60% | 50万元 | 40% |
| 第二方案 | 500万元 | 60% | 650万元 | 40% |

A. 第二方案的经营风险性要比第一方案大

B. 由于这两个方案都有40%的可能失败，所以均不可能获利

C. 这两个方案的获利期望值都是40万元，所以这两个方案没有什么差别

D. 第二方案成功时可获利500万元，由此可见，第二方案要比第一方案好

## 二、多项选择题

1. 形成管理外部环境中政治环境的因素有(　　)。[2022年黑龙江省专升本真题]

A. 国家的法律　　B. 政府机构　　C. 社会舆论　　D. 价值观念

E. 道德标准

2. 下列属于行业环境分析对象的有(　　)。[2022年广东省专升本真题]

A. 供应商　　B. 顾客　　C. 潜在竞争者　　D. 技术环境

## 三、填空题

1. 渐进决策模型是美国著名政治学家和政策科学家林德布洛姆在批判______模型基础上提出的。[2024年河南省专升本真题]

2. 理性决策理论提出了有关人类行为决策的一个绝对标准，即人们在决策时所遵循的是______原则。[2020 年河南省专升本真题]

3. 决策遵循的是______原则，而不是最优原则。[2018 年河南省专升本真题]

4. 巴伯瑞斯、黄和桑托斯于 1999 年提出的______模型，将决策者所出现的偏差归纳为一类，即直觉偏差。该模型的前提在于，人们自行解决问题的过程，通常采用试错的方法，这就容易导致人们形成一些经验规则。[2023 年河南省专升本真题]

5. 决策树是具有代表性和现实操作性的常见方法之一。决策树的构成要素是决策点、方案枝、状态节点、______。[2022 年河南省专升本真题]

**四、判断题(正确的打“√”，错误的打“×”)**

1. 风俗习惯、文化传统、受教育程度、价值观念、道德伦理、宗教信仰、商业习惯等构成了一个组织所处的经济环境。(　　)[天津商大 2022 年研]

2. 定性脚本法通过人的思维、判断，识别重要的环境因素，分析它们之间的关系。(　　)[天津商大 2024 年研]

3. 迈克尔·波特发现，在企业经营环境中，能够经常为企业提供机会或产生威胁的因素主要有四种。(　　)[天津商大 2022 年研]

4. SWOT 分析是最常用的外部环境综合分析技术，是由哈佛大学的安德鲁斯等人提出的一种分析方法。(　　)[天津商大 2022 年研]

5. 决策者在对各个方案进行比较分析后，选择能够最大限度地实现目的和目标的方案。(　　)[天津商大 2023 年研]

6. 理性决策通常也被称为科学决策，它假设管理者在决策时运用理性和逻辑，决策的目标是组织利益最大化。(　　)[天津商大 2022 年研]

7. 选择活动方案的原则是满意原则，而非最优原则。(　　)[湖南师大 2019 年研]

8. 5W2H 法是通过设问来诱发人们的创造性设想，发问的具体内容可根据具体对象灵活应用。(　　)[天津商大 2022 年研]

9. 头脑风暴法的特点是倡导创新思维。时间一般在 2～3 小时，参加人 7～8 人为宜。(　　)[天津商大 2023 年研]

10. 针对环境变化，国际上许多大型企业不断应用且完善的是脚本法。(　　)[2024 年河南省专升本真题]

11. PEST 分析法是从政治与法律环境、经济环境、社会与文化环境以及技术环境四个方面来探察、认识影响组织发展的重要因素，其具有通用性和一般性。(　　)[2022 年河南省专升本真题]

12. “德尔菲技术”是英国心理学家奥斯本提出的一种集体决策方法。(　　)[2012 年河南省专升本真题]

**五、概念题**

1. PEST 分析[天津商大 2024 年研]

2. 行为决策理论

**六、简答题**

1. 简述决策背景的分析步骤。[沈工大 2022 年研]

2. 简述一般或宏观环境的含义及其内容。[2023年河南省专升本真题]

相关试题：简答组织的外部宏观环境要素。[湖南师大2022年研]

3. 环境分析的常用方法有哪些？[2020年河南省专升本真题]

相关试题：美国学者波特通过研究发现，一个行业内部的竞争状态取决于五种基本竞争作用力。这些作用力汇集起来决定着该行业的最终利润潜力，并且最终利润潜力也会随着这种合力的变化而发生根本性变化。请论述这五种基本竞争力。[2018年河南省专升本真题]

4. 简述决策理论学派的主要观点。[华南理工2014年研]

5. 德尔菲法的基本过程及其优缺点。[华中农大2018年研]

## 七、计算题

1. W公司准备扩大某种产品的生产，现有两个方案可供选择：(1)新建大厂，需投资6000万元；(2)新建小厂，需投资3600万元。使用期限均为10年。根据历史统计数据分析，两个方案每年的损益值及各状态发生的概率如表4-2所示(单位：万元)。[河工大2023年研]

表4-2　各方案在不同市场情况下的损益值

| 自然状态 | 概率 | 方案损益值/万元 | |
|---|---|---|---|
| | | 新建大厂 | 新建小厂 |
| 销路好 | 0.3 | 3600 | 3200 |
| 销路一般 | 0.4 | 1800 | 1200 |
| 销路差 | 0.3 | -200 | 400 |

请根据上述资料试用决策树方法进行决策。

2. 某旅游区高档酒店某天经营方案有两种：

A方案：开工，此方案在天气好的情况下获得利润50万元，在天气不好的情况下将亏损10万元。

B方案：不开工，此方案在天气好的情况下将亏损1万元，在天气不好的情况下将盈利0.5万元。

条件：当天天气好的概率为0.2；天气不好的概率为0.8。[河工大2020年研]

试用决策树法进行决策。

## 八、案例分析题

### 案例一　A公司的经营战略

A特种机械制造公司(以下简称A公司)的生产经营多年以来一直呈现较好的局面，但是近两年国内市场开始呈现供大于求的趋势。为适应该形势的变化，A公司召开两次会议，讨论公司的多元化经营问题，以下是两次会议纪要的主要内容。

第一次会议：

会议主题：分析投资形势

主持人：王总经理

会议内容：各部门负责人就所负责工作分析形势，内容如下：

王总：我公司产品在全国市场已经趋于饱和，如果不是有政府主管部门干预和集中采购，生产能力会过剩35%，甚至更多。

经营部刘副总：我公司产品单一，又出现供大于求的趋势，今后再保持在全国机械行业平均水平之上很难。目前公司本部和各厂都有富余人员和富余资金，公司应该做出多元化经营发展的选择。

技术部张副总：总公司和各厂的产品特别是有一部分产品通过近几年引进国外先进技术，基本能满足国内市场目前的需要。我公司的专业技术力量很强，如果没有新产品持续不断地开发出来，单靠现有产品很难在本行业有较大的发展，专业人员也要流失。

其他副总们也都从各自的角度分析了公司所面临的形势。

第二次会议：

会议主题：

一、制订新的经营战略

二、讨论H饭店的投资决策问题

主持人：王总经理

会议内容：

一、制订新的经营战略

各部门负责人就新战略的制定提出建议，内容如下：

经营部刘副总：目前我国大力提倡发展第三产业，我们应该利用国家的优惠政策，敢于进入机械行业外的产业，开展多种经营。

技术部张副总：我们现在应该充分利用技术力量和资金，进一步引进技术，开发新产品，以适应未来市场的需求，同时争取把产品打到国际市场上去。

其他副总们也认为：我公司是一个专业化很强的企业，虽然现在主产品是供大于求的趋势，但是现在和将来还是有比较稳定的市场的，这个主业绝不能放松。同时也要开辟新的经营领域，开展多种经营。

决议：提出了适应市场的新经营战略：一业为主、多种经营、立足本业、面向全国、走向世界。

二、讨论H饭店的投资决策问题

经营部刘副总介绍情况：邻省有一家饭店正在建设中，由于资金缺乏，面临停工。据悉该饭店总投资500万元，地处市中心，预计年利润率可达25%以上，4年就可全部收回投资，是一个投资少、见效快的项目，投资前景看好。

决议：同意投资该饭店；向公司递交对H饭店投资总额300万元的请示。

会后不久，请示批准下来，资金迅速划拨过去。由于资金的注入，H饭店得以顺利施工，并于第二年年初开始营业。但是第二年年底收到经营报表：H饭店全年亏损50万元。第三年也是如此。A公司对此感觉很棘手，一时又拿不出什么有效策略。[2021年河南省专升本真题]

**请分析：**

**1. 试从A公司的优势、劣势、机会与威胁等四个方面，分析说明公司所面临的经营环境。A公司的新经营战略是否合理？**

**2．结合案例资料，你认为A公司投资H饭店的决策存在什么问题？应如何改进？**

**案例二　新星电子集团的经营战略**

经过15年的艰苦创业，张先生的新星电子集团已具备了坚实的竞争力和根基，并考虑更高层次的发展。目前公司总资产2亿元，年销售收入3亿元，年净利润1000万元，并且销售收入和利润正以年平均15%的速度递增。

制药业和轻工业是集团的两大支柱产业。制药公司设备先进并拥有数个基本类药物，所以利润也相对稳定，但该公司目前最大的问题是缺乏新、特药品种。目前国家发布了一系列政策对该行业加以扶持。轻工方面市场需求增长缓慢，产品严重供过于求，生产厂商众多，竞争激烈，但该公司轻工产品有着较高的市场占有率。

轻工业公司目前的困难直接体现在：一是融资困难。公司有非常具市场前景的项目以及厚实的企业基础，但作为民营企业其融资渠道缺乏，资金问题已成为企业发展的瓶颈。二是人员问题。公司中随同张先生创业的元老们忠诚有余，但不具备现代企业管理能力和素质，但要更换他们也很为难，且公司的人才引进、培训、激励机制尚未建立，使得人才的匮乏问题一时难以突破。

张先生意识到企业今后将面临更加残酷的竞争，他必须在短期内完成企业向现代化企业的转型，完成对老企业的改造，确立更明确的战略思路，迅速壮大企业规模。为此，他拟对企业进行改革，以期企业在更高的层次上能有进一步的发展。[2011年河南省专升本真题]

**请你对以下问题提出你的看法：**

**1．SWOT分析法在管理工作中受到广泛重视和普遍应用，原因在于它将企业内外环境有机地结合起来，把复杂的问题简单化，为群体决策创造了有利的条件，有助于为决策者提供更多的方案。请用SWOT分析法分析新星电子集团。**

**2．经营单位组合分析法又称波士顿矩阵，其基本思想是：大部分企业都有两个以上的经营单位，每个经营单位都有相互区别的产品——市场片，企业应该为每个经营单位确定其活动方向。请指出新星电子集团的轻工产品目前在波士顿矩阵中所处的位置，并分析该类产品的特点及应采取的战略。**

## 4.2　考研真题与典型题详解

### 一、单项选择题

1．C　**【解析】**根据SWOT分析，C项属于外部环境中的机会。AD两项属于该公司的内部优势；B项属于该公司的内部劣势。

2．A　**【解析】**决策背景的特点有：①整体性和综合性；②复杂性；③动荡性。决策背景具有不稳定性，通常是动态变化的。

3．B　**【解析】**头脑风暴法是一种通过集体讨论，激发创意和解决问题的方法。即通过有关专家之间的信息交流，引起思维共振，产生组合效应，从而产生创造性思维。

4．B　**【解析】**组织具体或微观环境是指对组织的影响更频繁、更直接的外部环境因素，主要包括：顾客、供应商、竞争者、管制机构、战略同盟伙伴。

5. A 【解析】根据 PEST 分析方法，增长率、利率等属于经济环境。

6. C 【解析】PEST 分析方法中，社会与文化环境（S）主要包括公民的环保意识、消费文化、就业观念、工作观念等。

7. A 【解析】波特五力模型发现，在企业经营环境中，能经常为企业提供机会或产生威胁的因素主要有五种：①行业竞争者；②卖方（供应商）；③买方（顾客）；④潜在进入者；⑤替代产品。其中，替代产品的存在扩大了顾客的选择余地。从长期来看，一种产品或行业的兴起有可能导致另一种产品或行业的消失。

8. C 【解析】SWOT 分析是由哈佛大学的安德鲁斯等人提出的一种广泛使用的内外部环境综合分析方法。该方法将环境分析的结果归纳为四个主要方面：优势、劣势、机会和威胁，并通过这四个方面构建一个二维矩阵，从而全面评估组织所处的环境。C 项，SWOT 分析不仅是一种工具，也是一种方法，用于理解和优化决策过程中各要素之间的关系。

9. B 【解析】古典决策理论又称规范决策理论，是基于经济人假设提出的。其原则是最优原则。

10. B 【解析】行为决策代表性模型主要有：①DHS 模型，在分析决策者对信息的反应程度时，特别强调过度自信和有偏差的自我归因。②HS 模型又称统一理论模型，其研究重点在于不同作用者的作用机制，而非认知偏差。③BHS 模型，将决策者所出现的各类偏差归为一类。

11. D 【解析】政治协调决策模型认为，公共政策是利益集团斗争的结果。该模型认为，决策者通过广泛的对话、协商和讨论来协调各方利益，在达成妥协的基础上进行决策。其缺点是，过分夸大了利益集团的作用，认为政府及立法、司法机关在政策制定中完全被动。

12. C 【解析】德尔菲法是 20 世纪 60 年代初美国兰德公司的专家们为避免集体讨论存在的屈从于权威或盲目服从多数的缺陷而提出的一种定性预测方法。德尔菲法是一种通过专家背靠背发表意见，经过多轮反馈和统计处理，逐步统一意见以提高预测精度的方法。其不足之处在于耗时较长且费用较高。

13. A 【解析】本题中，这两个方案都有 40% 的可能失败，其获利期望值如下：

第一方案的获利期望值为：$100\times60\%+(-50)\times40\%=40$（万元）。

第二方案的获利期望值为：$500\times60\%+(-650)\times40\%=40$（万元）。

但第二方案的获利和损失都比第一方案的数额大，所以相较于第一方案，第二方案的经营风险性更大。

## 二、多项选择题

1. AB 【解析】CDE 三项属于组织外部环境中的社会环境因素。

2. ABC 【解析】在具体环境分析中，组织多采用迈克尔·波特的行业竞争“五力模型”，即对现有竞争者、潜在竞争者、替代品生产者、买方（顾客）和卖方（供应商）这五种力量进行分析，它们决定了行业的竞争强度和利润水平。D 项，技术环境属于一般环境分析。

## 三、填空题

1. 理性决策　　2. 最大化　　3. 满意　　4. BHS

5. 概率枝

## 四、判断题（正确的打“√”，错误的打“×”）

1. ×　2. √　3. ×　4. √　5. √　6. √　7. √　8. √　9. ×　10. √

11. √　12. ×

1. 题中各项均属于社会环境。经济环境主要包括物价波动、市场状况等。

3. 迈克尔·波特发现，在企业经营环境中，能经常为企业提供机会或产生威胁的因素主要有五种：行业竞争者、卖方（供应商）、买方（顾客）、潜在进入者和替代产品。

9. 头脑风暴法倡导创新思维，其专家小组规模以10～15 人为宜，会议时间以40～60分钟为佳。

12. “头脑风暴法”由英国心理学家奥斯本提出，而“德尔菲法”由兰德公司提出。

## 五、概念题

**1. PEST 分析**［天津商大 2024 年研］

**答：**PEST 分析是一种用于评估企业外部宏观环境变化的工具，从政治与法律环境（P）、经济环境（E）、社会与文化环境（S）和技术环境（T）四个方面来深入分析影响组织发展的重要因素的方法。具体包括：

（1）政治与法律环境，主要考虑政府政策、法律法规、政治稳定性等因素，如产业政策、规章制度、环境保护法规、社会保障政策和反不正当竞争法等。这些因素直接影响企业的运营和盈利能力。

（2）经济环境，关注宏观经济指标和经济状况，包括经济增长率、政府收支、外贸收支及汇率、利率、通货膨胀率、就业水平和收入水平等。经济环境的变化直接影响企业的财务状况和市场表现。

（3）社会与文化环境，涉及社会价值观、文化传统和生活方式等，具体内容包括人口的地理分布、年龄结构、教育水平、文化差异、公民的环保意识、消费文化、就业观念和工作观念等。这些因素影响消费者的需求和市场趋势。

（4）技术环境，关注科技发展水平和技术创新，如高新技术、新兴技术、工艺技术和基础研究的突破性进展等。技术发展直接影响企业的生产效率和市场竞争力。

通过 PEST 分析，组织可以全面了解外部环境对其发展的影响，从而制定更有效的战略和决策。

**2. 行为决策理论**

**答：**行为决策理论认为，人是有限理性的，即人的理性介于完全理性和非理性之间。人们在决策时会受到动机、认知和计量上的限制，因此更倾向于采用“令人满意”的原则而非最优原则。即决策者在面对复杂和不确定的情况时，往往无法完全遵循理性决策模型，而是受到各种因素的影响，如启发式偏差、锚定效应、损失厌恶等。行为决策理论通过分析这些非理性因素，帮助我们更好地理解人类的实际决策行为，并提供改进决策过程的方法。

## 六、简答题

**1. 简述决策背景的分析步骤。**［沈工大 2022 年研］

**答：**决策背景分析是确保决策有效性的关键步骤。具体如下：

（1）明确决策主题。确定决策的具体主题，为后续分析提供明确的方向和中心。主题可以涉及整个组织活动或某个具体方面。例如，研究企业的广告效率时，可以理解为广告的沟通效果、说服力或效益。不同的理解会导致不同的研究方向、内容、重点和结果。

（2）提出假设。在确定主题的基础上，环境研究人员要利用现有资料和经验提出初步假设。环境研究人员需要根据现有数据和自身知识，提出关于组织问题可能的原因，并判断哪些因素是最主要的。

（3）收集资料。验证假设需要收集反映组织内外环境的资料。资料来源包括组织内外现存的各种记录（如活动记录、外部报刊文献）和专门进行的环境调查。收集资料通常在扫描和监测的过程中进行。

（4）整理资料。加工整理收集到的原始资料，以准确反映客观环境情况。包括两项工作：

①审核资料的准确性、真实性，去伪存真、去粗取精。

②利用经过整理的资料，分析影响组织活动的各因素之间的关系，并检验前面提出的假设是否正确。如果假设正确，可以利用资料预测采取措施后的效果。

（5）趋势预测和评估。利用科学方法和收集到的资料，对环境的发展趋势和组织未来的发展进行预估。即通过分析有关资料，揭示环境变化的趋势，并预测未来的状况。根据对假设原因的验证和对组织活动各种影响因素之间关系的分析，探究实施相应策略后能否有效解决问题，进而预估组织未来活动条件是否会有所改善。

通过以上步骤，决策者可以全面了解决策背景，从而做出更合理和有效的决策。

**2. 简述一般或宏观环境的含义及其内容。**［2023 年河南省专升本真题］

**相关试题：简答组织的外部宏观环境要素。**［湖南师大 2022 年研］

**答：**一般或宏观环境是指影响组织运作和决策的外部因素，这些因素通常超出组织的直接控制范围，但对组织的战略规划和运营有重要影响。其内容主要包括：

（1）经济环境。指经济系统的情况，包括经济增长率、通货膨胀率、利率、汇率、就业水平和消费者购买力等。经济环境决定和影响组织战略计划的制定。它不仅是营利性组织重点关注的因素，同时也对非营利性组织至关重要。

（2）技术环境。涵盖技术创新、研发活动、技术进步和信息技术应用等。科学技术是第一生产力，包括生产技术和管理技术。生产技术涉及劳动手段、工艺流程的改进和发展，如新技术、新设备、新工艺、新材料和新能源的生产和制造。管理技术包括管理方法、计划决策方法、组织方法及推销方法的改进与更新。技术对组织及其管理工作有重要影响。

（3）社会环境。包括人口结构、教育水平、文化价值观、生活方式和社会趋势等。在社会环境中，文化传统和教育程度最重要。不同国家和地区的文化传统及教育水平差异会影响人们的生活习惯和价值观念，进而影响其对企业产品和服务的需求。风俗习惯、文化传统和道德价值观对人们行为的约束力往往比正式法律更强。

（4）政治法律环境。包括政府政策、法律法规、政治稳定性和国际关系等。其中特别重要的是法律因素。政治环境是一种强环境，对组织来说一般不可控，同时其对组织的影响经常是根本性的。

（5）自然环境。涉及自然资源、环境保护、气候变化和可持续发展等。自然资源环境相对稳定，与企业的厂址选择、原材料供应、产品输出、设备和生产技术的应用等紧密相关。随着经济和技术的发展，自然资源环境从法律和企业社会责任角度来说，变得越来越重要。组织不仅要有效利用和开发自然资源，还要保护环境。

这些因素共同构成了组织面临的宏观环境，对其战略选择和业务运作产生深远影响。

**3．环境分析的常用方法有哪些？**［2020年河南省专升本真题］

**相关试题：美国学者波特通过研究发现，一个行业内部的竞争状态取决于五种基本竞争作用力。这些作用力汇集起来决定着该行业的最终利润潜力，并且最终利润潜力也会随着这种合力的变化而发生根本性变化。请论述这五种基本竞争力。**［2018年河南省专升本真题］

**答**：环境分析的常用方法有：

（1）一般环境分析方法。最常见的是PEST分析方法。参见本章概念题第1题答案。

（2）具体环境分析方法。迈克尔·波特的五种力量模型是一种有效的分析方法。波特认为，在企业经营环境中，能够为企业提供机会或产生威胁的因素主要有现有的行业竞争者、卖方（供应商）、买方（顾客）、潜在进入者和替代产品五种，它们决定了行业的竞争强度和利润水平。具体分析如下：

①分析潜在进入者。潜在进入者分析基于进入壁垒角度。一般而言，进入壁垒越高，潜在进入者越难进入，对于已进入企业的威胁越小。此外，行业利润、内在风险、外部吸引力等都会影响潜在进入者是否选择进入该领域。

②分析替代产品。替代产品通常是指具备相似功能且能够替代某种产品的另一种产品。替代产品的出现增加了买方的选择权利。短时间来看，替代品限制了被替代品的价格和市场份额；长时间来看，体现了一种产品的兴起以及另一种产品的衰败。

③分析买卖双方的议价实力。即评估买方和卖方掌控交易价格的能力。企业与其原材料的供给方和产品销售的需求方都是同一价值链上的利益相关者，存在合作和矛盾。一般而言，价格的变化往往会使得某一方或某几方受益，但同样会造成某一方或某几方受损。企业应根据实际情况，不断提高自身的议价能力。

④分析行业竞争者。行业竞争者包括企业所处行业中的不同产品或服务的提供者。企业应充分分析竞争对手的现实情况和发展方向，在竞争中不断提高自身的市场份额，获取竞争优势。

(3)内外部环境综合分析方法。最常用的是SWOT分析。该方法将环境分析的结果归纳为四个主要方面：优势、劣势、机会和威胁，并通过这四个方面构建一个二维矩阵，从而全面评估组织所处的环境。SWOT分析成为最常用的管理工具之一的原因在于：

①有机结合内外部环境，及时调整运营方向，以实现动态平衡。

②用一个二维平面矩阵反映错综复杂的内外部环境关系。

③促使人们辩证地思考问题，在对比分析中识别优势、劣势、机会和威胁。

④在认真对比分析基础上产生多种行动方案供人们选择，提高决策质量。

(4)针对环境变化的分析方法。对此，国际上众多大型企业常采用脚本法(情景分析法)。情景既可以应用于环境预测，也可以应用于决策方案的形成。根据编制方式，脚本法可分为：

①定量脚本法，即基于定量分析模型，使用参数模拟运算进行评估分析。在定量分析过程中，在其他变量不变的情况下，改变某一变量，则会运算出其他的脚本。

②定性脚本法，即基于个体的思维和判断，广泛识别各类环境因素，避免了机械式的固化定量分析的弊端。

**4. 简述决策理论学派的主要观点。**［华南理工2014年研］

**答：**决策理论主要有三个学派，即古典决策理论学派、行为决策理论学派和当代决策理论学派。具体内容如下：

(1)古典决策理论。盛行于20世纪50年代以前，基于经济人假设，其决策目的是获得最大的经济利益。主要观点包括：

①最优化标准。决策者全面掌握有关决策环境的信息情报，充分了解备选方案的情况。决策者是理性的，能按最优化的原则做出选择。

②决策者应建立一个自上而下的执行命令的组织体系。

③决策的目的在于使组织获取最大的经济效益。

(2)行为决策理论(20世纪50年代以后)。其代表人物是西蒙，代表作是《管理决策新科学》。其主要观点包括：

①决策就是管理，管理过程就是决策过程。

②以满意标准代替古典的最优化标准。

③风险型决策中，受经济利益的影响，决策者厌恶风险，倾向于接受风险较小的方案，尽管风险较大的方案可能会带来可观的收益。

④重视决策者的作用。强调以身作则、全局观念，权威而不是强迫命令，依赖和培养下级主动承担责任。

(3)当代决策理论。其主要观点包括：

①决策贯穿整个管理过程，决策程序就是整个管理过程。

②决策过程主要由以下几部分组成：分析内外环境、识别机会—确定目标—拟定可行方案—评估备选方案—作决定—选择实施战略—检查、监督和评估。

③广泛应用数学、系统论、计算机行为科学的有关理论。

**5. 德尔菲法的基本过程及其优缺点。**［华中农大2018年研］

**答：**德尔菲法是兰德公司提出的，被用来听取有关专家对某一问题或机会的意见。

(1)德尔菲法的基本过程：

①根据问题的特点，选择和邀请做过相关研究或有相关经验的专家。

②将与问题有关的信息分别提供给专家，请他们各自独立发表自己的意见，并写成书面材料。

③管理者收集并综合专家们的意见后，将综合意见反馈给各位专家，请他们再次发表意见。如果分歧很大，可以开会集中讨论；否则，管理者分头与专家联络。

④如此反复多次，最后形成代表专家组意见的方案。

(2)德尔菲法的优缺点：

①优点：a. 避免了群体决策中面对面的争论，有利于讲出新的意见和看法；b. 避免了面对面群体决策容易形成的崇拜权威、服从权威、抑制创造性思维的缺陷，有利于名不见经传小人物的新思想、新观念的表达，能够产生有价值的方案；c. 能较好地使参与决策的每一个专家畅所欲言。

②缺点：a. 决策时间较长；b. 信息处理的工作量大；c. 不利于直接交流。

## 七、计算题

**1. 请根据上述资料试用决策树方法进行决策。**［河工大2023年研］

**解：**根据表4-2用决策树法计算期望收益如下：

(1)新建大厂的期望收益：

$E_1=0.3\times(3600\times10-6000)+0.4\times(1800\times10-6000)+0.3\times(-200\times10-6000)=11400$(万元)。

(2)新建小厂的期望收益：

$E_2=0.3\times(3200\times10-3600)+0.4\times(1200\times10-3600)+0.3\times(400\times10-3600)=12000$(万元)。

综上所述，新建小厂的期望收益最高，因此W公司应选择新建小厂。

**2. 试用决策树法进行决策。**［河工大2020年研］

**解：**用决策树法计算期望收益如下：

(1)A方案的期望收益：$E_A=0.2\times50+0.8\times(-10)=2$(万元)。

(2)B方案的期望收益：$E_B=0.2\times(-1)+0.8\times0.5=0.2$(万元)。

综上所述，方案A的期望收益最高，因此该酒店应选择方案A。

## 八、案例分析题

### 案例一 A公司的经营战略

**请分析：**［2021年河南省专升本真题］

**1. 试从A公司的优势、劣势、机会与威胁等四个方面，分析说明公司所面临的经营环**

**境。A 公司的新经营战略是否合理？**

**答：**（1）SWOT 分析是最常用的内外部环境综合分析技术。这种方法把环境分析结果归纳为优势、劣势、机会、威胁四部分，形成环境分析矩阵。采取 SWOT 分析法分析 A 公司所面临的经营环境如下：

①A 公司的优势：其具有良好的内部资源条件。如案例中提到公司本部和各厂都有富余人员和富余资金，引进国外先进技术等。

②A 公司的劣势：其产品单一，供大于求。

③A 公司的机会：国家大力提倡发展第三产业，有大量的优惠政策。

④A 公司的威胁：现在全国市场趋于饱和，出现生产能力过剩的情况等。

（2）A 公司开辟新市场、实行多元化经营的思路是合理的。根据 SWOT 分析，公司应对比分析外部环境中存在的机会和威胁、组织内部的优势和劣势，以便充分发挥组织的优势，把握外部的机会，避开内部的劣势和外部的威胁。通过上述对 A 公司在优势、劣势、机会与威胁四方面情况的分析，可以看出 A 公司的内部资源条件比较好，但产品出现了问题，面临着外部环境威胁。因此，开辟新市场、实现多元化经营的思路是正确的。

但投资邻省 H 饭店的论证不充分，且行业跨度大，在该领域的经营业务中，A 公司不具备一定优势，投产后又缺乏必要的监控和指导，以至于造成经营不善和亏损。

**2. 结合案例资料，你认为 A 公司投资 H 饭店的决策存在什么问题？应如何改进？**

**答：**（1）在我看来，A 公司投资 H 饭店的决策存在以下问题：

①公司并没有对 H 饭店的基本情况进行详细调查，对邻省的餐饮市场也没有进行了解，论证不充分。

②在会议中没有询问和听取其他成员的建议，就做出了个人决策，导致决策失误。

③A 公司本身属于机械行业，并未涉足餐饮业，没有类似的经验以及相应的管理者，在经营上并不占优势，缺乏必要的监控和指导，从而导致经营不善。

（2）A 公司可以采取以下改进措施：

对 H 饭店这个项目采取群体决策，进行再论证及追踪决策，再决定取舍。

①如发现有持续发展的机会，应该加强监控和管理，力争尽快扭亏为盈，同时也需要配备合适的经营者。

②如发展前景不佳，A 公司应及时放弃，将注意力集中在主业，利用企业的资源和人力优势，引进新技术，开发新产品，开辟国际、国内两个市场。

## 案例二　新星电子集团的经营战略

**请你对以下问题提出你的看法：**［2011 年河南省专升本真题］

**1. SWOT 分析法在管理工作中受到广泛重视和普遍应用，原因在于它将企业内外环境有机地结合起来，把复杂的问题简单化，为群体决策创造了有利的条件，有助于为决策者提供更多的方案。请用 SWOT 分析法分析新星电子集团。**

**答：**（1）运用 SWOT 分析法分析新星电子集团如下：

①优势：实力雄厚，具有一定竞争力；拥有多个基本类药物；轻工业产品有着较高的市场占有率。

②劣势：融资存在困难；药物产品中缺乏新、特药品种；公司存在人员问题，尚未建立完善有效的人才引进、培训、激励机制。

③机会：国家对新特药行业有政策扶持。

④威胁：轻工业产品供过于求，竞争激烈；融资困难。

(2)通过运用SWOT分析法，可对新星电子集团采取以下发展策略：

①利用国家政策扶持，大力发展制药业中的新特药。

②面对轻工业产能过剩的问题，可售出部分轻工业产品以融得资金，并将资金用于发展新特药。

③改革人才引进、培训、激励机制，解决集团人才匮乏问题。

**2. 经营单位组合分析法又称波士顿矩阵，其基本思想是：大部分企业都有两个以上的经营单位，每个经营单位都有相互区别的产品——市场片，企业应该为每个经营单位确定其活动方向。请指出新星电子集团的轻工产品目前在波士顿矩阵中所处的位置，并分析该类产品的特点及应采取的战略。**

答：(1)轻工业产品的相对市场占有率较高，但增长率较缓慢，按照波士顿矩阵法分析应属于金牛类产品。

(2)特点：这类产品或业务处于成熟的低速增长市场上，市场地位有利，盈利率高。

(3)对轻工业产品可采取维持战略。

理由：这类产品不再需要大量资金投资于广告宣传和生产扩张，因此公司可以获得丰厚的现金流量，并用于支持其他业务的发展。不过，“金牛”业务的增长前景是有限的。对这类产品可采取维持战略，目的是保持市场份额，以获取较多的现金流。

# 第五章　决策的实施与调整

## 5.1　考研真题与典型题

### 一、单项选择题

1. 古人云："运筹帷幄之中，决胜千里之外"，这里"运筹帷幄"反映了管理的以下(　　)职能。[天津商大 2021 年研]

A. 计划　　B. 组织　　C. 领导　　D. 控制

2. 计划是关于组织未来的蓝图，是对组织在未来一段时间内的目标和实现目标途径的策划和安排，因此计划(　　)。[西安石大 2022 年研]

A. 它能够准确地预测将来情况的变化和发展的趋势

B. 使组织活动不受外部环境和内部条件的干扰

C. 行动方案确定之后就不能随意变更

D. 为组织稳定发展提供切实的保证和基础，有助于将预期目标变为现实

3. 中华人民共和国国民经济与社会发展第十四个五年规划是(　　)计划。[西安石大 2021 年研]

A. 专项　　B. 长期　　C. 中期　　D. 短期

4. 目标管理理论的最初提出者是(　　)。[西安石大 2021 年研]

A. 亨利・莱文森　　B. 彼得・德鲁克　　C. 西勒　　D. 泰勒

5. 目标管理在实践中普遍受到重视，以下对此的描述不正确的是(　　)。[天津商大 2022 年研；2020 年河南省专升本真题]

A. 通过使管理人员制定目标及其完成目标的时间帮助计划工作的开展

B. 使员工了解到他们的工作完成状况，直接关系到组织目标的实现

C. 管理者无须向下级详细解释、说明目标管理的理念、制定目标的程序和目标管理的好处

D. 为员工提供了明确的行动目标、自主工作和创新的组织氛围以及明确的奖惩标准

6. 目标管理的主旨在于(　　)。[西安石大 2021 年研]

A. 强调组织成员相互协调　　B. 强调职、责、权、利相一致

C. 强调公开公正的绩效考核　　D. 强调组织成员的"自我控制"

7. 组织中的所有管理人员，从最高管理层人员到第一线的基层管理人员，都要进行计划工作，这体现了计划工作的(　　)。[2023 年河南省专升本真题]

A. 普遍性　　B. 效率性　　C. 秩序性　　D. 目的性

8. 企业生产部门根据月度生产计划，制作每月工作任务单，并将工单下发给各班组。则按企业经营范围影响程度分类，本工单属于(　　)。[2024 年河南省专升本真题]

A. 作业计划　　B. 战术计划　　C. 战略计划　　D. 综合计划

9. 某建筑企业为了进入建筑市场，计划邀请相关行业的尖端人才加盟，成立桥梁事业部开展市政桥梁工程项目。按照所涉及的活动内容划分，该计划是(　　)。[2022年河南省专升本真题]

A. 综合计划　　B. 项目计划　　C. 战术计划　　D. 专业计划

10. 在经营计划调整方法中，哪种方法适用于品种比较稳定的情况下生产计划和销售计划的调整？(　　)[2018年河南省专升本真题]

A. 滚动计划法　　B. 启用备用计划法

C. 时间序列分析法　　D. 综合评价法

11. 张三把他要开始的某项任务分解成若干工作，然后根据这些工作的相互关系与先后顺序绘制成网络图，并标注完成该项工作的时间。张三使用的方法是(　　)。[2021年河南省专升本真题]

A. 目标管理法　　B. 滚动计划法　　C. 甘特图法　　D. 计划评审技术

12. 预算管理是一种计划思想的体现。下列属于经营预算的是(　　)。[2023年河南省专升本真题]

A. 制造费用预算和现金预算　　B. 直接材料采购预算和生产预算

C. 制造费用预算和固定资产购置预算　　D. 直接材料采购预算和固定资产购置预算

13. 将组织最高层的目标与基层目标、个人目标层层联系起来，形成整体目标与局部目标、组织目标与个人目标的系统整合属于目标管理特点中的(　　)。[2022年河南省专升本真题]

A. 建立系统的目标体系　　B. 重视工作成果而不是工作行为本身

C. 强调组织成员的自我控制　　D. 实行参与管理

14. 零基预算法是广为运用的方法之一，以下正确的是(　　)。[2024年河南省专升本真题]

A. 预算编制量小，费用低

B. 预算比较科学，有利于资金分配和控制支出

C. 它的思想不需要贯彻到每一个预算编制工作人员和部门

D. 它的核心是预算工作人员接受过去预算支出的结构和规模

15. 根据决策追踪与调整的方法，属于组织层面的方法是(　　)。[2024年河南省专升本真题]

A. 雷达图　　B. 眼动技术　　C. 鼠标实验室　　D. 决策移窗技术

16. 在信息社会飞速变化的内外环境影响下，人们常常会感到“计划赶不上变化”，有人甚至怀疑制订计划是否还有必要。下列关于计划的理解，正确的是(　　)。[2022年军队文职真题]

A. 坚持计划的严肃性，严格执行计划不能动摇

B. “计划赶不上变化”不以人的意志为转移，应当不断修改计划使其符合执行情况

C. 如果形势变化快，可用短期计划代替长期计划，或者不要计划

D. 面对变化的环境，要具体性计划与指导性计划相结合、短期计划和长期计划相结合

## 二、多项选择题

滚动计划法的主要优点有(　　)。[2014 年广东省专升本真题]

A. 加大了计划的准确性和可操作性　　B. 使长、中、短期计划相互衔接

C. 加强了计划的弹性　　D. 有助于提高组织的应变能力

E. 减少了计划编制和实施的工作量

## 三、填空题

1. ______就是努力保证长期、中期、短期计划相互衔接的一种方法，保证计划符合实际情况进而得以顺利实施。[2022 年河南省专升本真题]

2. 网络图是网络计划技术的基础，在网络图中可以找出一条或几条最长的路线，这种路线被称为______。[2024 年河南省专升本真题]

3. 使计划数字化的工作称为______。[2021 年河南省专升本真题]

4. ______是计划评审技术的核心工具。

## 四、判断题(正确的打“√”，错误的打“×”)

1. 战略计划是关于企业活动总体目标和战略方案的计划。(　　)[天津商大 2023 年研]

2. 作业计划是给定部门或个人的具体行动计划，具有不可重复性和较小的刚性。(　　)[天津商大 2023 年研]

3. 滚动计划方法大大加强了计划的刚性，这在环境剧烈变化的时代尤为重要，它可以提高组织的执行力。(　　)[天津商大 2021 年研]

4. 甘特图能够清楚地反映出各种行动间的逻辑关系，却不能在图上反映出每种行动的起止时间。(　　)[天津商大 2022 年研]

5. 著名管理学家彼得·德鲁克提出的目标管理重视工作行为本身而不是工作成果。(　　)[天津商大 2024 年研]

6. 预算的编制是作为计划过程的一部分开始的，而预算本身又是计划过程的终点。(　　)[天津商大 2022 年研]

7. 战略计划是由高层管理人员负责的，战术计划和作业计划由中层管理人员和基层管理人员甚至是具体作业人员负责。(　　)[2023 年河南省专升本真题]

## 五、概念题

1. 专业计划[天津商大 2023 年研]

2. 计划评审技术[山东财大 2018 年研]

3. PDCA 循环[河工大 2024 年研]

## 六、简答题

1. 简述计划的作用。[沈工大 2023 年研；山东财大 2021 年研]

相关试题：

(1)计划对于组织的重要作用体现在哪几个方面？[扬州大学 2024 年研]

(2)计划管理职能的必要性。[西南财大 2024 年研]

2. 滚动计划法的优点有哪些？[安徽财大 2021 年研]

相关试题：

（1）简述滚动计划法的特点。［桂林理工2024年研］

（2）简述滚动计划法的内涵及优点。［2009年河南省专升本真题］

3. 简述PDCA循环的实施步骤。［沈工大2024年研］

4. 简述PDCA循环的内涵和特点。［2022年河南省专升本真题］

## 七、论述题

1. 目标管理的由来及其主要的特点。［湖南科大2021年研］

2. 论述目标管理的特点，并结合某具体计划论述目标管理的过程。［沈工大2024年研］

相关试题：

（1）请解析目标管理的过程。［简答题，广西科大2024年研］

（2）论述目标管理特点及过程。［湖南师大2023年研］

（3）试论述目标管理的内涵、过程以及应注意的问题。［山东财大2023年研］

（4）试述目标管理的基本特点、过程，并对其进行评价。［西安石大2022年研］

## 八、案例分析题

### 案例一　某酒业公司的目标管理

为最大限度节约成本、增加利润，某酒业公司决定在整个公司内实施目标管理；根据目标实施和完成情况，一年进行一次绩效评估。

事实上，他们在此之前为销售部门制定奖金系统时已经使用了这种方法。公司通过对比实际销售额与目标销售额，支付给销售人员相应的奖金。这样销售人员的实际薪资就包括基本工资和一定比例的个人销售奖金两部分。

销售大幅度提上去了，但是却苦了生产部门，生产部门很难及时完成交货计划；为此，销售部总是抱怨生产部不能按时交货。于是，公司高层管理者们决定为所有部门和员工建立一个目标设定流程。生产部门的目标包括按时交货和库存成本两个部分。

为了实施这个新方法，他们需要用到绩效评估系统。他们请了一家咨询公司指导管理人员设计新的绩效评估系统，并就现有的薪资结构提出改革建议。他们付给咨询顾问高昂的费用来修改基本薪资结构，包括岗位分析和工作描述。还请咨询顾问参与制定奖金系统，该系统与年度目标的实现程度密切相关。他们指导经理们如何开展组织目标设定的讨论以及执行绩效评估流程。总经理期待着很快能够提高业绩。

然而不幸的是，业绩不但没有提升，反而下降了。部门之间的矛盾加剧，尤其是销售部和生产部。生产部埋怨销售部销售预测的准确性太差，而销售部埋怨生产部无法按时交货。每个部门都指责其他部门存在的问题。结果客户满意度下降，利润也在急剧下滑。［天津商大2024年研；2014年河南省专升本真题］

**请结合案例，运用管理学相关知识，回答以下问题：**

**1. 请分析本案例中的问题可能出在哪里。**

**2. 请分析设定目标并与薪资挂钩导致矛盾加剧和利润下降的可能原因。**

**案例二　北斗公司的目标管理**

北斗公司刘总经理在一次职业培训中学习到很多有关目标管理的理论。他对于这种理论逻辑上的简单清晰及其预期的收益印象非常深刻。因此，他决定在公司内部实施这种管理方法。首先，他需要为公司的各部门制定工作目标。刘总认为：由于各部门的目标决定了整个公司的业绩，因此应该由他本人为他们确定较高的目标。确定了目标之后，他就把目标下发给各个部门的负责人，要求他们如期完成，并口头说明在计划完成后要按照目标的要求进行考核和奖惩。但是，他没有想到的是中层部门的经理在收到任务书的第二天，就集体上书表示无法接受这些目标，致使目标管理方案无法顺利实施。刘总感到很困惑。［桂林理工 2024 年研；常州大学 2021 年研］

**根据以上案例，回答以下问题：**

**1. 根据目标管理的基本思想和目标管理实施的过程，分析刘总的做法存在哪些问题？**

**2. 刘总应该如何更好地实施目标管理？**

## 5.2　考研真题与典型题详解

### 一、单项选择题

1. A　**【解析】**“运筹帷幄”是指在幕后进行周密的计划和安排，反映了管理的计划职能。通过精心的计划，可以在实际操作中取得成功。

2. D　**【解析】**计划为组织的稳定发展提供了基础，有助于实现预期目标。

A 项，计划虽可以提供预测，但不可能完全准确地预测未来情况的变化和趋势。

B 项，计划不能完全阻止外部环境和内部条件的干扰，适应性和灵活性也是必要的。

C 项，行动方案固然重要，但在实际操作中情况可能变化，计划要按实际情况调整。

3. C　**【解析】**按时间跨度划分，计划可分为：①短期计划，指 1 年及以内的计划；②中期计划，指1 年以上到 5 年以内的计划；③长期计划，指 5 年以上的计划。题中的五年计划属于中期计划。

4. B　**【解析】**目标管理理论由彼得 · 德鲁克于 1954 年在其《管理的实践》一书中提出。

5. C　**【解析】**C 项，目标管理要求管理者向下级详细解释、说明目标管理的理念、制定目标的程序和目标管理的好处，以确保所有员工都能理解和接受。

6. D　**【解析】**目标管理以下属的自我管理为中心，其主旨在于强调组织成员的“自我控制”。

7. A　**【解析】**计划工作是管理的重要职能，其特征包括：①首要性。计划是一切管理活动的前提，所有管理活动都是为了实现计划目标而展开的。②普遍性。无论组织活动的范围大小或层次高低，都需要有计划。计划工作贯穿组织的各种活动中。

8. A　**【解析】**按计划对企业经营范围和时间的影响不同，计划可分为：①战略计划，指影响范围广且时间长的总体性计划。②战术计划，指涉及具体运作的中短期计划。③作业计划，指针对部门或个人的具体行动计划，具有个体性、可重复性和刚性。综合计划是一种总体性的计划。题中工单属于作业计划。

9. B 【解析】按活动内容，计划可分为：①综合计划，即涉及组织内部多个部门和多方面的总体性计划。②专业计划，如生产计划、销售计划、财务计划等。③项目计划，指针对特定课题或任务的事务性计划，如新产品的开发计划、工程建设计划等。本题中，市政桥梁工程项目属于工程建设计划。

10. A 【解析】滚动计划法需要将长、中、短期计划衔接起来，因此比较适合较稳定的环境，而不适用于环境变化剧烈的情景。

11. D 【解析】计划评审技术是一种基于网络理论的计划控制方法，其核心工具是网络图，用于显示项目中各项工作的关系。其主要内容包括：制定周密计划、绘制网络图、依据网络图控制。本题中，张三使用的方法是计划评审技术。

12. B 【解析】预算按内容可分为经营预算管理、投资预算管理和财务预算管理。其中，经营预算管理主要包括销售预算、生产预算、直接材料采购预算、直接人工预算、制造费用预算、单位生产成本预算等。A项中的现金预算属于财务预算管理；CD两项中的固定资产购置预算属于投资预算管理。

13. A 【解析】目标管理是一种鼓励组织成员积极参与目标制定，并在工作中自我控制、自觉完成任务的管理方法。其特点之一是建立系统的目标体系，即通过自下而上和自上而下的方式，制定各岗位和部门的目标，将组织的最高层目标与基层和个人目标层层联系起来，形成一个相互关联的目标体系。

14. B 【解析】A项，零基预算法的缺点是预算编制的工作量大，费用高。

C项，零基预算法的思想应贯穿每个预算编制人员和部门。

D项，其核心是：预算工作人员不应盲目接受以往的支出结构和规模，而应重新评估。

15. A 【解析】基于组织决策的追踪与调整方法有：①鱼刺图，又称因果图；②雷达图，又称蛛网图；③趋势图，又称统计图或统计图表。ACD三项属于基于个体决策的追踪与调整方法。

16. D 【解析】AB两项，虽然“计划赶不上变化”，但计划一经确定，在一定时期内应尽可能地保持稳定，以保证计划工作的开展，必要时可根据当时实际情况作必要的检查和修订。因此，计划既不是严格执行不能动摇，也不是不断修改计划使其符合执行情况。

C项，计划有不同类型，在多变的环境下，可以将不同类型的计划结合使用。

## 二、多项选择题

ABCD 【解析】滚动计划法的优点包括：①计划更加实际，并且使战略性计划的实施也更加切合实际。滚动计划相对缩短了计划时期，加大了计划的准确性和可操作性。②使长期计划、中期计划和短期计划相互衔接，短期计划内部各阶段相互衔接。③大大加强了计划的弹性，提高组织的应变能力。E 项，滚动计划法需要定期对计划进行评估、修改和重新制定，实际上会增加计划编制和实施的工作量。

## 三、填空题

1. 滚动计划法　　2. 关键路线　　3. 预算　　4. 网络图

## 四、判断题（正确的打“√”，错误的打“×”）

1. √　2. ×　3. ×　4. ×　5. ×　6. √　7. √

2. 作业计划通常具有个体性、可重复性和较大的刚性，一般是必须执行的命令性计划。

3. 滚动计划法增加了计划的灵活性，而不是刚性。它通过定期更新计划来适应环境的变化，从而提高组织的执行力。

4. 甘特图不仅能清楚地反映各种行动间的逻辑关系，且能在图上反映每种行动的起止时间。

5. 目标管理重视的是工作成果，而不是工作行为本身。

## 五、概念题

**1. 专业计划**［天津商大 2023 年研］

**答：**专业计划是指针对组织内部某一特定职能或活动领域的详细计划。例如，企业的生产计划、销售计划、财务计划等。这些计划旨在确保某一具体职能的有效管理和目标达成，是一种单方面的职能性计划。通过制定专业计划，组织可以更好地协调资源、提高效率，并确保各项活动按计划顺利进行。

**2. 计划评审技术**［山东财大 2018 年研］

**答：**计划评审技术（PERT）是一种项目管理方法，使用网络图来表达项目中各项活动的进度和它们之间的相互关系。PERT 以网络图为核心工具，通过图形形式展示项目中各项工作的关系。其主要内容包括：在项目开始前制定详细计划和执行方案，然后用方向线、节点和数字等符号绘制网络图。借助网络图，项目成员可以清楚地看到自己对整个项目的重要性，及时发现并调整不切实际的时间安排，集中资源和注意力于关键任务上。PERT 多用于科学研究和实验，以及不确定性较大的工程计划安排。其优点包括应用范围广，能协调整个计划的各道工序，合理安排人力、物力和财力，谋求以最短时间完成计划。

**3. PDCA 循环**［河工大 2024 年研］

**答：**参见本章简答题第 4 题答案。

## 六、简答题

**1. 简述计划的作用。**［沈工大 2023 年研；山东财大 2021 年研］

**相关试题：**

**(1)计划对于组织的重要作用体现在哪几个方面？**［扬州大学2024年研］

**(2)计划管理职能的必要性。**［西南财大2024年研］

**答：**计划在管理中的重要作用主要有：

(1)指挥的依据。计划为管理者提供了明确的方向和指导，使他们能够有效地分配任务、授权和定责，从而更好地指挥和协调组织活动。

(2)控制的标准。计划设定了时间和要求指标，管理者可以据此检查实际活动结果与计划目标的一致性。如果存在偏差，管理者可以采取措施消除差距，确保按时、按质、按量完成任务。没有计划，控制便无从谈起。

(3)降低不确定性。面对不断变化的未来，特别是在信息时代，社会、技术和观念都在快速变化。计划通过合理预期和预测各种变化对组织的影响，编制出符合未来发展变化的方案，从而大大降低了不确定性带来的风险。

(4)提高效率与效益。在计划编制过程中，进行综合平衡以确保各部门和个人的工作负荷与资源占有均衡。这消除了重复、等待、冲突等无效活动，减少了浪费。合理配置资源、安排活动，提高了组织的工作效率。

(5)激励士气。计划包含目标、任务、时间安排和行动方案，这些目标具有激励作用。长期、中期、短期甚至每日、每时的计划都能激励员工士气。例如，“终末激发”效应表明，当人们接近完成任务时，会受到激励，工作效率重新上升。

**2. 滚动计划法的优点有哪些？**［安徽财大2021年研］

**相关试题：**

**(1)简述滚动计划法的特点。**［桂林理工2024年研］

**(2)简述滚动计划法的内涵及优点。**［2009年河南省专升本真题］

**答：**滚动计划法是一种根据计划的执行情况和环境变化定期修订未来计划的方法，并逐期向前推移，使短期计划、中期计划有机地结合起来。其具体做法是采用近细远粗的办法制定计划，主要优点有：

(1)计划更切合实际。滚动计划法通过定期修订未来的计划，确保计划与实际情况保持一致。战略性计划通常时期(如5年以上)较长，其不确定性较大。滚动计划法相对缩短了计划时期，提高了计划的准确性和可操作性。这种方法使战略性计划的实施更切实可行。

(2)长期、中期和短期计划相衔接。滚动计划法确保长期计划对中短期计划有指导作用，而中短期计划的实施有助于长期计划的实现。短期计划内部各阶段也相互衔接，保证了即使环境发生变化导致某些不平衡时，也能及时进行调节，使各期计划基本保持一致。

(3)增强计划的弹性。滚动计划法大大加强了计划的弹性，这对应对环境剧烈变化尤为重要。通过定期修订和调整，组织能更好地适应外部环境变化，提高应变能力。

(4)增加计划的适应性和科学性。在编制长期计划时，采用“近具体、远概略”的方法。具体来说，近期计划应制定得尽可能详细，以便于执行；远期计划仅设定大致方向和目标。在实施过程中，根据发现的问题和差异，不断分析原因并结合内外环境变化进行调整和修改。逐步将远期计划细化，使其成为可操作的计划，并将长期计划与短期计划及具体执行计划有机结合。这样既能保证计划的经济性，又能确保计划与实际情况相符，提高计划的科学性和有效性。

综上，滚动计划法通过定期修订和调整，确保计划更切合实际，增强了计划的弹性和适应性，使长期、中期和短期计划相互衔接，从而提高了组织的整体管理效率和应变能力。

**3. 简述 PDCA 循环的实施步骤。**［沈工大 2024 年研］

**答：**PDCA 循环的实施步骤具体如下：

（1）分析现状并指出问题。在 PDCA 循环的第一步中，需要明确当前的问题所在。这包括确认问题的具体表现，收集和组织相关数据以更好地理解问题，并设定改进的目标和测量方法。通过这些步骤，可以为后续的分析和改进提供清晰的方向。

（2）剖析导致问题产生的各种原因或影响因素。明确问题后，要分析导致这些问题的各种原因或影响因素。可以通过鱼骨图、5W 等工具来识别潜在的影响因素，并通过实验或数据分析验证这些因素是否确实对问题有影响。这样可以确保找到真正的原因，而不是表面现象。

（3）分析问题的主要因素。在确定了所有可能的影响因素后，需要从中筛选出最主要、最直接的因素。通过对这些因素进行比较和优先级排序，可集中精力解决最关键的问题，从而提高改进的效率和效果。

（4）采取针对性措施并制定行动计划。找到主要因素后，需要制定具体的解决措施和行动计划。这包括集思广益，提出多种可能的解决方案，并通过小规模试验或模拟测试各种方案的有效性，选择最佳方案。然后详细规划实施方案，包括所需资源、时间表和责任人，确保计划的可行性和可操作性。

（5）实施行动计划。按照既定计划执行各项措施，确保团队成员之间的协调，并定期跟进进度。在实施过程中，收集必要的数据以备后续评估。这一步骤是将计划付诸实践的关键环节，也是检验计划有效性的第一步。

（6）评估结果。基于收集的数据，评估实施效果，判断结果是否达到预期目标，每项措施的有效性如何。同时，找出实际结果与目标之间的差距，并从实施过程中学习，记录哪些做法有效、哪些需要改进。这一步骤有助于总结经验教训，为未来的改进提供参考。

（7）标准化并进一步推广。将有效的措施和流程标准化，形成新的操作标准，并将新规则和程序文档化，确保所有人都能理解和遵循。通过分享好的经验和方法，推广成功的实践，并总结可重复运用的解决方法，为未来的改进提供参考。这样可以确保改进成果得以持续应用，并在整个组织中推广。

（8）指出本循环尚未解决的问题，进入下一个 PDCA 循环。即列出在当前循环中未能完全解决的问题，并将这些问题带入下一个 PDCA 循环，继续进行改进。这样可以确保持续改进的过程不断进行，逐步解决问题，不断提高组织的整体质量和效率。

通过这些步骤，PDCA 循环能帮助组织系统地识别问题、分析原因、制定并实施改进措施，最终实现持续的质量提升和管理优化。

**4. 简述 PDCA 循环的内涵和特点。**［2022 年河南省专升本真题］

**答：**（1）PDCA 循环的内涵：

PDCA 循环，又称戴明环，是由质量管理专家威廉·戴明提出的一种持续改进的方法。PDCA 分别代表计划（Plan）、实施（Do）、检查（Check）和改进（Action）四个基本阶段。

①P(计划)，即根据顾客需求和组织方针，确定必要的目标和行动计划。这一步骤包括识别问题、设定目标、制定详细的实施方案和测量标准。

②D(实施)，即按照既定的计划执行各项措施，具体运作和实现计划中的内容。这一步骤是将计划付诸实践的关键环节。

③C(检查)，即总结执行计划的结果，评估实际效果与预期目标之间的差异。通过监视和测量过程和产品，明确哪些措施有效、哪些需要改进，并报告结果。

④A(改进)，即根据检查结果，采取措施防止问题再次发生，并标准化新的作业程序。如果有必要，设定新一轮的改进目标，继续进行改进。

(2)PDCA循环的特点：

①大环套小环。PDCA循环是一个大环套小环、相互衔接的有机整体。每个大的PDCA循环中包含着多个小的PDCA循环，这些循环互相制约、互为补充，共同推动整个系统的持续改进。

②上升式循环。每个PDCA循环都不是简单地重复之前的步骤，而是像爬楼梯那样，每一循环都有新的目标和内容。通过不断的循环，逐步提升组织的整体水平和质量。

③综合性循环。PDCA的四个阶段是相对的，彼此之间没有明确的分界线。PDCA是一个连续的过程，每个阶段都紧密相连、相互影响。这种综合性使得PDCA循环能全面覆盖质量管理的各个方面。

④改进是关键。只有通过不断改进，才能确保问题得到根本解决，并且新的改进措施能够被标准化和推广，从而实现持续的质量提升。

## 七、论述题

**1. 目标管理的由来及其主要的特点。**［湖南科大2021年研］

**答**：(1)目标管理的由来：

目标管理(Management by Objectives，MBO)是由管理学大师彼得·德鲁克在1954年出版的《管理的实践》一书中首次提出的。德鲁克认为，组织应通过明确的目标来指导和激励员工的工作，从而提高组织和个人的绩效。目标管理的核心思想是让组织成员积极参与工作目标的制定，并在工作中实行自我控制，自觉完成工作任务。德鲁克提出这一概念时，强调了参与性、自我控制、成果导向和系统性几个关键点。目标管理的理念迅速被广泛接受，并成为许多组织提高效率和绩效的重要工具。它不仅在美国得到广泛应用，也在全球范围内被许多国家和企业采纳。

目前，目标管理已成为西方许多国家普遍采用的一种系统制定目标并进行管理的有效方法。其重点在于让各级管理人员与下属围绕工作目标和如何完成目标进行充分沟通。

(2)目标管理的特点：

①实行参与管理。在目标制定与分解过程中，各级组织和部门动员下属积极参与，充分发表意见，讨论组织和个人的目标。这一过程强调上下级之间的沟通，避免下属被动服从命令。通过参与，成员可以更好地理解环境和目标，并协调组织与个人目标的关系。

②重视工作成果而非行为本身。目标管理以目标为标准考核工作成果，不强制规定具体的工作方式。下属可以在保持既定目标的情况下，选择适合自己的方法实现目标，从而

激发主观能动性和创造性，避免不必要的监督和冲突。

③强调自我控制。目标管理以下属的自我管理为中心。下属根据明确的目标、责任分配和奖罚标准，自我评价工作进度和质量，安排工作计划并必要时采取应急措施。这样减少了管理者的监督工作量，同时确保工作目标实现。

④建立系统的目标体系。目标管理通过自下而上和自上而下的方式制定各岗位和部门的目标，将最高层目标与基层目标、个人目标层层联系起来，形成一个相互关联的目标体系。这使得组织目标在内部层层展开，实现整体与局部、组织与个人目标的整合。

目标管理的核心在于通过参与、成果导向、自我控制和系统目标体系，推动组织持续发展和改进。

**2．论述目标管理的特点，并结合某具体计划论述目标管理的过程。**［沈工大 2024 年研］

**相关试题：**

**（1）请解析目标管理的过程。**［简答题，广西科大 2024 年研］

**（2）论述目标管理特点及过程。**［湖南师大 2023 年研］

**（3）试论述目标管理的内涵、过程以及应注意的问题。**［山东财大 2023 年研］

**（4）试述目标管理的基本特点、过程，并对其进行评价。**［西安石大 2022 年研］

**答：**（1）目标管理的特点，参见本章论述题第 1 题答案。

（2）目标管理的过程：

目标管理是一种参与的、民主的、自我控制的管理方法，将个人需求与组织目标相结合。下面结合某公司的年度销售计划，详细论述目标管理过程的三个主要阶段：

①目标制定与展开：

a．调查研究。公司高层首先进行市场调研，了解行业趋势、竞争对手情况以及客户需求；再进行内部调研，分析公司过去一年的销售业绩、存在的问题及优劣点。在此基础上，确定公司整体的年度销售目标，例如“实现销售额增长 10%”。

b．目标展开。先将整体销售目标分解到各个销售部门和地区，如将总目标分解为每个地区的销售目标。各销售部门再进一步将目标分解到每个销售团队和个人，如每个销售团队需要完成的具体销售额。最后，编写目标管理卡，记录每个销售人员的目标值、完成期限及奖惩办法。

c．定责授权。根据目标的难易程度，分配相应的权限和资源，如给予销售经理更多的决策权和资源支持。预先设定奖惩标准，明确职责和奖罚条件，如超额完成目标的销售人员将获得额外奖金。

②目标实施：

a．咨询指导。管理者定期与销售人员沟通，提供必要的支持和指导，特别是在客户开发、谈判技巧等方面给予帮助。对于缺乏经验的新员工，提供更多的培训和支持。

b．跟踪检查。定期检查销售进度，及时发现并解决存在的问题，如每月召开销售会议，讨论进展情况和遇到的困难。通过销售数据分析，监控各团队和个人的业绩，确保目标按计划推进。

c．协调平衡。协调各部门之间的协作关系，确保销售目标的顺利实现，如协调生产部门确保产品供应充足，协调物流部门确保交货及时。避免各自为政，确保各部门相互配合，共同推动整体目标的实现。

③成果评价：

a. 评价工作。年底时，按照事先制定的目标值，对照实际销售业绩进行评价。采用自我评价与上级评价相结合的方式，确保评价公正。如每个销售人员提交年度工作总结，销售经理进行审核并给出评价。

b. 实施奖惩。根据目标完成情况，按照预先规定的奖惩制度进行奖励或惩罚，如超额完成目标的销售人员获得额外奖金，未完成目标的则可能受到一定的处罚。

c. 总结经验教训。对年度销售计划的实施过程进行总结，分析成功经验和存在的问题。例如，总结哪些销售策略有效、哪些需要改进，并提出改进建议，为下一年度的销售计划奠定基础。

通过上述过程，目标管理不仅提高了销售人员的积极性和创造性，还增强了公司整体的协同性和效率。

## 八、案例分析题

### 案例一　某酒业公司的目标管理

**请结合案例，运用管理学相关知识，回答以下问题：**［天津商大2024年研；2014年河南省专升本真题］

**1. 请分析本案例中的问题可能出在哪里。**

**答：**本案例中的问题可能出在以下方面：

(1)目标设定不一致。销售部门和生产部门的目标可能存在冲突。销售部门追求更高的销售额，而生产部门则需要在成本控制和按时交货之间找到平衡。如果销售部门的目标过于激进，可能会导致生产部门无法及时完成订单，从而引发矛盾。

(2)沟通不足。部门之间的沟通不畅，缺乏有效的协调机制。销售预测的准确性直接影响生产计划，但销售部和生产部之间的信息传递和反馈机制可能不够完善。

(3)绩效评估系统设计不合理。绩效评估系统可能过于注重短期目标，忽视了长期发展和整体协同。例如，销售部门只关注销售额，而忽略了客户满意度和产品质量。生产部门的目标设定可能过于复杂，难以量化和衡量，导致员工感到困惑和不满。

(4)薪资结构改革不彻底。薪资结构改革可能没有充分考虑各部门的实际需求和工作特点。例如，生产部门的工作压力和不确定性较大，单纯依靠奖金激励可能效果不佳。

(5)管理层决策失误。管理层可能在引入新的目标管理和绩效评估系统时，没有充分考虑员工的接受度和适应能力，导致新系统的推行遇到阻力。

**2. 请分析设定目标并与薪资挂钩导致矛盾加剧和利润下降的可能原因。**

**答：**设定目标并与薪资挂钩导致矛盾加剧和利润下降的可能原因有：

(1)目标设定不切实际。设定的目标过高或过低，都可能导致员工失去动力或产生抵触情绪。如果销售目标过高，销售人员可能会采取一些不正当手段来达成目标，损害公司利益；如果生产目标过高，生产部门可能会牺牲质量来赶进度。

(2)部门间目标不协调。销售部门和生产部门的目标不一致，导致双方相互指责。销售部门追求高销售额，而生产部门则需要保证质量和交货时间，这种矛盾容易导致内部冲突。

(3)过度依赖奖金激励。这可能导致员工只关注个人利益，忽视团队合作和公司整体利益。例如，销售人员为了达成个人销售目标，可能会不顾生产部门的压力，频繁要求紧急订单。

(4)缺乏有效的沟通和协调机制。没有建立有效的跨部门沟通和协调机制，导致信息不对称和误解。销售部门的预测数据可能不够准确，导致生产部门难以合理安排生产计划。

(5)绩效评估体系过于单一。如只关注某些指标(如销售额、交货时间)，忽视了其他重要因素(如客户满意度、产品质量)。这会导致员工只关注这些指标，而忽略其他重要方面。

(6)员工参与度不足。目标设定过程中缺乏员工参与，导致员工对目标缺乏认同感。员工可能认为这些目标是管理层强加的，而不是自己参与制定的，从而缺乏积极性和主动性。

综上可知，该公司在实施目标管理时要更注重部门之间的协调和沟通，确保目标的一致性和可行性。同时，绩效评估体系和薪资结构也需更科学合理，以激励员工更好地协同工作，共同提升公司业绩。

## 案例二 北斗公司的目标管理

**根据以上案例，回答以下问题：**[桂林理工2024年研；常州大学2021年研]

**1. 根据目标管理的基本思想和目标管理实施的过程，分析刘总的做法存在哪些问题?**

**答：**根据目标管理的基本思想和目标管理实施的过程，刘总的做法存在以下问题：

(1)缺乏参与性：

①单方面设定目标。刘总单方面为各部门制定了较高的目标，没有让部门经理和员工参与目标的制定过程。目标管理的核心是上下级共同参与目标的设定，这样可以提高员工的认同感和责任感。

②缺乏沟通。刘总只是口头说明了考核和奖惩的标准，没有与部门经理进行充分的沟通和讨论，导致他们对目标的理解和接受程度不足。

(2)目标设定不合理：

①目标过高。刘总设定的目标可能过高，超出了部门经理和员工的实际能力范围。过高的目标易导致挫败感和抵触情绪，影响员工的积极性和士气。

②目标不具体。如果目标设定得过于笼统或模糊，部门经理和员工可能会感到无所适从，不知道如何具体操作和实现这些目标。

(3)缺乏明确的计划和支持：

①缺乏详细计划。刘总只是简单地将目标下发给各部门，没有提供具体的实施计划和步骤。目标管理要求有详细的行动计划和时间表，以确保目标的可操作性。

②缺乏资源支持。刘总没有明确表示公司将提供哪些资源和支持来帮助各部门实现这些目标。如果没有足够的资源支持，目标很难达成。

(4)缺乏反馈机制，即缺乏定期检查和反馈。刘总只提到在计划完成后进行考核和奖惩，但没有建立定期检查和反馈机制。目标管理强调过程中的持续监控和调整，以确保目标能按计划推进。

**2. 刘总应该如何更好地实施目标管理?**

**答**：为了更有效地实施目标管理，刘总可以采取以下措施：

(1)共同参与目标设定：

①召开目标设定会议。组织各部门经理和关键员工参加目标设定会议，共同讨论和确定公司的总体目标和各部门的具体目标。

②听取意见。认真听取部门经理和员工的意见和建议，了解其能力和资源情况，确保目标设定合理且有挑战性。

(2)明确目标和计划：

①SMART 原则。确保每个目标都符合 SMART 原则(具体、可衡量、可达成、相关性、有时限)。例如，将“提高销售额”改为“在未来三个月内，将销售额提高 10%”。

②详细行动计划。与各部门一起制定详细的行动计划，包括具体步骤、时间节点、责任人等，确保每个目标都有清晰的实施路径。

(3)提供资源和支持：

①资源配置。明确公司可以提供的资源和支持，如资金、人力、技术等，确保各部门在实现目标的过程中有足够的支持。

②培训和发展。为员工提供必要的培训和发展机会，提升其技能和能力，以更好地完成任务。

(4)建立反馈和调整机制：

①定期检查。建立定期检查和反馈机制，如每月或每季度的进度汇报会，及时了解目标的进展情况。

②灵活调整。根据实际情况灵活调整目标和计划，确保目标的实现不受外部环境变化的影响。

(5)明确考核和奖惩：

①绩效考核标准。制定明确的绩效考核标准和奖惩机制，确保员工清楚地知道如何被评价以及相应的奖惩措施。

②激励措施。设计合理的激励措施，如奖金、晋升机会、表彰等，激发员工的积极性和创造力。

(6)加强沟通：

①透明化沟通。保持与各部门经理和员工的沟通透明，及时传达公司的战略方向和目标，增强员工的归属感和认同感。

②反馈渠道。建立畅通的反馈渠道，鼓励员工提出意见和建议，及时解决他们在工作中遇到的问题。

# 第六章　组织设计

## 6.1　考研真题与典型题

### 一、单项选择题

1. 组织设计的任务是设计清晰的组织结构、规划各部门的职能和权限，最终(　　)。[西安石大 2022 年研]

A. 确定管理幅度　　B. 确定管理层次

C. 编制组织结构图　　D. 编制职务说明书

2. 在工业企业中划分有生产部门、销售部门、财务部门等，这种划分部门的方法叫做(　　)。[西安石大 2022 年研]

A. 职能部门化　　B. 产品部门化　　C. 市场部门化　　D. 工艺过程部门化

3. 职能制组织结构形式的优点是实现了(　　)。[西安石大 2021 年研]

A. 管理现代化　　B. 管理专业化　　C. 统一指挥　　D. 统一领导

4. 矩阵制组织的主要缺点是(　　)。[天津商大 2024 年研]

A. 分权不充分　　B. 组织稳定性差

C. 对项目经理要求高　　D. 协调难度大

5. 某一车间主任抱怨自己的工作不能顺利进行，总是受到各方面的牵制，据此可以推测该企业的组织结构是(　　)。[广西科大 2022 年研]

A. 直线制　　B. 直线职能制　　C. 矩阵制　　D. 事业部制

6. 知识经济、全球化给现代组织管理提供了新的机遇，也带来了新的挑战。企业在不断对组织结构进行动态调整，下列不属于组织结构演进趋势的是(　　)。[天津商大 2023 年研]

A. 扁平化　　B. 柔性化　　C. 边界化　　D. 虚拟化

7. 下面陈述正确的是(　　)。[西安石大 2021 年研]

A. 非正式组织对企业起主导作用　　B. 企业内部存在非正式组织

C. 非正式组织是企业设立的正规部门　　D. 非正式组织和正式组织是冲突的

8. 影响有效管理幅度的因素不包括(　　)。[湖南师大 2021 年研]

A. 管理者和被管理者的工作内容　　B. 管理者和被管理者的工作能力

C. 管理者和被管理者的工作环境　　D. 管理者和被管理者的工作报酬

9. 中国有句古话：“将在外，君命有所不受。”你认为对于这句话当中反映的管理观念应如何评价？(　　)[西安石大 2022 年研]

A. 这种提法不符合现代管理思想，因为容易导致失控

B. 这句话反映了组织在集权与分权方面的一个正确的观念

C. 这样做的目的是为了锻炼将军在外作战的能力

D．这种管理思路是一种放任式的领导方式

10．根据组织设计的影响因素，下列描述正确的是（　　）。［2024年河南省专升本真题］

A．集权化、规范化对于大批量生产组织比较合适

B．钱德勒认为企业战略应该服从于企业组织结构

C．组织生命周期理论认为，组织的生成阶段往往采用有机式组织

D．当外部环境较为稳定时，组织为提高运行效率，往往采用有机式组织

11．属于有机式组织适用条件的是（　　）。［2023年河南省专升本真题］

A．环境相对稳定　B．企业规模较大　C．技术相对统一　D．任务多样且多变

12．最早出现、多见于早期军队和小规模生产组织的一种组织结构形式是（　　）。［2021年河南省专升本真题］

A．直线制　B．职能制　C．直线职能制　D．矩阵制

13．销售部经理说："我们的销售队伍在竞争对手中是实力最强大的，要不是我们的产品缺乏多样性、不能及时满足消费者需要，我们的销售业绩也不会这么差。"生产部经理说："一流的熟练技术工人完全被缺乏想象力的产品设计局限了。"研发部经理打断说："创新思维凝结出的高科技含量的产品葬送在单调乏味而又机械的低产出生产线上。"从上述谈话中，可得出该企业在组织上存在的问题是（　　）。［2020年河南省专升本真题］

A．各部门经理的论述都有道理，只是态度过于强硬

B．各部门经理对各自角色及其在组织中的作用定位不清晰

C．各部门经理过于强调本部门工作的重要性

D．各部门经理对组织内各项职能的分工合作缺乏客观而准确的认识

14．随着组织规模的不断扩大，某集团成立了海外子公司，其经营特点是"集中决策，分散经营"，则这种组织结构是（　　）。［2024年河南省专升本真题］

A．直线制组织结构　B．矩阵制组织结构

C．事业部制组织结构　D．动态网络型结构

15．哪一个不是事业部制的特点？（　　）［2022年河南省专升本真题］

A．滋生本位主义　B．有利于专业化人才的培养

C．特点是集中决策、分散经营　D．机构重复设置，管理成本高

16．某公司接了个项目，需要各部门密切配合，成员是从多个部门临时抽调来的，这是（　　）结构。［2022年河南省专升本真题］

A．矩阵制　B．事业部制　C．职能制　D．直线职能制

17．一个从软件开发起家的公司，有成熟的互联网产业，该公司通过资源整合实现了智能家居生产，成为智能家居行业的龙头企业。该组织结构呈现出的趋势为（　　）。［2022年河南省专升本真题］

A．柔性化　B．扁平化　C．虚拟化　D．无边界化

18．某企业利用社会上的现有资源，实现组织内在核心优势与外部资源优势动态有机结合，具备了敏捷性和快速应变能力。该企业的组织结构形式是（　　）。［2019年河南省专升本真题］

A．事业部制　B．矩阵制　C．无边界型　D．动态网络型

19. 正式组织中往往存在非正式组织，下列对非正式组织的描述正确的是(　　)。[2024 年河南省专升本真题]

A. 既然存在正式组织，就不应该有非正式组织

B. 非正式组织对正式组织有不利的影响，应该取缔非正式组织

C. 非正式组织能够满足组织成员的需要

D. 正式组织的优势大于非正式组织的优势

20. 下述关于授权的说法中，正确的是(　　)。[2021 年河南省专升本真题]

A. 授权的同时要留责　　B. 书面授权才具效力

C. 授权的对象是部门或岗位　　D. 授权发生在同级之间

## 二、多项选择题

1. 下列关于授权的说法，正确的有(　　)。[2022 年军队文职真题]

A. 授权必须要保证命令统一　　B. 授权意味着责任的转移

C. 授权是一个过程　　D. 授权有一整套的规章制度去规范

E. 授权要遵守适度原则

2. 以下各项中，可能导致管理幅度扩大的情形有(　　)。

A. 主管所处的管理层次较高

B. 计划制定得详尽周到

C. 主管的综合能力、理解能力、表达能力强

D. 工作环境稳定，变化不大

E. 主管与下属的能力一般

## 三、填空题

1. 一个完整的组织结构设计包括______设计、部门设计、层级设计。[2024 年河南省专升本真题]

2. 组织设计原则中的______原则是指组织设计要保持一定的灵活性，根据内外环境的变化及时对机构和人员做出调整。[2021 年河南省专升本真题]

3. ______组织是一种稳定的、僵硬的结构形式，追求的主要目标是稳定运行中的效率。[2021 年河南省专升本真题]

4. 动态网络型结构是一种以______为中心，通过与其他组织建立研发、生产制造等业务合同，以有效发挥核心业务专长的协作型组织形式。[2022 年黑龙江省专升本真题]

5. 职权分为三种形式：直线职权、______和参谋职权。[2020 年河南省专升本真题]

6. ______是指管理者直接领导下属工作的权力，自组织的顶端一直延伸到底部，形成一条线性的指挥链。[2021 年河南省专升本真题]

7. ______是指决策权集中在组织高层的一种权力系统。[2022 年河南省专升本真题]

## 四、判断题(正确的打“√”，错误的打“×”)

1. 组织设计的实质是对管理人员的管理活动进行横向和纵向的分工。(　　)[天津商大 2023 年研]

2. 专业化分工原则要求每位下属应该有一个并且仅有一个上级，要求在上下级之间形

成一条清晰的指挥链。(　　)[天津商大 2023 年研]

3. 组织结构是组织中正式确定的，使工作任务得以分解、组合和协调的框架体系。(　　)[天津商大 2022 年研]

4. 在组织结构的形式中，矩阵制组织结构适用于一些临时性、需要多个部门密切配合的项目。(　　)[天津商大 2022 年研]

5. 所有的组织都是采用传统的金字塔式结构来完成工作的。(　　)[湖南师大 2018 年研]

6. 管理工作内容多，又比较复杂，组织就应扩大管理幅度。(　　)[西安石大 2022 年研]

7. 在进行组织层级设计时，分权优于集权。(　　)[安徽财大 2020 年研]

8. 非正式组织要求成员一致性的压力，往往也会约束成员的个人发展。(　　)[湖南师大 2017 年研]

9. 参谋人员向直线管理者提出建议，并承担决策结果的责任。(　　)[天津商大 2024 年研]

10. 参谋的设置有利于发挥专家的作用，能够提高管理的专业化水平，适应大生产分工协作的要求。(　　)[天津商大 2022 年研]

11. 组织的规模越大，活动越复杂，参谋人员的作用就越重要。(　　)[湖南师大 2017 年研]

12. 机械式组织适用于外部环境不稳定的情况。(　　)[2022 年河南省专升本真题]

13. 机械式组织强调创新和对现有规则的打破。(　　)[2023 年河南省专升本真题]

14. 组织规模和管理幅度有关，企业的规模越小，管理幅度也就越小。(　　)[2024 年河南省专升本真题]

15. 集权是指决策指挥权在较低管理层次上的集中。(　　)[2012 年河南省专升本真题]

16. 直线与参谋需要注意整合，要提高直线管理者的综合能力，然后尽可能设置更多参谋人员。(　　)[2023 年河南省专升本真题]

## 五、概念题

1. 统一指挥原则[中央民大 2019 年研；安徽师大 2017 年研]、统一指挥[常州大学 2020 年研]

2. 产品部门化[东北大学 2025 年研；武工大 2024 年研]

3. 区域部门化[桂林理工 2024 年研]

4. 集权和分权[安徽财大 2022 年研]、集权[西南财大 2025 年研]、分权[长安大学 2025 年研]

5. 职能职权[湖南师大 2021 年研；常州大学 2020 年研]

6. 直线管理人员[天津商大 2023 年研]

## 六、简答题

1. 简述动态网络型结构的含义及其优缺点。[河工大 2020 年研]

2. 直线职权与参谋职权的区别和联系。[西安石大 2021 年研]

3. 简述直线和参谋产生矛盾的原因及其整合方法。[沈工大 2022 年研]

相关试题：直线与参谋的矛盾如何解决？[东北大学 2025 年研]

4. 简述直线与参谋的关系以及如何运用。[2019 年河南省专升本真题]

## 七、论述题

1. 试论述组织的生命周期的各阶段都有哪些特点。[北邮 2024 年研]

2. 面对日益激烈的外部环境和不确定的市场需求变化，任何组织都会察觉到管理日趋复杂和自身能力的有限，为了适应这种变化，权变的组织设计应运而生，根据你对管理学的理解，运用权变的思想分析组织设计因素有哪些，并举例进行说明。[沈工大 2020 年研]

相关试题：

(1) 简述规模对企业组织设计的影响。[简答题，武工大 2024 年研]

(2) 论述组织设计的影响因素。[湖南师大 2023 年研]

3. 请论述集权与分权的影响因素。[湘潭大学 2020 年研]

相关试题：

(1) 简述影响组织分权程度的因素。[简答题，湖南师大 2021 年研]

(2) 影响组织分权程度的因素是什么？[简答题，浙大 2020 年研]

4. 什么是正式组织和非正式组织？如何消除非正式组织的消极影响？[2021 年河南省专升本真题]

## 八、案例分析题

### 案例一　W 公司的组织设计

W 公司由于其最佳而又新颖的产品、富有想象力的销售办法和对各公司客户的优质服务，已发展到位于它所在经营领域的前列，每年销售额超过 10 亿美元，利润率高，股票价格节节上升。该公司已获得投资者的青睐，因为他们从中可得到的股息增长率快，利润高。然而公司总裁不久就发现，一向运行良好的组织结构，现已不能适应该公司的需要。

多年来，公司是按照职能系列组织起来的，由几位副总裁分管财务、销售、生产、人事、采购和工程。随着公司的发展，公司已把其产品系列扩大，从商用扩展到电动打字机、照相复印机、电影机和放映机、机床用控制设备以及电动机。随着时间的推移，人们对以下情况感到关注：该公司的组织结构使总裁办公室以下的人员机构无法对公司的利润负责，无法适应目前在国外许多国家进行的业务的广泛性，并且似乎加固了阻碍销售、生产和工程各职能部门之间有效协调的"壁垒"。此外，有许多决定似乎除了总裁办公室以外，其他任何低于这一级的都不能做出。

因此，总裁将公司分成 15 个在美国和海外的各自独立经营的分公司，每个公司对利润负有全部的责任。然而在实行公司重组后，总裁开始感到对分公司不能实行充分的控制了。分公司在采购和人事职能方面出现了大量的重复，各分公司经理无视总公司的方针和策略，各自经营自己的业务，在总裁面前逐步显示出，公司正在瓦解成一些独立部门。总裁眼见过几家大公司因一家分公司的经理犯了错误并使该公司遭受重大损失而陷于困境的事例，终于认识到他在分权方面已走得太远了。于是，他撤回了分公司经理的某些职权，并要求他们就下述重要事项的决策应征得公司最高部门的批准，即：(1)超过1万美元的资本支出；(2)新产品的推行；(3)制定销售和价格的策略及政策；(4)扩大工厂规模；(5)人事政策的改变。

当分公司的一些经理们看到他们的某些自主权被收回时，他们的不愉快是可以理解的。他们公开抱怨公司的方针摇摆不定，一会儿分权，一会儿集权。总裁对自己处于这种情况感到忧虑。［河工大2024年研］

**请根据案例内容回答下列问题：**

**1. 总裁的做法有哪些不合理之处？**

**2. 如何解决该公司面临的问题？**

### 案例二　一封辞职信引发的思考

尊敬的张院长：

您好！我叫李红，是医院妇产科的护士长，在护士长岗位上已经工作半年了，但我再也无法忍受这种工作。我有两三个上司，每个上司都有不同的要求，都要求优先处理。要知道我只是一个凡人，我已经尽最大努力适应这种工作，但看来是不可能的。

举个例子吧。请相信我，这是一件平常的事，像这样的事情，每天都在发生。昨天早上7:45，我来到办公室就发现办公桌上留了一张纸条，是主任给我的。她告诉我，她上午10点钟需要一份床位利用情况统计报告，以供她下午在向董事长作汇报时用。我知道，这样一份报告至少要花费一个半小时才能写出来。30分钟以后，直接主管基层护士的监督员金华，走进来质问我为什么我的两位护士不在班上。我告诉她，外科主任从我这要走了她们两位，说是急诊外科手术正缺人手，需要借用一下。我告诉她，我也反对过，但外科主任坚持说只能这么办。你猜直接主管说什么？她叫我立即让这些护士回到妇产科。她还说，一个小时后，她会回来检查我是否把这件事办好了。院长，我跟您说，这种事情每天都发生好几次。一家医院就只能这样运作吗？这份工作我无法胜任，特提交申请，请批准。［天津商大2023年研］

**请结合案例，运用管理学相关知识，回答以下问题：**

**1. 这家医院在组织结构运行方面存在哪些问题？**

**2. 请就如何避免案例中的这种结局，提出自己的建议。**

### 案例三

王新是一家生产小型机械装配厂经理。每天王新到达工作岗位时都随身带来了一份列出他当天要处理的各种事务的清单。清单上的有些项目是总部的上级电话通知他需要处理的，另一些是他自己在一天多次的现场巡视中发现的或者他手下报告的不正常的情况。

一天，王新与往常一样带着他的清单来到了办公室。他做的第一件事是审查工厂各班次监督人员呈送上来的作业报告。他的工厂每天24小时连续工作，各班次的监督人员被要求在当班结束时提交一份报告，说明这班次开展了什么工作，发生了什么问题。看完前一天的报告后，王新通常要同他的几位主要下属人员开一个早会，会上他们决定对于报告中所反映的各种问题应采取些什么措施。王新在白天也参加一些会议，会见来厂的各方面访问者。他们中有些是供应商或潜在供应商的销售代表，有些则是工厂的客户。此外，有时也有一些来自地方、省、国家政府机构的人员。总部职能管理人员和王新的直接上司也会来厂考察。当陪伴这些来访者和他自己的属下人员参观的时候，王新常常会发现一些问题，并将它们列入他那待处理事项的清单中。王新发现自己明显无暇顾及长期计划工作，而这些活动是他改进工厂的长期生产效率所必须做的。他似乎总是在处理某种危机，他不知道哪里出了问题。为什么他就不能以一种使自己不这么紧张的方式工作呢？［南京理工 2019 年研］

**根据上面的案例，请回答如下问题：**

**1. 从管理职能及部门划分的角度，王新的工厂可能采取了什么样的组织结构形式？可以对王新的工作做一种什么样的分析？**

**2. 你认为什么样的组织结构更适合王新的工厂？**

**案例四**

某综合性大学下属多个专业学院。各个学院都承担人才培养和学科建设任务，并开展专业范围内的科学研究工作。因为专业划分比较清晰，各学院科研项目很少交叉，学院内部就可以解决科研人员和设备问题。

2020 年年底，上级给学校下达了一个重要的综合性科研任务，要求年内研究成功。学校科研管理部门研究认为，该项目需要 A、B、C、D 四个学院共同协作才能完成。科研接头会上，主管科研的周副校长要求各学院组织人力完成这项重要工作。随后各学院抽调了专业骨干，组成了 20 人的项目小组。周副校长特别指定 A 学院科研经验丰富的王坤教授担任项目组长，并安排了专门研发场地。王坤教授按照任务内容迅速制定了研发计划，进行了任务分工，安排了各专业负责人。王坤教授安排周到。大家热情高涨，一切按部就班，进展顺利，春节期间加班加点工作，只休息了 5 天。

2021 年新学期开始，项目继续推进，但王坤教授担心的事情也发生了。B 学院的李教授打来电话，说学院按惯例给自己安排了一门课程，每周要抽两天时间投入教学；C 学院刚毕业留校的张博士专门找到王坤教授，说导师的课题马上要结题，这一周需要请假；D 学院的小赵打电话告诉王坤教授，学校要求他这批留校的博士今年必须通过试讲验收才能申请高级职称，压力太大，需要请假一周做准备……

王坤教授也知道这些都是大家的日常工作，理解每个人的苦衷，而且课题组成员办完学院安排的事情后也都全力投入了项目科研中，但是项目实际进度却滞后于王坤教授的计划，年内完成项目看来不太可能，王坤教授头都大了。［2022 年军队文职真题］

**问题：**

**1. 结合学校原有的组织结构，分析王坤教授承担该项目的情况，该校承接大型科研项目采用了哪种组织结构类型？**

**2. 从该项目组织结构的固有特点，分析王坤教授面临此困难的根本原因。**

**3. 如果你作为学校主管科研副校长的助理，针对项目进展中遇到的问题应如何向副校长提出解决建议。**

**案例五**

2009 年新年伊始，任正非向华为全体员工发出了震耳欲聋的呐喊——“让听得见炮声的人做决策”。任正非在销服体系奋斗颁奖大会上讲话时强调：“谁来呼唤炮火？应该让听得见炮声的人来决策。而现在我们恰好是反过来的。机关不了解前线但拥有太多的权力与资源，为了控制运营的风险，自然而然地设置了许多流程控制点，而且不愿意授权。过多的流程控制点，会降低运行效率，增加运作成本，滋生了官僚主义及教条主义。”

过去打仗的时候，前线的连长指挥不了炮兵，要报告师部请求支援，师部下命令后炮兵才开炸。现在系统的支持力量超强，前端功能全面，授权明确，特种战士一个通信呼叫，飞机就开炸，炮兵就开打。前线 3 人一组，包括一名信息情报专家，一名火力炸弹专家，一名战斗专家。他们互相了解一点对方的领域，都经过紧急救援、包扎等训练。当发现目标后，信息情报专家利用先进的卫星工具等确定敌人的集群、目标、方向、装备……火力炸弹专家配置炸弹、火力，计算出必要的作战方式，其按授权许可度，用通信呼唤炮火，完全消灭了敌人。任正非由此联想到公司大了以后，很多职能部门听不到前方的“炮声”，效率低下，做出了许多不正确的决策。

中国的企业大部分从小到大都是企业家一手带出来的，开始在一线指挥，走到一定程度的时候发现自己管理不过来了，这时候就要开始授权。授权以后常常发现授权过度，资源不能充分有效整合，监控不力，企业下属也会犯一些错误，再收回权力，让一个机构管理，就是所谓的总部。再过一段时间发现总部的权力太多，很多职能部门很官僚，不了解前方，又授权给下面了。中国企业大部分走到了这个阶段。如何在集权和授权之间找到平衡点？任正非给出的答案是“让听得见炮声的人做决策”。在任正非看来，那些长时间脱离前线的人，已经失去了对“战场”的敏锐感，也失去了现场解决问题的能力。［2021 年军队文职真题］

**问题：**

**1. 请从这个案例中分析华为公司当时面临哪些矛盾问题。**

**2. 请解释什么是授权。**

**3. 请扼要分析如何才能真正实现“让听得见炮声的人做决策”。**

## 6.2 考研真题与典型题详解

### 一、单项选择题

1. D 【解析】组织设计的最终任务是编制职务说明书，明确每个职位的职责、权限和任职资格。

2. A 【解析】组织设计中通常可按职能、产品、区域等进行部门划分。其中，职能部门化，是指组织按照任务活动的相似性即职能设立管理部门；产品部门化，是指组织按照产品设立管理部门；区域部门化，是指组织按照区域设立管理部门。

3. B 【解析】职能制组织结构设置了参谋，其优点之一是：专业化程度高，实现了管理专业化。

4. D 【解析】矩阵制组织结构的缺点有：稳定性差、多头指挥、权责不对等；其主要缺点是协调难度大。在这种结构中，员工需要同时向项目经理和职能经理汇报工作，这可能导致指令冲突和沟通不畅，增加了管理和协调的复杂性。ABC 三项虽也是矩阵制组织的特点，但不是其主要缺点。

5. C 【解析】矩阵制是一种复杂的组织结构，员工同时向两个或多个上级汇报，容易出现多方牵制的情况。本题中，车间主任抱怨受到各方面的牵制，可以推测该企业的组织结构是矩阵制。

A 项，直线制是一种简单的组织结构，每个员工只向一个上级汇报。

B 项，直线职能制结合了直线制和职能制的特点，有明确的职能分工。

D 项，事业部制是一种分权化的组织结构，每个事业部相对独立。

6. C 【解析】组织结构演进的大趋势包括扁平化、柔性化、无边界化和虚拟化。C 项，边界化不是主要趋势。相反，现代组织更倾向于打破边界，实现更加灵活的协作。

7. B 【解析】A 项，正式组织对企业起主导作用；非正式组织不起主导作用。

C 项，正式组织是企业设立的正规部门；非正式组织是员工自发形成的群体。

D 项，非正式组织和正式组织之间可能存在冲突，但这并不是必然的。

8. D 【解析】有效管理幅度需综合考虑管理者和被管理者的工作能力、工作内容和性质、工作条件与环境、成员的差异性等诸多因素的影响。

9. B 【解析】题中这句话反映了组织在集权与分权方面的正确观念，即适当授权给前线指挥官，使其能够灵活应对实际情况。

10. A 【解析】B 项，钱德勒认为，企业组织结构应服从企业战略；C 项，组织生命周期理论认为，组织生成阶段常采用机械式组织；D 项，当外部环境较稳定时，为提高运行效率，组织常采用机械式组织。

11. D 【解析】有机式组织适应性强，其适用条件为：①环境不确定性高；②任务多样且多变，难以程序化决策；③技术复杂多变；④有较强的创新能力；⑤组织规模较小。

12. A 【解析】常见的组织结构形式中，直线制是一种最早出现、最简单的组织结构形式，常见于早期的军队和小规模生产组织中。

13. D 【解析】本题中，各部门经理相互指责、推诿，反映出职能制组织结构的弊端（缺乏协调、职责不清）。组织中常常会因为追求职能目标而看不到全局的最佳利益，没有一项职能对最终结果负全责。由于不同职能间利益、视野的相互隔离，各自强调自己的重要性，各职能部门对组织内各项职能的分工合作缺乏客观而准确的认识，导致各职能部门之间不断发生冲突，影响组织整体目标的实现。

14. C 【解析】事业部制组织结构的主要特点是“集中决策，分散经营”。事业部独立经营，有独立的市场，自负盈亏，而总部仅通过利润等指标进行控制。题中的组织结构属于事业部制组织结构。

15. B 【解析】事业部制组织结构的主要特点是“集中决策，分散经营”。其优点有：①便于管理者关注战略规划与决策；②利于培养通才；③提高环境适应能力。其缺点有：①机构重复设置导致管理成本上升；②易滋生本位主义。

16. A 【解析】矩阵制组织结构的特点有：①既有按职能划分的垂直领导系统，又有按产品或项目划分的横向领导关系，下属同时接受两名上级的领导。②项目组人员来自不同部门。③项目小组为临时组织，负责人为临时委任。本题中，该公司采取的是矩阵制组织结构。

17. C 【解析】组织结构演进的大趋势有扁平化、柔性化、无边界化、虚拟化。本题中，从“互联网产业”“资源整合”可知该企业属于动态网络型组织结构，其呈现出的趋势为虚拟化。

18. D 【解析】动态网络型组织结构是以项目为中心，通过与外部组织建立业务合同网，发挥核心业务专长的组织形式。它以市场组合替代传统科层制，结合内部优势和外部资源，提高敏捷性和应变能力。本题中，该企业的组织结构形式为动态网络型组织结构。

19. C 【解析】A 项，非正式组织客观存在，不可以忽视、消灭其存在。BD 两项，非正式组织对正式组织的影响有积极和消极两方面。二者是互补的。要发挥其积极作用，减少负面影响，营造促进二者整合的文化环境。

20. A 【解析】A 项正确，体现了“权责统一”的原则。B 项说法过于绝对，口头或其他非正式形式的授权在某些情境下也有效。C 项说法过于狭窄，授权的对象可以是个体员工、部门或岗位等。D 项，授权通常是上级把权力授予下级，而非同级之间。

## 二、多项选择题

1. ABCDE 【解析】A 项，授权要明确责任、命令统一。

BD 两项，授权要权责利对等。授权过程中发生了权利和责任的转移，且该过程需要有相应的规章制度去规范。

C 项，授权是一个过程，发生在上下级之间。

E 项，授权应遵守适度原则。组织授权必须建立在效率的基础上。授权过少往往会造成主管工作量过大，授权过多又会造成工作杂乱无序甚至失控，因此不能无原则授权。

2. BCD 【解析】有效的管理幅度受到诸多因素的影响，主要有主管与下属的工作能力、工作内容和性质、工作条件与工作环境。通常来说，主管与下属的能力越强，主管所处的管理层次越低，下属工作相似度越高，计划越完善，非管理事务越少，助手配备越充足，信息获取越便捷，工作地点越相近，工作环境越稳定，则管理幅度可适当扩大。

## 三、填空题

1. 职能　2. 柔性经济　3. 机械式　4. 项目

5. 职能职权　6. 直线职权　7. 集权

## 四、判断题（正确的打“√”，错误的打“×”）

1. √　2. ×　3. √　4. √　5. ×　6. ×　7. ×　8. √　9. ×　10. √

11. √　12. ×　13. ×　14. ×　15. ×　16. ×

2. 题中所述为统一指挥原则。专业化分工原则强调的是工作任务的专业化。

5. 并不是所有的组织都采用传统的金字塔式结构来完成工作。现代组织结构多种多样，包括扁平化结构、矩阵结构、网络结构等，这些结构各有优势，适用于不同的组织环境和需求。

6. 管理工作内容多且复杂时，应适当缩小管理幅度，以提高管理效率。

7. 在进行组织层级设计时，分权和集权各有优劣，并不能简单地说分权优于集权。分权可以提高决策效率、激发员工积极性，但可能导致资源分散、控制难度加大；而集权有利于统一指挥、集中资源，但也可能降低灵活性、抑制创新。因此，应根据具体情况选择。

9. 参谋人员只提供建议，不承担决策结果的责任，责任由直线管理者承担。

12. 机械式组织适用于外部环境相对稳定的情况，有机式组织适用于外部环境不稳定的情况。

13. 机械式组织一般墨守成规，强调固有知识，排斥外部知识和其他组织的经验。

14. 组织规模与管理幅度并不成简单的正比或反比关系。有效管理幅度受到管理者和被管理者的工作能力、工作内容和性质、工作条件与环境、成员差异性等诸多因素的影响，需要综合考虑。

15. 集权是指决策指挥权在组织层级系统中较高层次上的集中。

16. 直线与参谋整合时，要慎重对待参谋的设置。参谋设置过多常会导致直线与参谋之间发生冲突。

## 五、概念题

**1. 统一指挥原则**［中央民大 2019 年研；安徽师大 2017 年研］、**统一指挥**［常州大学 2020 年研］

**答：**统一指挥原则是指要求每位下属应该有一个并且只有一个上级，要求在上下级之间形成一条清晰的指挥链。如果下属有多个上级，就会因为上级可能下达彼此不同甚至相互冲突的命令而无所适从。虽然有时在例外场合必须打破统一指挥原则，但是为了避免多头领导和多头指挥，组织的各项活动应该有明确的区分，并且应该明确上下级的职权、职责以及沟通联系的具体方式。

**2. 产品部门化**［东北大学 2025 年研；武工大 2024 年研］

**答：**产品部门化是指根据产品来设立管理部门，将同一产品的生产或销售工作集中在同一部门进行。每个部门负责其特定产品的开发、生产和销售，拥有自己的资源和管理团队。其优点有：①专注于特定产品；②提高效率；③增强责任感；缺点是：①本位主义；②决策缓慢；③管理复杂性增加。

**3. 区域部门化**［桂林理工 2024 年研］

**答：**区域部门化是指按照地理区域划分管理部门，常见于地理位置分散的大型公司，特别是跨国公司。其主要目的是通过集中管理同一地区的业务活动，充分利用本地的人力、物力和财力，提高资源利用率，并更好地适应不同地区的经营需求和特点，从而提升整体管理和运营效率。

**4. 集权和分权**［安徽财大 2022 年研］**、集权**［西南财大 2025 年研］**、分权**［长安大学 2025 年研］

**答：**参见本章论述题第 3 题答案。

**5. 职能职权**［湖南师大 2021 年研；常州大学 2020 年研］

**答：**职能职权是指参谋人员或某部门的主管人员所拥有的原属直线主管的那部分权力。这种权力通常是基于专业知识和技术专长，具有专业性、有限性、辅助性和协调性。职能职权是一种权益职权，由直线管理者向自己辖属以外的个人或职能部门授权，允许他们在一定的职能范围内行使某种职权。这种职权的表现形式是对有限权力和职责的规范性分配，必须在限定的范围内行使。通过合理的授权和职责分配，职能职权有助于提高组织的管理效率，确保各项任务得到有效执行。

**6. 直线管理人员**［天津商大 2023 年研］

**答：**直线管理人员又称一线管理人员，是指在组织中负责直接管理和监督日常运营活动的人员。他们拥有决策权和指挥权，对实现组织目标负有直接责任。在组织结构中，直线管理人员通常位于组织的较低层级，直接管理一线员工，确保日常运营的顺利进行。直线管理人员与参谋人员（如财务、人事等部门）协同工作，参谋人员提供支持和咨询，而直线管理人员则负责具体执行和指挥。

## 六、简答题

**1. 简述动态网络型结构的含义及其优缺点。**［河工大 2020 年研］

**答：**（1）动态网络型组织结构的含义：

动态网络型组织结构是一种以项目为中心，通过与其他组织建立研发、生产制造、营销及售后服务等业务合同网，有效发挥核心业务专长的组织形式。它以市场组合方式代替传统纵向科层组织，实现内部核心优势与外部资源优势的有效整合，从而具备敏捷性和快速应变能力。

（2）动态网络型组织结构的优点：

①灵活性高，能够根据市场需求灵活整合资源。

②结构简单。多数业务外包，组织结构扁平化，提高效率。

③动态调整。价值链可根据需要进行调整，适应性强。

（3）动态网络型组织结构的缺点：

①稳定性差。依赖外部合作，容易受合作伙伴变动的影响。

②商业模式要求高，需持续为合作企业带来利益。

③难以形成组织文化。合作关系基于利益，不利于文化建设。

④伦理争议。外包可能引发企业伦理问题。

**2. 直线职权与参谋职权的区别和联系。**［西安石大 2021 年研］

**答：**(1)直线职权与参谋职权的区别：

①定义和性质不同。直线职权，是指组织内直线管理人员拥有的发布命令及执行决策的权力，如车间主任直接指挥工人进行生产作业。参谋职权，是指参谋人员提供的咨询、建议等辅助性职权，如市场调研部门提供市场分析和策略建议。

②职责范围不同。直线职权负责具体业务的操作和管理。参谋职权侧重于研究、分析和提供建议，如战略规划小组提供行业趋势分析和长期战略建议。

③权力指向不同。直线职权为垂直上下级关系，上级对下级下达指令。参谋职权为横向或斜向关系，参谋人员提供建议但无直接指挥权。

(2)直线职权与参谋职权的联系：

①相互依存。直线管理人员需要参谋人员的专业信息和建议来做出正确决策。参谋人员的建议需要直线管理人员的支持才能实施。

②目标一致。二者的最终目标都是提高组织效率和效益，实现组织目标。

**3. 简述直线和参谋产生矛盾的原因及其整合方法。**［沈工大 2022 年研］

**相关试题：直线与参谋的矛盾如何解决？**［东北大学 2025 年研］

**答：**(1)直线和参谋产生矛盾的原因：

①统一指挥影响参谋作用。直线管理者过于强调统一指挥，削弱了参谋的作用。参谋过多介入决策，可能导致多头指挥。

②直线轻视和抵制参谋。直线管理者可能轻视参谋的作用，导致参谋贡献不足。下级直线管理者抵制参谋建议，影响参谋发挥作用。

③参谋不尽责。参谋人员担心下级直线管理者的抵制，倾向于“建言献策但不添乱”，从而影响其有效发挥。

④参谋过高估计自身作用。参谋高估自己的贡献，成功时认为自己功劳大，失败时幸灾乐祸。

(2)直线与参谋的整合方法：

①慎重对待参谋设置：a. 提升直线管理者的综合能力，适当控制参谋规模；b. 重视参谋对工作的适应性；c. 选择合适的参谋来源(内部或外部)。

②明确职责关系：a. 明确直线与参谋的职责，直线负责决策、指挥、执行，参谋负责思考、筹划、建议；b. 完善沟通机制，确保直线管理者在决策前充分听取并反馈参谋的建议。

③授予参谋必要的职能职权。在必要时授予参谋部分职能权力，以克服直线管理者的非理性因素，使参谋更好地发挥作用。

**4. 简述直线与参谋的关系以及如何运用。**［2019 年河南省专升本真题］

**答：**(1)直线与参谋的联系：

①直线和参谋均以实现组织目标为根本工作任务，扮演组织管理者的角色。

②参谋能够为直线决策提供信息资源，如建议、咨询等服务。

③直线和参谋的设置旨在克服管理人员的局限性。直线部门因管理幅度有限而存在，参谋则弥补了直线管理人员在专业知识和精力上的不足。直线和参谋相结合，有利于改善组织结构的弊端，融合普遍决策和专业建议，有利于提高决策效率和效果。

④直线和参谋不是固定的，角色可以相互转换。

（2）直线与参谋的区别：

①职权性质不同。直线管理者强调垂直的直线权力；参谋人员则侧重于为直线部门提供建议的参谋职权。

②设置方式不同。直线部门侧重于上下级等级分明，强调命令和服务的工作关系；参谋则侧重于辅助和建议，不存在明显的等级关系。

③决策角色不同。直线管理者强调职权的重要性，会拥有与之相匹配的决策权；参谋人员的工作多为提出建议，很少具有明确的决策权。

④考核标准和待遇不同。直线部门有严格的层级、职位划分，并有与之对应的薪酬待遇标准；参谋部门的价值则体现在其所提供的专业化建议和服务上。

⑤所承担的责任不同。直线管理者具有决策权并承担执行后果；参谋人员提出建议，并不对决策和执行结果负责。

（3）直线与参谋关系的整合，参见本章简答题第3题答案。

## 七、论述题

**1．试论述组织的生命周期的各阶段都有哪些特点。**［北邮2024年研］

**答：**组织生命周期是指组织的发展一般可分为生成、成长、成熟、衰退和再生五个阶段。每个发展阶段都有不同的特征。具体如下：

（1）生成阶段（创业阶段）。在生成阶段，组织规模较小，采用简单、机械式的组织结构，权力集中在创始人或高层管理者手中；活动复杂性较低，对分权和管理规范性的要求不高，主要依靠创始人的创造性推动发展。这一阶段面临的主要风险是领导力风险，决策权高度集中，一旦出现决策失误，组织将陷入巨大危机。

（2）成长阶段。在成长阶段，组织发展迅速，规模迅速扩大。原有的机械式组织结构已不能满足需求，需要向有机式组织结构转变，向中层和基层管理者授予更多决策权，提高组织规范性。沟通和协调变得更为重要，但容易出现沟通不畅和部门之间争权夺利的现象。这一阶段面临的主要风险是各自为政的风险，需要适时调整组织结构以应对这些挑战。

（3）成熟阶段。进入成熟阶段后，组织结构规范化，层级关系清晰，职能健全，内部沟通正式化，规章制度完善。通过授权调动各部门的积极性，重视创新并通常成立专门的研发部门。然而，在官僚制结构下，创新范围受到限制，面临的主要风险是控制风险，即授权过多可能导致失去控制。

（4）衰退阶段。在衰退阶段，组织机构臃肿，人浮于事，决策路径过长导致决策迟缓，过于强调程序和规范，形式主义蔓延，组织运行效率低且难以推进改革。这种现象被称为“大企业病”，面临的主要风险是繁文缛节风险，即过于复杂的程序和规范导致效率低下。

（5）再生阶段。在再生阶段，组织通过再集权排除阻力，推进改革；通过流程再造整合分工；选择性退出部分业务，降低运营成本；采用扁平化组织结构，减少层级；采用矩阵制组织结构，提高沟通效率；加强与其他组织的合作，谋求共同发展。这一阶段面临的主要风险是人才枯竭风险，变革过程中可能面临人才流失问题。

**2. 面对日益激烈的外部环境和不确定的市场需求变化，任何组织都会察觉到管理日趋复杂和自身能力的有限。为了适应这种变化，权变的组织设计应运而生，根据你对管理学的理解，运用权变的思想分析组织设计因素有哪些，并举例进行说明。**［沈工大 2020 年研］

**相关试题：**

**（1）简述规模对企业组织设计的影响。**［简答题，武工大 2024 年研］

**（2）论述组织设计的影响因素。**［湖南师大 2023 年研］

**答：**权变理论认为没有一种普遍适用的“最佳”组织设计，组织结构应根据外部环境和内部条件的变化灵活调整。影响组织设计的因素主要包括：

（1）环境：

①一般环境，指政治、经济、社会文化等间接影响组织活动的因素。

②任务环境，指政府、行业协会、供应商、客户和竞争对手等直接影响组织活动的因素。

举例：

a. 稳定环境：一家传统的制造企业，在一个稳定的市场环境中运营，可以采用机械式组织结构，明确规章制度和工作程序，以提高效率。

b. 不稳定环境：一家科技创业公司，面对快速变化的技术和市场需求，需要采用有机式组织结构，强调灵活性和适应性，减少层级，增加跨部门协作。

（2）战略：

战略发展可分为四个不同的阶段，每个阶段都应有与之相适应的组织结构：

①数量扩大阶段。单一领域发展时，偏向集权的职能结构。

②地区开拓阶段。多区域扩展时，需要更灵活的分权结构。

③纵向联合开拓阶段。垂直整合时，需要综合考虑供应链管理。

④产品多样化阶段。多元化经营时，多采用事业部制组织结构。

举例：

a. 单一领域：某家电制造商专注于空调生产，采用集权的职能结构，确保生产和销售的一致性和高效性。

b. 多元化经营：某大型集团涉足多个行业（如房地产、金融、零售），采用事业部制组织结构，每个事业部独立运作，具有较高的自主权。

（3）技术：

生产技术按复杂程度可分为三类：

①单件小批量生产技术，适合定制化生产，管理幅度适中，规范化程度低。

②大批量生产技术，适合标准化产品，通过流水线实现规模经济，管理幅度大，规范化程度高。

③流程生产技术，适合连续生产，管理幅度小，规范化程度低。

举例：

a. 单件小批量生产：高端定制服装品牌，每件衣服都是单独设计和制作，管理幅度适中，强调个性化服务。

b．大批量生产：汽车制造厂，通过高度自动化的生产线实现大规模生产，管理幅度大，规范化程度高。

(4)规模：

①小规模组织，协调容易，规范性较低，集权程度较高。

②大规模组织，协调困难，规范性较高，复杂度高。

举例：

a．小规模组织：一家小型软件开发公司，员工少于50人，决策集中，沟通直接，易于协调。

b．大规模组织：一家跨国公司，员工数万人，需要复杂的组织结构和详细的规章制度来维持运营。

(5)发展阶段：

组织的发展一般会经历生成、成长、成熟、衰退和再生五个阶段，各阶段的特征不同。

①生成阶段，为初创期，权力集中在高层，结构简单。

②成长阶段，为快速发展期，授权中层和基层管理者更多决策权。

③成熟阶段，为稳定期，注重授权和规范性。

④衰退阶段，为衰退期，需要加强协调。

⑤再生阶段，为转型期，强调合作与创新。

举例：

a．生成阶段：一家初创互联网公司，创始人团队掌握主要决策权，结构简单，灵活应对市场变化。

b．成长阶段：随着业务扩张，公司开始设立更多的部门，并逐步将决策权下放给各部门负责人，以提高响应速度。

综上，权变思想要求组织设计须根据具体情况进行调整，以适应不断变化的外部环境和内部需求。

**3．请论述集权与分权的影响因素。**［湘潭大学2020年研］

**相关试题：**

**(1)简述影响组织分权程度的因素。**［简答题，湖南师大2021年研］

**(2)影响组织分权程度的因素是什么？**［简答题，浙大2020年研］

**答：**(1)集权与分权：

集权和分权是组织层级化设计中的两种相反的权力分配方式，是两个相对的概念。

①集权，指决策指挥权在组织层级系统中较高层次上的集中，即下级部门和机构只能依据上级的决定、命令和指示办事，一切行动须服从上级指挥。

②分权，指决策指挥权在组织层级系统中较低管理层次上的分散。一个组织内部要实行专业化分工，就必须分权，否则组织无法运转。

(2)影响组织集权与分权程度的因素：

①组织规模。组织规模越大，管理层级和部门数量越多，沟通路径越复杂。这会导致决策过程变慢，管理压力增加。通过分权，可以将决策权下放到更低层级，减轻高层管理

人员的压力，提高决策速度和质量。此外，分权还能使各层级的管理者更专注于其职责范围内的事务，从而提高整体效率。

②政策的统一性。如果组织内部结构相似且政策统一，集权管理可确保一致性，简化管理流程。然而，如果各部门之间差异较大，需要不同的政策来支持其发展，则应增加分权程度。分权可以使各部门根据自身特点制定更适合的政策，提高灵活性和适应性。

③成员的自我管理能力。分权依赖于下级管理者和组织成员的自我管理能力。自我管理能力强的组织成员能够独立开展工作，不需要过多的监督和指导。在知识经济时代，学习型组织鼓励员工自主学习和创新，因此分权程度较高。分权不仅满足了员工对独立工作的需求，还激发了其积极性和创造力。

④组织的可控性。组织需要平衡集权与分权。过度集权会降低决策速度，损害成员积极性；而过度分权可能导致组织失控，影响整体协调。理想的分权应确保下级能正常履行职责，同时上级对下级的管理不致失控。而集权应以不妨碍下属履行职责、有利于调动积极性为宜。

⑤组织的发展阶段。组织在不同发展阶段需要不同的分权程度。在组织的生成和成长阶段，适度集权有助于建立统一的管理和运营模式，确保资源的有效配置。在成熟阶段，随着组织规模扩大和业务多样化，需要增加分权程度，以调动各部门的积极性，增强适应性。在衰退阶段，为了应对衰退，需要通过分权来激发各部门的活力，提高应对危机的能力。在再生阶段，为应对衰退，需要提高集权程度，通过强有力的领导来扭转局面。

综合考虑这些因素，组织可合理调整集权与分权的程度，实现高效管理和持续发展。

**4. 什么是正式组织和非正式组织？如何消除非正式组织的消极影响？**［2021 年河南省专升本真题］

**答：**(1)正式组织与非正式组织：

正式组织，是指两个或更多人围绕共同目标，通过有意识的系统关系组成的有机整体。非正式组织，是指独立于正式组织之外，以人际关系和谐为导向，受潜在不成文规定约束的个体集合体。二者的区别如下：

①目标不同。正式组织存在明确的目标，以效益为导向。非正式组织无明确稳定的共同目标，追求人际关系和谐和成员归属感。

②行为逻辑不同。正式组织成员按规章制度行事，行为受非人格化规则约束。非正式组织成员的行为受情感支配，通过约定俗成的规则限制。

③结合紧密程度不同。正式组织有严格的管理层级和岗位职责，层级分明，信息沟通受层级约束。非正式组织无明确结构和层级，信息传递开放、发散。

④权威来源不同。正式组织中领导者的权威主要来自职位。非正式组织的权威来自非职位性因素，如资历、人品等。

(2)消除非正式组织消极影响的措施：

①提高决策参与性。吸纳非正式组织代表参与决策过程，增进对组织目标的理解和认同，避免目标冲突。

②加强沟通与信息共享。加强内部沟通，实现必要的信息共享，防止小道消息和流言蔓延。

③关心成员的工作和生活状况。理解并尊重他们参与非正式组织活动，引导他们将主要精力投入正式组织工作。

④鼓励管理者参与非正式组织活动，树立权威。这既有助于管理者了解组织成员的真实想法，又能树立亲民形象、提升威望。

⑤营造利于整合的组织文化和氛围。对非正式组织采取开放、包容的态度，认识到其与正式组织的互补性，营造一种能促进二者和谐融合的文化和氛围。同时，要清醒认识非正式组织可能带来的风险。

## 八、案例分析题

### 案例一　W公司的组织设计

**请根据案例内容回答下列问题：**［河工大2024年研］

**1. 总裁的做法有哪些不合理之处？**

**答：**总裁在处理W公司的组织结构问题时存在以下不合理之处：

(1)缺乏明确的组织设计战略。总裁未能制定出适合公司规模和业务范围扩展的长期组织设计战略。随着公司业务的多元化，职能制组织结构已经无法有效支持公司的运营和协调需求了。

(2)过度分权与随意集权。在最初的分权过程中，总裁将过多的决策权下放给分公司，导致各分公司各自为政，缺乏协调。分公司无视总公司的方针，导致资源浪费和决策不一致，影响整体业务的统一性和效率。而后面的集权又显得太随意，让分公司经理们无所适从。

(3)缺乏有效的控制机制。在分权后，总裁未能建立有效的控制和监管机制，导致分公司在采购和人事职能上出现重复。缺乏监督使得分公司在决策时缺乏约束，造成公司资源的浪费和管理混乱。

(4)反复摇摆的决策。在分权和集权之间来回摇摆，导致分公司经理对总公司的方针产生困惑和不满。频繁的政策变动使分公司经理难以适应，降低了员工的士气和对公司战略的信任度。

(5)忽视分公司经理的反馈。在收回分公司权力的过程中，总裁未能考虑分公司经理的意见和反馈。缺乏沟通和参与感使分公司经理对公司的决策产生抵触情绪，影响了团队的凝聚力。

**2. 如何解决该公司面临的问题？**

**答：**为了解决W公司面临的组织结构和管理问题，可采取以下措施：

(1)制定长期发展战略。制定清晰的长期发展战略，结合市场需求和公司资源，确保公司的发展方向清晰一致。明确的战略方向将使各分公司在执行过程中保持一致性，减少战略摇摆带来的困惑。

(2)建立清晰的组织结构。重新设计公司的组织结构，采用矩阵制组织结构或事业部制组织结构，以适应多元化的产品线和国际市场需求。这种结构能够增强各职能部门之间的协调，同时赋予分公司在其业务范围内的自主权。

(3)明确决策权限。根据业务的复杂性和重要性，明确总部和分公司的决策权限，制定清晰的决策流程。分公司可以在日常运营中灵活决策，而重大事务需要通过总部批准，以保持必要的控制。

(4)建立有效的沟通机制。定期举行跨部门会议和分公司经理会议，鼓励上下级之间的沟通，了解彼此的需求和挑战。增强各分公司与总部之间的信息流动，提高决策的透明度和一致性。

(5)建立监督与激励机制。建立有效的监督机制，对分公司的业绩进行定期评估，同时根据业绩设定合理的激励措施。通过激励与责任并重，增强分公司对 W 公司目标的责任感，提高整体业绩。

(6)培训与发展。对分公司的管理人员进行培训，提高其管理能力和决策水平，确保他们能有效执行公司的战略。增强分公司管理层的专业性和执行力，帮助他们更好地适应公司的战略方向。

通过以上措施，W 公司可以在保持分公司自主权的同时，增强对整体经营的控制与协调，提高公司整体的运营效率和市场竞争力。

### 案例二 一封辞职信引发的思考

**请结合案例，运用管理学相关知识，回答以下问题：**[天津商大 2023 年研]

**1. 这家医院在组织结构运行方面存在哪些问题?**

**答：**这家医院在组织结构运行方面存在以下问题：

(1)权责不清。李红作为护士长，面临多个上司的要求，导致责任不明确。不同上司的优先级冲突，增加了工作压力。

(2)沟通不畅，缺乏协调机制。各部门之间缺乏有效的沟通机制，护士被外科主任临时调动，造成工作安排混乱。医院缺少跨部门的协调机制，导致各科室之间不能有效合作，增加了员工的心理负担。

(3)决策层次多。多个上司的存在使得决策层次增多，导致信息传递延迟，影响了工作效率。

(4)人力资源调配不合理。医院在资源调配上缺乏灵活性，护士被频繁调动，影响了妇产科的正常运作。

**2. 请就如何避免案例中的这种结局，提出自己的建议。**

**答：**避免案例中这种结局的建议有：

(1)明确岗位职责。重新定义各岗位的职责和权力，确保每位员工知道自己的工作重点，减少多重汇报线。

(2)加强沟通。建立定期的跨部门会议机制，促进各部门之间的信息共享和沟通，避免临时调动带来的混乱。

(3)优化资源调配。根据实际需求合理调配人力资源，设立应急分配方案，确保各科室在高峰期能够得到支持。

(4)设立协调角色。引入项目经理或协调员角色，专门负责跨部门的协调工作，确保信息流通及时。

(5)提供心理支持。为员工提供心理健康支持，如咨询服务，帮助他们应对职场压力，提升整体满意度。

(6)培训管理技能。对管理人员进行培训，增强其沟通和协调能力，以应对复杂的工作环境。

(7)反馈机制。建立员工反馈机制，及时收集意见和建议，持续改善工作环境和管理流程。

**案例三**

**根据上面的案例，请回答如下问题：**［南京理工2019年研］

**1．从管理职能及部门划分的角度，王新的工厂可能采取了什么样的组织结构形式？可以对王新的工作做一种什么样的分析？**

**答：**(1)从管理职能及部门划分的角度，王新的工厂可能采取了职能制组织结构。在这种结构中，组织按职能进行部门划分，每个部门负责特定的业务领域，如生产、采购、销售等。具体特征如下：

①按职能划分部门。工厂内有多个职能部门，如生产部、质量控制部、采购部、销售部等。

②层级分明。存在明确的管理层级，从基层员工到班次监督人员，再到经理。

③集中决策。主要决策由高层管理者(如王新)做出，下属部门执行。

(2)对王新的工作内容和方式可从以下几个方面进行分析：

①日常事务处理：

a．清单管理。每天携带一份待处理事项清单，包括上级通知的任务和现场发现的问题。

b．审查报告。每天首先审查各班次监督人员提交的作业报告，了解前一天的工作情况和问题。

c．早会。与主要下属召开早会，讨论并决定如何解决报告中反映的问题。

d．会议和会见。参加各种会议，会见供应商、客户、政府机构代表等来访者。

②现场巡视：

a．现场检查。频繁进行现场巡视，发现问题并记录在待处理事项清单中。

b．危机处理。经常处理突发问题和危机，缺乏时间进行长期规划。

③外部关系维护：

a．供应商和客户。与供应商和潜在供应商的销售代表以及工厂客户保持联系。

b．政府机构。接待来自地方、省、国家政府机构的人员，处理相关事务。

④内部沟通：

a．下属沟通。与下属人员进行频繁沟通，指导和解决问题。

b．总部沟通。与总部职能管理人员和直接上司保持联系，汇报工作进展。

⑤时间管理：

a．时间紧张。大部分时间用于处理日常事务和突发问题，缺乏时间进行长期计划和改进工作。

b．压力大。由于不断处理危机，感到工作紧张且无暇顾及长远发展。

**2. 你认为什么样的组织结构更适合王新的工厂？**

**答：**为了更好地适应王新工厂的需求，提高工作效率并减少其工作压力，建议采用矩阵制组织结构或事业部制组织结构。

（1）矩阵制组织结构：

①特点：a. 双重指挥链，即既有按职能划分的部门，又有按项目或产品线划分的团队。b. 灵活性高，即可以根据需要组建临时项目组，灵活调配资源。c. 跨部门协作，即促进不同部门之间的合作，提高解决问题的效率。

②适用性：a. 适合多项目管理。如果工厂涉及多个项目或产品线，矩阵制结构可更好地协调资源。b. 提高响应速度，即能快速响应市场变化和客户需求，提高整体效率。

（2）事业部制组织结构：

①特点：a. 自主经营，即将工厂划分为若干个相对独立的事业部，每个事业部有自己的生产线和市场。b. 分权管理，即每个事业部有较大的自主权，负责自己的生产和销售。c. 绩效考核，即每个事业部的业绩可以单独考核，激励效果更好。

②适用性：a. 适合多元化经营。如果工厂有多条不同的生产线或产品线，事业部制可以更好地管理和优化每一条线。b. 减轻高层负担。通过分权管理，减轻王新的日常事务处理负担，使其有更多时间进行战略规划。

（3）推荐方案：

①短期：可以先尝试引入一些矩阵制组织结构，如成立跨部门的项目小组来解决特定问题，提高协作效率。

②长期：考虑逐步向事业部制组织结构转变，将工厂划分为几个相对独立的事业部，每个事业部负责自己的生产和市场，从而减轻王新的日常工作压力，并提高整体运营效率。

通过这些调整，王新可以更好地平衡日常事务和长期规划，提高工厂的整体管理水平和生产效率。

## 案例四

**问题：**［2022 年军队文职真题］

**1. 结合学校原有的组织结构，分析王坤教授承担该项目的情况，该校承接大型科研项目采用了哪种组织结构类型？**

**答：**根据材料，该校承接大型科研项目采用的是矩阵制组织结构。具体分析如下：

矩阵制组织结构是指把按职能划分的部门同按产品划分的小组结合成矩阵的一种组织结构形式。其较适用于项目攻关（如新技术的研发、新产品的研制、重大科研项目研究等）、企业、大学、科研所、影视摄制部门等。本题中，A、B、C、D 四个学院共同协作，分别组织人力完成各自工作，体现了按职能划分；另外，周副校长“指定 A 学院科研经验丰富的王坤教授担任项目组长”，这体现了按项目划分。即该科研项目采用的是矩阵制组织结构。

**2. 从该项目组织结构的固有特点，分析王坤教授面临此困难的根本原因。**

**答：**矩阵制组织结构的主要特点在于可以同时实现产品事业部结构和职能制结构，创造双重命令链，使组织中的人员具有双重性。从该项目组织结构的固有特点看，王坤教授面临此困境的根本原因有：

（1）矩阵制组织结构稳定性较差，实行双重领导，可能会出现多头指挥的现象。各位参与项目的成员既有本职工作即受原职能部门的领导，又有项目组领导，因此产生了双头领导问题。本案中，B学院的李教授、C学院的张博士的情形都可归因于这一结构的不稳定、多头领导，出现了多头指挥的现象。

（2）矩阵制组织结构容易产生临时观念，影响工作责任心。项目属于短期的临时工作，成员们也容易产生临时观念，而对项目工作不能予以足够的重视。本案中，D学院的小赵的情形就体现了这一结构的不稳定，当双方工作产生冲突时会以原本工作为重，对课题组产生临时观念。

**3．如果你作为学校主管科研副校长的助理，针对项目进展中遇到的问题应如何向副校长提出解决建议。**

**答**：针对项目进展中遇到的问题，可提出以下解决建议：

（1）项目时间尽量选择各成员原本教学任务较轻的假期时间。强化组织目标，增强凝聚力。

（2）加强沟通，尽可能协调工作任务。安排任务应与各成员的原有职能部门领导做好沟通，避免产生工作安排上的冲突。

（3）做好预测，降低成员的不可替代性。每个专业多选择几名候选人一起完成工作，保证工作的连贯性。

## 案例五

**问题**：［2021年军队文职真题］

**1．请从这个案例中分析华为公司当时面临哪些矛盾问题。**

**答**：华为当时面临的矛盾主要包括：

（1）如何授权，授权中权力与职能的矛盾。

（2）如何适度授权，授权的范围和程度。

（3）授权过度以及过分集权的矛盾。

**2．请解释什么是授权。**

**答**：授权是指上级给予下级一定的权力和责任，使下属在一定的监督之下，拥有相当的自主权，进而采取相应的行动。授权是任务性、临时性地将权力下放，权力可以随时收回。一般分权可以通过两种途径来实现：

（1）制度分权，即改变组织设计中对管理权限的制度分配。制度分权是制度性、长期性、系统性地将权力下放，权力较长时间停留在中下层管理者手中。

（2）授权，即由领导者直接授予被领导者一定的权力和责任，使其能够自主地对授权范围内的工作进行决断和处理。

**3．请扼要分析如何才能真正实现“让听得见炮声的人做决策”。**

**答**：真正实现“让听见炮火声的人做决策”的方法有：

（1）审慎确定授权的范围和程度。管理者在授权时，需要明确哪些工作是可以授权下属全权负责的，哪些工作是必须自己亲自完成的。管理者授权时，必须使下属十分明确地知道授予权力的范围。过度地扩大授权的范围和程度可能会导致下属工作效率低下甚至引起组织混乱，反之则会降低员工工作的积极性。

（2）选择合适的受权者。受权者即接受上级所授权力和责任的个人。选好受权者是授权工作的基础和关键环节。授权的目的是让下属代表自己来组织完成某一特定的工作或任务，以确保工作的有效性。

（3）做好监督权的确认。管理者应该明白自己对授予下属的工作任务执行情况负有最终的责任，为此需要对下属的工作情况和权力使用情况进行监督和检查，并根据检查结果调整所授权力或收回权力，同时要防止授权失衡、失控。授权应是单向的，即由上至下。因此，管理者的监督权就显得尤为重要。

# 第七章　人员配备

## 7.1　考研真题与典型题

### 一、单项选择题

1. 人员选聘要做到三个匹配，不包括(　　)。[天津商大 2022 年研]

A. 人员个性与岗位特点相匹配　　B. 人员技能与岗位职责相匹配

C. 人员文化与组织文化相匹配　　D. 人员价值观与组织价值观相匹配

2. 有一家大型公司，特别擅长采用内部提升管理人员的选拔制度。对于这种选拔方式，你认为它存在哪些弊端？(　　)[西安石大 2021 年研]

A. 可能造成“近亲繁殖”

B. 容易引起员工之间的不团结

C. 在组织急需人才或有大量空缺职位时，难以及时满足需要

D. 以上三个都正确

3. “外来的和尚好念经”用在管理人员选聘方面是指(　　)。[西安石大 2022 年研]

A. 外聘来的干部可以平息并缓和内部竞争者之间的紧张关系

B. 外聘来的干部工作马虎一点没关系

C. 外聘来的干部没有历史包袱

D. 外聘来的干部比组织内部的能力强

4. 为了增强组织成员的适应能力，组织通常会采用流动培训的方式来训练他们，原因是(　　)。[天津商大 2023 年研]

A. 对组织成员培养的需要　　B. 调动组织成员的积极性

C. 组织成员对现任岗位不适应　　D. 人际关系问题

5. 关于人员录用的说法不正确的是(　　)。[天津商大 2024 年研]

A. 它影响组织整体的经营情况

B. 它决定组织人力资源的数量、质量和结构

C. 它是组织绩效和目标的重要保证

D. 它的主要工作是确定科学的录用流程

6. 根据人的能力和素质的不同，去安排不同要求的工作是遵循人员配备的(　　)。[2020 年河南省专升本真题]

A. 因材器使原则　　B. 用人所长原则

C. 人事动态平衡原则　　D. 统一指挥原则

7. “尺有所短，寸有所长”说明在进行人员配备时(　　)。[2016 年河南省专升本真题]

A. 不能对员工的工作要求过于苛刻，宽松的环境更能使员工有超常的发挥

B. 应该允许员工犯错误，特别是高层职员

C. 学历高的人适合所有的岗位

D. 就具体工作职位来说，应安排最擅长该工作的人

8. “水至清则无鱼，人至察则无徒”体现的人员配备原则是(　　)。[2022 年河南省专升本真题]

A. 用人所长　　B. 任人唯贤　　C. 动态平衡　　D. 因材器使

9. 关于人员选聘的途径和方法，下列说法正确的是(　　)。[2024 年河南省专升本真题]

A. 就成本来说，内部选聘大于外部选聘

B. 内部选聘对于人员士气的激励低于外部选聘

C. 外部选聘有利于保证选聘工作的正确性

D. 外部选聘容易给组织内引入新观念、新方法

10. 某公司部门经理刘某退休，公司拟提拔另一个部门经理张总担任，下列哪项是这种选聘方式的弊端？(　　)[2022 年河南省专升本真题]

A. 被选聘者对组织缺乏深入了解　　B. 组织对被选聘者缺乏深入了解

C. 容易挫伤组织工作成员的积极性　　D. 容易导致“近亲繁殖”

11. 外部招聘主管人员的做法存在若干弊端，下列属于外部招聘弊端的是(　　)。[2021 年河南省专升本真题]

A. 员工来源偏窄　　B. 可能造成“近亲繁殖”

C. 会造成同事之间的紧张关系　　D. 组织对晋升者的情况不能深入了解

12. 关于人事考评，下列各项正确的是(　　)。[2024 年河南省专升本真题]

A. 考评指标体系只适用于个别考评对象

B. 人事考评主要是对考评对象的评价

C. 成绩记录法适用于对被考评者所掌握的知识理论测定

D. 人事考评结果可以作为确定考核对象职业发展方向的依据

13. 根据发展需要，企业培训全体成员进行电脑软件技能方法学习，该培训属于(　　)。[2022 年河南省专升本真题]

A. 在职培训　　B. 专题培训　　C. 自主学习　　D. 离职培训

14. (　　)是为了更好地处理人际关系。[2022 年河南省专升本真题]

A. 视听技术法　　B. 互动小组法　　C. 案例研讨法　　D. 角色扮演法

15. 能激发学员解决问题的热情，增加学习的多样性和趣味性，使学员各抒己见，能够提供在他人立场上设身处地思考问题的机会，避免可能的危险与尝试错误的痛苦的培训方法是(　　)。[2021 年河南省专升本真题]

A. 角色扮演法　　B. 案例研讨法　　C. 讲授法　　D. 师徒传承法

## 二、多项选择题

需要选聘的人员来自组织外部，其具体来源不包括(　　)。[湖南师大 2021 年研]

A. 教育机构　　B. 内部人员介绍推荐

C. 上门求职者　　D. 猎头公司

## 三、填空题

1. 人员配备，一般是指组织中基于______对人员的配备。[2020 年河南省专升本真题]

2. 选好人才、用好人才是组织生存和发展的重要环节之一，也是衡量人力资源是否有效的一个重要标准。“尺有所短，寸有所长”指的是人员配备的______的原则。[2011年河南省专升本真题]

3. 人员需要量的确定主要以设计出的职务数量和______为依据。[2017年河南省专升本真题]

4. 人员录用的流程包括录用准备、录用甄选、录用实施和______。[2022年河南省专升本真题]

5. 考评指标的设计包括指标内容与标准的确定及量化等主要工作，指标内容的设计包括考评要素拟定、______及标志状态标度划分三项内容。[2023年河南省专升本真题]

6. 人员配备的原则中，______原则是组织不断发展壮大、走向成功的关键。

**四、判断题（正确的打“√”，错误的打“×”）**

1. 人员配备，一般是指组织中基于组织岗位要求对人员的配备，既包括组织行政管理岗位的人员配备，也包括非行政管理岗位的人员配备。（　　）[天津商大2023年研]

2. 人员配备只需从组织需要的角度去考察，不需考虑组织成员。（　　）[湖南师大2017年研]

3. 外部选聘的最大优点是能提高组织选聘的效益。（　　）[天津商大2023年研]

4. 在人员考核的基本要素中，工作业绩是指工作目标完成度、准确度、效率和对组织的贡献。（　　）[天津商大2022年研]

5. 人员的选聘以职位空缺和实际工作需要为出发点，以职位对人员的实际要求为标准，选拔录用各类人员，体现了人员配备的动态平衡原则。（　　）[2021年河南省专升本真题]

6. 一大型企业从学校里招聘50名成绩优秀的学生，这种方式是外部招聘中的校园选聘。（　　）[2022年河南省专升本真题]

7. 外部招聘就是根据组织制定的标准和程序从组织外部选拔符合空缺职位要求的员工，外部招聘可能会造成“近亲繁殖”现象。（　　）[2015年河南省专升本真题]

8. 人事考评中的因素评分法是指设计特定情境，考查被考评者现场随机处置能力的一种方法。（　　）[2021年河南省专升本真题]

**五、概念题**

1. 内部选聘[天津商大2022年研]

2. 因素评分法[湖南师大2021年研]

**六、简答题**

简述人员培训的方法。[沈工大2024年研]

相关试题：简答企业人员培训的五种方法。[湖南师大2022年研]

**七、论述题**

1. 论述组织内部选聘和外部招聘的途径、方法、优缺点。[沈工大2024年研]

2. 论述组织内部职位调动的原因。[天津商大2023年研]

## 八、案例分析题

**TS集团的员工招聘**

TS集团公司在刚刚起步时，曾在报纸上公开刊登向社会招聘高级技术管理人才的广告，在一周内就有200余名专业技术人员前来报名，自荐担任TS集团的经理、部门主管、总工程师等。公司专门从某大学聘请了人力资源管理方面的专家组成招聘团，并由总裁亲自参加。随后，招聘团对应聘者进行了笔试、面试等选拔测试，挑选出一批优秀的人才。这次向社会公开招聘人才的尝试，给TS集团带来了新的生机和活力，使其迅速发展成为当地知名的公司。

随着知名度的迅速提高，该公司开始从组织内部寻找人才。公司决策层认为：从外部寻找人才是非常困难的；现在组织内部机构健全，管理上了轨道，部门主管也有了知人之明；有了伯乐，人才自然会被挖掘出来。基于这个思想，每当人员缺少的时候，该公司并不是立即对外招聘，而是先看本公司内部的其他部门有没有合适的人员可以调任。如果有，先在内部解决，各个部门之间可以互通有无进行人才交流。只要是本部门需要的人才，双方部门领导同意就可以向人力资源部提出调动申请。[常州大学2019年研]

**根据以上案例：回答下列问题：**

**1. 在起步阶段，TS集团公司为什么采用外部招募的方式？**

**2. 随着知名度的迅速提高，TS集团公司从内部寻找人才的原因是什么？**

# 7.2 考研真题与典型题详解

## 一、单项选择题

1. C 【解析】人员选聘要做到三个匹配：①人员技能与岗位职责相匹配；②人员个性与岗位特点相匹配；③人员价值观与组织价值观相匹配。只有三个匹配都符合组织要求，所聘人员才能适应组织工作。

2. D 【解析】内部提升管理人员的选拔方式是填补组织内部空缺的好办法，但可能导致“近亲繁殖”、员工之间的不团结，以及在急需人才时难以及时满足需要。

3. A 【解析】“外来的和尚好念经”意味着外聘来的干部可以带来新的视角和方法，有助于平息和缓和内部竞争者之间的紧张关系。

4. A 【解析】流动培训的主要目的是对组织成员进行培养，提高其适应能力和综合素质，以更好地应对未来的工作需求。

5. D 【解析】D项，人员录用的主要工作包括采用有效的录用方式、确定科学的录用流程等。

6. A 【解析】人员配备的因材器使原则，是指根据个人能力和素质安排合适的工作，充分发挥每个人的潜力，激发工作热情。

7. D 【解析】“尺有所短，寸有所长”体现了人员配备的用人所长原则，即根据人的长处安排合适的工作。就具体工作职位来说，则应安排最擅长该工作的人。

8. A 【解析】“水至清则无鱼，人至察则无徒”，即水太清了，鱼就无法生存；对别人要求太严了，就没有伙伴。这体现的是人员配备的用人所长原则，即用人时应注重发挥人的长处，不能求全责备。

9. D 【解析】A项，外部选聘的成本大于内部选聘；B项，外部选聘对人员士气的激励低于内部选聘；C项，内部选聘有利于保证选聘工作的正确性。

10. D 【解析】内部招聘是指当组织中出现职务空缺后，从组织内部选择合适的人。其缺点有：①不利于引入新思想；②易造成“近亲繁殖”。ABC三项均为外部招聘的缺点。

11. D 【解析】外部招聘是指根据组织制定的标准和程序从组织外部选拔符合空缺职位要求的员工。其局限性主要表现在：①外聘者对组织缺乏深入了解；②组织对外聘者缺乏深入了解；③打击内部员工积极性。ABC三项为内部招聘的弊端。

12. D 【解析】A项，人事考评的简便性要求，指标应尽量具有普遍性，要适合所有考评对象。

B项，考评是指对一段时间内个人的工作能力及工作绩效进行考核。

C项，成绩记录法主要适用于能实行日常连续记录的生产经营活动，如生产数量、进度等。

13. A 【解析】在职培训针对在职人员，旨在提高工作效率，促进组织协调运作与发展。题中对全体成员进行电脑软件技能方法学习，通常是在员工正常工作期间进行的，旨在提升员工工作技能，以更好地适应企业发展需要，所以属于在职培训。

14. B 【解析】互动小组法，又称敏感训练法，主要用于管理人员的实践和沟通训练。其优点是显著提升人际关系与沟通能力，但效果很大程度上取决于培训教师的水平。

15. A 【解析】题干所述为角色扮演法的优点。角色扮演法是一种情景模拟活动，通过模拟逼真的工作环境，要求受训者处理可能出现的各种问题，以此来测评其心理素质和潜在能力。

## 二、多项选择题

ABCD 【解析】外部选聘的具体来源有：内部人员介绍推荐、上门求职者、劳务中介机构（如人才交流中心、猎头公司等）和教育机构。

## 三、填空题

1. 组织岗位要求　2. 用人所长　3. 类型　4. 录用评估

5. 要素标志选择　6. 任人唯贤

## 四、判断题（正确的打“√”，错误的打“×”）

1. √ 2. × 3. × 4. √ 5. × 6. √ 7. × 8. ×

2. 人员配备不仅要考虑组织需要，还要考虑组织成员的能力、兴趣和发展需求。

3. 外部选聘的最大优点是引入新鲜血液和新思想，但不一定能直接提高选聘效益。

5. 题干体现的是人员配备的因事择人原则。而动态平衡原则是指人与事的配合要进行不断的动态平衡，即使那些能力发展充分的人在组织中从事更重要的工作。

7. 造成“近亲繁殖”现象是内部招聘的缺点。

8. 题干表述为情境模拟法。因素评分法是一种考核方法，通过分别评估各项考核因素并为每个因素打分，最后汇总分数来确定最终的考核结果。

## 五、概念题

**1. 内部选聘**[天津商大 2022 年研]

**答：**内部选聘是指组织在出现岗位空缺时，优先从现有员工中选拔和提拔合适的人来填补空缺。这种方法通过提升或调动内部员工，能够激发员工的积极性和忠诚度，同时减少培训成本和适应时间，但可能缺乏引入新思想和外部视角的机会。内部选聘的优缺点，参见本章论述题第 1 题答案。

**2. 因素评分法**[湖南师大 2021 年研]

**答：**因素评分法是一种评估方法，通过分别评估各项考核因素，为每个因素打分，然后将各因素的得分汇总，最终确定考核结果。其具体步骤为：确定考核因素、设定评分标准、评分、加权汇总、确定考核结果。这种方法能全面、系统地评价被考核对象的各个方面，确保评估的客观性和公正性。其优点是能从多个角度综合评估，具有全面性、客观性、可比性、灵活性；缺点是设置评分标准和权重较为复杂，且仍可能受到评估人员主观判断的影响。因素评分法广泛应用于人力资源管理、项目评估、质量控制等领域。

## 六、简答题

**简述人员培训的方法。**[沈工大 2024 年研]

**相关试题：简答企业人员培训的五种方法。**[湖南师大 2022 年研]

**答：**人员培训的方法主要有：

(1)讲授法。作为最普遍和传统的培训方法，讲授法适用于理念性知识传播，高效便捷，但其信息传递单向，反馈效果往往很差。

(2)视听技术法。其应用现代视听技术，具有鲜明的视听感知，身临其境，但成本过高，培训素材过于老旧，适用于概念性知识的传播。

(3)讨论法。讨论法通常以主题演讲为主，包括研讨会和一般小组讨论。其通过沟通交流，能提高学员的参与度，多向沟通激发创新思维，且成本较低。但其对参与者的能力要求普遍较高。

(4)案例研讨法。案例研讨法通过提供特定案例进行讨论，共同分析、探讨解决方案，有利于学员进行头脑风暴，提高分析和解决问题的能力，且成本较低，反馈效果较好。但其对案例资料的要求较高，并需要花费较长的培训时间。

(5)角色扮演法。角色扮演法通过让学员扮演某一情境中的角色进行信息表达。该方法体现了多向信息传递，强调实践，能够激发参与热情，且成本较低，反馈效果较好。但其对学员的个性特征要求较为严格，并需要处理场地布置等一系列繁琐工作。

(6)互动小组法，又称敏感训练法。该方法主要应用于管理者实训，有利于提高学员的人际交往能力，但很大程度上依赖于培训者的能力水平。

(7)网络培训法。该方法基于现代信息技术，可以灵活、分散地传递新知识和新信息，学员可根据自身实际情况灵活选择培训内容和培训时间，更适合成人学习。但其往往需要组织成员具有严格自律性和学习导向。

(8)师徒传承法。该方法常通过资深的组织员工引导和支持新员工，传授相关的工作经验，使其快速进入工作角色。该方法有利于新手快速融入团队，避免常规问题和错误，传递良好的组织文化和工作作风，并获取丰富的工作经验。但其对资深员工的能力和个人素质要求较高。

## 七、论述题

**1. 论述组织内部选聘和外部招聘的途径、方法、优缺点。**[沈工大2024年研]

**答：**(1)组织内部选聘的途径、方法和优缺点：

①内部选聘的途径：

a. 提升内部成员，即将有管理才能的员工提拔到更合适的岗位，激发员工积极性。这需要通过内部技术规划、培训和晋升政策来实现。

b. 职位调动，即将员工从原岗位调往同一层次的空缺岗位。

②内部选聘的方法：

a. 职务选聘海报，即通过布告栏、内部报纸、广播等发布选聘消息，邀请员工应聘。

b. 口头传播，即通过内部推荐和口口相传的方式进行选聘。

c. 人员记录选择，即从组织的人事记录中筛选合适人选。

d. 以业绩为基础的晋升表，即根据员工的业绩表现进行晋升。

③内部选聘的优点：

a. 激励因素。内部选聘可提升员工的积极性和忠诚度，增强员工的职业归属感。

b. 成本节约。内部选聘可减少培训费用，省时省力，提高效率。

c. 快速适应。被提升的员工熟悉工作环境，能迅速适应新岗位，实现人岗匹配。

d. 稳定性。内部员工对组织文化更认同，有助于保持团队稳定。

④内部选聘的缺点：

a. 缺乏新思想。内部选聘不利于引入新的理念和技术，可能导致创新不足。

b. 人际关系复杂。内部选聘可能导致人际关系矛盾，产生不公正现象和庇护关系。

c. 视野局限。内部员工可能受现有思维模式限制，难以带来新的视角。

(2)组织外部选聘的途径、方法和优缺点：

①外部招聘的途径：

a. 职业介绍机构与人才交流市场。优点：应聘者面广，中间环节少，耗时较短，避免裙带关系；缺点：应聘者素质参差不齐，了解不够全面，有些机构信誉不佳。

b. 猎头公司。优点：专业性强，能准确把握关键职位需求，快速有效完成选聘，聘用人员可立即上岗；缺点：费用较高，可能超出预算。

c. 校园选聘。优点：学生具备专业知识，接受新事物能力强，个人素质较高，易于培养；缺点：缺乏工作经验，可能需要较长的适应期。

d. 公开选聘。优点：提供公平竞争机会，择优录取，吸引多样化的人才；缺点：应聘者参差不齐，筛选工作量大，不适合急需填补关键岗位的情况。

②外部招聘的方法：

a. 招聘广告，即利用报纸、杂志、电视和电台等发布招聘信息，覆盖面广。

b. 网上招聘，即通过互联网发布招聘信息，传播广泛，信息传递快速，便于管理和筛选。

③外部招聘的优点：

a. 新观念。外部招聘可带来新思想、新技术和新方法，促进组织创新。

b. 客观评价。外来者无裙带关系，能客观评价组织工作，发现潜在问题。

c. 及时满足需求。外聘人员通常已受过训练，能快速满足组织需求，节省培训时间。

d. 灵活性。外部招聘可根据组织活动情况签订短期或临时合同，灵活调整人力资源配置。

④外部招聘的缺点：

a. 挫伤内部积极性。外聘可能减少内部员工的晋升机会，影响士气。

b. 适应时间长。外聘人员需要较长时间适应组织环境和文化，影响工作效率。

c. 经验固化。外聘管理人员可能照搬老经验，忽视组织发展需求，难以融入新环境。

**2. 论述组织内部职位调动的原因。**［天津商大 2023 年研］

**答：**组织内部职位调动是指将员工从原岗位调往同一层次的空缺岗位。这种调动通常由以下原因引起：

(1) 组织结构调整需要。由于外部环境变化，组织需要对现有部门进行调整、重组或设立新部门。这些变化常伴随着职位的重新分配和人员调动，以确保组织结构更合理和高效。

(2) 员工培养需要：

①流动培训。通过在不同部门和岗位之间的轮岗，增强员工的适应能力和多方面技能。

②管理层预备。对有潜力晋升为管理层的员工进行跨部门轮流实习，使其全面了解组织各部门的运作，提升领导力。

(3) 岗位不适应：

①技能不符。某些员工经过培训后，其技能仍与岗位要求不匹配，或者他们的技能远超岗位需求。在这种情况下，管理者会进行职位调动，确保人岗匹配，提高工作效率。

②职业发展。通过调动，为员工提供更适合其能力和兴趣的岗位，促进个人职业发展。

(4) 调动员工积极性。长期在同一岗位工作的员工可能会感到厌倦、缺乏动力。通过调动到新的岗位，可以激发他们的工作热情和积极性，提升整体工作表现。新岗位带来的挑战和新鲜感有助于保持员工的工作热情和创新思维。

(5) 人际关系问题。解决员工在原部门的人际关系问题，为其创造新的工作环境，促进更好的工作表现。

(6)平等竞争机会。内部调动提供了平等的竞争机会，让所有员工都有机会展示自己的能力和潜力。这有助于挖掘员工潜力，不断激发其工作兴趣和积极性，增强组织凝聚力。合理的职位调动可以优化人力资源配置，避免人才浪费，提高组织的整体运营效率。

## 八、案例分析题

**TS集团的员工招聘**

**根据以上案例：回答下列问题：**［常州大学2019年研］

**1. 在起步阶段，TS集团公司为什么采用外部招募的方式？**

**答：**在起步阶段，TS集团公司采用外部招募方式的主要原因有：

(1)缺乏内部人才储备。作为一家刚刚起步的公司，TS集团内部可能还没有建立起完善的人才梯队和管理体系。此时，公司需要从外部引进具备丰富经验和专业知识的人才来填补关键岗位，以确保公司的稳健运营和发展。

(2)快速获取专业人才。外部招聘可以迅速吸引大量具有相关经验和技术背景的专业人才。通过公开刊登招聘广告，公司能够在短时间内收到大量的应聘者简历，从中筛选出最合适的候选人。

(3)提高公司知名度。公开招聘不仅能够吸引优秀人才，还能提升公司在社会上的知名度和形象。这对于一家新成立的公司来说尤为重要，有助于树立良好的企业品牌。

(4)引入新鲜血液。外部招聘可以带来新思维、新方法和新技术，为公司注入新鲜血液。这些新员工可能会带来不同的视角和创新的想法，促进公司的发展和变革。

(5)增强竞争力。通过外部招聘，公司可以从市场上找到最具竞争力的人才，从而在激烈的市场竞争中取得优势。特别是在高级技术管理岗位上，优秀的外部人才可以显著提升公司的核心竞争力。

**2. 随着知名度的迅速提高，TS集团公司从内部寻找人才的原因是什么？**

**答：**随着知名度的迅速提高，TS集团公司选择从内部寻找人才的原因主要有：

(1)内部人才储备充足。随着公司的发展壮大，内部已经积累了一定数量的优秀人才。这些员工对公司文化、业务流程和工作环境有较深的了解，更容易适应新的岗位要求。

(2)降低招聘成本。内部招聘相对于外部招聘来说，成本较低。外部招聘通常需要支付更高的招聘费用(如猎头费、广告费等)。而内部招聘则可以通过内部推荐或调动的方式来实现，节省了招聘成本。

(3)提高员工忠诚度。内部晋升和调动可以提供给员工更多的职业发展机会，增加员工对公司的忠诚度和归属感。这有助于减少员工流失率，保持团队的稳定性和凝聚力。

(4)加快适应速度。内部员工熟悉公司的文化和工作环境，在调任新岗位时可更快地适应新的职责和要求。而外部招聘的新员工需要一段时间来适应公司文化，学习新的工作流程。

(5)知人善任。随着公司的发展，各部门主管逐渐积累了丰富的管理经验和识人能力。他们能更准确地识别和评估内部员工的能力和潜力，从而做出更科学合理的人员调配决策。

(6)促进内部竞争。内部招聘可以激发员工之间的良性竞争，促使员工不断提升自己的能力，争取更多的职业发展机会。这种竞争氛围有助于推动整个组织的进步和发展。

(7)维护公司文化。内部招聘可以更好地维护和传承公司的企业文化。内部员工已经融入了公司的价值观和行为规范，其提拔和调动有助于保持公司文化的连续性和一致性。

(8)简化招聘流程。内部招聘的流程相对简单，不需要进行大规模的笔试、面试等选拔测试。公司可以直接通过内部评估和推荐来确定合适的人选，提高了招聘效率。

# 第八章　组织文化

## 8.1　考研真题与典型题

### 一、单项选择题

1. 说到小米公司，大多数人会想到它“为发烧而生”的品牌宣言，这正是小米的(　　)。[南京理工 2020 年研]

A. 企业文化　　B. 企业愿景　　C. 企业战略　　D. 规章制度

2. 通过厂容厂貌、厂旗厂标、产品造型设计、职工的言谈话语体现出来的企业文化是(　　)。[西安石大 2021 年研]

A. 一般企业文化　　B. 表层企业文化　　C. 中层企业文化　　D. 深层企业文化

3. 某日化用品公司曾经为行业龙头，但因为其机构臃肿，产品结构单一，而被迫调整组织结构，以保证组织生存。因此，该组织的组织文化属于(　　)。[2024 年河南省专升本真题]

A. 学院型组织文化　　B. 俱乐部型组织文化
C. 棒球队型组织文化　　D. 堡垒型组织文化

4. 鼓励冒险、革新和发明创造，给予工作出色的组织成员以巨额奖酬和较大自由度，在会计、法律、投资银行、咨询、广告、软件开发等领域普遍运用的组织文化是(　　)。[2021 年河南省专升本真题]

A. 学院型组织文化　　B. 俱乐部型组织文化
C. 棒球队型组织文化　　D. 堡垒型组织文化

5. 不存在抽象的、好的组织文化内涵，也不存在放之四海而皆准、适合所有组织的克敌制胜的组织文化。这种组织文化是(　　)。[2023 年河南省专升本真题]

A. 策略合理型组织文化　　B. 强力型组织文化
C. 灵活适应性组织文化　　D. 学院型组织文化

6. 有一种组织文化，具有内向式的关注中心和对稳定环境的一致性定位，支持商业运作程式化的文化，遵循传统和随之确定的政策与实践，这种组织文化是(　　)。[2023 年河南省专升本真题]

A. 适应型组织文化　　B. 愿景型组织文化
C. 小团体型组织文化　　D. 官僚制型组织文化

7. 可以帮助新加入组织的成员尽快适应组织，使自己的个人价值观更好地与组织需要相匹配，这是(　　)。[2021 年河南省专升本真题]

A. 组织文化的调适功能　　B. 组织文化的辐射功能
C. 组织文化的导向功能　　D. 组织文化的凝聚功能

8. 迪尔和肯尼迪在《企业文化》中反复强调：“我们认为员工是公司最伟大的资源，管理的方式不是直接用电脑报表，而是由文化暗示。强有力的文化是引导行为的有力工具，它帮助员工做到最好。”这段文字体现了组织文化的(　　)。[2018年河南省专升本真题]

A. 导向功能　　B. 约束功能　　C. 凝聚功能　　D. 激励功能

9. 关于组织文化的塑造过程，说法正确的是(　　)。[2023年河南省专升本真题]

A. 选择价值观—强化认同—提炼定格—巩固完善

B. 选择价值观—提炼定格—强化认同—巩固完善

C. 选择价值观—提炼定格—巩固完善—强化认同

D. 提炼定格—选择价值观—巩固完善—强化认同

## 二、多项选择题

1. 属于组织文化精神层的是(　　)。[湖南师大2024年研]

A. 人本主义的价值观念　　B. 管理哲学

C. 道德规范　　D. 敬业精神

2. 关于组织文化的说法，正确的有(　　)。[2021年军队文职真题]

A. 一般的文化都是在非自觉的状态下形成的，组织文化则可以在组织努力的情况下形成

B. 组织文化具有自我延续性，不会因为领导层的人事变更而立即消失

C. 仁者见仁，智者见智，组织文化会使组织成员面对某些伦理问题时产生多角度的认识

D. 组织文化还可能成为组织变革和发展的潜在障碍

E. 组织文化的内容和力量会对组织员工的行为产生影响

3. 组织文化的主要功能包括(　　)。

A. 凝聚功能　　B. 调适功能　　C. 导向功能　　D. 辐射功能

E. 变革功能

## 三、填空题

1. 组织文化是指一个组织在长期实践活动中形成的具有本组织特征的文化现象，是组织中全体成员共同接受的和共同遵循的价值观念和______。[2023年河南省专升本真题]

2. 人们常常把组织文化看作为一种无形资源或无形资产，这是组织文化的______特征。[2024年河南省专升本真题]

3. 组织文化由物质层、制度层和______三个基本层次构成。[2021年河南省专升本真题]

4. 选择正确的______是塑造组织文化的首要战略问题。[2020年河南省专升本真题]

## 四、判断题(正确的打“√”，错误的打“×”)

1. 组织文化是指组织中管理人员共同接受和共同遵循的价值观念及行为准则。(　　)[天津商大2022年研]

2. 组织文化变化较慢，一旦形成便日趋加强。(　　)[湖南师大2021年研]

3. 文化体现在外部环境中，包括人工创造的环境和自然原生态。(　　)[天津商大2024年研]

4. 组织文化的重要任务是增强群体凝聚力。(　　)[天津商大2023年研]

5. 组织价值观和组织文化要体现组织的宗旨、竞争战略和发展方向。(　　)[天津商大2023年研]

6. 无论是强文化还是弱文化都不会给组织绩效带来任何影响。(　　)[湖南师大2018年研]

7. 组织文化结构包括物质层、制度层和精神层三个层次，其中制度层是组织文化的核心和灵魂。(　　)[2011年河南省专升本真题]

8. 雕塑、图书馆、俱乐部等属于组织文化的中层文化。(　　)

**五、概念题**

1. 主文化[天津商大2023年研]

2. 制度文化[沈工大2022年研]

**六、简答题**

组织文化的构成。[湖南师大2023年研]

相关试题：组织文化的层次结构。[吉林大学2025年研]

**七、论述题**

1. 试论组织文化的影响因素。[湖南师大2021年研]

2. “文化兴，祖国兴”，试阐述组织文化的含义，以及如何更好地体现组织文化的本质与内涵。[2022年河南省专升本真题]

## 8.2　考研真题与典型题详解

**一、单项选择题**

1. A 【解析】“为发烧而生”是小米公司的品牌宣言，反映了其企业文化的核心价值观和理念。

2. B 【解析】组织文化由三个基本层次构成：物质层(表层文化)、制度层(中层文化)和精神层(核心文化)。题干中的厂容厂貌、厂旗厂标等物质层体现出来的是表层企业文化。

3. D 【解析】堡垒型组织注重组织生存。这类组织通常由学院型、俱乐部型或棒球队型转变而来，在面临困境时，它们会尽力维持生存。尽管工作稳定性不高，但对喜欢挑战和流动性的人来说仍具吸引力。题中情形符合堡垒型组织文化的特征。

4. C 【解析】棒球队型组织鼓励冒险、革新和发明创造。招聘时，这类组织会从不同年龄和经验层次中寻找有才能的人，并根据绩效定薪酬。其常见于会计、法律、投资银行、咨询、广告、软件开发和生物研究等领域。题中情形符合棒球队型组织文化的特征。

5. A 【解析】策略合理型组织文化强调适应性，不存在普遍适用的“好”文化。只有当组织文化与组织环境匹配时，才是有效的。不同的组织需要不同的文化，以最大程度地发挥其功能并改善运营。

6. D 【解析】官僚制型组织文化注重内向式的关注中心和对稳定环境的一致性定位，支持程序化的商业运作，遵循传统和既定政策。这种传统官僚文化的典型形式是作用型组织文化，又称角色型组织文化。

7. A 【解析】组织文化的调适功能，是指组织文化帮助新成员快速适应组织，使其个人价值观与组织需求相匹配。在变革中，文化也能帮助成员适应新情况，减轻压力。

8. A 【解析】组织文化的导向功能，是指随着共同价值观内化为个人价值观，组织会形成自我调控机制，引导成员的价值观和行为符合组织目标。导向功能体现在两个方面：①直接引导成员的心理和行为；②通过整体价值认同来引导成员。

9. A 【解析】组织文化塑造，是指有意识地发扬积极文化、摒弃消极文化的过程。其塑造过程包括：①选择价值观。确定组织的核心价值观，这是文化的基础。②强化认同，即增强成员对这些价值观的认同感。③提炼定格。通过精心分析和归纳，形成成熟的组织价值观和文化模式。④巩固完善。主要包括：a. 建立规章制度；b. 领导者以身作则。

## 二、多项选择题

1. ABCD 【解析】组织文化分为三个基本层面：物质层（表层文化）、制度层（中层文化）和精神层（核心文化）。其中，精神层面是组织文化中最深层次的部分，包括了所有成员共同遵循的基本信念、管理哲学、价值标准以及敬业精神和职业道德等。

2. ABDE 【解析】C 项，组织文化的形成会导致思想观念和思维方式的同一化。同一化必然会扼杀个性的发挥，抑制思想观念和思维方式的多元化。

3. ABCD 【解析】作为自组织系统，组织文化具有很多特定的功能，主要有：①导向功能；②凝聚功能；③激励和约束功能；④辐射功能；⑤调适功能。

## 三、填空题

1. 行为准则　　2. 精神性　　3. 精神层　　4. 组织价值观

## 四、判断题（正确的打“√”，错误的打“×”）

1. ×　2. √　3. ×　4. √　5. √　6. ×　7. ×　8. ×

1. 组织文化是组织中的全体成员共同接受和共同遵循的价值观念和行为准则。

3. 美国人类学家赫斯科维茨提出，文化是一切人工创造的环境，除了自然原生态外，所有人为添加的内容都可以称为文化。

6. 无论是强文化还是弱文化都会对组织绩效产生影响。强文化通常能够更好地引导员工行为，增强凝聚力和认同感，从而提升组织绩效；而弱文化可能导致组织内部缺乏一致性和方向性，影响绩效。

7. 在组织文化结构中，精神层是组织文化的核心和灵魂，它代表着组织文化的本质和精髓。

8．带有本组织特色的生产环境、雕塑、图书馆、俱乐部等属于组织文化的物质层。

## 五、概念题

**1．主文化**［天津商大2023年研］

**答：**主文化是指在组织或族群中占主导地位的文化，体现了大多数成员共同认可的核心价值观和行为方式。主文化塑造了该组织或族群的基本价值观、信仰体系、行为规范和生活方式。主文化为组织赋予了独特的个性，且是大多数人所认同和共享的，与之相对的是只有少数成员认同的亚文化。

**2．制度文化**［沈工大2022年研］

**答：**制度文化是指为适应生存和社会发展而创建的规范体系，即在一个组织或社会中由正式和非正式的规则、程序、习俗以及行为规范所构成的文化体系。它涵盖了组织运行的基本框架和指导原则，主要包括国家的政治、法律和经济制度。制度文化是物质文化与精神文化的中介，既反映物质文化，也是精神文化的物化形式。制度文化基于物质条件，受经济活动制约，表现出多样性。

## 六、简答题

**组织文化的构成。**［湖南师大2023年研］

**相关试题：组织文化的层次结构。**［吉林大学2025年研］

**答：**组织文化包括三个基本层次：

（1）物质层的组织文化。即以物质形态为存在方式的文化构件，是精神层与制度层组织文化的直观体现和承载基础。它包括组织的物质和精神活动过程、工作流程等外在表现形式，以及生产环境、雕塑等实体性文化设备和设施。这些物质形态的存在往往能反映组织的经营理念、工作作风等。

（2）制度层的组织文化。作为连接精神层和物质层组织文化的关键纽带，其主要指对组织及其成员行为有规范性、约束性影响的部分，包括规章制度、行为规范、价值准则等。它集中体现了物质层和精神层组织文化对组织及其成员行为的具体要求，是精神层向物质层转化的重要桥梁和中介。

（3）精神层的组织文化。作为组织文化的核心与灵魂，其是指组织在长期历史发展中形成的成员群体心理定式和价值取向，是组织价值观、组织哲学的综合体现。它涵盖了组织成员共同信奉的基本理念、管理哲学、价值标准以及敬业精神等关键要素，是维系组织生存与发展的内在精神支柱和动力源泉。

## 七、论述题

**1．试论组织文化的影响因素。**［湖南师大2021年研］

**答：**组织文化的形成主要受到内外两方面因素的影响：

（1）外部因素：

①民族文化。民族文化体现了各民族在发展过程中所积累形成的，具有自身特色的文

化。受民族文化影响的组织文化能很好地融入本地，得到社会和组织成员的理解和支持。

②制度文化。制度文化集中于规范体系的建立，围绕社会发展和国家法律法规等内容，塑造介于物质和精神之间的规章制度的集合体。制度文化既是物质文化的反映形式，又是精神文化的物化形态。

③外来文化。指本民族或本地区之外的其他组织文化。在面对外来文化的冲击时，组织应以开放的态度，在巩固和发展自身文化的同时，借鉴和融合优秀的文化，取其精华、去其糟粕，不断提高环境适应能力，持续完善组织文化。

(2)内部因素：

①领导者素质。领导者的素质直接影响组织文化，特别是在组织的创立期和成长期。领导者的价值观念、管理方法和为人处世风格将显著作用于组织的实践过程。

②组织成员素质。组织成员的素质会影响组织文化的层次和水平。组织成员是组织文化的践行者和传播者，体现了组织文化的个体表现状态。

③组织发展的不同阶段。组织发展的不同阶段会产生不同的工作目标和任务方向，进而影响组织文化。组织在生命周期的不同状态下面临不同的环境和挑战，需要根据实际情况持续完善、更新组织文化；在巩固原有优秀组织文化的同时，要摒弃不利于组织发展的文化糟粕。

**2.“文化兴，祖国兴”，试阐述组织文化的含义，以及如何更好地体现组织文化的本质与内涵。**［2022年河南省专升本真题］

**答：**(1)组织文化是指一个组织在长期实践中形成的、具有独特特征的文化现象，是组织中的全体成员共同接受和共同遵循的价值观念和行为准则。

(2)根据兰杰·古拉蒂教授的观点，可以从以下几方面入手更好地把握组织文化的本质：①鉴别组织的价值观、行为哲学、使命和宗旨；②理解组织边界；③理解组织权力结构；④明晰组织中的工作惯例与规范；⑤考察组织的奖惩机制。

(3)更好地体现组织文化本质与内涵的方法：

①明确核心价值观。组织应清晰确定并传达核心价值观，使其成为成员的行为准则和判断标准，并贯穿于各项决策、制度和运营中。

②领导示范。领导者要以身作则，践行组织文化，为员工树立榜样，引领文化发展方向。

③员工参与和认同。鼓励员工参与文化建设，倾听其意见和建议；通过内部沟通、培训活动、团队建设等加强员工对组织文化的理解和认同，使其转化为自觉行为。

④建立激励机制。设立与组织文化相契合的激励机制，奖励符合组织文化的行为，纠正和惩罚违背文化的行为，强化员工对组织文化的遵循。

⑤文化传播与培训。利用故事、仪式、实物象征和语言等多种渠道和形式进行组织文化的传播和培训，帮助员工更好地理解和融入。

⑥持续改进与创新。组织文化应随组织发展和外部环境变化而不断调整和完善，鼓励创新，使其更好地体现组织的战略目标和发展需求。鼓励员工提出创新建议，适时更新和优化组织文化，保持其生命力。

# 第九章　领导的一般理论

## 9.1　考研真题与典型题

### 一、单项选择题

1. 某大企业人才济济、设备精良，长期以来以管理正规有序而自诩。但近来该企业业绩不佳，尤其是干群士气低落，管理人员和技术人员的流失率逐年升高。从管理职能分析，该企业最有可能是(　　)工作存在问题。[西安石大 2021 年研]

A. 计划职能　　B. 组织职能　　C. 领导职能　　D. 控制职能

2. 领导方式可以分成专制、民主、放任三种，其中民主型领导方式的主要优点是(　　)。[广西科大 2022 年研]

A. 纪律严格，管理规范，赏罚分明

B. 组织成员具有高度的独立自主性

C. 按规章管理，领导者不运用权力

D. 员工关系融洽，工作积极主动，富有创造性

3. 管理方格理论中，(9，9)型对应的是(　　)领导方式。[广西科大 2023 年研]

A. 任务型　　B. 乡村俱乐部型　　C. 中间型　　D. 团队型

4. 在管理方格图中，“领导方式高度关心生产，很少关心人，为达到生产目的，常常会强制人们去完成必要的任务”，以上描述的是哪种领导方式？(　　)[湖南师大 2021 年研]

A. 权威与服从　　B. 乡村俱乐部　　C. 贫乏的管理　　D. 协作管理

5. 依照管理方格理论的观点，那种既不关心人，又不关心生产、无所作为、只扮演“信使”角色的管理属于(　　)。[西安石大 2021 年研]

A. 集体型管理　　B. 贫乏型管理　　C. 俱乐部型管理　　D. 任务型管理

6. 根据情境领导模型(亦称领导生命周期理论)，当下属的成熟度处于成熟阶段时应采取的领导方式是(　　)。[西安石大 2022 年研]

A. 低任务/高关系　　B. 高任务/高关系　　C. 高任务/低关系　　D. 低任务/低关系

7. 提出权变理论的是(　　)。[天津商大 2024 年研]

A. 吉沙利　　B. 费德勒　　C. 布莱克　　D. 施密特

8. 下列关于领导的说法，正确的是(　　)。[2019 年河南省专升本真题]

A. 领导者的素质是先天遗传决定的，越是高层领导者越要有天赋，绝不是后天“培养”出来的

B. 中层领导最重要的能力是技术技能

C. 领导艺术表明领导活动具有权变性

D. 领导越善于授权，就越能减少自己的责任

9. 下列关于权力的说法不正确的是(　　)。[2019 年河南省专升本真题]

A. 奖赏权力、惩罚权力、法定权力与领导者的职位相关，又称职位权力

B. 感召权力源于领导者个人的特征，包括行为方式、魅力、经历、背景等

C. 专家权力产生于个人的专业知识和技能，越是相关领域专家，下属越信服

D. 有效的领导者依靠的是职位权力，而不是个人权力

10. 当一个大学生模仿某个老师穿着言语等行为时，该老师对这个大学生的影响力属于(　　)。[2024 年河南省专升本真题]

A. 奖赏权力　　B. 强制权力　　C. 参照权力　　D. 专家权力

11. 2020 年 12 月 31 日，在某食品厂年终总结表彰大会上，小李由于 2020 年度的突出业绩而被厂长现场奖励奖金 3 万元。这体现了厂长的(　　)。[2021 年河南省专升本真题]

A. 法定权力　　B. 职务权力　　C. 强制权力　　D. 非职务权力

12. 毛泽东曾说过："不善于处理自己和委员之间的关系，不去研究怎样把会议开好，就很难把这'一班人'指挥好。如果这'一班人'动作不整齐，就休想带领千百万人去作战，去建设。"可以解释这种观点的管理理论是(　　)。[2021 年河南省专升本真题]

A. 管理方格理论　　B. 领导者角色理论

C. 领导者团队理论　　D. 情景领导理论

13. 领导—成员交换理论的维度不包括哪一个？(　　)[2024 年河南省专升本真题]

A. 贡献　　B. 情感　　C. 忠诚　　D. 财富

14. 张宏是公司法人，担任董事长职务，必须承担许多法律性或社会性的程序化事务。按照明茨伯格的领导者角色理论，此时张宏扮演的角色是(　　)。[2024 年河南省专升本真题]

A. 联络者　　B. 监听者　　C. 发言人　　D. 挂名首脑

15. 在企业的经营活动中，管理者具有多种职能，其中负责对组织的所有资源进行分配，或者在事实上做出或批准所有的重大组织决定。根据明茨伯格的"经理角色"理论，此时管理者扮演的角色是(　　)。[2021 年河南省专升本真题]

A. 谈判者　　B. 资源分配者　　C. 领导者　　D. 冲突管理者

16. (　　)的角色是十种角色中最显著的一种角色，也是管理者权力最明显的表现。[2022 年河南省专升本真题]

A. 领导者　　B. 企业家　　C. 谈判者　　D. 挂名首脑

17. 汉高祖刘邦遇到军事问题时会咨询韩信；当需要做出重要决策时则会考虑萧何的意见。根据罗伯特·豪斯的理论，刘邦采用的是(　　)领导方式。[2022 年河南省专升本真题]

A. 指示型　　B. 支持型　　C. 参与型　　D. 成就导向型

## 二、多项选择题

1. 根据明茨伯格界定的管理者角色，下列属于总经理决策角色的活动有(　　)。[湖南师大 2022 年研]

A. 参加公司周年庆　　B. 与其他高层商讨年度工作目标

C. 处理突发公共危机　　D. 主持工会谈判

2. 费德勒权变理论中的情境有利性可从哪几个维度进行分析？（　　）

A. 组织环境　　B. 职位权力　　C. 任务结构　　D. 领导风格

E. 领导者—成员关系

## 三、填空题

1. 领导行为或过程包括领导者、______和情景三要素。[2021 年河南省专升本真题]

2. 俄亥俄州立大学的一项研究确立了两个重要的领导行为的维度：定规维度和______。[2022 年河南省专升本真题]

3. 费德勒权变模型指出组织的效率取决于两个变量的相互作用，一个是______，另一个是情境的有利性。[2019 年河南省专升本真题]

4. 费德勒权变理论认为，在环境较好和环境较差情况下，采用低 LPC 型领导方式比较有效；在环境中等的情况下，采用______领导方式比较有效。[2015 年河南省专升本真题]

5. 在偏娇柔倾向的文化中，领导行为应当注重______维度，通过对下属的关心、物质以外的激励等使得员工对组织产生归属感，提高忠诚度。[2023 年河南省专升本真题]

## 四、判断题（正确的打“√”，错误的打“×”）

1. 领导是为了维持秩序，在一定程度上实现预期的计划，使事物能够高效地运转，而管理则能带来变革，通常是剧烈的、积极的变革。（　　）[天津商大 2023 年研]

2. 所有的管理者都应该是领导者，但并不是所有的领导者都是管理者。（　　）[暨南大学 2023 年研]

3. 领导者特质理论认为成功的领导基于领导者个人特质，并且这些特质只存在于少数的英雄人物身上。（　　）[天津商大 2024 年研]

4. 良好的领导素质就完全可以保证领导者的工作效率。（　　）[湖南师大 2017 年研]

5. 勒温等人的研究结果显示，民主型领导方式一般要比独裁型领导方式来得更有效。（　　）[天津商大 2024 年研]

6. 亨利·明茨伯格提出的领导角色理论中，他认为企业家的角色是 10 种角色中最显著的一种角色，也是管理者权力最明显的表现。（　　）[天津商大 2023 年研]

7. 高关系、高工作是最有效的领导方式。（　　）[南京理工 2020 年研]

8. 上海一厂长这样说：“走得正，行得端，领导才有威信，说话才有影响，群众才能信服，才能对我行使权力颁发‘通行证’。”这位厂长在这里强调了领导的力量来源于奖惩权力。（　　）[2015 年河南省专升本真题]

9. 领导涌现指的是一个个体是否或在多大程度上被他人视为领导者。（　　）[2023 年河南省专升本真题]

10. 领导行为理论尽管有着古老的传统，但领导者行为理论的研究结果却常常令人失望，领导者个人行为和领导有效性的关系常常并不一致。（　　）[2024 年河南省专升本真题]

11. “士为知己者死”这一古训反映了有效的领导始于为了下属的利益不惜牺牲自己。（　　）[2015 年河南省专升本真题]

12. 下属成熟度是指下属的心理年龄。（　　）[2023 年河南省专升本真题]

13. 费德勒的权变理论模型将领导风格分为关系取向型和任务取向型。（ ）[2022年河南省专升本真题]

14. 根据路径—目标理论，组织中的正式权力关系越明确、越层级化，领导者越应表现出指导性行为，降低支持性行为。（ ）[2014年河南省专升本真题]

### 五、概念题

1. 领导与管理[安徽财大2020年研]

2. 职位权力[西南财大2023年研]

相关试题：法定权力[深圳大学2023年研；天津商大2022年研]、法定性权力[沈工大2021年研；河工大2019年研；常州大学2019年研]

3. 变革型领导[中国传媒2019年研]

### 六、简答题

1. 从权力的来源角度简述权力和职权的区别。[2018年河南省专升本真题]

2. 据勒温对于领导方式的研究，专制式、民主式和放任式三种领导方式的领导特点和结果各是什么？[2021年河南省专升本真题]

### 七、论述题

1. 领导与管理的区别与联系。[山东财大2021年研]

相关试题：

(1)简述领导和管理的区别和联系。[简答题，安徽财大2022年研]

(2)领导和管理的区别。[辽宁大学2024年研]

2. 论述在实践中，赫塞和布兰查德的情景领导理论如何实现高效领导。[西南财大2024年研]

相关试题：

(1)简述情境领导模型的主要内容。[简答题，河工大2024年研]

(2)美国管理学者保罗·赫塞和肯尼斯·布兰查德提出，领导行为的选择应当考虑下属的成熟度，并以此发展为领导生命周期理论。论述领导生命周期理论的主要内容。[2018年河南省专升本真题]

3. 论述管理和领导的区别，以及在管理实践中如何更好地展现管理者的个人影响力。[2022年河南省专升本真题]

### 八、案例分析题

#### 案例一

王敏在某公司担任部门经理。公司总体经营情况良好，她的上司李总对此十分满意，也十分信赖手下的人，基本不过问具体的部门事务。平常王敏和其他部门经理都习惯了自主处理部门事宜，重要事项才会向上汇报。虽然自主性强，但王敏也时常感到责任重大，担心有些事情处理不好。

后来，李总转调到其他地区分公司去了，王总上任接班。新的总经理事必躬亲，亲自处理公司大小事务，遇到问题王敏只需要提交上去，然后按总经理答复行事即可。王敏每天按部就班地工作，身上的担子一下子减轻了很多。

但没过多久，王总因为太过劳累生了一场大病，无奈只能离开工作岗位。集团从总部任命了一位新总经理，吴总。吴总对工作干劲十足，在任职期间，带领部门经理们针对公司发展的重点和痛点进行了梳理，制定了内部改革方案，重新调整了战略方向。在会议上，每位经理都被委派了相关任务。会后吴总还与经理们一对一会谈，了解部门当前情况，并阐述了他对部门的期望。根据公司未来发展战略和自己部门的情况，王敏制定了部门内部调整方案，主动请缨为新制度试点部门，并在吴总的支持下在部门内部推行。年终绩效考核中，王敏所带领的部门整体效益最高。这一年虽然很忙碌，但王敏也感到了前所未有的成就感和满足感。［河工大 2022 年研］

**根据案例内容回答下列问题：**

**1. 根据情境领导模型，请简单归类三位领导者的领导风格。**

**2. 你认为哪位领导的管理风格更可取？为什么？**

## 案例二　新港船厂的王厂长

1982 年 11 月，46 岁的高级工程师王业震出任新港船厂厂长。厂的新领导班子由正副书记、正副厂长 7 人组成，平均年龄 43 岁，文化程度在中等专科以上(其中 5 人为大学本科)。

新港船厂是中国船舶工业总公司属下一家较为大型的企业，当时有职工 6500 人，固定资产 1.2 亿元。该厂有造船平台、修船坞各 2 座，可建造 3 万吨以下各种货船、客船、油轮，兼营修船业务。在技术上和管理上，借鉴日本三井造船、大阪造船等企业的经验，锐意改革。

该厂实行党政职能分开，由厂长全面主持企业生产经营活动。企业内部管理体制设两大系统：直线指挥系统和职能系统。在直线指挥系统内，职权按厂部、车间、工段、班组层层分授，逐级下达指令，实行分级管理。在职能系统内，职能管理人员充当直线指挥人员的参谋，各职能部门或单位对下级机构进行业务指导，而无权直接指挥。相应的权责关系则以制度形式予以确认。该厂汇编成册的《部门及岗位责任制》共计有两千多条、近百万字，管理工作趋于程序化、规范化、制度化。日常工作中，下级通常只接受其直接上级的指令。上级不可越级指挥，但可越级调查；下级也不越级请示，但可越级投诉。明确每个人只有一个直接上级，而每个上级直接管辖的下属为 3～9 人。归厂长王业震本人直接领导的只有 9 人，包括 4 位副厂长、2 位顾问以及计划经营科科长、质量管理科科长、厂办公室主任各 1 人。此外，专设 3 个“厂长信箱”，随时了解职工的意见和建议。一次，某车间工人来信反映某代理工段长不称职，王业震于第二天收阅后批转有关部门查处，经调查属实随即作人事调整，前后仅 5 天时间。

经王业震提议，新港船厂规定，科长、车间主任以上干部每天要深入现场，但在现场时间不超过 2 小时。王本人每天大约有 1.5 小时的时间到现场察看，除了紧急的安全和质量问题外，不发表任何意见。他不赞成管理人员“顶班上岗”，认为“工人身上有多少油，自己身上也有多少油”的未必是称职的管理者。有两位车间主任，每天提前进厂生炉子，然后成天在现场干活。下班后工人们都走了，他们还逐一熄灯、关门。活没少干，任职的管理工作却未搞好。王业震提议将这两人免职。有人说：“这样的好同志，为什么还要免职？”王答道：“这样的同志可以当组长、工长，甚至可以评劳动模范，却不是称职的车间主任。”

“一个厂长不时时想到为工人服务，就没有资格当厂长。”王业震的话掷地有声。一次，香港和美国的两艘货轮在渤海湾相撞，由该厂承担抢修业务。在夜以继日的抢修中，王厂长让后勤部门把馒头、香肠、鸡蛋送到现场。任务提前完成后，盈利 80 万元。

在成绩和荣誉面前，王业震想到的是上级主管部门的支持，前任书记、厂长们打下的工作基础，新班子的团结奋斗，尤其是全厂职工的信任、支持和辛勤努力。他在思索，管理现代化离不开人的现代化。他不无感慨地说：“现在全厂中层干部 116 人，大专文化程度的占 38%，中专文化程度的占 19%；一般干部中，大专程度 42%，中专程度 21%。这些人大都能干、能说、能写。要不是这样，统计、分析那么多的数据资料，制订那么多的计划、规章，光靠几个厂级领导，就是有三头六臂也是难以完成的。要是全厂干部都能达到中专以上文化水平，企业的科学管理将会达到更高的水平。我这个厂长就可以更轻松了。”[河工大 2021 年研]

**根据案例内容回答下列问题：**

**1. 按照管理方格理论，王厂长的领导作风应该是哪一种管理风格？反对事必躬亲是缺乏责任的表现吗？**

**2. 什么是授权？如何有效地授权？**

**3. 结合领导生命周期理论介绍下属成熟度的不同与领导方式的选择。**

**案例三**

王伟曾经是一名极为严厉的总管，在一家炼钢厂的 26 年职业生涯中，他为自己树立了精明强硬的老板形象。他从不多说一句废话，一旦发现工人擅自离开生产线，就会毫不留情地搬出严格的规章制度，让他们停职检查。但后来该厂倒闭。同年，总公司派他到另一家小型钢厂上任，这就是后来的 C 工厂。他告诉上司：“我要改变行事作风，原来的那一套不奏效了。”

这些新办法中包括了截然不同的领导风格。王伟将他的专制做法改为信任、参与的做法。他开始换位思考，揣摩下属员工的感觉和需要。他回避了惩罚活动，相信大多数员工可以做正确的事情。他鼓励下属承担责任和自己做出决策，甚至还授权给工人进行新员工的聘用和培训工作。“新”面孔的王伟不再因缺勤或不服从而惩戒员工。“我们无法要求任何人做任何事，当人们不想去做时，你就不可能使他们去做。我们没有足够多的主管，也没有足够多的时间。”王伟进一步指出，处罚会产生负面作用，尤其是在工会的气氛下。这些抱怨浪费了工人和管理人员的大量时间，结果使生产率下降，工作士气受损。

王伟修正了他的领导风格。与几年前相比，尽管 C 工厂缩减了将近一半的员工人数，但生产率却上升极快，年收入也提高了 20%。[南京理工 2020 年研]

**问题：**

**1. 王伟先后的领导风格各是什么类型？**

**2. 试运用领导生命周期理论来解释王伟在领导风格上的变化。**

**案例四**

我国某著名企业是一家中等规模的汽车配件生产集团。最近，记者对该企业一个重要部门经理徐某的管理情况进行了一次调查。徐某对他本部门的产出感到自豪。在采访中，他总是对记者强调自己对生产过程、产出量控制的必要性。他坚持下属人员必须很好地理解他发出的生产指令，以得到迅速、完整、准确的反馈。当他遇到小问题时，会放手交给下级去处理。当问题很严重时，他则委派几个有能力的下属去解决。通常情况下，他只是大致规定下属人员的工作方针，完成怎样的报告及完成的期限。徐某认为只有这样才能更好地合作，避免重复工作。针对记者提问假如下属人员对其敬而远之、该怎么办时，他笑笑说："他们不应该对我敬而远之，相反，我觉得对下属人员采取敬而远之的态度，对一个经理来说是最好的行为方式。所谓的'亲密无间'会松懈纪律。"徐某不主张公开批评或表扬某个员工，相信他的每一个下属都有自知之明。徐某说，在管理中的最大问题是下级不愿意承担责任。谈到目前管理中的困难，徐某认为他的下属人员其实有机会做许多事情，但是在他看来他们并不是很努力地去做。他还表示不能理解他的下属人员以前如何能与一个毫无能力的前任经理相处。结束采访时，徐某说，他的上司对他们现在的工作运转情况非常满意。[2019年军队文职真题]

**问题：**

**1. 徐某采取什么模式的管理方式，请简述之。**

**2. 你认为徐某团队的士气如何，为什么？**

**3. 你认为可以用哪位管理学家的理论方法，结合本案提高员工的责任意识？**

## 9.2 考研真题与典型题详解

### 一、单项选择题

1. C 【解析】领导是指挥、带领、引导和鼓励部下为实现目标而努力的过程。本题中，干群士气低落和人员流失率高表明企业在领导职能上存在问题，可能是领导方式不当或激励机制不足。

2. D 【解析】民主型领导方式一般采取授权管理，鼓励下属参与决策，其优点是员工关系融洽，工作积极主动，富有创造性。A项属于专制型领导方式的特点；BC两项属于放任型领导方式的特点。

3. D 【解析】管理方格理论中，(9，9)型对应的是团队型领导方式，既高度关心工作，也高度关心员工，追求高绩效和高满意度。A项，(9，1)型对应的是任务型领导方式，高度关心工作，较少关心员工。B项，(1，9)型对应的是乡村俱乐部型领导方式，较少关心工作，高度关心员工。C项，(5，5)型对应的是中间型领导方式，适度关心工作和员工。

4. A 【解析】根据管理方格理论，题干描述的是任务型领导方式，对应的是权威与服从。B项，乡村俱乐部型领导方式，高度关心人，对生产较少关心，努力创造一个舒适的工作环境。C项，贫乏型领导方式，对生产和人都不太关心，是一种消极被动的管理方式。D项，协作管理方式既高度关心生产，也高度关心人，力求在二者之间找到平衡，实现团队协作和高效工作。

5. B 【解析】根据管理方格理论，题中所述为贫乏型管理，既不关心生产，也不关心人。

6. D 【解析】根据情境领导模型，当下属成熟度高时，应采取低任务/低关系的领导方式，让下属自己独立解决问题，即授权型领导。

7. B 【解析】权变理论由费德勒提出，强调领导风格的有效性取决于具体的情境因素。A 项，吉沙利提出了领导特质理论；C 项，布莱克和莫顿提出了管理方格理论；D 项，沃伦·施密特与罗伯特·坦南鲍姆共同提出了领导行为连续体理论。

8. C 【解析】A 项，对领导者的素质要求包括知识素质、能力素质、心理素质和身体素质等四个方面，并非先天遗传。B 项，基层领导最重要的能力是技术技能。D 项，授权是为了共享组织内部权力，激励员工努力工作，而不是为了减少责任。

9. D 【解析】D 项，有效的领导者不仅要依靠职位权力，而且要有一定的个人权力。

10. C 【解析】参照权力源于领导者个人魅力或作为榜样被模仿的力量。题中情形表明老师对学生产生了积极影响，并被视为一个值得效仿的对象，因此符合参照权力的定义。

11. B 【解析】职位权力是指与领导者的职位相关的权力，包括奖赏权力、强制权力和法定权力。本题中，厂长奖励员工行使的是奖赏权力，即职务权力。

12. C 【解析】领导者团队理论强调领导者需要有效管理自己的团队，注重团队成员之间的关系协调和团队整体的协作。毛泽东这句话重点强调了领导者要善于处理自己和委员之间的关系，要把团队（“一班人”）指挥好，使团队动作整齐，这与领导者团队理论的核心观点相契合。即领导者要重视团队建设和团队协作，才能更好地发挥领导作用，带领更多人进行作战和建设。

13. D 【解析】在领导—成员交换理论中，领导—成员交换关系可分为四个维度：①贡献，如超出职位描述的工作表现；②情感，如友谊和喜欢；③忠诚，如忠实和共同承担责任；④职业尊重，如对对方职业能力的尊重。

14. D 【解析】根据明茨伯格的领导者角色理论，挂名首脑为象征性的首脑，须担任许多法律性或社会性的程式化职务，包括：签署法律文件，接待来访人员等。题中，张宏扮演的角色是挂名首脑。

15. B 【解析】根据明茨伯格的领导者角色理论，题中管理者扮演的角色是资源分配者。作为资源分配者，管理者决定组织的资源用于哪些项目。其职能是分配组织资源，或做出组织的重大决定或批准。

16. A 【解析】根据明茨伯格的领导者角色理论，领导者的角色是管理者权力最显著的表现，贯穿于所有管理活动中。

17. C 【解析】根据豪斯的路径—目标领导理论，领导者行为可分为指示型、支持型、参与型和成就导向型四种类型。其中，参与型是指在遇到问题时会咨询下属的意见，并在决策时考虑其建议。本题中，刘邦做决策时咨询韩信和萧何，采用的是参与型领导方式。

## 二、多项选择题

1. BCD 【解析】明茨伯格将管理者角色分为三大类：人际关系角色、信息传递角色和决策制定角色。其中，决策制定角色包括企业家、故障排除者、资源分配者和谈判者。B项扮演的是企业家或资源分配者角色；C项扮演的是故障排除者角色；D项扮演的是谈判者角色。A项扮演的是人际关系角色中的挂名首脑。

2. BCE 【解析】费德勒的权变理论认为，组织效率取决于领导者风格和情境有利性的相互作用。情境的有利性从以下三个维度进行分析：①领导者—成员关系，即领导者与下属的关系质量；②任务结构，即任务的明确性和结构化程度；③职位权力，即领导者在组织中的权力大小。

## 三、填空题

1. 被领导者　2. 关怀维度　3. 领导者的风格　4. 高LPC型

5. 关怀

## 四、判断题(正确的打"√"，错误的打"×")

1. ×　2. √　3. ×　4. ×　5. √　6. ×　7. ×　8. ×　9. √　10. ×
11. ×　12. ×　13. √　14. ×

1. 管理和领导的侧重点不同。管理不仅限于维持秩序，也包括规划和控制；而领导则更多关注激励和变革。

2. 所有管理者都应具备领导能力，但并非所有领导者都处于正式的管理职位。例如，非正式的团队领袖可能没有正式的管理头衔，但他们仍然可以发挥领导作用。

3. 领导者特质理论认为，成功的领导基于某些特定的个人特质，但这些特质并非只存在于少数英雄人物身上。

4. 良好的领导素质是重要的，但工作效率还受到环境、团队合作等其他因素的影响。

6. 明茨伯格提出的领导角色理论认为，领导者的角色是10种角色中最显著的一种角色，也是管理者权力最明显的表现。

7. 高关系、高工作(又称推销式领导)并不总是最有效的领导方式。根据赫塞和布兰查德的情境领导理论，最有效的领导方式取决于下属的成熟度。

8. 该厂长的这句话体现的是源于领导者个人特征的参照权力。

10. 领导者特质理论尽管有古老的传统，但其研究结果常常令人失望，领导者个人特质与领导有效性的关系并不一致。而领导行为理论通过对领导者的行为特点与绩效关系的研究，寻找最有效的领导风格。

11. 题中的古训反映了有效的领导者应善于同下属交谈，了解下属的欲望和需要。

12. 下属成熟度是指下属承担责任的愿望和能力，与下属的心理年龄相关。

14. 根据路径—目标理论，组织中的正式权力关系越明确、越层次化，领导者越应表现出支持性行为，降低指导性行为。

## 五、概念题

**1. 领导与管理**［安徽财大 2020 年研］

**答：** 参见本章论述题第 1 题答案。

**2. 职位权力**［西南财大 2023 年研］

**相关试题：法定权力**［深圳大学 2023 年研；天津商大 2022 年研］、**法定性权力**［沈工大 2021 年研；河工大 2019 年研；常州大学 2019 年研］

**答：** 职位权力是指领导者基于其职位而获得的权力。职位权力通常与组织的正式结构和规章制度紧密相关，是保证组织正常运作的基本要素之一。职位权力主要包括三种类型：

（1）奖赏权力，指能对他人进行奖赏的权力。其形式包括正式奖励（如奖金、提升职位）和非正式奖励（如表扬、改善工作环境）。奖赏应与下属的需求相一致。

（2）强制权力，指通过惩罚来影响他人的权力。惩罚形式包括扣薪水、降职、分派不喜欢的工作，甚至解雇等。强制权力可能会引起不满和对抗，需要谨慎使用。

（3）法定权力，指特定职位和角色被法定的、公认的正式权力。其基础因素包括文化价值观、社会结构的接受以及合法化的任命。如部门主管因其职位而有权指挥和安排下属的工作。

**3. 变革型领导**［中国传媒 2019 年研］

**答：** 变革型领导是指采用激励和鼓舞（变革）的方式使下属出色地完成任务的领导方式。美国政治社会学家詹姆斯·麦格雷戈·伯恩斯将变革型领导者定义为，领导者通过让员工意识到所承担任务的重要意义和责任，激发下属的高层次需要或扩展下属的需要和愿望，使下属对团队、组织和更大的政治利益的重视超越对个人利益的重视。变革型领导者很关注员工所在意的事和发展需求；他们改变下属对事情的看法，帮助员工用新的方式来看待旧问题；而且他们可以激励、调动和鼓舞下属付出更多的努力来实现团队目标。与单独采用交易型领导相比，变革型领导会提升员工的努力程度和绩效水平。

## 六、简答题

**1. 从权力的来源角度简述权力和职权的区别。**［2018 年河南省专升本真题］

**答：**（1）领导权力有五种来源，可以分为正式权力和非正式权力两个方面。其中，正式权力包括：①法定权力；②奖赏权力；③强制权力。非正式权力包括：①参照权力；②专家权力。

（2）管理中的职权来源于三个方面：

①在层级组织中居于某一特殊职位所拥有的命令指挥权。

②由于个人具备某些核心专长或高级技术知识而拥有的技术能力职权。

③由于个人能够有效地激励、领导和影响他人而拥有的管理能力职权。

（3）权力与职权的区别：

①职权是赋予某个正式职位的合法权力，它伴随着组织的正式职务而存在；而权力不仅来源于职权，还可以来源于非职位权力。

②从内涵与外延来看，职权仅仅是权力的一种，职权的范围要小于权力。

③职权存在于组织上下级职位之间；而权力可以存在于两个人或更多人之间，可以在纵向和横向上使用，并不仅仅局限于企业的所有者或管理者。

**2．据勒温对于领导方式的研究，专制式、民主式和放任式三种领导方式的领导特点和结果各是什么？**［2021年河南省专升本真题］

**答：**根据库尔特·勒温对领导方式的研究，这三种领导方式的领导特点和结果具体如下：

（1）独裁（专制）型领导：

①特点：领导者大权独揽，独断专行，限制员工参与。权力来源于职位，认为人类本性懒散，需要通过命令来鞭策下属工作。

②结果：在领导者监督下，这种方式可以有效完成任务，但团队成员的情绪通常较差。

（2）民主型领导：

①特点：领导者与下属共同讨论，集思广益，再进行决策。权力来源于所领导的群体，认为人们受到激励后可以自我领导，因此鼓励授权和参与决策。

②结果：这种领导方式最有效，能够促进团队合作、提高成员积极性。

（3）放任型领导：

①特点：领导者放手不管，给下属完全的自由去做出决策。权力来源于被领导者的信赖，认为人们能找到合适的方法完成工作。

②结果：虽然给予员工充分自由，但在实际工作中效果可能不佳，因为缺乏指导和监督。

在实际工作中，大多数领导风格介于独裁和民主之间。

## 七、论述题

**1．领导与管理的区别与联系。**［山东财大2021年研］

**相关试题：**

**（1）简述领导和管理的区别和联系。**［简答题，安徽财大2022年研］

**（2）领导和管理的区别。**［辽宁大学2024年研］

**答：**（1）领导和管理的内涵：

①领导，是指领导者运用各种影响力，指挥、带领、引导和鼓励下属为实现组织目标而努力的过程。

②管理，是指在特定环境下，对组织所拥有的资源进行有效的计划、组织、领导和控制，以便达成既定组织目标的过程。

（2）领导与管理的联系：

①领导是从管理中分化出来的。就领导活动自身发展历史而言，决策与执行的分离、领导权与管理权的分离，是领导科学发展进程中的重要变革，这一具有里程碑意义的变革同样证明了领导是从管理中分化而来的。

②领导是一个在特定情境中，通过影响个体或群体的行为来努力实现目标的过程。管

理过程中需要协调组织成员，实现组织目标。

③领导和管理不论是在社会活动的实践方面，还是在社会科学的理论方面，都具有较强的相容性和交叉性。

(3)领导与管理的区别：

①职能范围不同。管理包括一系列系统化行为；领导是管理的一个环节。

②权力来源不同。管理的权力基于强制性和合法性；领导的权力既可以来源于组织职位，又可以产生于个人能力。

③主要功能不同。管理侧重于维系组织有效运转，保持组织秩序并实现预期目标；领导则关注组织变革，进行战略方向层面的创新举措。

④管理和领导发挥功能的实现途径也存在差异，具体如下：

a. 目标制定过程。管理侧重于预算、详细计划、具体实施方案等微观层面的短期行为；领导则侧重于远期目标、战略方向等宏观层面的长期行为，具有更强的风险性。

b. 人力资源配备。管理根据组织结构和岗位需求进行人员匹配，包括招聘、培训、轮岗等；领导则基于组织的愿景目标和战略方向，强调组织群体的人才储备策略等，确保人才发展与组织发展相适应。

c. 计划执行方式。管理强调计划的落地和执行，通过监督和控制等手段对组织行为进行细致的把控；领导则侧重于利用授权、激励等方式提高组织成员的工作积极性，迎难而上，完成工作任务。

**2. 论述在实践中，赫塞和布兰查德的情景领导理论如何实现高效领导。**[西南财大 2024 年研]

**相关试题：**

**(1)简述情境领导模型的主要内容。**[简答题，河工大 2024 年研]

**(2)美国管理学者保罗·赫塞和肯尼斯·布兰查德提出，领导行为的选择应当考虑下属的成熟度，并以此发展为领导生命周期理论。论述领导生命周期理论的主要内容。**[2018 年河南省专升本真题]

**答：**在实践中，赫塞和布兰查德的情景领导理论为高效领导提供了一套系统且实用的方法。

(1)情景领导理论的主要内容：

赫塞和布兰查德的情景领导理论认为，领导者的行为方式应根据下属成熟度进行调整。成熟度是指承担责任的愿望和能力。该理论强调领导者要根据不同情境，灵活选择领导方式，以达到最佳领导效果。

①情境领导模型运用了任务行为和关系行为两个维度，并为两个维度分别设定了高、低两种水平，组合到一起构成了四种特定的领导风格：

a. 告知型(高任务水平—低关系水平)：领导者设定工作角色。对于不同的任务，领导告知员工做什么、怎么做和在哪里做。

b. 推销型(高任务水平—高关系水平)：领导者同时表现出指挥性和支持性的行为。

c. 参与型(低任务水平—高关系水平)：领导者和下属共同进行决策制定，领导者的主要角色是促进和沟通。

d. 授权型(低任务水平—低关系水平)：领导者很少提供指导和支持。

②下属成熟度的四个水平阶段及其应采取的领导风格：

a. R1 阶段：成熟度低，即下属无能力且不愿意完成任务。领导者应采用告知型领导风格。

b. R2 阶段：成熟度较低，即下属无能力但愿意完成任务。领导者应采用推销型领导风格。

c. R3 阶段：成熟度较高，即下属有能力但不愿意完成任务。领导者应采用参与型领导风格。

d. R4 阶段：成熟度高，即下属既有能力又愿意完成任务。领导者采用授权型领导风格。

(2)情景领导理论的应用步骤及实践优势：

①识别下属成熟度。情景领导理论关注员工的发展需求，能够激发员工的潜力。

②选择合适的领导方式。根据员工成熟度选择合适的领导方式，能使员工更好地完成工作任务。同时，领导者要根据不同情境和员工变化及时调整领导方式，以更好地适应工作环境。情景领导理论要求领导者不断学习和适应不同情境，有助于提升领导者的能力和素质。

总之，赫塞和布兰查德的情景领导理论在实践中通过识别员工成熟度、选择合适的领导方式，为高效领导提供了有力的支持，有助于提高员工绩效、增强团队凝聚力和提升领导效果。

**3. 论述管理和领导的区别，以及在管理实践中如何更好地展现管理者的个人影响力。**[2022 年河南省专升本真题]

**答：**(1)领导与管理的区别，参见本章论述题第 1 题答案。

(2)管理者的个人影响力主要是指领导的个人影响力，包括参照权力和专家权力。领导者为了在管理实践中更好地展现个人影响力，好的做法包括：

①充分开发自己的参照权力。参照权力源于领导者个人的特征，包括行为方式、魅力、经历、背景等，其基础是下属对领导者这些特征的认同，或是一种对认同的渴望。领导者要提高自身对下属的吸引力，吸引力越大，下属的认同感越高，参照权力就越大。

②提升自己的专家权力。专家权力产生于领导者个人的专业知识或技能。专家权力的大小取决于领导者知识的完备程度，或下属对领导者具备特定知识的知觉。领导者应该提高自身的特定知识和技能，当其拥有更多的经验和知识时，下属会更为信服。

## 八、案例分析题

### 案例一

**根据案例内容回答下列问题：**[河工大 2022 年研]

**1. 根据情境领导模型，请简单归类三位领导者的领导风格。**

**答：**根据情境领导模型，三位领导者的领导风格可归类如下：

(1)李总的领导风格为放任型领导。具体表现为：

李总信任下属，基本不过问具体事务，给予王敏和其他部门经理很大的自主权。这种风格适合独立性强且能力较强的团队，但在面对重大问题时可能缺乏指导。

（2）王总的领导风格为专制型领导。具体表现为：

王总在任职期间事必躬亲，亲自处理公司大小事务，对下属的决策进行严格控制。虽然在短期内能确保决策一致性，但可能导致员工的主动性和创造性降低。

（3）吴总的领导风格为变革型领导。具体表现为：

吴总带领团队梳理公司发展重点，制定改革方案，并与经理们进行一对一的交流，鼓励主动性和参与感。这种风格能够激励员工，增强团队凝聚力，有助于实现组织目标。

**2．你认为哪位领导的管理风格更可取？为什么？**

**答：**我认为吴总的管理风格更可取，理由如下：

（1）激励与启发。吴总的变革型领导风格能激励员工，提升团队的积极性，增强员工的参与感和责任感，使员工在工作中感受到价值和成就感。

（2）适应性与灵活性。吴总积极响应公司发展的重点和痛点，灵活调整战略方向。这种适应性能帮助公司在快速变化的市场环境中保持竞争力。

（3）沟通与支持。通过与部门经理一对一会谈，吴总能深入了解各部门的现状与需求，提供针对性的支持。这种沟通方式有助于建立信任和协作关系。

（4）成果导向。吴总的领导风格直接促进了王敏部门的整体效益提升，展现了在变革中实现高绩效的有效性。

综上所述，吴总的领导风格不仅提升了工作效率，还增强了员工的工作满意度和团队凝聚力，是更适合现代企业管理的风格。

### 案例二　新港船厂的王厂长

**根据案例内容回答下列问题：**［河工大 2021 年研］

**1．按照管理方格理论，王厂长的领导作风应该是哪一种管理风格？反对事必躬亲是缺乏责任的表现吗？**

**答：**（1）根据管理方格理论，王厂长的领导风格应属于团队型管理（高度关心生产，高度关心员工）。王厂长注重团队合作，强调管理人员的责任和职能，鼓励职工参与管理。

（2）王厂长反对管理人员“事必躬亲”，并不是缺乏责任，而是强调管理者更应专注于管理和决策，提升整体效率。他认为，管理者应当通过有效的管理和指导，确保团队的运作，而不是直接参与每一项具体工作，这样才能更好地发挥管理者的作用。

**2．什么是授权？如何有效地授权？**

**答：**（1）授权的定义：

授权是指管理者将一定的权力、责任和决策权下放给下属，以提高工作效率和员工的积极性。

（2）有效地授权，要求：

①明确目标，即设定清晰的任务目标和期望成果。

②选择合适的人，即根据下属的能力和经验，选择适合的人员进行授权。

③提供必要资源，即确保下属拥有完成任务所需的资源和支持。

④设定反馈机制，即建立定期检查和反馈的机制，保持沟通。

⑤信任下属，即给予下属一定的自由度，让他们发挥创造性，增强责任感。

**3. 结合领导生命周期理论介绍下属成熟度的不同与领导方式的选择。**

**答：** 领导生命周期理论又称情景领导模型，其认为成功的领导通过选择恰当的领导方式来实现，选择的过程依下属的成熟度水平而定。

（1）下属成熟度的不同：

根据领导生命周期理论，下属的成熟度分为四个等级：

①低成熟度（R1）。下属缺乏能力和意愿，需要直接指导。

②中低成熟度（R2）。下属有一定能力但缺乏信心，需要指导和支持。

③中高成熟度（R3）。下属具备能力但缺乏意愿，需要支持和鼓励。

④高成熟度（R4）。下属有能力且有意愿，适合授权和参与决策。

（2）领导方式的选择：

①R1：采用告知型领导，提供明确的指导和监督。

②R2：采用推销型领导，给予支持和鼓励，增强信心。

③R3：采用参与型领导，提供支持，鼓励自主决策。

④R4：采用授权型领导，信任下属，给予充分的自主权。

通过了解下属的成熟度，领导者可以选择合适的领导方式，以提升团队整体表现。

## 案例三

**问题：**［南京理工2020年研］

**1. 王伟先后的领导风格各是什么类型？**

**答：**（1）王伟最初的领导风格为专制型领导：

在最初的26年职业生涯中，王伟采取的是专制型领导风格。他严格执行规章制度，对员工的要求非常严格，一旦发现违规行为就会毫不留情地进行处罚。这种风格强调权威和控制，决策由领导者单方面做出，员工几乎没有参与决策的机会。

（2）王伟后来的领导风格为民主型领导：

在C工厂，王伟改变了领导风格，采用了更加信任和参与的做法。他鼓励员工承担责任，自己做出决策，并授权给工人进行新员工的聘用和培训工作。这种风格强调团队合作和员工参与，决策过程中充分考虑了员工的意见和建议。

**2. 试运用领导生命周期理论来解释王伟在领导风格上的变化。**

**答：** 领导生命周期理论又称情境领导模型。该理论认为，有效的领导应根据下属的成熟度灵活调整领导风格，以达到最佳的管理效果。下属的成熟度分为四个阶段：①低成熟度（R1）；②中低成熟度（R2）；③中高成熟度（R3）；④高成熟度（R4）。运用该理论对王伟在不同阶段的领导风格分析如下：

（1）最初阶段（R1或R2）采取专制型领导的原因：

在最初的26年职业生涯中，王伟面对的员工可能处于R1或R2阶段，即他们要么缺乏必要的技能和经验，要么虽然有积极性但缺乏实际操作能力。在这种情况下，王伟采取了专制型领导风格，通过严格的规章制度和惩罚措施来确保生产效率和纪律。这种风格有助于快速建立秩序和规范，使员工迅速进入工作状态。

（2）后期阶段（R3或R4）采取民主型领导的原因：

在 C 工厂，王伟发现员工已具备了一定的工作能力和经验，且由于工会的存在和企业文化的改变，员工更倾向于自主性和参与感。这时，员工可能已进入了 R3 或 R4 阶段。因此，王伟调整了其领导风格，采用了更加信任和参与的民主型做法。他鼓励员工承担责任，自己做出决策，并授权给工人进行新员工的聘用和培训工作。这种风格能更好地激发员工的积极性和创造力，提高工作效率和士气。

综上，王伟通过调整自己的领导风格，从专制型转变为民主型，成功适应了员工成熟度的变化。这种变化不仅提高了员工的工作满意度和积极性，还显著提高了 C 工厂的生产率和收入。

## 案例四

**问题：**［2019 年军队文职真题］

**1. 徐某采取什么模式的管理方式，请简述之。**

**答：**(1)根据美国管理学家布莱克和莫顿的管理方格理论，徐某属于任务型领导方式。领导者只重视任务效果而不重视下属的发展和士气。如题中提及徐某对下属敬而远之，只是给他们安排任务。

(2)根据库尔特·勒温的领导理论，徐某属于专制型领导风格。专制型权力集中在领导者个人手中，强调指挥与服从，完全个人说了算，主要依靠其个人的能力、经验和判断来指挥组织的活动。领导者将决策权高度集中，独自做出决策，严格控制决策的执行过程，亲自或通过自己信赖的监督系统监督执行过程和执行结果。下属没有参与管理的机会，只能服从领导，满足感低。由于屈从于权力的压力，下属的工作效率往往因领导在不在场而异。

**2. 你认为徐某团队的士气如何，为什么?**

**答：**(1)徐某团队的士气不高。

(2)理由：专制型的领导者只注重工作目标，仅关心工作的任务和效率，对团队成员不够关心，被领导者与领导者之间的社会心理距离比较大，领导者对被领导者缺乏敏感性，被领导者对领导者存有戒心和敌意，这样容易使群体成员产生挫折感和机械化的行为倾向。

**3. 你认为可以用哪位管理学家的理论方法，结合本案提高员工的责任意识?**

**答：**(1)根据管理学家勒温的领导风格类型理论，可以采用民主型的领导方式。民主型的领导者注重对团体成员的工作加以鼓励和协助，关心并满足团体成员的需要，营造一种民主与平等的氛围，领导者与被领导者之间的社会心理距离比较近。在民主型的领导风格下，团体成员有较强的工作动机，责任心也较强，团体成员自己决定工作的方式和进度，工作效率比较高。

(2)根据管理学家布莱克和莫顿的管理方格理论，可以采取理想式(团队型)领导方式。在此方式下，领导者对生产和团体成员都很关心，对工作和团体成员都很投入，在管理过程中把企业的生产需要同个人的需要紧密结合起来，既能带来生产力和利润的提高，又能使团体成员得到事业的成就与满足，同时也能使团体成员的责任意识得到加强。

(3)根据管理学家德鲁克的目标管理理论，在企业成员的积极参与下，自上而下地确定工作目标，并在工作中实行自我控制，自下而上地保证目标实现。在目标明确的条件下，人们能够对自己负责。

# 第十章　激　励

## 10.1　考研真题与典型题

### 一、单项选择题

1. 为了激发员工内在的积极性，一项工作最好授予(　　)。[天津商大 2023 年研]

A. 能力远远高于任务要求的人　　B. 能力远远低于任务要求的人

C. 能力略高于任务要求的人　　D. 能力略低于任务要求的人

2. “一把钥匙开一把锁”的比喻是哪种人性假设？(　　)[西安石大 2022 年研]

A. 社会人假设　　B. 经济人假设

C. 自我实现人假设　　D. 复杂人假设

3. 以下不属于超 Y 理论的基本观点的是(　　)。[湖南师大 2021 年研]

A. 主体需要的差异性　　B. 组织方式的相同性

C. 控制程度的应变性　　D. 目标确立的递进性

4. 处于需要最高层次的是(　　)。[广西科大 2023 年研]

A. 生理需要　　B. 安全需要　　C. 社交需要　　D. 自我实现需要

5. 中国古代政治家管仲有一句名言，即“仓廪实知礼仪，衣食足知荣辱”。他的这一论述，在某种程度上与西方国家哪一理论，在观念上有明显的相似之处？(　　)[西安石大 2022 年研]

A. 法约尔的管理过程理论　　B. 麦格雷戈的 X 与 Y 理论

C. 弗鲁姆的期望理论　　D. 马斯洛的需要层次理论

6. 某公司改善了职员 A 的工作条件，职员 A 的积极性和主动性并没有提高。不久，职员 A 接到了一项具有挑战性的任务，他工作特别卖力。这可运用哪一种激励理论来解释？(　　)[西安石大 2022 年研]

A. 期望理论　　B. 双因素理论　　C. 公平理论　　D. 强化理论

7. 根据戴维·麦克利兰的成就需要理论，如果一个人希望控制向上和向下的信息渠道以便对他人施加影响，那就表明他是一个(　　)。[西安石大 2021 年研]

A. 成就需要强的人　　B. 归属需要强的人

C. 权力需要强的人　　D. 激励需要强的人

8. 如果员工 A 认为，与员工 B 相比，自己报酬偏低。根据公平理论，员工 A 会采取的行为是(　　)。[南京理工 2020 年研]

A. 增加自己的投入　　B. 减少自己的投入

C. 努力增加 B 的报酬　　D. 使 B 减少投入

9. 在会议进行中，管理者不希望下属不停地提出各种问题干扰会议的进程；于是，在有人举手要发言时便无视他们的举动，只顾自己把话讲完。这种影响下属行为的方式是

(　　)。[西安石大 2021 年研]

A. 正强化　　B. 负强化　　C. 自然消退　　D. 惩罚

10. 以下属于信任激励的是(　　)。[广西科大 2022 年研]

A. 公开表扬　　B. 员工评比　　C. 允许犯错　　D. 民主协商

11. 依据组织成员的复杂程度，有针对性地采取措施，对症下药，对应的是哪种人性假设？(　　)[2024 年河南省专升本真题]

A. X 理论　　B. Y 理论　　C. 自我实现人　　D. 复杂人

12. ①曹雪芹虽食不果腹，仍然坚持《红楼梦》的创作；②丁明在公司辛勤地工作一天后，特别想美美地睡一觉；③“一个音乐家最大的痛苦是永远不能再奏乐”。根据需要层次理论，下列说法正确的是(　　)。[2021 年河南省专升本真题]

A. ①和③属于自我实现的需要

B. ②属于安全需要

C. ①和③不属于同一层次的需要

D. ②这一层次的需求一直是丁明的主导需要

13. 荆某被任命为总设计师，公司为他提供了良好的工作环境。依据双因素理论，能够激励他的措施是(　　)。[2022 年河南省专升本真题]

A. 提高福利

B. 提高工资

C. 为他配备一个学历高的助手

D. 设计并完善工作流程，让他能够独立完成

14. 中国企业引入奖金机制的目的是发挥奖金的激励作用，但目前，许多企业的奖金已经成为工资的一部分，奖金变成了保健因素。这说明(　　)。[2018 年河南省专升本真题]

A. 双因素理论在中国不怎么适用

B. 保健因素和激励因素的具体内容在不同国家是不一样的

C. 防止激励因素向保健因素转化是管理者重要的责任

D. 将奖金设计成为激励因素本身就是错误的

15. 亚当斯提出的公平理论，以下哪一条观点正确？(　　)[2024 年河南省专升本真题]

A. 公平感是一种客观现象

B. 绝对报酬比相对报酬更重要

C. 满意程度只取决于绝对报酬，不取决于相对报酬

D. “投入”和“产出”形式的多样化使得社会比较难以进行

16. 某大型连锁超市总经理李强帮助员工小张解决了因户口不在本地、女儿不能进市一小上学的问题，这属于(　　)。[2024 年河南省专升本真题]

A. 情感激励　　B. 荣誉激励　　C. 信任激励　　D. 榜样激励

17. 某医院为表彰在抗击新冠肺炎疫情期间做出突出贡献的医务工作者，特授予他们“先进工作者”称号，这种激励方法是(　　)。[2021 年河南省专升本真题]

A. 情感激励　　B. 荣誉激励　　C. 信任激励　　D. 环境激励

## 二、多项选择题

1. 麦克利兰的成就需要理论将人的高层次需要分为（　　）。［湖南师大 2024 年研］

A. 尊重需要　　B. 成就需要　　C. 亲和需要　　D. 权力需要

2. 目标设置理论认为，目标对人们努力程度的影响取决于（　　）。［湖南师大 2022 年研］

A. 目标明确性　　B. 目标难易性

C. 目标责任清晰度　　D. 目标接受度

3. 根据赫茨伯格的双因素理论，保健因素包括（　　）。［2020 年广东省专升本真题］

A. 成就　　B. 晋升　　C. 工作条件　　D. 人际关系

4. 某管理者对员工采用“胡萝卜加大棒”的管理方法。他常说：“不好好干就回家去，干好了下个月多发奖金。”下列关于其管理方式的描述，正确的有（　　）。［2019 年军队文职真题］

A. 该管理者的观点与 Y 理论相符　　B. 该管理者的观点与 X 理论相符

C. 该管理者把员工看成经济人　　D. 该管理者把员工看成社会人

E. 该管理者把员工看成自我实现人

5. 关于公平理论，下列说法正确的有（　　）。［2021 年军队文职真题］

A. 不公平会影响员工积极性

B. 报酬和贡献比与他人相比，在相等的情况下会感到公平；如果不相等的话，就感到不公平

C. 报酬与贡献比容易受到主观因素的影响，导致员工判断不公平

D. 公平理论既包括横向比较又包括纵向比较

E. 公平理论只包括横向比较

## 三、填空题

1. 美国心理学家亚伯拉罕·马斯洛于 1943 年在《人类激励理论》论文中提出了______理论。［2016 年河南省专升本真题］

2. ______也被称为社会比较理论。［2020 年河南省专升本真题］

3. 期望理论认为员工在工作中的积极性和努力程度（激励力量）是期望值与______的乘积。［2017 年河南省专升本真题］

4. 管理者对某些行为不予理睬或者对该行为出于轻视或者某种程度的否定，这体现了强化理论中的______。［2024 年河南省专升本真题］

5. 常见的成果激励主要包括两类：物质激励和______。

## 四、判断题（正确的打“√”，错误的打“×”）

1. 需要是产生激励的起点，进而导致某种行动。（　　）［湖南师大 2017 年研］

2. 经济人假设认为，影响人的劳动积极性的，除了物质利益以外，还有社会和心理的因素。（　　）［湖南师大 2019 年研］

3. X 理论和 Y 理论关于人的认识是一致的。（　　）［安徽财大 2021 年研］

4. “人之初，性本善”对人性的假设与道格拉斯·麦格雷戈提出的 Y 理论保持一致。

(　　)[暨南大学 2023 年研]

5. 麦格雷戈在自我实现人假设的基础上提出了超 Y 理论。(　　)[天津商大 2024 年研]

6. Y 理论强调自我控制、自我指挥，是动态灵活的，因此总是比 X 理论优越。(　　)[西安石大 2022 年研]

7. Z 理论认为企业管理当局与职工的利益永远是对立的。(　　)[湖南师大 2018 年研]

8. 根据马斯洛的需要层次理论，人在不同的发展阶段其需求是变化的。(　　)[南京理工 2019 年研]

9. 双因素理论对企业管理的基本启示是，要调动和维持员工的积极性，首先要注意保健因素，以防止不满情绪的产生。(　　)[天津商大 2021 年研]

10. 管理实践中，保健因素对基层员工很重要，但是无法转换成激励因素。(　　)[安徽财大 2020 年研]

11. 成就需要理论过于强调个体高层次需要的重要性，而忽视了满足个体低层次需要的意义。(　　)[天津商大 2024 年研]

12. 期望理论的基础是自我利益，其核心是双向期望。(　　)[湖南师大 2018 年研]

13. 根据行为强化理论，惩罚是指通过不提供个人所愿望的结果来减弱某人的行为。(　　)[南京理工 2020 年研]

14. 信任激励是建立在下级对上级理解和信任基础上的激励方式。(　　)[天津商大 2024 年研]

15. 物质奖励越多，其激励的作用越大。(　　)[南京理工 2019 年研]

16. “人之初，性本善”适用于麦克利兰的 X 理论。(　　)[2022 年河南省专升本真题]

17. 期望理论对管理者的启示是，管理人员的责任是帮助员工满足需要，同时实现组织目标。(　　)[2021 年河南省专升本真题]

## 五、概念题

1. 工作丰富化法[湖南师大 2021 年研]、工作丰富化[西南财大 2025 年研]

2. 情感激励[天津商大 2023 年研]

## 六、简答题

1. 简述动机性行为的特点。[天津商大 2023 年研]

2. 试述成就需要理论。[2012 年河南省专升本真题]

## 七、论述题

1. 在一家小微企业的年终评比会上，总经理宣布为了表彰某位员工，特地将前门靠近公司总经理停车位的地方给了该员工。请问应该用什么激励理论来解释该公司的激励措施？并对该激励理论进行论述。[南京师大 2019 年研]

2. 什么是激励的强化理论？联系实际谈谈强化理论对企业管理的启示。[常州大学 2020 年研]

相关试题：

(1)简述强化理论的主要内容以及强化的类型。[简答题，南京理工 2019 年研]

(2)请简述斯金纳强化理论的主要内容。[简答题，2020 年河南省专升本真题]

3．在管理激励实务中，常见的激励方法有哪些？结合实践，阐述各种方法都有哪些具体措施。［沈工大2023年研］

相关试题：

(1)结合激励的指导思想、原则等，谈谈什么激励方法对企业有用。［中南财大2023年研］

(2)简述常用激励方法的种类。［简答题，河工大2022年研］

(3)简述工作激励的方法。［简答题，沈工大2022年研］

(4)简述激励方法。［简答题，湖南师大2020年研］

## 八、案例分析题

### 案例一

林肯电气公司年销售额为44亿美元，拥有2400名员工，形成了一套独特的激励员工的方法。该公司90%的销售额来自生产弧焊设备和辅助材料。

林肯电气公司的生产工人按件计酬，他们没有最低小时工资；员工为公司工作两年后，便可以分享年终奖金。在过去的56年中，平均奖金额是基本工资的95.5%。近几年经济发展迅速，员工年均收入为40000美元左右，远远超出制造业员工年收入17000美元的平均水平。

公司自1958年开始一直推行职业保障政策。从那时起，他们没有辞退过一名员工。当然，作为对此政策的回报，员工也相应要做到以下几点：在经济萧条时他们必须接受减少工作时间的决定；而且要接受工作调换的决定；有时甚至为了维持每周30小时的最低工作量，而不得不调整到一个报酬更低的岗位上。

林肯公司极具成本和生产率意识，如果工人生产出一个不合标准的部件，那么除非这个部件修改至符合标准，否则这件产品就不能计入该工人的工资中。严格的计件工资制度和高度竞争性的绩效评估系统，形成了一种很有压力的氛围。有些工人还因此产生了一定的焦虑感，但这种压力有利于生产率的提高。据该公司的一位管理者估计，与竞争对手相比，林肯公司的总体生产率是他们的两倍。该公司还是美国工业界中工人流动率最低的公司之一。前不久，该公司的两个分厂被《财福》杂志评为全美十佳管理企业。［南京理工2021年研］

**案例思考题：**

**1．林肯公司使用了何种激励理论来激励员工的工作积极性？**

**2．你认为这种激励系统可能会给管理层带来什么问题？**

### 案例二　佳明公司的员工考评

佳明公司对于员工有着一套相当完善的考评制度。公司每个月、每个季度、每年都会对员工进行评估，每个人都知道自己所处的位置。第一类占10%，他们是本月对工作有突出贡献者，评分A＋；次一些的是第二类，占15%，评分A；第三类是普通表现员工，占50%，评分B＋；接下来是占15%的第四类，公司要对他们敲响警钟，督促他们上进，评分B；第五类是最差的，占10%，评分C。根据业绩评估，每个员工都会知道他们处在哪一类，这样没有人会抱怨得不到赏识。年终综合成绩，第一类员工会得到超额年终奖金，并得到晋升机会；第二类中的大约90%和第三类中的50%会得到1～3个月工资年终奖；

第四类、第五类员工没有奖励。根据员工的表现可以做出图表，佳明公司可以清晰地对员工做出奖赏和惩罚。佳明公司每年会有一部分人年底被裁员，公司实行末位淘汰制，将年度表现最差的员工清除出去。这样做，除了保证员工的素质，也给所有员工紧迫感和压力，让他们更好地做好工作。对于高层管理人员，佳明公司鼓励他们在工作上相互竞争，但不要有个人恩怨。

除了有严格的考评外，佳明公司对员工还有丰富的培训，让员工全方位了解公司，提高自我。比如，佳明的核心培训生，称之为“新家族”计划，是企业内部核心准管理层人选的一个培训。从毕业开始即进入公司工作，经过公司各种培训和轮岗，在深圳总部工作一段时间后，调到各地项目上锻炼，最后分配到各管理层岗位，从而形成自己的核心管理层网络。而像外聘人员在完成特定项目工作或某一段的工作后，或许可以在当地项目上得到小范围的晋升，但很难进入核心管理层或者总部管理层。[天津商大 2021 年研]

**请结合案例，运用管理学知识分析以下问题：**

**1. 佳明公司的激励机制好在哪里？**

**2. 佳明公司的激励机制是否适用于所有公司？**

## 案例三

H 公司是一家生产电信产品的公司。在创业初期，依靠一批志同道合的朋友，大家不怕苦不怕累，从早到晚拼命干，公司发展迅速。几年之后，员工由原来的十几人发展到几百人，业务收入由原来的每月十来万发展到每月上千万。随着企业规模的扩大与人员的增加，公司领导明显感觉到，大家的工作积极性越来越低，也越来越计较。H 公司老总本人一贯注重思考和学习，为此特别到书店买了一些有关成功企业经营管理方面的书籍来研究，他在介绍松下幸之助的用人之道一文中看到这样一段话：“经营的原则自然是希望能做到‘高效率、高薪资’。效率提高了，公司才可能支付高薪资。但松下先生提倡‘高薪资、高效率’时，却不把高效率摆在第一个努力的目标，而是借着提高薪资来提高员工的工作意愿，然后再达到高效率。”他想，公司发展了，确实应该考虑提高员工的待遇，一方面是对老员工为公司辛勤工作的回报，另一方面是吸引高素质人才加盟公司的需要。为此，H 公司重新制定了报酬制度，大幅度提高了员工的工资，并且对办公环境进行了重新装修。高薪的效果立竿见影，H 公司很快就聚集了一大批有才华有能力的员工。大家的热情高，工作十分卖力，公司的精神面貌也焕然一新。但这种好势头持续了不到两个月，大家又慢慢回复到懒洋洋、慢吞吞的状态。这是怎么啦？H 公司的高工资没有换来员工工作的高效率，公司领导陷入两难的困惑境地，既苦恼又彷徨不知所措。[西安石大 2021 年研]

**根据以上材料内容，请回答下列问题：**

**1. 该案例适合用何种激励理论来解释？该激励理论的主要内容是什么？**

**2. 为什么该公司会出现激励困境？**

**3. 该公司怎样才能更好地激励员工？**

## 案例四

2018 年新年后的一天，外贸局李局长坐在办公室里，审阅着财务科刚送来的财务收支情况报表。面对 A 办事处 4 年来业务收入的大起大落，李局长心情沉重，陷入了沉思。

A 办事处是外贸局下属的一个办事处，共有五名工作人员，其中 1 名中年人担任办事处主任，另外4名均为年轻人。2015年初李局长到外贸局走马上任，他点燃的头一把火就是搞业务创收，给各下属部门分别制定创收目标，实现目标管理。A办事处虽然人不多，但业务收入却在全局中占有举足轻重的地位，而且潜力巨大。2014年A办事处的业务收入达183万元，占全局收入的36%。为鼓励A办事处为创收多做贡献，李局长拟定了一个相当诱人的奖励计划：若A办事处能完成190万元的任务指标，年终可以计提3%的奖金；若创收达220万元，则给办事处配备一部汽车；若收入达250万元，则给全处年轻人解决住房问题。奖励方案一经推出，立即在A办事处引起轰动，所有人员积极性空前高涨，憋足劲加班加点拼命干，结果2015年A办事处创收达256万元，超额完成了计划指标。事后，李局长开始兑现奖励措施，除发放奖金配备汽车解决住房外，还把A办事处树立为先进集体，对办事处李主任给予全局通报表扬，越级晋升一级工资，并把一名年轻人提拔为副科长。同时，李局长还承诺如果A办事处2016年业务收入能维持250万元的收入，将继续提取3%的年终奖。李局长本来希望通过奖励的实施来进一步调动A办事处员工的积极性，争取2016年业务收入再创新高，最低目标也要保持2015年的水平。但奇怪的是，奖励实施后，A办事处人员积极性却骤然下降，有人开始自满，有人觉得不公平，开始闹情绪，不合作。结果2016年A办事处在外界环境没有明显变化的情况下，业务收入直线下滑到195万元，没有完成任务指标。李局长对此非常恼火，对A办事处下达指令，若2017年业务收入不能恢复到220万元，就撤换办事处主任和其他工作人员。但令人遗憾的是，2017年办事处的收入再次令李局长失望，全年收入仅185万元。这种结局让李局长百思不得其解。[南京理工2020年研]

**试用激励理论回答下列问题：**

**1. 李局长上任后为什么能很快提高经济效益？**

**2. 奖励实施后积极性为什么反而回落了呢？**

## 案例五

孙逸明和郑浩然是大学同班同学，2012年毕业后又同时进入H公司工作，分配在同一部门。为了减少同事之间的相互攀比现象，H公司奉行“一岗一核”薪酬制度，不允许员工相互讨论收入。

有一天，孙逸明偶然在财务部门报销时，看到自己的工资比郑浩然每月多200元，他觉得郑浩然工作内容和自己差不多，能力与贡献相近，但收入超过郑浩然，孙逸明感到受之有愧。为了不刺激郑浩然，孙逸明并没有将其告诉郑浩然，而是出于内疚更加努力工作。有一次在向部门主管汇报工作情况时，孙逸明才知道自己工资之所以稍高，是因为自己所在的业务板块效益更好，因此虽然他和郑浩然的投入相同，但工资更高。至此，孙逸明才觉得自己的报酬理应更高，逐渐恢复到以前的状态。

但不久以后，郑浩然因为工作踏实、任劳任怨，且不计较个人得失，被调整到总公司一个新的岗位，迎接更大挑战，该岗位的工资要比孙逸明目前岗位的工资高出500元，而孙逸明的工作岗位并没有调整，这让他感到非常不公。因此，他在工作上逐渐消极，甚至有意识地减少了自己的工作量，并用“公司给我的钱就值这么多工作量”来宽慰自己，选择了“躺平”，不公平感慢慢消失。

在这期间，公司因借助国家“一带一路”春风走向了海外市场，产品在国际市场上供不应求，迎来了行业红利，公司的效益直线上升。为了更好地激励员工，公司提高了员工薪酬标准，孙逸明的工作内容虽然没有增加，但收入却得到了较大的提高。孙逸明认为全公司员工都得到了增加，自己工资增加也是理所当然，并没有主动投入更多的工作。

由于疫情和俄乌冲突的叠加影响，公司出口业务随后逐渐受阻，效益下滑。即使在最困难时期，公司也没有选择裁员，但为了渡过难关，公司所有员工的工资都出现不同程度地下降。孙逸明的收入也较前期出现了较大的下降，他的不公平感觉油然而生，认为自己的工作内容并没有减少，工作熟练度比以前也有很大提升，而待遇还不如之前的水平。

正在这时候，郑浩然因工作能力突出、业绩斐然从公司总部调回 H 公司，担任孙逸明所在部门的经理。曾经的同学成了自己的领导，工资更是相差甚远，孙逸明的不公平感越来越强烈。郑浩然也感觉到了孙逸明的内心变化，作为部门领导，他需要思考建议公司重新调整薪酬制度，让部门员工在和谐融洽的气氛中投入工作。[2023 年河南省专升本真题]

**问题：**

**1. 结合案例，请用公平理论分析孙逸明经历的“公平—不公平—公平—不公平”心理历程。**

**2. 结合案例，你认为公司应该如何用公平理论指导薪酬制度的调整？**

## 10.2 考研真题与典型题详解

### 一、单项选择题

1. D 【**解析**】为了激发员工的内在积极性，将工作授予能力略低于任务要求的人是最合适的。这样可以促使员工通过努力达成目标，从而提高其成就感、增加工作动力。

2. D 【**解析**】“一把钥匙开一把锁”体现了复杂人假设，即认为人是复杂的，需要因人而异地管理。

3. B 【**解析**】超 Y 理论的基本观点包括：①主体需要的差异性；②组织方式的相异性；③控制程度的应变性；④目标确立的递进性。

4. D 【**解析**】根据马斯洛的需要层次理论，人类的需要从低到高分为生理需要、安全需要、社交需要、尊重需要和自我实现需要五个层次。则处于最高层次的是自我实现需要。

5. D 【**解析**】马斯洛的需要层次理论认为，只有低层次需要基本满足后，高层次需要才会显现。题中，管仲的论述与马斯洛的需要层次理论相似，强调了基本需要满足后才能追求更高层次的需要。

6. B 【**解析**】根据赫茨伯格的双因素理论，工作条件的改善属于保健因素，不会显著提高积极性；而具有挑战性的任务属于激励因素，能显著提高积极性。

7. C 【**解析**】根据麦克利兰的成就需要理论，人的高层次需要有成就需要、权力需要和亲和需要三种。其中，权力需要是指影响或控制他人且不受他人控制的需要。本题中，希望控制信息渠道并对他人施加影响的人，表现出强烈的权力需要。

8. B 【解析】公平理论认为，人们对报酬的满意度不仅取决于绝对报酬，更取决于相对报酬。根据公平理论，当员工感到不公平时，可能会通过减少自己的投入来恢复公平感。

9. C 【解析】自然消退，是指以不提供个人所期望的结果来减少某种行为的发生。本题中，管理者无视下属的举手发言，实际上是在通过不予关注的方式来减少这种行为，属于强化类型中的自然消退。

10. C 【解析】信任激励是指利用上级对下级的理解和信任来激励员工，包括授予实权、委以重任、允许犯错等，体现对员工的信任和尊重。AB 两项属于荣誉激励；D 项属于情感激励。

11. D 【解析】根据复杂人假设，人性是复杂的。个体的需要和潜力随年龄和环境变化而变化，群体中每个人的需要也各不相同。题中的对症下药符合复杂人的人性假设。

12. A 【解析】根据马斯洛的需要层次理论，AC 两项，题中的①和③属于同一层次的自我实现需要；BD 两项，②属于生理需要，但主导需要会随时间和情境变化。

13. D 【解析】根据双因素理论，AB 两项属于保健因素；C 项，配备学历高助手可能有助于工作，但不一定直接增加其成就感和责任感；D 项属于激励因素中的职务上的责任感。

14. C 【解析】根据双因素理论，保健因素与激励因素不是绝对的，而是相互联系并可相互转化的。奖金本是激励因素，但当它变成保健因素时，其激励作用就消失了，这种成本投入就不能产生足够的效益。因此，管理者的重要责任之一是防止激励因素向保健因素转化。

15. D 【解析】A 项，公平感是一种主观心理感受；BC 两项，人们对报酬的满意度不仅取决于绝对报酬，更取决于相对报酬，即相对报酬比绝对报酬更重要。

16. A 【解析】情感激励是指通过管理者与员工的情感联系来激励员工，如思想沟通、排忧解难、慰问家访、交往娱乐等。题中情形采用的是情感激励。

17. B 【解析】荣誉激励是指通过公开表扬、员工评比、头衔名号、晋级提升等方式，激发员工追求良好声誉。本题中，授予“先进工作者”称号属于荣誉激励。

## 二、多项选择题

1. BCD 【解析】麦克利兰的成就需要理论认为，人的高层次需要有成就需要、权力需要和亲和需要三种。A 项，马斯洛的需要层次理论认为，人类需要从低到高可分为生理需要、安全需要、社交需要、尊重需要和自我实现需要五种。

2. ABCD 【解析】根据目标设置理论，目标对人们努力程度的影响取决于四个方面：①目标明确性；②目标难易性；③目标责任清晰度；④目标接受度。

3. CD 【解析】赫茨伯格提出，影响人们行为的因素主要有两类：保健因素和激励因素。保健因素是指那些与人们的不满情绪有关的因素，如公司的政策、管理和监督、人际关系、工作条件等。激励因素是指那些与人们的满意情绪有关的因素。AB 两项属于激励因素。

4. BC 【解析】“胡萝卜加大棒”，即经济奖励加惩罚威胁、软硬兼施的方法。题中观点体现了X 理论中管理者对员工的消极假设，即员工需要外在的强制和物质激励才能好好工作。同时，也说明管理者把员工看成经济人，认为员工主要是为了金钱等经济利益而工作。

A 项，持 Y 理论的管理者实行以人为中心的、宽容的、民主的管理方式。

D 项，社会人假设强调员工的社会需求，认为员工工作的主要动机是社会需要。

E 项，自我实现人假设认为员工的主要动机是实现自我价值，他们追求个人的成长和发展。管理者应该为员工提供能发挥其潜力的工作环境和机会。

5. ABCD 【解析】E 项，根据公平理论，人们对相对报酬的比较有横向比较和纵向比较两方面。

## 三、填空题

1. 需要层次　　2. 公平理论　　3. 效价　　4. 自然消退

5. 精神激励

## 四、判断题(正确的打“√”，错误的打“×”)

1. √　2. ×　3. ×　4. √　5. ×　6. ×　7. ×　8. √　9. √　10. ×

11. √　12. √　13. ×　14. √　15. ×　16. ×　17. √

2. 经济人假设认为，影响人的劳动积极性的主要因素是物质利益。社会和心理因素更多地体现在社会人假设或自我实现人假设(Y 理论)中。

3. 麦格雷戈提出的 X 理论和 Y 理论对人的认识截然不同。X 理论认为人本质上是懒惰的，需要强制和控制；而 Y 理论则认为人是积极主动的，能够自我激励。

5. 麦格雷戈在经济人假设的基础上提出了 X 理论，在自我实现人假设的基础上提出了 Y 理论。超 Y 理论由莫尔斯和洛希提出。

6. Y 理论并不总比 X 理论优越，二者各有适用情境，取决于具体工作环境和员工特点。

7. Z 理论并不认为企业管理当局与职工利益永远对立。相反，Z 理论强调的是企业和员工之间的长期关系和信任，提倡一种更加和谐、合作的企业文化。

10. 管理实践中，保健因素(如工作环境、薪酬等)确实对基层员工很重要，它们能消除员工的不满情绪，但并不能直接转化为激励因素。但通过改善保健因素，可在一定程度上为员工提供更好的工作条件，进而间接地提升其工作满意度和积极性。且在某些情况下，如保健因素得到充分满足，也可能产生一定的激励效果。

13．根据行为强化理论，题中所述为自然消退。惩罚是指处罚令人不快或不希望的行为，以减少或削弱该行为。

15．物质奖励的激励作用并不是越多越有效。根据赫茨伯格的双因素理论，物质奖励属于保健因素，能够消除不满但不能带来更高的满意度。过多的物质奖励可能导致边际效用递减。

16．X理论认为“人性本恶”，Y理论认为“人性本善”。

## 五、概念题

**1．工作丰富化法**［湖南师大2021年研］、**工作丰富化**［西南财大2025年研］

**答：**参见本章论述题第3题答案。

**2．情感激励**［天津商大2023年研］

**答：**情感激励是通过管理者与员工之间的情感联系来激发员工积极性的激励方式。它注重员工的情感体验和心理需求，以情感为纽带，增强员工对工作和组织的认同感和归属感。管理者可以通过思想沟通、排忧解难、交往娱乐、批评帮助、共同劳动和民主协商等途径增加与员工的情感互动。情感激励建立在目标激励的基础上，为员工提供情感动力。其侧重于精神层面，能在更深层次上影响员工的工作动力。情感激励能提高员工工作满意度、增强团队凝聚力、提升员工忠诚度。

## 六、简答题

**1．简述动机性行为的特点。**［天津商大2023年研］

**答：**动机性行为是指在人的理性意识支配下，按一定规范进行并达成特定成果的活动。这种行为具有以下特点：

（1）自发性。动机性行为由个体的自我意识驱动，自觉启动并进行。外部力量可以影响认知、态度和情感等内在心理因素，从而改变动机，但不能直接支配行为。

（2）目的性。动机性行为不是随意发生的，而是有明确的目标。行为人在行动前已确定目标，并据此选择行为方式和制定计划。目的性的表现有时直接明显，有时间接隐晦。

（3）持续性。动机性行为在动机的推动下持续进行，直至目标实现。如果动机和目标不变，行为不会停止。即使遇到障碍，行为人可能会调整方法，但仍会朝着既定目标前进。

（4）可塑性。动机性行为受主客观环境因素的影响。环境变化会影响个体的需求和动机，进而改变行为的方向和方式。

（5）因果性。动机性行为的发生直接源于行为人的动机。不同的动机会导致不同的结果，行为的结果与初始动机之间存在必然的因果关系。

这些特点使动机性行为成为激励理论研究的重要内容，有助于理解不同个体在各种情境下的行为模式。

**2. 试述成就需要理论。**［2012 年河南省专升本真题］

**答：**（1）成就需要理论由美国管理学家戴维·麦克利兰提出，认为人的高层次需要主要有三种：

①成就需要，指争取成功、希望做得最好的需要。高成就需要者有强烈的事业心，敢于负责；喜欢适度挑战性的目标；密切关注自身处境，要求不断得到反馈信息；重成就、轻报酬。

②权力需要，指影响或控制他人且不受他人控制的需要。权力需要较高的人追求地位和影响力，希望通过支配他人来实现自己的目标。

③亲和需要，指建立友好亲密的人际关系的需要。高亲和需要的人注重与他人建立良好的关系，渴望被他人喜爱和接纳。

（2）成就需要的形成及其对组织和社会的影响：

成就需要并非天生，而是受环境、教育、实践等综合作用的结果。成就需要是推动国家、企业取得高绩效的主要动力。高成就需求者积极追求工作质量和效率提升，在组织中发挥重要作用。麦克利兰强调通过教育和培训造就具有高成就需要的个体。管理者可通过提供培训、设置挑战性任务、给予反馈等方式激发员工的成就需要。

（3）理论局限性：

①忽视低层次需要。其过于强调个体高层次需要的重要性，而忽视了满足个体低层次需要的意义。

②实际应用限制。在劳动密集型企业中，若员工基本的物质需求和安全保障得不到满足，即便有较高的成就需要，也难以全身心投入工作。

## 七、论述题

**1. 在一家小微企业的年终评比会上，总经理宣布为了表彰某位员工，特地将前门靠近公司总经理停车位的地方给了该员工。请问应该用什么激励理论来解释该公司的激励措施？并对该激励理论进行论述。**［南京师大 2019 年研］

**答：**可以用赫茨伯格的双因素理论来解释该公司总经理的这种激励措施：

（1）双因素理论的核心观点：

美国心理学家赫茨伯格将影响员工工作满意度的因素分为两类：

①保健因素，指与人们的不满情绪相关的因素，如公司政策、人际关系、工作条件、工资、福利等。若处理不当，会引发对工作的不满情绪；处理得当，则可预防或消除这种不满。但这类因素只能维持工作现状，无法对员工起到激励作用。

②激励因素，指能促使人们产生工作满意感的因素，主要包括工作表现机会、工作上的成就感、个人成长与发展的机会、工作的责任与晋升等。当这些因素得到满足时，员工会感到满意并被激发起更大的积极性。如处理不当，其不利效果最多只是没有满意情绪，不会导致不满。

（2）对本案例的应用分析：

本题中，总经理给予某位员工靠近自己停车位的位置，实际上是在利用一个非传统的“奖励”手段来增加该员工的归属感与荣誉感。这属于一种特殊的认可形式，它让员工感受到自己的贡献得到了高层的认可与重视。从这个角度来看，这种做法更贴近赫茨伯格双因素理论中的激励因素，即通过提供额外的认可来增强员工的工作动力和个人价值感。

注意，虽然这样的安排可能短期内对特定员工有效，但作为长期激励策略，企业还需要考虑如何系统地构建一个既能满足基本需要又能激发更高层次动机的工作环境。这意味着除了个别化的奖励外，企业还需关注整体团队氛围、职业发展机会等方面，确保所有成员都能从中受益，从而形成更稳定且高效的组织文化。

**2. 什么是激励的强化理论？联系实际谈谈强化理论对企业管理的启示。**［常州大学2020年研］

**相关试题：**

**（1）简述强化理论的主要内容以及强化的类型。**［简答题，南京理工2019年研］

**（2）请简述斯金纳强化理论的主要内容。**［简答题，2020年河南省专升本真题］

**答：**（1）强化理论的主要内容：

斯金纳的行为强化理论认为，人们受某种动机驱使，会做出一定行为并作用于环境。当行为结果对人有利时，该行为就会在未来重复出现；反之，当行为结果对人不利时，该行为就会减少或消失。由此可见，行为结果对人的动机影响显著，会使行为在后续出现增加、减少或消失的变化。

（2）强化的类型：

①按目的不同，强化可分为四种类型：

a. 正强化，即通过出现积极的、令人愉快的结果来加强某种行为。

b. 负强化，即提前告知某种不符合要求的行为或不良绩效可能引起的后果，引导员工按要求行事。

c. 惩罚，即处罚令人不快或不希望的行为，以减少或削弱该行为。

d. 自然消退，即通过不提供个人所期望的结果来减少某行为的发生。

②按方式不同，强化可分为两种类型：

a. 连续强化，即强化每一个行为。

b. 间断强化，即并非对所有行为都进行强化。

（3）应用强化的原则：

①按需强化。针对不同员工的需求，采取相应的激励措施。

②明确期望业绩。对期望取得的工作业绩应有明确的规定和表述。

③及时反馈。及时通过某种形式和途径将工作结果告诉员工。

（4）强化理论对企业管理的启示：

强化理论为企业管理者提供了有效的工具，帮助他们通过外部激励和反馈机制，塑造和调整员工的行为，从而提高组织的整体绩效。具体启示包括：

①明确目标和期望，奖励与惩罚相结合。企业应明确设定工作目标，并向员工清晰传达这些目标和期望。同时，企业应结合使用奖励和惩罚，对正确的行为给予奖励，对错误的行为进行惩罚。这种奖惩结合的方法比单一的奖励或惩罚更有效，能更好地激励员工，提高工作效率。

②以奖为主，以罚为辅。虽然奖励和惩罚都是必要的，但应以奖励为主，惩罚为辅。

过多的惩罚可能会带来消极作用，因此在使用时必须慎重。通过更多的正面激励，可以增强员工的积极性和归属感。

③及时而正确的强化。及时强化是指让员工尽快知道其行为的结果，并给予相应的奖励或惩罚。管理者应及时反馈员工的工作表现，帮助他们了解自己的行为是否符合组织要求。及时反馈可迅速激发员工的工作热情，增强其信心。

④个性化奖励，灵活应用。每个人的需求不同，奖励应因人而异，形式多样化。只有满足员工需求的奖励才能真正起到激励作用。即要根据员工的不同需求和行为，灵活采用各种强化措施。同时，企业也应根据具体情况选择合适的强化方式，以达到最佳的管理效果。

⑤关注内在动机，保持连续一致性。虽然强化理论强调外部因素的作用，但企业管理者也应关注员工的内在心理过程和主观能动性，综合运用内外部激励手段。另外，强化措施应持续且一致，以确保员工形成稳定的行为模式。

**3. 在管理激励实务中，常见的激励方法有哪些？结合实践，阐述各种方法都有哪些具体措施。**［沈工大 2023 年研］

**相关试题：**

**(1) 结合激励的指导思想、原则等，谈谈什么激励方法对企业有用。**［中南财大 2023 年研］

**(2) 简述常用激励方法的种类。**［简答题，河工大 2022 年研］

**(3) 简述工作激励的方法。**［简答题，沈工大 2022 年研］

**(4) 简述激励方法。**［简答题，湖南师大 2020 年研］

**答：**在管理激励实务中，常用的激励方法主要有三类：工作激励、成果激励和综合激励。每种方法都有其具体措施，结合实践，可以更好地激发员工的工作热情和积极性。

(1) 工作激励。指通过合理设计和分配工作任务，激发员工内在热情。其主要措施包括：

①工作扩大法。指通过扩展岗位职责和工作范围，消除员工因单调工作而产生的厌倦感，从而提高工作效率。具体包括：

a. 横向扩大工作，即让员工承担同一层级的更多种类的工作，如合并分工很细的作业操作。

b. 纵向扩大工作，即将经营管理人员的部分职能转由生产者承担，如生产工人参与计划制定，自行决定生产目标等。

②工作丰富法。指通过增加岗位的技术和技能含量，使工作更具挑战性和自主性，满足员工更高层次的心理需求。其主要内容包括：

a. 技术多样化，即培养员工掌握多种技能和技术。

b. 工作整体性，即使员工了解本岗位任务与单位总目标的关系。

c. 参与管理与决策，即让员工有参加管理与决策的机会。

d. 赋予必要自主权，即员工可以自行设定中短期的工作目标和任务。

e. 注重信息沟通与反馈，即定期向员工提供工作表现的评价信息。

③岗位轮换法。即让员工在预定时间内变换工作岗位，以获得不同岗位的经验，提升

其综合能力和适应性。其形式有：

a．新员工轮换，即新员工在不同部门轮岗，最终确定正式工作岗位。

b．老员工轮换，即培养多面手，增强适应能力。

c．管理人员轮换，即增加对组织工作的全面了解、提高对全局性问题的分析判断能力。

（2）成果激励。指基于工作评估给予合理的物质奖励和精神奖励。其主要措施包括：

①物质激励，即通过满足员工的物质需求，调节利益关系，激发工作积极性。常见形式包括：

a．工资，直接与工作行为和业绩挂钩，包括计时工资、职务工资、计件工资、奖金、津贴等。

b．福利，指定期支付给员工或为员工缴纳的保险福利费用，如基本养老保险费、医疗保险费、失业保险费等。

c．员工持股计划，让员工持有公司股票，享有剩余索取权和经营决策权。

②精神激励，即满足员工精神需求的无形激励方式，成本较低但效果显著，能有效调动员工的积极性、主动性和创造性。常见的形式包括：

a．情感激励，即通过管理者与员工的情感联系来激励员工，如思想沟通、排忧解难、慰问家访等。

b．荣誉激励，即通过公开表扬、员工评比、头衔名号、晋级提升等方式激发员工追求良好声誉。

c．信任激励，即基于上级对下级的理解和信任，授予实权、委以重任、允许犯错等，体现对员工的信任和尊重。

（3）综合激励。指通过榜样、危机、培训和环境改善等多种方法来辅助激励。其主要措施包括：

①榜样激励，即肯定和表扬内部做法先进、成绩突出的个人或集体，以激励全体员工积极向上。

②危机激励，即通过灌输危机观念，让员工明白生存环境的艰难，激励其自发努力工作。

③培训激励，即为员工提供定期或不定期的培训和教育，满足其学习和成长的需求。

④环境激励，即通过改善政治、工作、生活和人际环境，使员工在工作中心情舒畅、精神饱满。

这些激励方法结合使用，可以更全面地激发员工的工作热情和积极性，提升组织的整体绩效。

## 八、案例分析题

### 案例一

**案例思考题：**［南京理工2021年研］

**1．林肯公司使用了何种激励理论来激励员工的工作积极性？**

**答：**林肯公司采用了以下激励理论来激励员工的工作积极性：

(1)斯金纳的行为强化理论：

行为强化理论认为，行为的结果会决定该行为是否会在未来重复出现。如果行为得到奖励，它更有可能再次发生；如果行为受到惩罚，它更有可能被避免。

具体应用：按件计酬(计件工资制)。林肯公司的工人通过生产合格部件获得报酬，不合格的部件不计入工资。这种直接将报酬与工作量和质量挂钩的方式，强化了工人高效生产和高质量工作的行为。

(2)弗鲁姆的期望理论：

期望理论认为，员工的努力程度取决于他们对目标价值的感知以及实现目标的可能性。如果员工相信他们的努力会带来有价值的结果，他们就会更加努力工作。

具体应用：年终奖金。林肯公司规定，员工为公司工作两年后可以分享年终奖金，且平均奖金额是基本工资的95.5%。这种明确的预期使员工看到长期努力的回报，从而增加了他们的工作动力和忠诚度。

(3)马斯洛的需要层次理论：

马斯洛认为，人的需要从低到高分为生理需要、安全需要、社交需要、尊重需要和自我实现需要。只有当较低层次的需要得到满足后，较高层次的需要才会成为主要的激励因素。

具体应用：职业保障政策。林肯公司自1958年以来没有辞退过一名员工，提供了稳定的职业保障，满足了员工的安全需要。这使得员工感到安心，从而能够更好地专注于工作，提高生产率。

(4)亚当斯的公平理论：

公平理论认为，员工不仅关心自己获得的报酬，还关心自己的报酬与他人相比是否公平。如果员工感到不公平，他们可能会减少努力或寻找其他工作。

具体应用：绩效评估系统。林肯公司实行严格的绩效评估系统，确保员工的努力与回报之间的公平性。虽然这种制度可能带来一定的压力，但员工知道他们的付出会得到公正的回报，从而提高了整体生产率。

(5)赫茨伯格的双因素理论：

双因素理论将影响员工满意度的因素分为保健因素和激励因素。保健因素(如工作环境、薪酬等)只能消除不满，而激励因素(如成就感、认可等)才能真正激发员工的积极性。

具体应用：团队合作与灵活性。林肯公司要求员工在经济萧条时接受减少工作时间和调换岗位的决定，以维持最低工作量。这种灵活性和团队合作精神有助于保持公司的稳定运营，同时通过提供职业保障等保健因素，减少了员工的不满。

**2. 你认为这种激励系统可能会给管理层带来什么问题?**

**答**：尽管林肯公司的激励系统在提高生产率和员工忠诚度方面非常有效，但也可能带来一些潜在问题：

(1)高压环境。严格的计件工资制度和高度竞争性的绩效评估系统可能会导致员工产生焦虑感和压力，长期下去可能影响员工的心理健康和工作满意度。

解决方案：管理层可以引入更多的心理支持措施，如提供心理健康咨询、定期开展团队建设活动等，以缓解员工的压力。

（2）质量与数量的平衡问题。虽然不合格的部件不计入工资，但员工为了追求高产量可能会牺牲产品质量。

解决方案：加强质量控制和培训，确保员工不仅重视数量，也重视质量。同时，可以设置质量奖励机制，对高质量的产品给予额外奖励。

（3）灵活性和适应性问题。经济萧条时，员工须接受减少工作时间和调换岗位的决定，这可能导致员工的不满和抵触情绪。

解决方案：管理层需要与员工进行沟通，充分解释这些措施的必要性和临时性，并尽可能提供其他形式的支持，如培训机会或内部转岗机会，以帮助员工适应变化。

（4）长期激励与短期激励的平衡问题。虽年终奖金制度能激励员工长期工作，但短期内的激励不足可能导致员工在某些时期缺乏动力。

解决方案：可以引入季度或半年度的奖励机制，或设立一些短期目标和奖励，以保持员工在各个时期的积极性。

（5）员工流动率低的双刃剑问题。虽然低流动率有助于维持稳定的团队，但也可能导致组织僵化，缺乏新鲜血液和创新思维。

解决方案：管理层可通过外部招聘和内部晋升相结合的方式，引入新的思想和技能，同时鼓励现有员工参与培训和学习，保持组织的活力和创新能力。

通过以上措施，林肯电气公司可以在保持高效激励系统的同时，解决可能出现的问题，进一步提升员工的工作满意度和公司的整体竞争力。

## 案例二　佳明公司的员工考评

**请结合案例，运用管理学知识分析以下问题：**［天津商大2021年研］

**1．佳明公司的激励机制好在哪里？**

**答：**佳明公司的激励机制的优点有：

（1）明确的评估标准。佳明公司设立了清晰的评估类别（A＋、A、B＋、B、C），员工能够明确自己在公司中的位置，增强了透明度。

（2）公平的奖励制度。根据表现不同，提供不同的奖励，如超额年终奖金和晋升机会，激励员工争取更好的表现。

（3）末位淘汰制。通过裁员制度，促使员工保持竞争意识，形成良性竞争，提升整体工作效率。

（4）定期评估。月度、季度和年度评估机制，使得员工的表现得到及时反馈，有助于持续改进。

（5）培训与发展。通过“新家族”计划，提供全面的培训和轮岗机会，为员工成长和晋升提供支持，增强员工对公司的归属感。

（6）鼓励团队竞争。高层管理人员相互竞争，但不产生个人恩怨，这有助于建立合作与竞争并存的文化。

（7）清晰的晋升路径。通过内部培训和考评，让员工看到职业发展的可能性，增强工作动力。

**2. 佳明公司的激励机制是否适用于所有公司？**

**答：**佳明公司的激励机制在明确性、公平性和培训支持上具有优势，但其适用性需要根据不同公司的实际情况进行调整。具体分析如下：

(1)适用性限制。并非所有公司都能实施严格的考评和末位淘汰制，特别是在小型企业或初创公司中，可能缺乏足够的人力资源和经济基础。

(2)企业文化影响。一些企业注重团队合作而非个人竞争，过于严格的竞争机制可能导致员工之间的关系紧张，不利于团队协作。

(3)行业差异。在某些行业如服务行业，过于严苛的考核可能导致员工不满，影响客户满意度。

(4)员工心理。部分员工可能对末位淘汰制感到压力，这可能导致员工流失，影响公司稳定性。

(5)灵活调整。公司需根据自身特点和行业环境，灵活调整激励机制，以适应不同的企业文化和战略目标。

### 案例三

**根据以上材料内容，请回答下列问题：**［西安石大 2021 年研］

**1. 该案例适合用何种激励理论来解释？该激励理论的主要内容是什么？**

**答：**该案例适合用马斯洛的需要层次理论来解释。

(1)马斯洛需要层次理论的主要内容：

该理论将人类需要分为五个层次，从低到高依次为：①生理需要，为基本生活需要，如薪水、食物等；②安全需要，如工作安全、稳定性等；③社交需要，如归属感、友谊等；④尊重需要，即自尊、权力、名声等；⑤自我实现需要，如个人成长、追求理想等。这五种需要之间以层次形式依次从低到高排列，存在着递进规律。人的需要总是从低层次向高层次逐步发展起来的，低级需要是高级需要的基础，高级需要随着低级需要的满足而逐渐产生出来。只有未被满足的需要才能使人产生行为的动机，对行为有导向作用。需要一旦被满足，就会失去激励作用，无法产生行动。

(2)本案中，H 公司尽管提高了薪资(满足了生理需要)，但未能关注员工的其他需要(如安全感、归属感等)，导致激励效果短暂。

**2. 为什么该公司会出现激励困境？**

**答：**该公司出现激励困境的原因主要有：

(1)短期激励。高薪资短期内激励了员工，但未能提供长期的发展动力和工作满足感。

(2)缺乏内在激励。员工工作热情未能通过工作的意义、成就感等内在激励来提升。

(3)公司文化。缺乏积极向上的公司文化和团队凝聚力，员工之间的合作和沟通不足。

**3. 该公司怎样才能更好地激励员工？**

**答：**为了更好地激励员工，H 公司可以采取以下措施：

(1)全面的激励体系。除了提高薪资外，增加职务晋升机会、培训与发展机会，以满足员工的成长需要。

(2)增强团队合作。通过团队建设活动和项目合作，促进员工之间的沟通与合作，增强归属感。

（3）建立反馈机制。定期收集员工的意见和建议，让员工参与公司的决策，增强他们的主人翁意识。

（4）提供工作意义。强调员工工作的价值，帮助他们看到自己工作的意义和对公司的贡献，从而提升内在激励。

**案例四**

**试用激励理论回答下列问题：**［南京理工2020年研］

**1．李局长上任后为什么能很快提高经济效益？**

**答：**李局长上任后能很快提高经济效益，主要得益于以下几个激励理论的综合应用：

（1）目标管理理论。李局长为A办事处制定了具体的创收目标（190万元、220万元、250万元），这些目标清晰且具有挑战性。通过设定具体的目标，员工能明确自己的工作方向和努力方向，增强了其参与感和责任感。

（2）期望理论。员工相信通过努力可以实现设定的创收目标，并且相信达到目标后会获得相应的奖励（奖金、汽车、住房等）。这些奖励对员工来说非常有吸引力，特别是解决住房问题和配备汽车，这些都是员工非常渴望得到的。

（3）行为强化理论。李局长通过发放奖金、配备汽车、解决住房问题等措施，对员工的努力进行了正向强化，进一步激发了员工的积极性。通过及时兑现奖励，让员工感受到自己的努力得到了认可和回报，增强了其继续努力的动力。

（4）公平理论。内部公平方面，在奖励方案中，所有员工都有机会通过共同努力获得奖励，这增加了团队的凝聚力和合作精神。外部公平方面，与其他部门相比，A办事处的奖励计划更诱人，这也使得员工感到自己的付出得到了公平的回报。

**2．奖励实施后积极性为什么反而回落了呢？**

**答：**奖励实施后，A办事处人员的积极性反而回落，可以用以下激励理论来解释：

（1）期望理论：

①期望值下降。在2015年超额完成任务并获得丰厚奖励后，员工可能认为已经达到顶峰，进一步提高收入的可能性较小。因此，他们对未来的期望值下降，不再像以前那样全力以赴。

②效价变化。虽然奖励很吸引人，但随着时间的推移，这些奖励的吸引力可能会减弱。例如，已经解决了住房问题的员工，可能不再那么强烈地追求更高的收入。

（2）公平理论：

①内部不公平。虽然奖励是集体性的，但在实际分配过程中可能存在不公。例如，某些员工可能觉得自己的贡献比别人多，但得到的奖励却相同，从而产生不满情绪。

②外部不公平。如果其他部门或单位的员工也获得了类似的奖励，或者他们认为自己的奖励与付出不成比例，也会导致员工感到不公平。

（3）行为强化理论：

①过度强化。一次性给予过多的奖励（如解决住房问题、配备汽车等），可能导致员工产生“一劳永逸”的心态，不再积极主动地追求更高的业绩。

②缺乏持续激励。虽然李局长承诺2016年继续提取年终奖，但这种奖励相对较少，无法持续激发员工的积极性。

(4)目标管理理论：

①目标过高。2016年的目标定得较高(维持250万收入)，员工可能感到难以实现，从而产生挫败感和消极情绪。

②目标单一。过于关注业务收入的目标，忽略了其他方面的激励因素，如个人发展、工作环境等，导致员工的综合满意度下降。

(5)自我决定理论：

①自主性降低。在高压下完成任务后，员工可能感到自主性受到了限制，失去了工作的乐趣和内在动力。

②关联性和能力感。员工可能感到自己在组织中的地位和价值没有得到充分的认可，影响了其归属感和自信心。

综上所述，奖励实施后，由于期望值下降、公平感缺失、过度强化、目标设置不合理以及自主性降低等因素，A办事处员工的积极性出现了回落。要解决这些问题，李局长需要重新审视激励机制，确保其既能激发员工的积极性，又能保持长期的有效性。

## 案例五

**问题：**［2023年河南省专升本真题］

**1. 结合案例，请用公平理论分析孙逸明经历的“公平—不公平—公平—不公平”心理历程。**

**答：**(1)公平理论认为，人们对报酬的满意程度取决于相对报酬，而不仅仅是绝对报酬。相对报酬比较包括：①横向比较，即将自己的报酬与他人比较；②纵向比较，即将当前报酬与过去比较。相对报酬比较影响公平感，不公平感导致心理紧张和不平衡。人们常高估自己的投入和他人的收入，低估自己的收入和他人的投入，从而感到自己的相对报酬较低。

(2)对孙逸明经历的“公平—不公平—公平—不公平”心理历程用公平理论分析如下：

①孙逸明一开始觉得公平，是因为进行了横向比较。他比较了自己与郑浩然的相对报酬，两人付出的程度相当，但因自己所在的业务板块效益更好，所以自己获得的报酬更多。

②孙逸明第二次产生不公平，也是因为进行了横向比较。郑浩然被调整到总公司的一个新岗位，工资要比孙目前岗位的工资高出500元，而孙的工作岗位并没有调整，因此感到非常不公。

③孙逸明第三次感受到公平，是因为进行了纵向比较。孙逸明在工作上逐渐消极，有意识地减少工作量，这样获得的报酬和之前努力时获得的一样多，因而感觉公平。

④孙逸明最后又产生不公平感，是因为自己的收入较前期出现了较大下降，但工作内容并没有减少，工作熟练度还提升了，经过纵向比较，产生了不公平感。

**2. 结合案例，你认为公司应该如何用公平理论指导薪酬制度的调整？**

**答：**用公平理论指导薪酬制度的调整，可以得到三种公平的表现形式：内部公平、外部公平和员工个人公平。

（1）内部公平的应用标准：

公司的职位与职位之间的等级必须保持相对公平，即薪酬政策中的内部一致性。公司可以进行基本的工作分析和职位评估，依据各种工作对组织整体目标实现的相对贡献大小来支付报酬。具体包括：①完成某一工作所需要的知识和技能越多，得到的报酬也越多。②从事这种工作时所处的环境越不好，这种工作得到的报酬也应越高。③工作中对实现组织整体目标的贡献越大，这种工作得到的报酬也应越多。

（2）外部公平的应用方法：

从市场的角度来看，一个企业选择工资水平可以采用领先、滞后、跟随及混合的方法，这要根据企业的发展战略及薪酬观念来决定。

①领先政策，即一个企业比其他同行业竞争者支付更高的工资水平。高工资能从外部劳动力市场吸引到更多优秀人才。

②滞后政策，即一个企业比其他同行业竞争者支付较低的工资。这样员工很易感到不公平，从而对企业的运作造成影响。

③跟随政策，即支付同行业竞争者相当的工资水平。许多企业都采用工资跟随政策，这在维持员工公平感、减少员工不满意度、降低员工离职率等方面有一定的作用。

④混合政策，即在现实情况下，企业以各类岗位的社会平均工资为基础，对供过于求的人员相应降低工资水平，而对社会紧缺人才采取高于社会平均工资水平的政策。

（3）个人公平的应用方法：

量才而用，为有才能者创造脱颖而出的机会。建立一套公正透明的人才选拔机制，用个人在工作中的实际绩效作为评价机制和评价标准。建立制度契约或心理契约，目的是双方都明白相互的权利和义务。重要且比较容易判断其对公司贡献的岗位宜采用业绩导向的薪酬。常见的有销售人员、市场人员以及独立核算单位的负责人等。但对创业团队来说，建立一个比较清晰的制度契约往往很难，这时候更需要一种心理契约，创业领头人的个人诚信便十分重要。

此外，要注意在公平的过程中实现公平。研究表明，过程公平相对结果公平来讲，更容易影响员工的组织承诺度、对管理者的信任和流动意图。如果孙逸明看到公司的薪酬政策制定的程序非常公平，即使他每月少拿点，虽然有些不满意，但他可能会以积极的态度对待管理者和企业，可能会反观自我找出一些自己在经验、能力或者业绩等方面与郑浩然的差距，从而来安慰自己。

本案中，需注意孙逸明与郑浩然是同学，以前在同一起跑线上，因此其不公平感的强度会高于他人。

# 第十一章　沟　通

## 11.1　考研真题与典型题

### 一、单项选择题

1. 吴总经理出差后回到公司，中层干部和办公室人员马上围拢向他汇报工作，有人汇报近期工作进展，有人请示下一步工作指示，有人需要反映客户新动态，有人需要请吴总在报销单上签字。这种情况反映的沟通形式和领导特征是(　　)。[湖南师大 2022 年研]

A. 链式沟通、民主式管理　　B. 轮式沟通、集权式管理

C. 环式沟通、民主式管理　　D. 全通道沟通、集权式管理

2. 下列关于非正式沟通的说法正确的是(　　)。[天津商大 2022 年研]

A. 非正式沟通传播的是小道消息，准确率较低

B. 非正式沟通经常将信息传递给本不需要它们的人

C. 非正式沟通信息交流速度较慢

D. 非正式沟通可以满足员工的需要

3. 如果一个组织中小道消息很多，而正式沟通的信息较少，这意味着该组织(　　)。[西安石大 2022 年研]

A. 非正式沟通渠道中信息传递顺畅，运作良好

B. 有相当多的人好搬弄是非，传播小道消息

C. 正式沟通通道中信息传递存在问题，需要调整

D. 充分发挥了非正式沟通渠道的作用，促进了信息交流

4. 某公司的简报上刊登了一条意欲提醒装卸工人注意的安全标语，后来发现许多装卸工人根本没看到，原因是大部分装卸工人根本不看简报。从沟通的原理看，这次沟通无效的原因是(　　)。[西安石大 2021 年研]

A. 沟通渠道选择不当　　B. 信息不充分

C. 外界的干扰　　D. 反馈缺乏

5. 当必须对重大事件或紧急事件进行迅速处理时，可采用(　　)策略。[天津商大 2023 年研]

A. 回避　　B. 迁就　　C. 强制　　D. 合作

6. 法约尔提出的“联系板”属于(　　)。[2024 年河南省专升本真题]

A. 上行沟通　　B. 下行沟通　　C. 平行沟通　　D. 斜向沟通

7. 某企业激励各级员工通过多种途径向高层领导反映情况，提出建议，该企业的正式沟通渠道是(　　)。[2022 年河南省专升本真题]

A. 平行沟通　　B. 斜向沟通　　C. 下行沟通　　D. 上行沟通

8. 非正式沟通网络中，信息拥有者将信息传递给经过选择的有限人员，其中的部分人

员又将信息有选择地传递给其他人员。这种非正式沟通网络是(　　)。[2023 年河南省专升本真题]

A. 随机式　　B. 流言式　　C. 集束式　　D. 单线式

9. 在日常课堂教育中，经常有学生不认真听课，老师以手势警告，用的是哪种沟通方式？(　　)[2022 年河南省专升本真题]

A. 言语沟通　　B. 书面沟通　　C. 非言语沟通　　D. 非正式沟通

10. 中心化程度低，成员之间地位平等，采用委员会制形式的沟通，是(　　)沟通网络。[2022 年河南省专升本真题]

A. 链式　　B. 全通道式　　C. 轮式　　D. 环式

11. 张先生是一家企业的经理，创业初期，公司里只有 12 名员工，每个人都由张先生直接管理。随着规模的扩大，张先生聘请了一位副经理，由他处理公司的具体管理事务，自己专心于企业的战略经营，有什么事情都由副经理向其汇报。这说明公司的沟通网络(　　)。[2020 年河南省专升本真题]

A. 由轮式变成了 Y 式　　B. 由 Y 式变成了轮式

C. 由轮式变成了链式　　D. 由链式变成了轮式

12. 如果你是某公司的总经理，一位下属找你汇报工作，这位下属比较啰嗦，在汇报工作时讲许多与工作无关的话，而此时正有其他下属在等待向你汇报工作。在这种情况下，你应该(　　)。[2019 年河南省专升本真题]

A. 任其讲下去，让其他下属耐心等待

B. 不客气地打断其讲话，让其他下属开始汇报工作

C. 情绪急躁的，让其别啰嗦，挑主要的讲

D. 有策略地打断其讲话，指出时间宝贵，还有其他人在等着

13. 由于冲突主体内部或冲突主体之间存在不一致或不相容的优先事件选择与过程顺序安排而产生的冲突属于(　　)。[2023 年河南省专升本真题]

A. 情感冲突　　B. 目标冲突　　C. 认知冲突　　D. 程序冲突

14. 当冲突双方势均力敌，僵持不下，或者急于对某些议题取得一个暂时的解决方案，或是面对很大的时间压力时，采用哪种策略？(　　)[2024 年河南省专升本真题]

A. 竞争策略　　B. 合作策略　　C. 回避策略　　D. 妥协策略

## 二、多项选择题

1. 以下是对冲突的描述，其中正确的是(　　)。[湖南师大 2022 年研改编]

A. 冲突是一个客观性问题，也是一个主观知觉问题

B. 冲突是一个从产生、酝酿到爆发的一个过程

C. 当争论的问题对你不是很重要时，妥协是适宜的冲突处理策略

D. 冲突是不可消除的，组织应当接纳冲突

2. 导致组织内冲突的原因大致包括(　　)。[2017 年广东省专升本真题]

A. 沟通差异　　B. 结构差异　　C. 个体差异　　D. 管理差异

E. 地域差异

### 三、填空题

1．正式沟通有五种基本形态：链式、环式、Y 式、轮式和______。[2010 年河南省专升本真题]

2．个人差异、______差异、结构差异是产生组织冲突的三大原因。[2019 年河南省专升本真题]

3．冲突对组织的影响，一方面是对组织有消极影响的破坏性冲突，另一方面是对组织有积极影响的______。[2022 年河南省专升本真题]

4．在处理组织冲突过程中，当维持和谐关系十分重要时，可采用______策略。[2013 年河南省专升本真题]

### 四、判断题(正确的打“√”，错误的打“×”)

1．在沟通过程中，编码就是信息接收者将通道中加载的信息翻译成他能够理解的形式。(　　)[天津商大 2022 年研]

2．委员会方式是全通道式正式沟通网络的实际应用。(　　)[湖南师大 2021 年研]

3．语调是指人们对某些词或词组的强调。(　　)[天津商大 2024 年研]

4．信息不足会影响沟通的效果，但是信息过量不会阻碍有效沟通。(　　)[天津商大 2023 年研]

5．集权化的网络(Y 式和轮式)在完成比较简单的工作中比分权化的网络更快、更准确、也更有效。(　　)[湖南师大 2018 年研]

6．组织冲突对组织一定是破坏性的。(　　)[安徽财大 2020 年研]

7．非正式沟通是组织沟通的重要组成部分，管理者对其应予以重视，注意防止和克服其消极的一面。(　　)[2024 年河南省专升本真题]

### 五、概念题

1．编码[天津商大 2024 年研]

2．人际沟通[北科 2006 年研]

3．管理冲突[北理 2023 年研]

### 六、简答题

1．克服沟通障碍的技巧。[中南财大 2024 年研]

2．简述组织内冲突的原因。[厦门大学 2016 年研]

3．什么是沟通？为什么要沟通？[2020 年河南省专升本真题]

### 七、论述题

某公司新领导班子上任以后，公司内部矛盾重重，经管理专家诊断，认为该公司主要是出现了沟通障碍问题。请结合实际，阐述影响有效沟通的主要障碍因素。[常州大学 2022 年研]

相关试题：

(1)影响有效沟通的因素。[简答题，东北大学 2025 年研]

(2)从人类文明进程看，沟通是实现人类命运共同体的必要路径；从组织运行看，良好的沟通可以增强企业凝聚力，是实现企业战略目标的有效保障。试述影响有效沟通的因素及克服沟通障碍的方法。[2023年河南省专升本真题]

(3)论述影响有效沟通的因素。[湖南师大2021年研]

(4)影响有效沟通的障碍有哪些？如何克服这些障碍？[简答题，沈工大2021年研；河工大2019年研]

(5)管理工作中如何实现有效沟通？[简答题，安徽财大2020年研]

(6)影响有效沟通的障碍因素有哪些？管理者如何克服这些障碍因素？[常州大学2020年研]

## 八、案例分析题

### 案例一　裁员问题的冲突

杨明是某机械设备有限公司的总经理。该公司上半年出现亏损，年底又要还清一大笔银行贷款。在实行了两个月的节约计划失败后，杨明向各部门经理和各厂长发出了紧急备忘录。备忘录要求各部门、各工厂严格控制经费支出，裁减百分之十的员工，裁员名单在一周内交给总经理；并且规定全公司下半年一律不招新员工，现有员工暂停加薪。

该公司阀门厂的厂长王超看到备忘录后，急忙找到总经理询问："这份备忘录不适用于我们厂吧？"总经理回答："你们也包括在内。如果我把你们厂排除在外，那么别的单位也都想作为特殊情况处理，正如上两个月发生的一样，公司的计划如何实现？我这次要采取强制性行动，以确保缩减开支计划的成功。"王超辩解道："可是我们厂完成的销售额超过预期的百分之五，利润也达到指标。我们的合同订货量很大，需要增加销售人员和扩大生产能力，只有这样才能进一步为公司增加收入。为了公司的利益，我们厂应免于裁员。哪个单位亏损就让哪个单位裁员，这才公平。"杨明则说："我知道你过去的成绩不错。但是，你要知道每一位厂长或经理都会对我讲同样的话，作同样的保证。现在，每个单位必须为公司的目标贡献一份力量，不管有多大的痛苦！况且，虽然阀门厂效益较好，但你要认识到，这是和公司其他单位提供资源及密切的协作分不开的。""无论你怎么讲，你的裁员指标会毁了阀门厂。所以，我不想解雇任何人。你要裁人就从我开始吧！"王超说完，气冲冲地走了。杨明心想："这正是我要做的。"但是，当他开始考虑如何向董事会解释这一做法的理由时，他开始有点为此感到犯难了。[华南理工2010年研]

**假如你是该公司的一名常务董事，你对上述冲突过程有相当清楚的了解，你不想让王厂长因此而离开公司，但又要推动公司裁员计划的落实。试问在这样的情况下，你如何分析和处理王厂长与杨总经理的冲突？**

### 案例二　一次战略方案制定引起的风波

天讯公司是一家生产电子类产品的高科技民营企业。近几年，公司发展迅猛；然而，最近在公司出现了一些传闻。公司总经理邓强为了提高企业的竞争力，在以人为本、创新变革的战略思想指导下，制定了两个战略方案：一是引人换血计划，年底从企业外部引进一批高素质的专业人才和管理人才，给公司输入新鲜血液；二是内部人员大洗牌计划，年底通过绩效考核调整现有人员配置，内部选拔人才。邓强向秘书小杨谈了自己的想法，让他行文并打印。中午在公司附近的餐厅吃饭时，小杨碰到了副总经理张建波，小杨对他低声说道："最新消息，公司内部人员将有一次大的变动，老员工可能要下岗，我们要有所准备啊。”这些话恰好又被财务处的会计小刘听到了。他又立即把这个消息告诉他的主管老王。老王听后，愤愤说道：“我真不敢相信公司会做这样的事情，换新人，辞旧人。”这个消息传来传去，2 天后又传回邓强的耳朵里。公司上上下下员工都处于十分紧张的状态，唯恐自己被裁，根本无心工作，有的甚至还写了匿名信和恐吓信对这样的裁员决策表示极大的不满。

邓强经过全面了解，终于弄清了事情的真相。为了澄清传闻，他通过各部门的负责人把两个方案的内容发布给全体职工。他把所有员工召集在一起讨论这两个方案。员工们各抒己见，但一半以上的员工赞同第二个方案。最后邓强说：“由于我的工作失误引起了大家的担心和恐慌，很抱歉，希望大家能原谅我。我制定这两个方案的目的就是想让大家来参与决策，来一起为公司的人才战略出谋划策，其实前几天大家所说的裁员之类的消息完全是无稽之谈。大家的决心就是我的信心，我相信公司今后会发展更好。谢谢！关于此次方案的具体内容，欢迎大家向我提问。”

通过民主决议，该公司最终采取了第二个方案。由此，公司的人员配置率得到了大幅度的提高，公司的运作效率和经营效益也因此大幅度地增长。[2013 年河南省专升本真题]

**问题：**

**1. 从组织系统角度看，案例中的沟通渠道有哪些？邓强的一次战略方案的制订为什么会引起如此大的风波？**

**2. 如果你是邓强，从中应吸取什么样的经验和教训？**

## 11.2 考研真题与典型题详解

### 一、单项选择题

1. B 【解析】轮式沟通是指所有信息都通过一个中心节点传递。题中情况反映了集权式的管理风格，所有的决策和信息都通过一个中心点（即吴总经理）进行传递，属于轮式沟通。

2. D 【解析】A 项，非正式沟通虽可能传播小道消息，但并不意味着所有非正式沟通的信息都不准确。有时，非正式沟通也能传递有价值且准确的信息。

B 项，非正式沟通更多地在员工之间自发进行，信息传递的对象常由个人关系和兴趣决定。

C 项，非正式沟通的信息交流速度通常较快。

3. C 【解析】组织中小道消息多而正式沟通少，通常表明正式的信息渠道不畅，导致员工依赖非正式渠道获取信息。即正式沟通通道中的信息传递存在问题，需要调整以提高信息的透明度和流通性。

4. A 【解析】本题中，沟通无效的原因是选择了不适当的沟通渠道，因为装卸工人根本不看简报。

5. C 【解析】竞争策略又称强制策略，是一种“我赢你输”的策略，适用于需迅速采取不受欢迎的措施解决重大问题，或他人的支持对解决问题不太重要的情况。当必须对重大事件或紧急事件进行迅速处理时，可采用强制策略。

6. C 【解析】平行沟通是指信息在组织同层级之间的流动。法约尔设计的“联系板”允许不同部门但同层级的人员在上级同意的情况下直接联系，属于平行沟通。

7. D 【解析】上行沟通是指信息从组织中较低层级向较高层级流动的过程，如下级对上级的请示汇报、提供建议等。本题中，各级员工向高层领导反映情况属于上行沟通。

8. C 【解析】非正式沟通网络主要有四种类型：①集束式，指信息拥有者将信息传递给有限的选定人员，这些人再有选择地传递给其他人。②随机式，即信息以偶然的方式传递，无特定选择性。③流言式，即信息拥有者将信息告知所有其他成员。④单线式，即信息依次一人传一人，这种方式最少见。

9. C 【解析】沟通按方式不同可分为言语沟通和非言语沟通。非言语沟通是指通过口头表达和文字以外的符号系统进行的沟通。最广泛的非言语沟通形式是身体语言和语调，手势属于身体语言。

10. B 【解析】全通道式沟通是一个开放的网络系统，每个成员都可与其他所有成员交流。这种模式中心化程度低，成员地位平等，有助于提高士气和培养合作精神。但由于沟通渠道过多，容易导致混乱和耗时，可能影响工作效率。

11. A 【解析】在轮式沟通网络中，一个管理者处于中心位置和多个下属沟通，所有信息都通过这个中心人物传递。Y 式沟通网络则由一个处于沟通网络中心位置的人向上级汇报，同时向下属传达信息。本题中，创业初期公司仅有 12 人，皆由张先生直接管理，属于轮式沟通网络，他居于中心接收与发送信息。后公司规模扩大，张先生聘请副经理处理具体事务，信息经副经理收集再向张先生汇报，变成了 Y 式沟通网络。

12. D 【解析】有效沟通是指组织能克服各种干扰，确保信息交流的可靠性和准确性。其核心要素包括：清晰性、准确性、完整性、及时性、双向性。确保沟通内容有意义且对双方有用，信息完整无缺，沟通在有效期内完成，以及双方有明确的目标，都是实现有效沟通的重要因素。本题中，有效的沟通应有策略地打断其讲话，指出时间宝贵。

13. D 【解析】按产生原因划分，冲突可分为：①目标冲突；②认知冲突；③情感冲突；④程序冲突。题中为程序冲突的定义。

14. D 【解析】妥协策略又称谈判策略，实质上是一种交易。当冲突双方势均力敌，希望为复杂的问题取得暂时的解决办法，或者在时间紧迫需采取权宜之计时，宜采取妥协策略。

## 二、多项选择题

1. AB 【解析】C 项，当争论的问题对你不是很重要或希望建立信任时，可采取迁就策略。

D 项，虽冲突难以完全消除，但组织可通过管理来减少冲突，而不是简单地接纳冲突。

2. ABC 【解析】组织冲突的来源大致可分为三类：①个人差异。个体差异造成的合作和沟通的困难常易导致某些冲突。②沟通差异。文化和历史背景不同、语言困难、误解及沟通噪声干扰，都可能造成人们之间意见不一致。③结构差异。组织越庞大、越复杂，则组织分化越细密，组织整合越困难。

## 三、填空题

1. 全通道式　　2. 沟通　　3. 建设性冲突　　4. 迁就

## 四、判断题（正确的打"√"，错误的打"×"）

1. ×　2. √　3. √　4. ×　5. √　6. ×　7. √

1. 题中所述为解码。在沟通过程中，编码是将信息转换成传输的信号或符号的过程。

4. 信息过量同样会妨碍有效沟通，因为过多的信息可能导致信息过载，影响理解和处理。

6. 组织冲突并非总是破坏性的。适度的冲突有助于激发创造力、促进变革、增强团队沟通与协作。当然，过度或处理不当的冲突则会对组织造成负面影响。关键在于如何有效地管理和利用冲突，将其转化为推动组织发展的积极力量。

## 五、概念题

**1. 编码**［天津商大 2024 年研］

**答：** 编码是指将信息按一定规则转换成传输的信号或符号的过程。这些信号或符号可以是文字、数字、图画、声音或身体语言等。信息发送者须将信息编码成接收者能解码的形式。编码过程会受到信息发送者的技能、态度、知识、文化背景等因素的影响。有效的编码是确保信息准确传递的关键。

**2. 人际沟通**［北科 2006 年研］

**答：** 人际沟通是指人与人之间通过语言、文字、表情、肢体动作等多种形式传递与交流信息、思想、情感及经验的过程。其核心要素包括信息的发送者、接收者、信息、沟通渠道和反馈环节，这些要素相互作用使沟通成为一个动态的双向互动。人际沟通受到个人的表达能力、情绪个性以及环境场所、文化等多种因素的综合影响。良好的人际沟通有利于建立和维护人际关系、实现信息共享与知识传播，以及有效解决问题和冲突等，是人类社会交往和协作发展不可或缺的重要活动。

**3. 管理冲突**［北理 2023 年研］

**答：** 管理冲突是指通过一系列策略和方法来识别、分析和解决组织或个人之间的冲突，以达到积极的结果。其核心在于理解冲突的根源，选择合适的解决方式，如协商、调解、仲裁等，以促进沟通和合作。有效的冲突管理可以减少负面影响，增强团队协作，提高工作效率，并最终实现组织和个人的目标。

## 六、简答题

**1. 克服沟通障碍的技巧。**［中南财大2024年研］

**答：**为了克服沟通障碍，管理者需要掌握和培养以下沟通技巧：

(1)学会倾听。倾听是有效沟通的关键。真正的倾听不仅仅是听到声音，更是一种积极、主动、有意识的思考过程。积极倾听应做到以下步骤：

①目光接触。保持与说话者的目光接触，集中注意力。

②非言语信号。通过点头和面部表情表现出兴趣。

③避免分心。不要做看表、翻阅文件或玩手机等分心的动作。

④提问。通过提问澄清信息并确保理解。

⑤复述。用自己的话复述对方的话，确认理解是否正确。

⑥不打断。让说话者说完再做出反应。

⑦少说多听。不仅要乐于表达自己的想法，更要乐于聆听他人。

(2)重视反馈。反馈是沟通过程中的关键环节，可以是言语或非言语的。可以让接收者复述信息，以确保理解准确。例如，销售主管要求下属提交报告，未提交即为反馈。

(3)克服认知差异。认知差异可能导致沟通障碍。发送者应使信息清晰明了，易于不同背景的人理解。要尽量了解沟通对象的背景；设身处地从对方的角度看待问题；使用对方容易理解的语言和方式传递信息。

(4)抑制情绪化反应。情绪化反应(如愤怒、失望、戒备等)会阻碍信息传递。最简单的处理方法是：暂停沟通直到恢复平静。管理者应尽量预估并处理好员工的情绪化反应，同时也应关注自身情绪变化及其对他人的影响。

这些技巧有助于管理者获得所需信息，与其他成员达成共识，并提高沟通的有效性。

**2. 简述组织内冲突的原因。**［厦门大学2016年研］

**答：**组织内冲突产生的原因，大致可分为三大类：

(1)个人差异。每个人的社会背景、教育程度、阅历、修养等的不同，塑造了每个人各不相同的性格、价值观和作风。个体间的差异性往往会导致合作与沟通上的障碍，这种障碍又常易引发冲突。

(2)沟通差异。文化和历史背景的不同、语义困难、误解及沟通过程中噪声的干扰都可能造成人们之间的意见不一致。沟通不良是产生冲突的重要原因，但不是主要原因。

(3)结构差异。组织结构设计不良导致整合困难，从而引发冲突。这种冲突通常是由于部门立场、目标、资源分配等方面的差异，而不是个人之间的敌意。常见的导致冲突产生的结构因素包括：

①专业化。不同专业领域的员工可能难以理解对方的工作内容。

②任务互依性。一个部门的工作进度直接影响其他部门的工作，如裁剪布料的工作滞后会影响缝衣工人的工作。

③资源稀缺。有限的资源分配可能导致各部门之间的争执。

④目标差异。不同部门的目标可能存在冲突。

⑤权力分配。权力分配不均可能导致不满和冲突。

⑥职责模糊。职责不清可能导致推诿责任和相互指责。

**3. 什么是沟通？为什么要沟通？**[2020年河南省专升本真题]

**答：**(1)沟通是指信息的传递与理解过程，是在两人或多人之间进行的事实、思想、意见和情感等方面的交流。有效的沟通不仅包括信息的传递，还包括信息被正确理解和接受。

(2)沟通的功能：

①降低管理模糊性。有效沟通可以减少管理工作中的不确定性，提高管理效能。

②改善工作关系。沟通是组织的凝聚剂和润滑剂，能改善组织内部的工作关系，充分调动员工积极性。

③建立外部联系。沟通是组织与外部环境之间建立联系的桥梁，帮助管理者了解内外部与管理工作相关的信息和想法。

通过良好的沟通，管理者可以更好地协调资源、解决冲突，并确保组织目标的顺利实现。

## 七、论述题

**某公司新领导班子上任以后，公司内部矛盾重重，经管理专家诊断，认为该公司主要是出现了沟通障碍问题。请结合实际，阐述影响有效沟通的主要障碍因素。**[常州大学2022年研]

**相关试题：**

**(1)影响有效沟通的因素。**[简答题，东北大学2025年研]

**(2)从人类文明进程看，沟通是实现人类命运共同体的必要路径；从组织运行看，良好的沟通可以增强企业凝聚力，是实现企业战略目标的有效保障。试述影响有效沟通的因素及克服沟通障碍的方法。**[2023年河南省专升本真题]

**(3)论述影响有效沟通的因素。**[湖南师大2021年研]

**(4)影响有效沟通的障碍有哪些？如何克服这些障碍？**[简答题，沈工大2021年研；河工大2019年研]

**(5)管理工作中如何实现有效沟通？**[简答题，安徽财大2020年研]

**(6)影响有效沟通的障碍因素有哪些？管理者如何克服这些障碍因素？**[常州大学2020年研]

**答：**有效沟通受到多种因素的影响，主要包括人际障碍、组织障碍和文化障碍。结合该公司实际，具体分析如下：

(1)人际障碍：

人际障碍主要是由个体认知、能力、性格等方面的差异导致的，主要表现为：

①表达能力。指沟通者在传递信息时的语言和逻辑能力。如果沟通者用词不当、口齿不清或逻辑混乱，接收者难以准确理解其意图。

示例：新领导在传达政策时，使用了大量专业术语，导致普通员工无法理解。

②知识与经验差异。信息发送者的编码和接收者的解码基于各自的知识背景。沟通双方共有的知识和经验越少，沟通难度越大。

示例：新领导来自不同行业，对当前公司的业务流程不熟悉，导致在制定决策时与员工沟通困难。

③个性与关系。正直且人际关系良好的人更易被信任；反之，则可能不被轻易相信。

示例：新领导性格强势，缺乏亲和力，导致员工对其决策持怀疑态度。

④情绪。情绪状态会影响对信息的解释。极端情绪下，人们倾向以情感代替理性判断。

示例：员工因不满新领导的某些决策而情绪激动，无法客观听取意见。

⑤选择性知觉。即接收者根据自身需求和兴趣有选择性地理解和记忆信息。符合自己观点和需要的信息容易被接受，不符合的则容易被忽视。

示例：员工只关注对自己有利的信息，忽略了其他重要的细节。

⑥信息过滤。为了取悦上级或避免麻烦，员工可能会故意传递经过筛选的信息。信息在传递过程中如被歪曲，可能导致决策失误。

示例：中层管理者向上级汇报时，只报喜不报忧，导致高层对实际情况了解不足。

⑦信息过载。过多的信息会导致忽视、遗忘或处理不当，从而降低沟通效率。

示例：新领导频繁发布各种通知和指令，员工感到应接不暇，无法有效执行。

(2)组织障碍：

①结构不合理。层级多、分工不明等结构问题可能导致信息失真或延迟。信息在层层传递过程中容易失真，浪费时间，影响沟通效果。

示例：公司层级多，信息从高层传递到基层需要经过多个环节，导致信息失真。

②氛围不和谐。缺乏信任和开放性的环境会阻碍信息的有效传递。

示例：公司内部存在派系斗争，员工之间互相猜忌，不愿意分享真实信息。

(3)文化障碍：

不同文化背景下的个体在价值观、行为习惯等方面的差异会影响沟通方式和效果。例如，西方社会倾向于直接沟通，而东方社会则更注重和谐与团队协作。

示例：新领导来自西方文化背景，习惯直接沟通，而员工习惯于间接表达，导致沟通误解。

通过以上分析，可以看出该公司在沟通方面面临多种障碍，需要针对性地采取措施来改善。例如，加强培训提升表达能力，建立信任机制，优化组织结构，以及增强跨文化沟通能力。克服沟通障碍的具体方法，参见本章简答题第1题答案。

## 八、案例分析题

### 案例一　裁员问题的冲突

**假如你是该公司的一名常务董事，你对上述冲突过程有相当清楚的了解，你不想让王厂长因此而离开公司，但又要推动公司裁员计划的落实。试问在这样的情况下，你如何分析和处理王厂长与杨总经理的冲突？**[华南理工2010年研]

**答：**要解决王厂长和杨总经理之间的冲突，必须对冲突进行有效的控制，首先要分析冲突的根源，然后再寻找解决冲突的方法。

(1)冲突分析：

①目标差异。杨总经理的目标是通过裁员等措施控制经费支出，确保公司在年底还清银行贷款，实现公司整体的财务稳定。王厂长认为阀门厂效益良好，有扩大生产和增加销

售的潜力，应免于裁员以进一步为公司增加收入。

②信息不对称。杨总经理强调公司整体面临的财务压力以及需要统一执行计划，认为各部门、工厂应一视同仁。王厂长觉得自己厂的情况特殊，认为自己厂的贡献未得到充分认可。

③沟通问题。杨总经理与王厂长的沟通缺乏充分的解释和协商，直接下达裁员指令，没有充分考虑王厂长的意见和感受。王厂长在沟通中过于强硬，未能充分理解公司的整体战略和面临的困难，坚持己见。

(2)处理措施：

①沟通协调。邀请王厂长、杨总经理及相关部门负责人参加会议。让王厂长详细阐述阀门厂的情况，包括销售额、利润和发展潜力。同时，杨总经理说明公司整体财务状况和裁员计划的必要性。认真倾听王厂长的诉求，肯定其工作成绩和对公司的贡献。杨总经理向王厂长解释公司整体战略和裁员计划的原因，说明各部门相互依存的关系，并明确回答王厂长的问题。

②制定解决方案：

a. 调整裁员计划。根据阀门厂的实际情况，适当调整裁员比例，如从10%降至5%，并通过培训和转岗提高效率。提供必要的资金和技术支持，帮助阀门厂扩大生产和增加销售。建立科学的绩效评估体系，根据评估结果制定激励措施，鼓励阀门厂继续为公司做贡献。签订合作协议，明确阀门厂的地位和责任，给予一定的自主权和发展空间。

b. 引导与支持。向王厂长强调公司的整体利益和目标，引导他从公司整体的角度看待问题。协助王厂长解决员工安置问题，提供培训资源，鼓励他积极参与公司工作。关注王厂长的情绪变化，进行心理疏导，让他明白公司的决策是为了整体利益。

c. 建立反馈机制。建立定期沟通机制，及时交流工作进展和问题，反馈公司动态。鼓励王厂长提出意见和建议，认真对待并及时回应。定期评估阀门厂的绩效，按结果调整政策，并反馈评估结果。

通过以上措施，可以解决王厂长与杨总经理之间的冲突，推动公司裁员计划的落实，同时充分发挥王厂长的积极性和才能，为公司的发展做出更大的贡献。

### 案例二 一次战略方案制定引起的风波

**问题：**［2013年河南省专升本真题］

**1. 从组织系统角度看，案例中的沟通渠道有哪些？邓强的一次战略方案的制订为什么会引起如此大的风波？**

**答：**案例中的沟通渠道有正式沟通和非正式沟通。对邓强的战略方案制订引起如此大的风波具体分析如下：

(1)非正式沟通，指以企业非正式组织系统或个人渠道的信息传递。企业中的非正式沟通有客观存在的必然性，因此应引起管理者的重视。非正式沟通传播的内容主要是员工普遍关心的相关信息，但有一定的局限性，其传递的信息常常容易被夸大曲解。这也是造成案例中传闻和风波的最主要的原因。

(2)正式沟通，指通过正式的组织系统渠道的信息传递。由于邓强在正式的下行沟通过程中沟通不到位，加之秘书对信息不够准确的理解，成为信息被曲解的源头。它是产生本次风波的直接导火线。

此外，员工对信息盲目地接收、认同、传播而不加辨别筛选的态度，在这次风波中也起了推波助澜的作用。

**2．如果你是邓强，从中应吸取什么样的经验和教训？**

**答：**(1)从中应吸取的经验：

当非正式沟通中信息的曲解对公司、领导和员工已经造成了一定程度的不良影响时，应及时采取其他多种有效的沟通渠道进行澄清，补救。同时，不应过多地追究传播者的错误和责任，对信息的传播者给予原谅。

(2)从中应吸取的教训：

①管理者应对非正式沟通加以足够的重视，正确对待非正式沟通，学会利用和引导它，使之成为正式渠道的补充。

②管理者需要建立信息反馈系统，以保证下行沟通的有效性。

③不能孤立地只采用一种沟通方式。

# 第十二章　控制的类型与过程

## 12.1　考研真题与典型题

### 一、单项选择题

1. 在管理学中，管理人员对当前的实际工作是否符合计划而进行测定并促使组织目标实现的过程，被称为(　　)。[西安石大 2021 年研]

A. 计划　　B. 组织　　C. 领导　　D. 控制

2. 控制职能与下述的哪一个管理职能被描述为是管理工作的一对连体婴？(　　)[北交 2012 年研]

A. 计划职能　　B. 组织职能　　C. 人员配置职能　　D. 领导职能

3. 如果只能选择一种控制方式，你希望采用(　　)。[广西科大 2023 年研]

A. 预先控制　　B. 现场控制　　C. 事后控制　　D. 反馈控制

4. “治病不如防病，防病不如讲究卫生”，根据这一说法，以下几种控制方式中最重要的是(　　)。[暨南大学 2020 年研；2016 年河南省专升本真题]

A. 预先控制　　B. 实时控制　　C. 反馈控制　　D. 事后控制

5. 某商场经理为了提高商场的服务质量，聘请有关专家在售货现场对销售人员的销售活动进行指导，这是一种(　　)。[西安石大 2022 年研]

A. 现场控制　　B. 预先控制　　C. 事后控制　　D. 前馈控制

6. “建立的标准既要符合现时的需要，又要与未来的发展相结合”，这句话描述的是控制标准的(　　)要求。[天津商大 2022 年研]

A. 前瞻性　　B. 简明性　　C. 适用性　　D. 一致性

7. 控制的系统由控制主体、控制客体、控制手段与工具体系以及(　　)构成。[2023 年河南省专升本真题]

A. 控制目标　　B. 控制方案　　C. 控制政策　　D. 控制制度

8. 关于有效控制要达到的目标，表述不准确的是(　　)。[2023 年河南省专升本真题]

A. 确保组织目标的有效实现　　B. 经济且有效地利用组织资源

C. 确保信息的质量　　D. 确保控制客体的真实、安全、完整

9. 在美国汽车市场上，日本汽车公司就是在美国各大汽车厂商的眼皮底下慢慢蚕食了其市场份额。当美国汽车公司发现其问题的严重性时，日本汽车公司已经在市场占据了一席之地，不容易被打败了。这说明，在进行有效控制时，应遵循(　　)。[2024 年河南省专升本真题]

A. 有效控制原则　　B. 控制关键点原则

C. 控制趋势原则　　D. 直接控制原则

10．通过提高主管人员的素质来进行的控制工作是(　　)。[2021 年河南省专升本真题]

A．现场控制　　B．直接控制　　C．间接控制　　D．反馈控制

11．某银行为了消除腐败，不仅要求下属严格自律，还实行岗位轮换制度，经理及以上的管理人员不能在同一支行工作 5 年。根据控制的进程分类，这属于(　　)。[2024 年河南省专升本真题]

A．前馈控制　　B．综合控制　　C．反馈控制　　D．直接控制

12．企业在年终根据员工的绩效考核而实施相应的奖惩。从控制角度讲，这属于(　　)。[2020 年河南省专升本真题]

A．前馈控制　　B．现场控制　　C．反馈控制　　D．同期控制

13．A 公司每周必须生产一定数量的汽车轮胎，它必须保持不超过 0.05% 的不合格率，它必须在规定的三个月内完成预定的其他工作。对于控制来说，这是(　　)。[2014 年河南省专升本真题]

A．衡量实际绩效　　B．进行差异分析　　C．采取纠偏措施　　D．明确控制标准

14．一个餐馆要求，在客人进店之后，服务员要在 3 分钟内接待到；在 15 分钟内要把菜品上齐；顾客吃完之后，5 分钟内把餐桌收拾干净。这体现的控制标准属于(　　)。[2022 年河南省专升本真题]

A．生产率标准　　B．消耗标准　　C．时间标准　　D．质量标准

15．一般而言，造成偏差的原因多种多样，较为复杂，但基本可以分为三类，以下不属于这三类的是(　　)。[2020 年河南省专升本真题]

A．计划指标或工作标准制定得不科学，脱离实际，本身存在偏差

B．组织外部环境中发生了没有预料到的变化，导致实际业绩偏离预期，出现偏差

C．组织内部因素的变化

D．相关工作人员的失误

16．“有些情况下，信任是好的，但控制更好；另一些情况下，控制是好的，但信任更好。”关于这段话，下列表述最贴切的是(　　)。[2022 年军队文职真题]

A．控制工作的好坏关键在于被控制对象能否自控

B．控制工作要把握度

C．控制工作难度大

D．信任可以代替控制

17．为了加强对所有使用公权力的公职人员的监督，国家设立了各级监察委员会，调查职务违法和职务犯罪，开展廉政建设和反腐败工作，维护宪法和法律尊严。设立监察委员会可以起到(　　)。[2021 年军队文职真题]

A．前馈控制和反馈控制作用　　B．反馈控制作用

C．前馈控制作用　　D．直接控制作用

## 二、多项选择题

1．关于控制频度，说法正确的是(　　)。[湖南师大 2024 年研]

A．过于频繁的衡量，会增加控制的费用

B．检查和衡量的次数过少，则可能使许多重大的偏差不能及时发现

C. 以什么样的频度、在什么时候对某种活动的绩效进行衡量，这取决于被控制活动的性质

D. 管理人员可以在他们方便的时候，而不是在工作绩效仍“在控制中”进行衡量

2. 控制是组织管理工作的基本职能。下列属于控制的有(　　)。[2021 年军队文职真题]

A. 领导离任审计　B. 财政预算　C. 大学课程考试　D. 安全方案检查

E. 激励员工

3. 以下属于现场控制的有(　　)。[2018 年军队文职真题]

A. 管理者在现场批评或表扬工作人员

B. 在活动中监督员工遵循组织的方针、政策

C. 管理者发现不合标准的偏差时，立即采取纠正措施

D. 管理者亲临第一线对员工工作进行认真仔细的考察

4. 关于反馈控制，正确的是(　　)。[2010 年广东省专升本真题]

A. 可为未来计划的编制提供借鉴　B. 也称为过程控制

C. 可防患于未然　D. 适用于财务分析

E. 能随时发现活动中偏离计划的现象

5. 关于前馈控制，以下说法正确的是(　　)。

A. 能够避免问题的发生

B. 容易让员工接受

C. 适用于管理中的所有工作

D. 是针对某一行动开始前依赖的条件而进行的控制

E. 是针对特定人群的控制

## 三、填空题

1. 按控制职能可以把控制分为______、财务控制和营销控制。[2022 年河南省专升本真题]

2. 一般而言，控制的过程分为：确定标准、衡量绩效、______。[2023 年河南省专升本真题]

3. 根据控制的进程不同，可以将控制分为______、现场控制、______。

## 四、判断题(正确的打“√”，错误的打“×”)

1. 管理控制工作应成为组织全体成员的职责，而非仅仅是管理人员的职责。(　　)[西安石大 2022 年研]

2. 控制工作只能纠正计划执行过程中出现的偏差，而不能修改计划中已经确定的目标。(　　)[暨南大学 2016 年研]

3. 衡量绩效是控制活动的最终目的。(　　)[暨南大学 2016 年研]

4. 有效的控制系统强调例外管理原则。(　　)[安徽财大 2021 年研]

5. 球队教练在赛前给球队确定赛场战术、赛场换人或利用“暂停”指示队员改变战术，赛后总结经验教训，以使球队取得期望的“成就”。这均是管理的计划职能。(　　)[2015

年河南省专升本真题]

6．为了消除腐败，廉洁为政，某部门除了大力提倡工作人员要求严格自律之外，还一直执行着一种岗位轮换制度，规定处级以上干部在同一岗位工作不得超过5年，这种做法可以认为是一种前馈控制。（　）[2015年河南省专升本真题]

7．企业在确定控制标准时，设计者应用统计计算法计算出机械的产出标准。（　）[2024年河南省专升本真题]

### 五、概念题

1．战略控制[天津商大2023年研]

2．制度控制[天津商大2022年研]

### 六、简答题

1．简述控制系统的构成。[沈工大2024年研]

2．事前、事中和事后控制的区别是什么？请描述在高校里教师是如何利用不同的控制类型来使学生的学习不断进步的。[广西科大2023年研]

3．简答控制应遵循的原则。[湖南师大2024年研]

相关试题：

(1)简述有效控制的基本原则。[沈工大2023年研]

(2)请简述有效控制工作的原则。[2021年河南省专升本真题]

4．适度控制需要注意的问题有哪些？[2009年河南省专升本真题]

### 七、论述题

根据控制的内容不同，论述控制的分类。[湖南师大2022年研]

### 八、案例分析题

#### 案例一　兴旺公司的管理创新

兴旺公司是一家以生产微波炉为主的家电企业。2020年该厂总资产5亿元；而年前，该公司只不过还是一个人员不足200人、资产仅300万元且濒临倒闭的小厂。五年间企业之所以有了如此大的发展，主要得益于公司内部的管理创新。

第一，生产管理创新。公司对产品的设计设立高起点，严格要求；依靠公司设置的关键质量控制点对产品的生产过程全程监控；同时，利用PDCA和PAMS方法，持续不断地提高产品的质量；加强了员工的生产质量教育和岗位培训。

第二，供应管理创新。兴旺公司把所需采购的原辅材料和外购零部件，根据性能、技术含量以及对成品质量的影响程度，划分为A、B、C三类，并设置了不同类别的原辅材料和零部件的具体质量控制标准，进而协助供应厂家达到质量控制要求。

第三，服务管理创新。公司通过大量的市场调研和市场分析活动制定了售前决策，进行了市场策划，树立了公司形象；与经销商携手寻找最佳点共同为消费者提供优质服务；公司建立了一支高素质的服务队伍，购置先进的维修设备，建立消费者投诉制度和用户档案制度，开展多形式的售后服务工作，提高了消费者满意度。[湖南师大2023年研]

**思考题：**

**1．案例中的控制类型有哪些？**

**2. 兴旺公司“设置不同类别的原辅材料和零部件的具体质量控制标准”属于哪类控制标准？为什么？**

**3. 案例中“公司所设置关键质量控制点”，体现了有效控制原则中的哪一项？为什么？**

**案例二　扁鹊的医术**

魏文王问名医扁鹊说：“你们家兄弟三人，都精于医术，到底哪一位医术最好呢？”扁鹊答说：“长兄最好，中兄次之，我最差。”文王吃惊地问：“你的名气最大，为何反而长兄医术最高呢？”扁鹊惭愧地说：“我扁鹊治病，是治病于病情严重之时。一般人都看到我在经脉上穿针管来放血、在皮肤上敷药等大手术，所以以为我的医术高明，名气因此响遍全国。我中兄治病，是治病于病情初起之时。一般人以为他只能治轻微的小病，所以他的名气只及于本乡里。而我长兄治病，是治病于病情发作之前。由于一般人不知道他事先能铲除病因，所以觉得他水平一般，但在医学专家看来他水平最高。”

管理如同医生看病，治标不能忘固本。许多企业高调重视管理，而现实中却存在“头疼医头、脚疼医脚”的管理误区，造成“重结果轻过程”现象比比皆是。[深圳大学2007年研]

**问题：**

**1. 分析这则故事给你在管理思维上的启示。**

**2. 你认为应如何防止企业进入管理误区？**

**案例三　坚守疫情防控底线，把好企业复工复产安全关**

H市作为广东经济强市和外来人口大市，企业复工复产面临疫情防控和安全生产的双重考验。为有序推进复工复产，市新型冠状病毒肺炎疫情防控指挥部办公室(以下简称“市防控办”)出台了相关政策，要求企业在复工复产前落实“六个一”措施(一次安全生产专题会议，一份复工复产方案，一次全体员工大会，一次全员安全教育，一套应急处置方案，一次全厂性安全检查)，确保做到“四个到位”(防控机制到位，员工排查到位，设施物资到位，内部管理到位)。

随后，市防控办迅速开展摸排，加大检查执法力度。截至2020年3月底，全市共出动执法人员8895人次，检查复工复产企业3666家次，排查整改问题隐患5340项，发现18家企业存在安全措施不到位的现象，包括员工排查不到位、设施物资不到位、安全生产教育培训记录不完善、未建立应急处置方案等问题。执法人员要求这些问题企业立即停产整顿，确保疫情防控措施不落实不复产，安全管理不到位不复产，安全培训不到位不复产，隐患问题不清零不复产。

在4月初召开的全市复工复产安全管理形势分析会上，市防控办指出造成以上问题的主要原因是：企业主要负责人安全意识不足，安全防控措施针对性不强，安全管理人员未完全到位。市防控办还提出了下一阶段的工作重点和改进措施。

**问题：请分别指出案例中前馈控制、同期控制和反馈控制对应的工作内容，并说明这三种控制各自的作用。**

## 12.2　考研真题与典型题详解

### 一、单项选择题

1. D 【**解析**】题中体现的是控制的定义。控制是指衡量和矫正组织内部管理活动及其效果，以确保实现组织目标的过程。

2. A 【解析】控制职能与计划职能被称为管理工作的“一对连体婴”。计划和控制形成了一个闭环管理系统。二者相互依赖，计划职能为控制职能提供了标准和目标，而控制职能则确保这些计划得以有效实施。通过计划和控制的不断循环，组织可以不断地发现问题、解决问题，并优化其管理和运营过程。

3. A 【解析】如果只能选择一种控制方式，最理想的选择是预先控制。预先控制又称事前控制或前馈控制，是最具前瞻性和预防性的控制方式，可以有效避免问题的发生。

4. A 【解析】前馈控制又称事前控制或预先控制，是指在企业生产经营活动开始之前进行的控制。其目的是防止问题的发生。题中强调的是预防措施，对应的控制方式是预先控制。

5. A 【解析】现场控制又称同期控制，是指一种同步的、适时的控制，即对正在进行的某项工作或活动所实施的控制。本题中，在现场对销售人员进行指导属于现场控制。

6. A 【解析】题中所述为控制标准中的前瞻性要求。即标准既要满足当前需求，也要考虑未来发展。

7. A 【解析】控制的系统由四大部分构成：①控制主体，可分为高、中、低三个层次；②控制客体，是评价的对象范围；③控制目标；④控制的手段与工具体系。

8. D 【解析】一般来讲，有效控制要达到以下目标：①确保组织目标有效实现；②经济、有效地利用组织资源；③确保信息质量。

9. C 【解析】有效控制的控制趋势原则要求，从现状中揭示趋势，特别是在趋势显露苗头时就明察秋毫，以防止管理控制时滞。题中体现的正是控制趋势原则。

10. B 【解析】直接控制是指通过培养高素质的主管人员，使他们能够熟练应用管理原理和技术，从而预防偏差的发生。与间接控制相比，直接控制更注重事前预防，减少事后纠正的成本。

11. A 【解析】实行岗位轮换制度符合前馈控制。前馈控制是指在工作开始之前进行的控制。其目的是预防错误、滥用、失误和欺诈行为的发生。

12. C 【解析】反馈控制又称事后控制，是指在工作结束或行为发生之后进行的控制，通过对结果的评估来发现并解决问题。题干中的控制属于反馈控制。

13. D 【解析】标准是衡量成效和纠正偏差的客观依据，制定标准是进行控制的基础。本题中，两个“必须”反映的是控制标准。

14. C 【解析】定量标准可分为实物标准、价值标准和时间标准。其中，时间标准是指完成一定工作所需花费的时间限度。题干中的“3 分钟、15 分钟、5 分钟”属于时间标准。

15. D 【解析】造成偏差的原因一般可分为三类：①计划指标或工作标准不科学，脱离实际；②外部环境变化；③内部因素变化，如工作方法不当、组织不力、领导无方等。

16. B 【解析】恰当的控制可以提高组织成员行为的可预测性和可接受性，从而促进信任的形成和发展；过多的控制则会降低可接受性，进而阻碍信任的形成和发展。题干所述强调的是控制工作要把握度，既不能过分地控制，也不能过分地信任。AC 两项，题干并未体现。D 项，信任不可以代替控制，二者在管理过程中相结合才能使得管理活动更顺利。

17. A 【解析】ABC 三项，前馈控制又称预先控制，是指在活动开始之前进行的控制。反馈控制又称事后控制，是在活动结束后的事后控制。开展廉政建设是预先控制，反腐工作是事后控制，因此监察委员会的设立不仅在于调查职务违法和职务范围，也有事前预防教育的作用。

D 项，根据控制手段不同，控制可分为直接控制和间接控制。题干没有体现这一点。

## 二、多项选择题

1. ABC 【解析】D 项，控制应在适当时间进行，以确保能够及时发现和纠正偏差。仅在管理人员方便时进行衡量，可能会错过关键的控制时机。

2. ABCD 【解析】ABCD 四项均属于控制工作。ACD 三项属于事后控制，又称反馈控制；B 项，财政预算属于预先控制，又称前馈控制。E 项属于领导。

3. ABCD 【解析】现场控制是指管理者在现场对正在进行的活动或行为给予必要的指导、监督，以保证活动和行为按照规定的程序和要求进行的管理活动。ABCD 四项均属于现场控制。

4. AD 【解析】BE 两项为同期控制的特点；C 项，前馈控制可防患于未然，其目的是防止问题发生。

5. ABCD 【解析】E 项，前馈控制在工作开始前进行控制，不针对具体人员，易于被员工接受。

## 三、填空题

1. 战略控制　　2. 分析与纠偏　　3. 前馈控制；反馈控制

## 四、判断题（正确的打“√”，错误的打“×”）

1. √　2. ×　3. ×　4. √　5. ×　6. √　7. ×

2. 控制工作不仅可以纠正计划执行过程中的偏差，还可以根据实际情况调整和修改计划中的目标。控制是一个动态的过程，旨在确保组织目标的实现。

3. 衡量绩效是控制活动的一个重要步骤，但不是最终目的。控制活动的最终目的是通过监测和调整来确保组织目标的实现。衡量绩效是为了发现问题并采取纠正措施，以提高整体绩效。

5．题干所述体现的是管理的控制职能。注意区分计划与控制。

6．用严格的制度防止腐败的发生，属于前馈控制。

7．机器的产出标准是设计者应用工程方法计算出来的。

## 五、概念题

**1．战略控制**［天津商大2023年研］

**答：**战略控制是指管理者按既定的战略目标和行动方案，对战略实施状况进行全面评价、发现偏差并进行纠正的活动。其目的是防止和纠正战略失效，确保战略顺利落实，通过监控整个实施过程，将外部环境变化、内部条件变化或战略本身缺陷的影响控制在可接受范围内，使企业朝着预定目标前进。企业战略实施中的重要工作是系统化的检查、评价和控制。

**2．制度控制**［天津商大2022年研］

**答：**制度控制是指通过制定和执行企业内部控制制度和相关规章，约束企业和各责任中心的财务收支活动，以确保管理活动符合企业战略目标的一种控制形式。具体来说，制度控制通过建立符合企业实际情况的内部控制制度，对经济活动进行规范和限制，保证管理活动不违背或有利于企业战略目标的实现。制度控制包括制度的制定、执行和考核等环节，旨在规范企业各级管理层与全体员工的行为，实现内部管理的规范化和标准化。

## 六、简答题

**1．简述控制系统的构成。**［沈工大2024年研］

**答：**控制系统主要由以下四大部分构成：

（1）控制主体：

①高层控制主体，以股东为主体，包括股东会、监事会、董事会、经理人等，负责控制经营者及整个企业的业务经营活动。

②中层控制主体，以经营者和管理者为主体，由各职能管理层组成，实施范围涵盖管理者和普通员工的业务经营活动。

③低层控制主体，以普通员工为主体，指岗位层次的控制主体。控制需求来源于完成岗位责任。

（2）控制客体：

控制客体是指评价的对象范围。具体控制对象包括：

①财产。包括实物和精神（知识）财富。控制财产的目的是保护财产安全、完整。

②交易。控制交易的目的是保证交易合法合规，间接保护企业财产安全。

③信息，是控制主体了解组织状况的基础。控制目的是确保信息的真实与完整。

（3）控制目标：

①确保有效实现组织目标。通过合理组织、整合与利用资源，促进组织目标的实现。

②经济且有效地利用组织资源。在资源有限的环境中，确保以最低成本取得高质量资源，并防止浪费。

③确保信息质量。要利用相关、可靠和及时的信息来监督、控制组织行为。决策信息系统依赖于内部控制系统来提供高质量信息。

(4)控制的手段与工具体系：

①控制机构，由不同层次、不同性质的专业控制部门组成。

②控制工具，主要包括计算机和网络等获取信息的工具。

③控制运作制度，包括控制的任务与职责、程序与规则等。

通过这四个部分的有机结合，控制系统能有效管理组织活动，确保目标的实现。

**2. 事前、事中和事后控制的区别是什么？请描述在高校里教师是如何利用不同的控制类型来使学生的学习不断进步的。**[广西科大2023年研]

**答：**(1)事前、事中和事后控制的区别：

三者的主要区别在于它们在时间上的位置、作用和应用场景不同。

①事前控制(前馈控制)：

a. 定义：指在活动开始之前进行的控制，通过预防措施来避免问题的发生。其目的是预防错误、滥用、失误和欺诈行为的发生。

b. 特点：预防性，通过提前采取措施防止问题发生；计划性，制定详细的计划和标准，确保资源分配和培训等准备工作到位。

c. 应用场景：需预防性措施的场景，如制定详细的计划和标准，进行资源分配和培训等。

②事中控制(现场控制)：

a. 定义：指在活动进行过程中进行的控制，通过实时监控和调整来确保活动按计划进行。

b. 特点：实时性，及时监测和检测错误、异常和风险；灵活性，根据实际情况及时反馈和纠正偏差。

c. 应用场景：需实时监测和纠正的场景，如现场监督、即时反馈和纠正偏差。

③事后控制(反馈控制)：

a. 定义：指在活动完成后进行的控制，通过对结果的评估来发现并解决问题。其通常用于检查和验收已完成的工作。

b. 特点：总结性，对已完成的工作进行检查和验收；改进性，通过评估结果来改进未来的活动。

c. 应用场景：需验证和确认结果的场景，如绩效评估、经验总结和未来改进。

(2)高校教师可利用以下控制类型来使学生的学习不断进步：

①事前控制(前馈控制)：

a. 课程设计。在学期开始前，教师会详细设计课程大纲、教学计划和评估标准，明确学习目标和要求。

b. 资源准备。提供教材、参考资料和在线资源，确保学生有充足的材料进行学习。

c. 入学指导。对新生进行入学指导，介绍课程结构、学习方法和学术规范，帮助学生做好学习准备。

②事中控制(现场控制)：

a．课堂监控。在课堂上，教师通过提问、讨论和互动，实时了解学生的理解情况，并及时调整教学方法。

b．作业反馈。定期布置作业并及时批改，提供详细的反馈意见，帮助学生纠正错误和巩固知识。

c．个别辅导。针对个别学生的问题进行一对一辅导，解决他们在学习过程中遇到的具体困难。

③事后控制(反馈控制)：

a．考试与评估。通过期中和期末考试、项目评估等方式，全面评估学生的学习成果。

b．成绩分析。对学生的考试成绩进行分析，找出普遍存在的问题和薄弱环节，为下一轮教学提供改进依据。

c．反馈与改进。向学生提供详细的考试反馈，指出他们的不足之处，并提出改进建议。同时，教师也会根据整体表现调整教学策略和内容。

通过这三种控制方式的综合运用，高校教师能全面管理学生的学习过程，确保其不断进步并达到预期的学习目标。

**3．简答控制应遵循的原则。**［湖南师大 2024 年研］

**相关试题：**

**(1)简述有效控制的基本原则。**［沈工大 2023 年研］

**(2)请简述有效控制工作的原则。**［2021 年河南省专升本真题］

**答：**有效控制应遵循的原则主要有：

(1)有效标准原则。控制标准须与组织的理念和目标一致，对员工的工作行为有指导作用，并便于检查和评估工作成果。这些标准应具备简明性、适用性、一致性、可行性、可操作性、相对稳定性和前瞻性。

(2)关键点控制原则。管理者在复杂的环境中应重点关注影响绩效的主要因素，而不是面面俱到。通过抓住关键点，可以有效控制整体情况。例如，在大型项目中，使用计划评审技术确定关键路径和关键任务，从而控制整个项目的进度。

(3)趋势控制原则。由于控制过程中存在时间滞后问题，管理者应着眼于未来的趋势而非仅仅关注当前状况。及时发现并控制趋势非常重要。

(4)直接控制原则。直接控制是指通过培养高素质的主管人员，使他们能够熟练应用管理原理和技术，从而预防偏差的发生。与间接控制相比，直接控制更注重事前预防，减少事后纠正的成本。高素质的管理者能更好地预见和处理问题，降低间接控制的需求。

(5)例外原则。管理者应集中精力处理例外情况即重要的异常情况，而不是所有活动。结合关键点控制原则，重点关注关键点上的异常情况，提高控制效率。例如，利润下降、产品废品率上升或顾客投诉增加等重要异常情况需要特别关注。

**4．适度控制需要注意的问题有哪些？**［2009 年河南省专升本真题］

**答：**适度控制是指控制的范围、程度和频度要恰到好处。适度控制要注意以下问题：

(1)防止控制过多或控制不足。有效的控制应该既能满足对组织活动监督和检查的需要，又要防止与组织成员发生强烈的冲突。组织进行适度控制的原因在于：

①过多的控制会使组织成员的自主性受到限制，从而产生消极情绪。同时，过多的控制还会增加管理成本，因为需要投入大量的时间和资源用于监督和检查。

②控制不足可能导致对组织活动失去控制，无法保证组织目标的实现。

因此，管理者需要在控制的严密性和员工的自主性之间找到一个平衡点，确保既能保证组织活动的有效开展，又能充分发挥员工的主观能动性。

(2)处理好全面控制与重点控制的关系。

①全面控制的必要性和复杂性。全面控制是指对组织的各个方面进行控制，包括财务、生产、销售、人力资源等各个领域。它能够确保组织活动的各个环节都在掌控之中，避免出现管理漏洞。但全面控制实施起来难度较大，需要耗费大量的时间、精力和资源。

②重点控制的关键作用。重点控制是在全面控制的基础上，对关键环节、关键部门和关键人员进行重点关注。这些关键因素往往对组织目标的实现具有决定性的影响。管理者需要识别出这些关键控制点，将有限的控制资源集中在这些重点领域，同时又不能忽视其他非重点领域的基本控制，以实现有效控制。

(3)使花费一定成本的控制得到足够的收益。

控制成本包括为了实施控制而投入的人力、物力、财力等方面的直接成本，以及可能产生的一些间接成本，如因控制程序繁琐而导致的工作效率降低等。控制收益是指通过控制活动所带来的好处，如提高产品质量、降低成本、增加销售额等。管理者需要权衡控制成本和控制收益之间的关系。如果控制成本过高而收益甚微，那么这种控制就不经济。因此，要根据组织的实际情况，设计合理的控制措施，确保控制活动能够产生足够的收益来弥补成本支出。

## 七、论述题

**根据控制的内容不同，论述控制的分类。**[湖南师大2022年研]

**答：**根据控制的具体内容不同，控制可分为以下五种类型：

(1)制度控制。指通过制定、执行和考核各种制度规范来协调企业内部行为的机制。制度规范包括各种规章、条例、守则、标准等，旨在规范全体成员的行为，确保工作程序和办事方法的一致性。制度控制确保所有成员遵守既定的规章制度，维持组织的秩序和效率。

(2)风险防范控制。指企业通过预警、辨识、评估和预防等措施来管理潜在风险。其内容包括风险预警与辨识、风险评估以及风险预防，以应对现代市场经济环境中的各种不确定性。

(3)预算控制。即企业根据预算规定的收入与支出标准检查和监督各个部门的生产经营活动的控制。预算控制通过量化标准明确目标，衔接企业总体目标与个人目标。预算控制强调过程控制。

(4)激励控制。指企业通过激励手段引导管理者和员工的行为，使其与企业目标一致。其内容包括选择合适的激励方式、设置激励约束条件、业绩评价等。激励控制旨在通过激励调动员工的积极性和创造性，提高工作效率和质量。

(5)绩效考评控制。指企业通过考核和评价来规范各级管理者和员工的行为，确保其经济目标和行为符合企业战略。绩效考评控制侧重于控制目标而非过程，其内容包括制定考评指标和程序、选择考评方法、分析考评结果以及采取纠正偏差和奖励措施等。

这些控制类型各有侧重，但共同目标是提高组织效率和实现企业战略目标。

## 八、案例分析题

### 案例一　兴旺公司的管理创新

**思考题：**［湖南师大2023年研］

**1．案例中的控制类型有哪些？**

**答：**案例中的控制类型有：

（1）前馈控制，体现在服务管理创新方面。公司通过大量的市场调研和市场分析活动制定售前决策、进行市场策划来树立公司形象。这是在服务活动开始之前，通过收集信息，对可能出现的问题进行预测和防范，属于前馈控制。这种控制可以帮助企业提前了解市场需求和消费者期望，从而提前调整服务策略，以达到更好的服务效果。

（2）现场控制（同期控制）。在生产管理创新中，公司依靠设置的关键质量控制点对产品的生产过程进行全程监控。这是在生产过程中实时地对质量进行控制，能及时发现生产过程中的质量问题并立即采取措施进行纠正，保证产品质量的稳定性，属于现场控制。例如，一旦发现生产环节中某个关键质量控制点出现异常，就可以马上调整生产参数或对设备进行维修等操作。

（3）反馈控制。服务管理创新中的建立消费者投诉制度和用户档案制度体现了反馈控制。企业通过消费者的投诉和用户档案中的信息，了解产品和服务在售后阶段存在的问题，然后根据这些反馈信息来调整和改进产品质量和服务质量。例如，如果消费者投诉产品某个功能经常出现故障，企业就可以针对这个问题对产品进行改进或者对服务人员进行相关培训，以便更好地处理此类问题。

**2．兴旺公司“设置不同类别的原辅材料和零部件的具体质量控制标准”属于哪类控制标准？为什么？**

**答：**（1）兴旺公司设置不同类别的原辅材料和零部件的具体质量控制标准属于定量控制标准。

（2）理由：公司将所需采购的原辅材料和外购零部件按性能、技术含量以及对成品质量的影响程度划分为A、B、C三类，并针对不同类别设置了具体的质量控制标准。这些标准可以通过具体的数值、参数等来衡量，如原材料的纯度、零部件的尺寸精度等具体量化指标。这种定量的控制标准能更精确地衡量和控制原辅材料和零部件的质量，使供应管理更科学、有效，确保采购物品符合公司生产要求。

**3．案例中“公司所设置关键质量控制点”，体现了有效控制原则中的哪一项？为什么？**

**答：**（1）案例中“公司所设置关键质量控制点”体现了有效控制原则中的控制关键点原则。

（2）理由：控制关键点原则强调在管理过程中，应针对关键的环节和因素进行控制，以确保整体目标的实现。本案中，通过在产品生产过程中设置关键质量控制点，公司能重点监控对产品质量有重大影响的关键环节，以便在保证产品质量的前提下提高控制效率，确保产品质量的稳定性。这种做法体现了抓主要矛盾的思想，符合控制关键点原则。

**案例二　扁鹊的医术**

**问题：**［深圳大学2007年研］

**1．分析这则故事给你在管理思维上的启示。**

**答：**这则故事在管理上的启示包括以下两点：

（1）事前控制在管理中极为重要，不要等到出现了严重问题时才采取措施补救，而应将问题扼杀在萌芽状态。

（2）事后控制不如事中控制，事中控制不如事前控制，防重于治，企业家要有防患于未然的敏锐洞察力，应尽最大可能去化解经营中的潜在风险。"良医治未病"，处理组织管理上的问题最有效的就是要加大预防力度，像扁鹊的大哥那样，治病于未发之前；发现有苗头性问题，要像扁鹊的二哥那样，治病于初起之时。

**2．你认为应如何防止企业进入管理误区？**

**答：**防止企业进入管理误区的方法包括以下两点：

（1）加强事前控制的力度。在管理过程中密切关注事态或环境的细微变化，努力将问题控制在初期阶段，这样才能避免出现严重问题后只能"头痛医头、脚痛医脚"的局面。事前控制想要完美地实现，要从组织建立开始就需有明确的制度和文化来制约，后来的管理只能是亡羊补牢，慢慢地去修正这种控制事情的节奏。

（2）强调对过程的关注。尽管结果对一个企业来说很重要，但忽视过程的做法往往导致企业事倍功半。过程的重要性体现在它导致必然的结果。做一件事情或一份工作，过程是最关键的，如果每做一步都能按照程序办，踏踏实实，并在这个过程中预见问题，防范问题，或是发现问题的端倪进而给予及时调整，那么结果必然能达到预期目的，反之则不然。

**案例三　坚守疫情防控底线，把好企业复工复产安全关**

**问题：请分别指出案例中前馈控制、同期控制和反馈控制对应的工作内容，并说明这三种控制各自的作用。**

**答：**本案例中前馈控制、同期控制和反馈控制对应的工作内容及其作用如下：

（1）前馈控制：

市防控办出台了相关政策，要求企业落实复工复产前的"六个一"措施，确保做到"四个到位"。这些举措属于前馈控制，其目的是：在复工复产开始之前进行的控制，把疫情防控标准作为复工复产的前提，防止安全问题的发生。

（2）同期控制：

市防控办迅速开展摸排，加大检查执法力度。这项工作属于同期控制，其作用有两个方面：

①指导企业疫情防控工作，及时纠正企业的错误做法。

②避免已发生问题的消极影响进一步扩散，保证计划的执行和计划目标的实现。

（3）反馈控制：

召开复工复产安全管理形势分析会。这项工作属于反馈控制，其作用是：总结经验和教训，为做好下一阶段疫情防控工作，保障企业安全有序复工复产提供借鉴。

# 第十三章　控制的方法与技术

## 13.1　考研真题与典型题

### 一、单项选择题

1. 出现在多数大中型企业组织里最基本的控制方式是(　　)。[湖南师大 2021 年研]

A. 预算控制　　B. 层级控制　　C. 市场控制　　D. 团体控制

2. 某上市公司设立了 CEO 股票期权制度，以刺激 CEO 做出突出业绩。从战略层次上看，这种控制属于组织控制方法中的(　　)。[2024 年河南省专升本真题]

A. 层级控制　　B. 市场控制　　C. 团体控制　　D. 财务控制

3. 根据规定收入和支出的标准来检查和监督组织各个部门的经营管理情况，这使用的控制方法是(　　)。[2022 年河南省专升本真题]

A. 市场控制　　B. 预算控制　　C. 战略控制　　D. 营销控制

4. 企业的赊销收入净额和平均应收账款余额的比率是(　　)。[2022 年河南省专升本真题]

A. 库存周转率　　B. 应收账款周转率

C. 市场占有率　　D. 酸性测试比率

5. 团体控制通过共同行为范式，实现组织成员的自我控制、自我约束，这种方式的基础是(　　)。[2022 年河南省专升本真题]

A. 组织文化　　B. 组织结构　　C. 组织层级　　D. 组织设计

6. 某企业在实施全面质量管理的过程中，要求员工树立“始于识别顾客的需求，终于满足顾客的需要”的理念。这属于质量管理的哪条原则？(　　)[2024 年河南省专升本真题]

A. 领导作用　　B. 全员参与　　C. 过程方法　　D. 持续改进

7. 关于全面质量管理，说法不正确的是(　　)。[2018 年河南省专升本真题]

A. 开始于 20 世纪 50 年代

B. 以保证产品质量和工作质量为中心

C. 只有企业高管参与的一种质量管理体系

D. 具有多指标、全过程、多环节和综合性的特征

8. 六西格玛管理的宗旨是(　　)。[2022 年河南省专升本真题]

A. 让顾客满意和本组织所有者、员工、供方、合作伙伴或社会等相关者受益

B. 预防质量事故发生并事先加以预防

C. 消除无增值活动，缩短生产周期，提高客户的满意度

D. 落实每一个业务流程的责任部门

9. 决策支持系统是(　　)，以计算机技术、仿真技术和信息技术为手段，针对半结构化的决策问题、支持决策活动的具有智能作用的人机系统。[2022 年河南省专升本真题]

A. DSS　　B. MIS　　C. TPS　　D. EDPS

## 二、多项选择题

财务比率包括(　　)。

A. 流动比率　　B. 速动比率　　C. 经营比率　　D. 销售利润率

E. 存货周转率

## 三、填空题

1. 质量管理的演进经历了______、______、______、质量管理国际化阶段。[中财 2012 年研改编]

2. 从战略层次的角度看，组织的控制方法可以划分为三类：______、市场控制与团体控制。[2023 年河南省专升本真题]

3. 应收账款周转率是指企业______与平均应收账款余额的比率。[2012 年河南省专升本真题]

4. 某小企业根据自身的需要和负担能力，采用分期投资建设、渐进式发展的模式，以解决柔性作业系统完善的难题，体现了系统结构______的发展趋势。[2024 年河南省专升本真题]

5. 全面质量管理的基本要求是“______”；基本方法是______。

## 四、判断题(正确的打“√”，错误的打“×”)

1. 六西格玛管理的宗旨是消除无增值活动，缩短生产周期，提高客户的满意度。(　　)[湖南师大 2021 年研]

2. 预算是一种计划工作，又是一种控制手段。(　　)

3. 内部审计强调监督，所以不利于推行分权化管理。(　　)

4. 流动比率被称为酸性测试比率，是企业速动资产与流动负债的比率。(　　)

## 五、概念题

1. 预算[吉林大学 2016 年研；中国传媒 2012 年研；东北财大 2009 年研]

2. 速动比率[北邮 2009 年研；首经贸 2006 年研]

3. 团体控制[南京师大 2022 年研]

4. 信息[常州大学 2022 年研；沈工大 2021 年研]

## 六、简答题

1. 控制的方法有哪些？[中南财大 2022 年研]

2. 简述市场控制的动因与原则。[沈工大 2022 年研]

3. 简述全面质量管理的基本要求。[河工大 2022 年研]

## 七、论述题

试论述六西格玛管理的原则。[湖南师大 2024 年研]

相关试题：

(1)简述六西格玛管理的原则。[简答题，山东财大 2023 年研]

(2)简述六西格玛管理原则。[简答题，2023 年河南省专升本真题]

# 13.2 考研真题与典型题详解

## 一、单项选择题

1. B 【解析】按战略层次划分，组织的控制方法可分为层级控制、市场控制与团体控制三类。其中，层级控制又称官僚控制、科层控制，是指通过组织结构中的科层机制来进行管理和控制。层级控制是多数中型和大型组织最基本的控制方式。

2. B 【解析】市场控制是指组织通过价格机制借助经济力量来规范组织内部门和员工的行为。企业内部的市场控制有三个层次：①公司层次上，规范独立的事业部门；②部门层次上，表现为公司内部交易；③个人层次上，常表现为激励制度和工资制度。题中CEO的股票期权在本质上就是一种市场控制方法。

3. B 【解析】预算控制是根据预算规定的收入和支出标准，检查和监督各部门的生产经营活动，确保资源有效利用，达成既定目标和利润。其特点是：通过量化标准明确目标，紧密衔接企业总体目标与个人目标。

4. B 【解析】题干为应收账款周转率的计算公式。A项，存货周转率是销售成本与平均存货的比率。C项，市场占有率是企业主要产品在其市场销售总额中所占的比重。D项，速动比率又称酸性测试比率，是企业速动资产与流动负债的比率。

5. A 【解析】团体控制主要依靠组织文化手段来控制员工行为。组织文化是团体控制的基础。

6. C 【解析】全面质量管理的过程方法原则，是指将活动和相关的资源作为过程进行管理，可以更高效地得到期望的结果。题干中的理念，体现了将满足顾客需求作为一个完整的过程来对待。从识别顾客需求开始，到最终满足顾客需求结束，这中间涉及产品设计、生产、销售、售后服务等一系列过程。通过对这些过程进行有效的管理，确保顾客需求在每个环节都能得到妥善处理，最终实现满足顾客需要的目标，符合过程方法原则。

7. C 【解析】C项，全面质量管理不是只有企业高管参与，而是需要全员参与。

8. C 【解析】六西格玛管理基于统计标准，减少瑕疵率，降低成本，节省时间，提高顾客满意度。其宗旨是消除无增值活动，缩短生产周期，提高客户满意度。A项为全面质量管理的目的。B项，在统计质量控制阶段，从事后检验转变为预防质量事故发生并事先加以预防。D项，良好的过程控制以顾客为导向，调整组织结构，落实每一个业务流程的责任部门和参与部门。

9. A 【解析】A项，决策支持系统(DSS)是基于管理科学和行为科学，利用计算机、仿真和信息技术，支持半结构化决策的人机系统。

B项，管理信息系统(MIS)是支持管理人员及时、有效地收集、分析和传递组织内外部信息的系统。

CD两项，电子数据处理系统（EDPS）又称交易处理系统（TPS），主要用于运营层管理控制。

## 二、多项选择题

ABDE 【解析】常用的财务比率可分为三类：①偿债能力比率，常用的有流动比率、速动比率、资产负债比率和付息能力比率等。②盈利能力比率，常用的有总资产收益率、销售利润率。③营运能力比率，常用的有存货周转率、应收账款周转率、市场占有率等。

## 三、填空题

1. 质量检验管理阶段；统计质量控制阶段；全面质量管理阶段

2. 层级控制

3. 赊销收入净额

4. 模块化

5. 三全一多；PDCA循环

## 四、判断题（正确的打"√"，错误的打"×"）

1. √　2. √　3. ×　4. ×

3. 内部审计有助于推行分权化管理。内部审计不仅评估了企业财务记录是否健全、正确，而且为检查和改进现有控制系统的效能提供了一种重要的手段，因此有利于促进分权化管理的发展。

4. 速动比率被称为酸性测试比率，是企业速动资产与流动负债的比率。

## 五、概念题

**1. 预算**［吉林大学2016年研；中国传媒2012年研；东北财大2009年研］

**答：**预算是指用数字编制未来某一时期的计划，可用财务或非财务数字表明预期结果。它能预估企业未来的经营收入或现金流量，并规定各部门或活动的支出额度，对企业经营活动有较好的控制作用。预算既是一种计划，能明确目标、合理分配资源；也是一种控制手段，可衡量计划执行情况并进行调整。预算能够广泛用于各种类型的组织及组织内部的工作活动。

**2. 速动比率**［北邮2009年研；首经贸2006年研］

**答：**速动比率又称酸性测试比率，是企业速动资产与流动负债的比率。其计算公式为：速动比率＝速动资产÷流动负债。其中，速动资产是流动资产减去存货、预付账款等流动性较差的资产后的余额。速动比率用以反映企业流动资产中可以立即用于偿付流动负债的能力，是衡量企业资产流动性的一个重要指标。当企业有大量存货且这些存货周转率较低时，速动比率比流动比率更能精确地反映客观情况。速动比率的高低能直接反映企业短期偿债能力的强弱。它是对流动比率的补充，并且比流动比率反映得更加直观可信。如果流动比率较高，但流动资产的流动性很低，则企业的短期偿债能力仍然不高。

**3．团体控制**[南京师大2022年研]

**答：**参见本章简答题第1题答案。

**4．信息**[常州大学2022年研；沈工大2021年研]

**答：**信息是指经过加工处理后对组织管理和决策有参考价值的数据。信息通过各种形式(如文字、图像、声音等)传递，帮助人们理解环境、做出判断和采取行动。信息是组织指挥和控制经营活动的基础，掌握信息的能力直接影响组织经营活动的效果。信息是现代企业经营活动的重要手段和依据。

## 六、简答题

**1．控制的方法有哪些？**[中南财大2022年研]

**答：**控制的方法主要包括战略层次的三种控制方法和质量控制方法。

(1)层级控制、市场控制与团体控制：

按战略层次划分，组织的控制方法可分为三类：

①层级控制又称官僚控制或科层控制，指利用正式的章程、规则、政策、标准等机制来规范组织内部门和成员的行为，并评估绩效。常见的方法有：

a．预算控制，即通过编制和执行预算来检查和监督各部门活动，确保资源有效利用。

b．审计控制，即审核会计记录和财务报表，判断其真实性和公允性。

c．财务控制，即衡量和校正企业的资金投入及收益过程，确保财务计划实现。常用比率包括偿债能力比率、盈利能力比率和营运能力比率。

②市场控制，指借助经济力量，通过价格机制来规范组织内部门和员工的行为。其层次可分为：

a．公司层，使用盈亏指标对独立业务部门进行绩效评估。

b．部门层，表现为内部交易，通过转移定价调整。

c．个人层，常表现为激励制度和工资制度。

③团体控制，指将个体融入团体，使个人价值观与组织目标一致，通过共同行为范式来实现自我约束和自我控制。这种控制主要依赖于组织文化，需要共同的价值观和员工间的相互信任。有效的团体控制需要构建创新的组织文化，创建响应顾客需求的文化和良好的职场精神。

(2)质量控制方法：

①全面质量管理，指以质量为中心，全员参与，通过让顾客满意和相关者受益来达到长期成功。

a．基本要求："三全一多"(全过程、全员、全组织、多方法的质量管理)。

b．实施原则：以顾客为关注焦点、领导作用、全员参与、过程方法、系统方法、持续改进、基于事实的决策、与供方互利的关系。

c．基本方法：PDCA循环简称戴明环，包括计划、执行、检查、处理。

②六西格玛管理，指一种基于统计标准，减少瑕疵率，降低成本，提高顾客满意度的质量控制方法。其关键在于创建致力于流程改进的专家团队，明确角色和责任，形成六西格玛组织体系。

a. 基本原则：高度关注顾客需求、数据和事实管理、重视流程改善、主动改进型管理、无边界合作、追求完美但容忍失败。

b. 业务改进的最常用方法：DMAIC，即界定、测量、分析、改进、控制。

**2. 简述市场控制的动因与原则。**［沈工大 2022 年研］

**答：**(1) 市场控制的动因：

①内部管理成本高。随着组织规模扩大，层级控制增加，信息传递效率降低，导致高额组织费用。

②缺乏发展动力。各部门缺乏自主性和发展动力，引入市场机制可以提高独立性，激发活力。

(2) 市场控制的原则。将内部市场付诸实施的原则主要有：

①构建内部企业机构。组织由大量内部企业组成，每个内部企业拥有较大的自主控制权。内部企业按经济绩效进行核算和考核，被视为利润中心。

②引入市场机制。高层管理者不再直接命令，而是通过制定总体战略、财务政策和激励方案来管理。类似联邦政府的管理模式，通过市场机制协调内部企业的活动。

③鼓励合作精神。内部市场应是一个“企业家社团”，鼓励各内部企业之间的合资和联合，创造一种合作的文化，共享组织资源。

**3. 简述全面质量管理的基本要求。**［河工大 2022 年研］

**答：**全面质量管理的基本要求可以概括为“三全一多”，即全过程的质量管理、全员的质量管理、全组织的质量管理和多方法的质量管理。具体如下：

(1) 全过程的质量管理：

①核心：以用户满意为基准，确保产品质量的适用性、持久性和稳定性。

②实施：从产品设计到生产再到服务的每一个环节，都要进行质量控制，形成一个综合性的质量管理体系，实现质量的持续改进。

(2) 全员的质量管理：

①核心：质量控制扩展到组织的所有人员，强调人人有责。

②实施：通过全员的质量教育和培训，树立“质量第一”的意识。制定各层级、各部门和各员工的质量责任制，形成高效、协调、严密的质量管理工作系统。

(3) 全组织的质量管理：

①核心：从组织的纵向和横向两个方面保证质量提升。

②实施：

a. 纵向：高层、中层和基层通力协作，尤其是高层管理者的全力支持。

b. 横向：将研制、维持和改进质量的所有活动构成一个有效整体，确保各个环节协同工作，提高整体质量。

(4) 多方法的质量管理：

①核心：应用多种方法和技术手段，而不仅仅是数理统计方法。

②实施：结合现代科技发展，采用多样化的方法体系，如 PDCA 循环、分层法、因果分析法、价值工程法等。同时，使用数理统计方法（如直方图、控制图、散布图、优选法）以及新工具（如系统图法、关联图法、KJ 法、矩阵图法、PDPC 法）。通过综合运用这些方法和技术，确保程序科学、方法灵活、成效显著。

综上，企业能全面提升产品质量和服务水平，满足用户需求，实现持续改进和发展。

## 七、论述题

**试论述六西格玛管理的原则。**［湖南师大 2024 年研］

**相关试题：**

**（1）简述六西格玛管理的原则。**［简答题，山东财大 2023 年研］

**（2）简述六西格玛管理原则。**［简答题，2023 年河南省专升本真题］

**答：**（1）六西格玛管理，是一种统计评估法，核心是追求零缺陷生产，防范产品责任风险，降低成本，提高生产率和市场占有率，提高顾客满意度和忠诚度。其宗旨在于消除不增值的活动，缩短生产周期，提升客户满意度。它从组织整体出发，基于顾客需求，科学考虑问题，在追求质量无缺陷的同时，最大限度地减少组织成本，从而提高竞争力。

（2）六西格玛管理的原则：

①高度关注顾客需求。六西格玛管理强调以顾客为中心，要求组织持续关注用户需求，进行合理评估。它以客户需求为出发点，时刻确认客户基本需求，辨析哪些是可变需求，哪些是潜在需求；然后，针对顾客需求设定企业目标，衡量绩效。基于此，企业可以将满足客户需求作为优势资源。

②依据数据和事实管理。六西格玛管理强调数据为王，要求管理者基于客观数据寻求改进政策。生产流程的改进建立在数据基础上，一方面要了解每一环节的生产表现，另一方面要快速瞄准薄弱环节并进行整改。

③重视流程的改善。六西格玛管理认为，质量要靠流程的优化来控制和提高，组织产品的质量是不断优化的，应时刻关注引起质量下降的关键因素。

④开展主动改进型管理。六西格玛管理强调预防性的积极管理，在生产环节的各个阶段进行严格的数据监管，并实时预测各环节的变化方向和趋势，采取预防性措施进行调整和修正。

⑤无边界合作。六西格玛管理倡导打破一切人为屏障。与以往企业管理模式不同，该方法要求企业建立组织内部各部门之间、企业与供应商之间、企业与客户之间的合作关系，始终以利益为导向，加强内外部利益相关者管理，推动产品改革。

⑥追求完美但容忍失败。企业要进行探索，不断完善生产流程和服务系统，关键时刻对产品进行革新，不断从错误中学习，并保持持续改进。

# 第十四章　风险控制与危机管理

## 14.1　考研真题与典型题

### 一、单项选择题

1. 人们在购买股票后所面临的资本市场风险，按照是否有获利机会分类，这种风险是(　　)。[2024 年河南省专升本真题]

A. 静态风险　　B. 动态风险　　C. 纯粹风险　　D. 投机风险

2. 通常由经济失调、政治变动等原因引起，社会个体无法预防或控制的风险是(　　)。[2021 年河南省专升本真题]

A. 基本风险　　B. 特定风险　　C. 投机风险　　D. 纯粹风险

3. 在风险识别的工作中，适用于企业且利用案头工作方式的方法是(　　)。[2023 年河南省专升本真题]

A. 现场调查法　　B. 案例分析法　　C. 流程图法　　D. 组织结构图示法

4. 企业通过购买交通意外险将出差员工的交通风险转移给保险公司，这种风险控制策略属于(　　)。[2023 年河南省专升本真题]

A. 风险避免　　B. 风险保留　　C. 风险分担　　D. 损失减低管理

5. 危机与风险并不相同，下列关于危机的描述正确的是(　　)。[2024 年河南省专升本真题]

A. 危机是风险的诱因

B. 所有的风险都会引起危机

C. 危机是风险积聚后的显性表现

D. 危机损失是不确定性表现，损失率有高有低

6. 在危机的特征中，(　　)是描述危机的发生通常较为突然，容易给管理者带来惊恐和混乱，导致决策失误等问题。[2020 年河南省专升本真题]

A. 信息资源不充分　　B. 紧迫性

C. 危害性　　D. 突发性

### 二、填空题

1. 按社会经济环境是否发生变化，风险可分为______与______。

2. 最常用的一种风险分担方式是______。

### 三、判断题(正确的打“√”，错误的打“×”)

1. 作为危机管理的最高权力机构和协调机关是危机恢复小组团队。(　　)[湖南师大 2021 年研]

2. 2024 年春节前后，两场冻雨给某省的交通运输业造成极大的影响。按照风险所涉及

的范围分类，这种风险属于基本风险。(　　)[2024 年河南省专升本真题]

3. 风险识别是一个持续不断的过程。组织内外的环境总是在不断的变化之中，风险的质和量也在变化，还可能出现前所未有的风险。因此，组织必须持续地识别各种风险，而不能时断时续或一蹴而就。(　　)[2023 年河南省专升本真题]

4. 将企业资产负债表和收益表上的相关项目进行对比，形成一个比率，从中分析和评价企业经营成果和财力状况的控制方法为比率分析法。(　　)[2012 年河南省专升本真题]

5. 有效的危机反应包括危机恢复。(　　)

**四、概念题**

1. 危机恢复[沈工大 2022 年研]

2. 危机反应

**五、简答题**

1. 简述风险的内涵与基本分类。[沈工大 2022 年研]

2. 简述风险识别方法。[沈工大 2024 年研]

3. 简答组织有效危机反应的基本内容。[湖南师大 2022 年研]

**六、论述题**

1. 试论述控制风险的策略。[湖南师大 2024 年研]

2. 在不确定环境下，企业应该如何通过加强危机管理进行风险控制以实现持续发展？[南京师大 2022 年研]

3. 结合企业管理实践，探讨危机的含义、类型，以及危机爆发前后如何进行管理控制。[沈工大 2021 年研]

相关试题：危机是突然发生或可能发生的危及组织形象、利益、生存的突发性或灾难性事故、事件等。请简述危机爆发前后的管理控制主要包括哪些工作。[简答题，2017 年河南省专升本真题]

4. 论述组织为什么要进行风险识别及如何进行风险识别。[2020 年河南省专升本真题]

相关试题：简述风险识别的定义及过程。[简答题，2022 年河南省专升本真题]

**七、案例分析题**

自 2021 年末，一系列事件将中国知网(CNKI)推至风口浪尖。首先是“武汉 89 岁教授状告知名网站获赔 70 多万”事件的曝光，中南财经政法大学退休教授赵德馨发现，自己的 100 多篇论文在期刊刊发后，被中国知网(CNKI)擅自收录并传播，而他从未收到收录通知和稿费，因此决定起诉维权。

2022 年 4 月 15 日，一封疑似“中科院文献信息中心”的邮件让中国知网(CNKI)再陷争议。邮件中提到：由于中国知网(CNKI)开出的续订费过高，双方经过积极协商，未能达成一致意见，中科院未来考虑用维普期刊数据库、万方学位论文数据库，对中国知网(CNKI)数据库形成替代保护。25 日，国家市场监督管理总局回复称：已关注到各方面反映的中国知网(CNKI)涉嫌垄断问题，正在依法开展相关工作。

2022 年 12 月 26 日，市场监管总局依法作出行政处罚决定，责令中国知网(CNKI)停止违法行为，并处以其 2021 年中国境内销售额 17.52 亿元 5% 的罚款，计 8760 万元。同时，坚持依法规范和促进发展并重，监督中国知网（CNKI）全面落实整改措施、消除违法行为后果，要求中国知网（CNKI）围绕解除独家合作、减轻用户负担、加强内部合规管理等方面进行全面整改，促进行业规范健康创新发展。

同一天，中国知网（CNKI）做出回应，并公布了五个方面共15项整改措施，囊括“彻底整改与期刊、高校的独家合作”“大幅降低数据库服务价格”“保护作者合法权益”“持续优化相关服务”“全面加强合规建设”五大方面。在舆论风暴下，持续已久的大众之声予以应答，以此来缓解组织的声誉危机。［暨南大学2024年研］

**问题：**

**1. 结合中国知网（CNKI）案例请分析企业与外部环境互动的关系。**

**2. 企业面对危机不可避免，危机对于企业未来发展存在何种意义？**

## 14.2　考研真题与典型题详解

### 一、单项选择题

1. D 【解析】按是否有获利机会，风险可分为：①纯粹风险，只有损失可能而无获利机会；②投机风险，既有损失可能也有获利机会。题中购买股票的风险属于投机风险。

2. A 【解析】风险按范围可分为基本风险和特定风险。其中，基本风险又称重大风险，是指个体无法预防或控制的重大风险，如战争、通货膨胀、地震、洪涝灾害等。题中所述风险为基本风险。

3. D 【解析】风险识别方法中，组织结构图示法是一种基于案头工作的风险识别方法，适用于各类企业。通过绘制和分析组织结构图，可以识别出潜在风险的领域和范围。

4. C 【解析】风险分担是指组织通过正当、合法手段将可能遭受的风险或损失部分或全部转移给其他经济单位。如保险属于财务型风险分担方法之一。

5. C 【解析】AC两项，风险是危机的诱因；危机是风险积聚后的显性表现。

B项，并非所有风险都会导致危机。只有风险危害积累到一定规模并带来严重破坏后果时，才会出现危机。

D项，风险是损失的不确定性，损失概率和程度各不相同。危机损失通常较确定，一旦危机发生，往往会带来严重的破坏后果。

6. C 【解析】危机的特征有：①突发性；②危害性；③紧迫性；④信息资源不充分。其中，危害性是指危机发生突然，容易给管理者带来惊恐和混乱，导致决策失误等问题。

### 二、填空题

1. 静态风险、动态风险　　　　2. 保险

### 三、判断题（正确的打“√”，错误的打“×”）

1. ×　2. √　3. √　4. √　5. ×

1．危机处理小组是危机管理的最高权力机构和协调机关。危机恢复小组的目的是尽快使组织从危机中恢复；而危机处理小组的主要任务是控制和平息危机，减少其带来的危害和损失。

2．风险按范围可分为基本风险和特定风险。其中，基本风险又称重大风险，是指个体无法预防或控制的重大风险；特定风险是指与特定个体有因果关系的风险。题中风险属于基本风险。

5．有效的危机反应之后才是危机恢复。有效的危机反应一般包括以下内容：①建立危机处理小组；②启动应急预案或制定新方案；③隔离危机；④获取更多信息。

## 四、概念题

**1．危机恢复**［沈工大2022年研］

**答：**危机恢复是指在危机事件得到有效控制或平息后，组织通过一系列措施来挽回损失、完善管理和恢复正常工作状态与秩序的过程。危机恢复是危机发生后，其主体利用各种措施和资源进行恢复和重建的过程。危机恢复的目的是消除危机影响，维持企业生存，抓住危机中的机会。其主要工作包括：建立危机恢复小组、获取危机处理信息、制定并实施危机恢复计划、危机评估与发展。

**2．危机反应**

**答：**危机反应是指组织在危机发生后采取的一系列应对措施，以降低或避免危机带来的损失。即在危机发生后，组织迅速采取的一系列措施和行动，以有效管理危机、减轻损失，并尽可能地将危机转化为机会，促进组织发展。危机反应包括建立危机处理小组、启动应急预案或制定新方案、隔离危机和获取更多信息。

## 五、简答题

**1．简述风险的内涵与基本分类。**［沈工大2022年研］

**答：**（1）风险是指发生对组织不利事件的不确定性，其核心是未来的不确定性。风险的本质是不确定性及其对目标的影响。这种影响可以是正向的（机会和收益）或负向的（威胁和损失）。理解风险需要考虑其客观存在性和主观感知，通过科学的方法和工具来管理和应对。风险管理的目标是在不确定性中寻找平衡，最大限度地减少潜在负面影响，同时抓住可能的机会。

（2）风险的基本分类：

①按社会经济环境是否变化划分，风险可分为：

a．静态风险，指在经济环境不变时发生的风险，通常由自然因素（如洪灾、火灾、地震）或人为错误（如盗窃、欺诈）引起。静态风险有一定的规律性，可以预测。

b．动态风险，指与社会变动有关的风险，一般由社会经济、政治、技术、组织机构等外部环境变化导致，如通货膨胀、罢工、消费者偏好改变、国家政策变动等。动态风险缺乏规律性，难以预测。

②按是否有获利机会划分，风险可分为：

a. 纯粹风险，指只有损失可能而无获利机会的风险，如疾病、火灾、失窃等。

b. 投机风险，指既有损失可能也有获利机会的风险，如购买股票和外汇后面临的资本市场风险。

③按风险范围划分，风险可分为：

a. 基本风险，指特定社会个体无法预防或控制的风险，通常由经济失调、政治变动、重大自然灾害等原因引起，影响范围广泛。例如，战争、通货膨胀、地震等。基本风险的处理通常由社会承担。

b. 特定风险，指与特定社会个体有因果关系的风险，如火灾、爆炸、盗窃等。

④其他分类：

a. 按是否会带来经济损失，风险可分为经济风险和非经济风险；

b. 按风险是否可分散，风险可分为可分散风险和不可分散风险；

c. 按潜在损失形态划分，风险可分为财产风险、信用风险、责任风险和人身风险；

d. 按损失形成原因划分，风险可分为自然风险、经济风险、社会风险和政治风险。

**2. 简述风险识别方法。**［沈工大 2024 年研］

**答：**常用的风险识别方法主要有：

(1) 现场调查法。指通过实地观察和检查，了解组织运营的实际状况，获取第一手资料。风险经理到现场观察各部门的运作，检查设施和操作，深入了解组织活动和行为方式，从而发现潜在风险。该方法的优点是可以获得直接、详细的信息，并有助于与各部门建立良好关系；其缺点是耗时且成本较高，定期调查可能导致其他人忽视风险识别或疲于应付。

(2) 审核表调查法。指通过填写事先设计好的调查表来识别和分析风险。调查表通常由风险经理会同专家设计，列出组织可能面临的风险。使用者对照表格逐一回答问题，构建出组织的风险框架。这种方法广泛适用且成本较低，能获取大量信息。然而，表格制作要求高，需要丰富的实践经验；填写不准确或不客观的问题也可能影响结果；通用表格难以揭示特定组织的特殊性。

(3) 组织结构图示法。指通过绘制和分析组织结构图来识别风险可能发生的领域和范围。组织结构图显示部门设置、工作关系、权力配置和人员关系，帮助识别存在于组织部门中的风险因素。该方法适用于各类企业，以案头工作为基础，方便操作；其缺点是主要基于静态结构，难以动态反映实际情况。

(4) 流程图法。指将组织活动绘制成流程图，针对各个环节特别是关键环节和薄弱环节进行风险识别和分析。流程图反映了组织经营活动的类型和顺序，揭示运营中的关键之处和瓶颈点。该方法的优点是将复杂问题分解成可管理的部分，简洁清晰地展示整个生产运营过程。但绘制和分析流程图耗时较多，且主要强调事故结果，难以评估发生可能性。

(5) 财务报表分析法。指通过财务报表数据对组织的财务状况、经营成果及未来前景进行评价，识别潜在风险。常用报表包括资产负债表、损益表和现金流量表。通过趋势分析、比率分析和因素分析等方法，可识别出组织面临的各种风险。该方法的优点是资料易获取，具有可靠性和客观性，结果按会计科目编制，易识别隐藏风险；其缺点是专业性强，缺乏财务管理知识难以识别风险，且财务报表不真实时难以准确识别风险。

每种风险识别方法都有其适用性和优缺点。风险管理人员应根据具体情况选择合适的方法，并结合多种方法以提高风险识别的全面性和准确性。

**3. 简答组织有效危机反应的基本内容。**［湖南师大2022年研］

**答：**一般情况下，组织有效危机反应的基本内容包括：

（1）建立危机处理小组。危机发生后，组织应明确风险的级别和类型，迅速成立危机处理小组。该小组由高层管理人员、相关职能部门和内外部专业人员组成，负责制定危机应对方案并实施。危机处理小组是危机管理的最高权力机构和协调机关，负责统一指挥和调动资源。

（2）启动应急预案或制定新方案。根据实际情况，启动相应的应急预案。如果预案与实际情况存在较大偏差，应及时制定新的方案。确保各部门和员工分工明确、责任清晰、落实有力、配合有序。在处理过程中，要突出重点，同时尽量维持组织生产和生活的正常秩序，稳定员工和社会公众的情绪，为危机处理创造良好氛围。

（3）隔离危机。组织面对危机后，应及时采取相应的措施，隔绝危机因素，防止其蔓延，以达到降低或避免危机损失的过程。隔离措施分为两类：

①危害隔离，指通过物理方法将损失控制在一定范围内（如森林火灾中的火场切割）。

②人员隔离：a. 将可能成为风险源的人员与其他人员隔离（如传染病感染者）；b. 将危机处理人员与一般员工分开，确保组织正常运营，避免进一步冲击。

（4）获取更多信息。为有效避免危机，组织应充分、准确地获取相关信息，提高反应时间和处理效率。组织成员要正确识别、判断危机的相关信息，准确判断、应对危机事件。

## 六、论述题

**1. 试论述控制风险的策略。**［湖南师大2024年研］

**答：**组织在识别和评估风险后，需要采取有效措施将风险控制在可容忍范围内。根据风险处理方式不同，主要的风险控制策略包括：

（1）风险避免。又称风险规避，是指当风险发生概率高且影响严重时，通过中止、放弃或调整活动来避免风险损失的方法。其适用情形有：损失频率和程度都较高的风险；损失频率不高但后果严重且无法补偿的风险；风险应对成本超过预期收益。风险避免的具体方式有：

①完全拒绝承担风险。即当风险事故的可能性和损失程度都很高时，直接拒绝承担该风险。例如，企业不制造危险物品以防止对居民的危害。

②试探承担部分风险。即逐步实施某项活动，试探市场反应。例如，少量生产新产品以了解市场需求，再决定是否扩大规模。

③中途放弃承担风险。如果内外环境变化导致风险增加或组织无法承受，可以中止活动。例如，汽车经销商发现某车型刹车系统有问题，停止销售该车型。

（2）风险分担。指通过正当手段将风险或损失部分或全部转移给其他经济单位。其具体方式有：

①财务型风险分担：

a. 保险，即通过保险合约将潜在风险转移给保险公司。企业缴纳保费，保险公司在事故发生时提供赔偿。

b. 金融工具，即使用贸易信贷、套期合约、期货和期权等工具转移风险。

②非财务型风险分担：

a. 外包，即将非核心业务外包给专业厂商，转移某些风险。

b. 租赁，即通过租赁合同将设备技术落后的风险转移给承租方。

c. 委托管理，即通过委托合同将财产交给受托企业管理，并在损失发生时由受托企业赔偿。

d. 出售，即通过出售具有潜在风险的财产来转移风险。如 IBM 剥离个人计算机业务。

非财务型风险分担是对财务型风险分担的重要补充，适用于保险无法覆盖的情况。通过分担，可以将风险转移给能更好地管理风险的组织，但需注意法律和合同限制。

(3)损失减低管理。指接受风险并通过分散和控制损失，将大风险变为小风险，将大损失变为小损失。具体方式有：

①风险分散。将面临的风险单位分割成若干小单位，并分散于不同空间，以降低损失程度。例如，将存货分散存放在多个仓库中。分散风险会增加需要控制的个别风险单位数量，可能使企业资源紧张。

②复制风险单位。备份维持正常经营所需的资源，在原有资源不能使用时启用备份资源。例如，备份计算机文件和机器设备。复制风险单位虽然能在事故发生时减少损失，但也会增加开支。

(4)风险保留。指组织自己承担风险事故造成的损失，并做好相应的资金安排。具体方式有：

①按风险管理的计划性和主动性，风险保留可分为：

a. 主动的风险保留，即组织在识别风险并权衡各种管理措施后，有意识、有计划地主动保留风险。

b. 被动的风险保留，即组织未意识到风险存在或低估了风险程度而被动保留风险。

②按保留风险的程度，风险保留可分为：

a. 全部风险保留，即组织有财力应对，承担全部风险损失。

b. 部分风险保留，即组织根据实际情况承担部分风险。

组织采取风险保留后，应考虑资金来源、补偿程度和变现性等因素，常用的筹资方式包括现有收入、意外损失准备金、专项基金和外部借入资金。

总之，组织应根据自身业务特点合理确定风险偏好和风险承受度，并采取相应的风险控制对策，既要防止忽视风险片面追求收益，又要防止单纯规避风险而放弃发展机遇。

**2. 在不确定环境下，企业应该如何通过加强危机管理进行风险控制以实现持续发展？**[南京师大 2022 年研]

**答：**在不确定的环境下，企业面临着各种潜在的风险和危机。为了实现持续发展，企业需要通过加强危机管理来进行有效的风险控制。以下是一些关键策略和措施：

(1)建立全面的风险管理体系：

①风险识别与评估。定期进行全面的风险识别和评估，包括市场风险、运营风险、财务风险、法律风险等，确保对潜在风险有充分的认识。

②制定应急预案。根据风险评估结果，制定详细的应急预案，明确不同危机情况下的

应对措施和责任分工。

③建立危机处理小组。成立专门的危机处理小组，由高层管理人员、相关职能部门和内外部专业人员组成，负责统一指挥和协调资源。

(2)加强信息收集与沟通：

①建立信息收集系统。利用现代信息技术，建立高效的信息收集系统，及时获取内外部环境信息。

②内部沟通机制。建立畅通的内部沟通机制，确保信息能迅速传递，避免信息滞后或失真。

③外部沟通渠道。与利益相关者(如客户、供应商、政府机构等)保持良好的沟通，及时传达企业的应对措施和进展，维护企业声誉。

(3)提高组织灵活性和适应性：

①灵活的组织结构。建立灵活的组织结构，能快速响应变化，调整战略和运营计划。

②培养员工能力。通过培训和教育，提高员工的危机意识和应对能力，使他们在危机发生时能迅速采取行动。

③多元化经营。通过多元化经营分散风险，避免过度依赖某一市场或产品，增强企业的抗风险能力。

(4)采用风险管理工具和技术：

①保险。通过购买适当的保险，将部分风险转移给保险公司，降低潜在损失。

②金融工具。利用套期保值、期货、期权等金融工具，对冲市场波动带来的风险。

③技术手段。采用先进的技术和设备，提高生产效率和安全性，减少操作失误和事故发生的可能性。

(5)建立危机恢复机制：

①业务连续性计划。制定业务连续性计划，确保在危机情况下关键业务能继续运行。

②灾后恢复。建立灾后恢复机制，包括修复受损设施、恢复生产和服务、安抚员工和客户等，尽快恢复正常运营。

③经验总结。每次危机过后，进行详细的经验总结和反思，不断完善危机管理体系，提高未来的应对能力。

(6)强化合规管理和文化建设：

①合规管理。确保企业各项经营活动符合法律法规要求，避免因违规操作引发的法律风险和声誉损失。

②企业文化。建立积极的企业文化，强调诚信、责任和团队合作，提高员工对危机管理的认同感和参与度。

(7)持续监控和改进：

①定期演练。定期进行危机模拟演练，检验应急预案的有效性和员工的应对能力。

②绩效评估。建立危机管理的绩效评估体系，定期评估危机管理的效果，并根据评估结果进行改进。

③持续学习。关注行业动态和最佳实践，不断学习和借鉴其他企业的成功经验，提升自身的危机管理水平。

通过以上措施，企业可以在不确定的环境下有效控制风险，提高危机应对能力，从而实现持续发展。

**3. 结合企业管理实践，探讨危机的含义、类型，以及危机爆发前后如何进行管理控制。**［沈工大2021年研］

**相关试题：危机是突然发生或可能发生的危及组织形象、利益、生存的突发性或灾难性事故、事件等。请简述危机爆发前后的管理控制主要包括哪些工作。**［简答题，2017年河南省专升本真题］

**答：**(1)危机的含义：

危机是指突发的、严重影响组织的生存与发展的一种状态。即在企业生产经营活动过程中由于企业内外部的突发事件而引发的可能危及企业发展甚至危及企业生存的严重问题。危机的特征有突发性、危害性、紧迫性、信息资源不充分。危机通常是不可预测的，但可以通过有效的管理和控制来减轻其影响。

(2)危机的类型：

①按诱发危机的原因划分，危机可分为：

a. 外源危机。即由于外部环境中的科学发展、技术进步、国家的法律或政府的政策改变以及市场需求的突发性变化对企业经营造成的冲击。

b. 内源危机。即企业内部生产组织因管理疏漏而造成的重大事故或因决策严重失误而使企业经营陷入困境。

②按涉及领域的宽泛划分，危机可分为：

a. 战略危机，源自企业战略选择的失误或源自企业战略选择后市场发生了企业预料不到的变化。

b. 职能危机，大多源自企业众多的环节中出现了某个短板。

③按危机的可预见和可控程度划分，危机可分为：

a. 可预见、可控危机。源自内部的危机在一定程度上是可预料、可控的；诱因累积后的集中爆发在一定程度上是可预料、可控的。

b. 不可预见、不可控危机。外源性危机通常是企业不可预料、不可控的；瞬间突然引爆的危机是不可预料、不可控的。

(3)危机爆发前后的管理控制：

主要包括危机辨识、危机消解、危机沟通以及危机后的学习等方面的工作。

①危机辨识。危机辨识不仅包括危机爆发后迅速识别危机有可能对企业造成的冲击，从而尽可能迅速地采取应对措施以尽量减小危机损失，更应包括危机爆发前捕捉危机信息，尽可能采取早期的预防和消解行动。

②危机消除。危机性事件一旦爆发，管理层就应迅即采取行动，防止事件产生的负面影响蔓延。危机管理的关键是行动的及时性。从某种意义上说，要达到缩减危机冲击的目标，行动的迅速性可能比行动的准确性更加重要。

③危机沟通。企业应当在危机爆发后，在不影响企业商业机密或技术秘密的前提下，及时、迅速地传递真实的信息。真实信息的传递，不仅反映了企业真诚的态度，而且可以避免企业不同部门在与外部接触时可能出现的不一致以及因此而可能导致的各种猜疑。

④危机后的学习。从危机中学习，首先是在危机中发现和挖掘机会。通过危机管理的总结，找出企业目前经营中可能还存在的隐患，尽早采取防范措施，为企业今后的健康经营提供保障。

**4．论述组织为什么要进行风险识别及如何进行风险识别。**［2020 年河南省专升本真题］

**相关试题：简述风险识别的定义及过程。**［简答题，2022 年河南省专升本真题］

**答：**风险识别是指管理者运用相关知识和方法，全面、系统且持续地发现和描述组织面临的风险、风险原因及其潜在后果。这是风险管理中最基础的环节。只有正确地识别风险，才能有效地进行后续的风险评估和控制。

（1）组织进行风险识别的原因：

在组织的日常运营管理过程中，面对的风险环境错综复杂。准确识别这些风险是进行有效风险管理的基础和关键。通过识别潜在风险，组织可以提前制定应对策略，合理分配资源，减少不确定性带来的负面影响，从而保障业务的稳定运行和持续发展。

（2）风险识别的过程：

①确定风险识别的内容和范围。要明确识别的内容和范围，包括组织内外的风险因素、潜在的风险事故、影响范围、直接或间接后果，以及可能的连锁反应或叠加效应。这涉及组织的各个层次、部门和业务工作，甚至还会考虑影响组织目标实现的外部因素。通过全面覆盖，确保没有遗漏重要的风险点。

②选择合适的风险识别工具。根据风险的特点、环境、现有资源等因素，选择适合的识别方法，以适应组织的目标和资源能力。常用的方法包括头脑风暴法、SWOT 分析、德尔菲法等。选择合适的方法可以提高识别工作的精准性和有效性。

③进行全方位的风险识别。识别可能影响组织目标实现的内外部风险因素及其驱动因素。要重点关注：

a．风险因素：一是可忽略的风险因素，无需采取控制措施。二是轻微后果的风险因素，暂时不会造成人员伤害和财产损失，但应考虑采取控制措施。三是严重后果的风险因素，会导致人员伤亡和系统损坏，须迅速采取措施加以控制。四是灾难性后果的风险因素，须立即采取措施予以排除。

b．风险事故（如火灾或盗窃）。这些事故可能导致财产损失或其他损害。

通过这种全方位的识别，组织可以更全面地了解和管理其面临的风险。

## 七、案例分析题

**问题：**［暨南大学 2024 年研］

**1．结合中国知网（CNKI）案例请分析企业与外部环境互动的关系。**

**答：**结合中国知网（CNKI）案例，对企业与外部环境的互动关系分析如下：

（1）外部环境对企业的影响：

外部环境包括法律、市场、社会舆论等因素，这些因素对企业的运营和发展影响深远。例如，在中国知网（CNKI）案例中，法律诉讼、用户反馈和社会舆论都对其产生了重大影响。

①法律环境。赵德馨教授的诉讼和市场监管总局的调查，揭示了企业在版权保护和反垄断方面的法律风险。这些法律问题不仅导致了巨额罚款，还损害了企业声誉。

②市场环境。中科院因续订费用过高而考虑替代方案，反映了市场对价格的敏感度高，客户可以选择其他竞争者。这迫使中国知网必须调整其定价策略，以维持市场份额。

③社会舆论。媒体曝光和公众关注使得中国知网面临巨大的舆论压力。社会舆论不仅影响企业的品牌形象，还可能影响其业务发展。

(2)企业对外部环境的应对：

企业需积极应对外部环境的变化，通过调整战略和措施来适应新的挑战。

①法律合规。中国知网在面对法律诉讼和监管调查时，采取了一系列整改措施，包括解除独家合作、降低服务价格等，以符合法律法规的要求。

②市场调整。为了应对市场压力，中国知网降低了数据库服务价格，并优化了相关服务，以提高竞争力和用户满意度。

③公关策略。通过公布整改措施和回应公众关切，中国知网试图修复其受损的品牌形象，重建公众信任。

**2. 企业面对危机不可避免，危机对于企业未来发展存在何种意义？**

**答：**危机对企业未来发展的重要意义如下：

(1)暴露问题并促进改进。危机往往暴露出企业内部管理和外部运营中的问题。例如，中国知网在面临法律诉讼和舆论压力后，意识到其在版权保护、定价策略和内部管理方面的问题，并进行了全面整改。这种改进有助于企业长期健康发展。

(2)增强应变能力。危机处理过程可以锻炼企业的应变能力和危机管理能力。通过有效应对危机，企业能够建立更加灵活和高效的管理体系，提高对未来不确定性的应对能力。

(3)重塑品牌形象。危机处理得当可以成为企业重塑品牌形象的机会。中国知网通过公开透明地公布整改措施，表明其愿意改正错误并改善服务，有助于恢复公众信任。

(4)推动创新和变革。危机常常促使企业进行创新和变革。例如，中国知网在面临高额续订费争议后，不得不重新审视其商业模式和服务模式，从而推动了其在定价和服务上的创新。

(5)加强内部管理。危机处理过程中，企业往往会发现内部管理中的薄弱环节，并采取措施加强内部合规建设。这不仅有助于解决当前问题，还能提升企业的整体管理水平。

综上所述，虽然危机短期内对企业可能造成负面影响，但从长远来看，危机可以促使企业进行深刻的反思和改进，进而实现更健康、可持续的发展。

# 第十五章　创新原理

## 15.1　考研真题与典型题

### 一、单项选择题

1. 管理创新与维持之间存在着对立统一的辩证关系，下列说法正确的是(　　)。[2021 年河南省专升本真题]

A. 创新是实现维持的成果

B. 创新是维持的逻辑延续

C. 维持是创新基础上的发展

D. 创新为更高层次的维持提供了依托和框架

2. 管理创新是指导管理工作的创新活动。按照创新程度分类，下列属于破坏性创新的是(　　)。[2024 年河南省专升本真题]

A. 管理制度的适度调整　　B. 管理方法的合理改进

C. 企业资源的进一步优化　　D. 基于人性假设开发的管理系统

3. 按创新的组织化程度，可以把创新分为(　　)。[2023 年河南省专升本真题]

A. 局部创新、整体创新　　B. 要素创新、结构创新

C. 自发创新、有组织的创新　　D. 渐进式创新、破坏性创新

4. 自改革开放以来，某企业实行工作分配，重新划分内部权力和责任关系，该组织的创新属于(　　)。[2022 年河南省专升本真题]

A. 组织创新　　B. 战略创新　　C. 环境创新　　D. 制度创新

5. 从生存环境的变化入手，对组织文化进行变革，清除旧的习俗与理念，适应外部环境的变化，获取竞争优势。这属于组织创新中的(　　)。[2021 年河南省专升本真题]

A. 思维创新　　B. 结构创新　　C. 制度创新　　D. 文化创新

6. 在数智化的时代下，管理者首要的事是进行量化分析，将信息技术与现代管理理论相融合，改变业务流程和组织方式。从不同要素的管理创新上来看，这是(　　)。[2024 年河南省专升本真题]

A. 管理思维创新　　B. 管理环境创新

C. 领导方式创新　　D. 管理技术与方法创新

7. 创新主体是谁，相应的资金定位问题等，体现了创新管理决策中的哪个方面？(　　)[2023 年河南省专升本真题]

A. 创新基础的选择　　B. 创新对象的选择

C. 创新水平的选择　　D. 创新方式的选择

8. 在约翰·科特提出的创新领导环节中，实现组织创新愿景的基础是(　　)。[2023 年河南省专升本真题]

A. 树立紧迫感　　B. 广泛的授权运动

C. 构建愿景规划　　D. 建立强有力的领导联盟

9. 以技术创新过程评价为基础，陈劲提出了一个模型。该模型认为技术创新过程是由技术创新核心过程、周边系统和技术能力积累三个模块共同作用的结果。该模型是(　　)。[2020年河南省专升本真题]

A. 技术创新测量模型　　B. 技术创新审计模型

C. 技术创新评估模型　　D. 技术创新分析模型

## 二、多项选择题

1. 下列哪些活动属于创新？(　　)[湖南师大2024年研]

A. 引入一种新的生产方式

B. 引入一种新产品或某产品的一种新的特性

C. 建立一种新的组织形式

D. 开辟新市场

E. 获得原材料或半成品的一种新的供应来源

2. 以下各项中，体现管理的“维持职能”的是(　　)。

A. 组织　　B. 创新　　C. 控制　　D. 领导

## 三、填空题

1. 从创新的程度看可以将创新分为整体创新和______。[2016年河南省专升本真题]

2. 企业技术创新的核心内容是______创新。[2013年河南省专升本真题]

## 四、判断题(正确的打“√”，错误的打“×”)

1. 整体创新往往改变系统的目标和使命，涉及系统的目标和运行方式，影响系统的社会贡献的性质。(　　)[天津商大2022年研]

2. 对事物的认知和观念决定着消费者的消费态度，消费态度决定着消费者的消费行为，消费行为决定一种具体产品在市场上的受欢迎程度。(　　)[天津商大2024年研]

3. 流创新是对于管理理念和思维本身的根本性改革与创新。(　　)[2024年河南省专升本真题]

4. 维持是创新基础的发展，创新是维持的逻辑延续。(　　)[2022年河南省专升本真题]

## 五、概念题

1. 渐进式创新[天津商大2022年研]

2. 要素创新[天津商大2024年研]

3. 文化创新[湖南师大2021年研]

4. 环境创新[东北大学2025年研；武工大2022年研]

## 六、简答题

1. 熊彼特管理创新有哪些类型？[中南财大2023年研]

2. 为什么说管理创新是一个独立的管理职能？[广西科大2024年研]

## 七、论述题

1. 创新是企业发展的永恒主题。在传统经济时代，创新活动常面临诸多的瓶颈制约，结合熊彼特创新的基本理论，谈一谈互联网时代为企业创新活动带来了哪些新契机。[安徽财大2020年研]

2. 论述管理创新的类型与基本内容。[湖南师大2021年研]

相关试题：简述不同职能领域和不同要素水平的创新。[简答题，湖南师大2020年研]

## 八、案例分析题

### 案例一　通用技术集团：矢志国产机床争高端

一组数字，令人深思。中国海关总署统计数据显示，2020年1月至8月，中国机床出口均价为0.29千美元/台，进口均价为79.81千美元/台。也就是说，平均约275台出口机床的价格等于一台进口机床的价格。这意味着，我们正在用大量的人力、物力去换取高溢价的进口数控产品。高端数控机床国产化刻不容缓。基于市场需求和自身发展基础，中国通用技术(集团)控股有限责任公司(以下简称“通用技术集团”)近年来扛起振兴机床产业的大旗，把发展高端机床装备作为第一核心主业，并提出用10年时间建成世界一流高端机床装备集团。初心与勇气可嘉，但目标如何实现呢?

1. 重塑产业生态

我国机床行业的历史可以追溯到上世纪60年代。从“十八罗汉”机床企业为新中国建设立下汗马功劳，到2011年沈阳机床登上了世界第一宝座的高光时刻，我国机床产业在技术、市场规模上有了显著增长，我国也成为世界最大的机床产销国。但是，最大不等于最强，高端技术、核心部件缺失导致利润率低的问题始终是国产机床企业的“痛点”。尤其是进入2010年以后，机床行业进入低端混战、高端举步维艰的状态，许多机床企业陷入生存困境，研发投入力不从心，高端机床缺口进一步加大。

没有高端国产机床的支撑，中国制造业的转型升级从何谈起。2019年以来，面对机床行业数年的低迷，通用技术集团加大在机床产业的布局力度。2019年4月，通用技术集团完成了对因经营不善而宣告破产的大连机床的重组；2019年12月，投入58亿元，以司法重整方式对沈阳机床实施了战略重组。近期，通用技术集团还完成了对天津一机床的投资并购。至此，通用技术集团在机床领域初步构建起包括重型数控机床、精密超精密数控机床、数控系统和关键功能部件在内的较为完整的产业布局。

百川赴海，行各有径。对于原本存在竞争关系的机床企业，通用技术集团实施专业化分工，使各企业聚焦优势产品持续提升技术、改进质量。通用技术集团哈尔滨量具刃具集团有限责任公司董事长、总经理由海燕表示：“哈尔滨量具刃具集团将对标国际高端产品，在高端计量、在线检测和功能部件领域持续进行产品结构调整，加大投入，实施全面升级提档方案。”通用技术集团北京机床研究所有限公司董事长黄正华表示，公司将进一步恢复行业院所的功能，已在北京密云建立了8000平方米的数控机床功能部件检测基地，致力于服务广大功能部件企业。从散落在外，到汇聚一堂，这些机床企业可以抱团取暖，通用技术集团也成为国内机床行业产品种类最多、服务领域最广、综合技术能力最强、为重点行业和关键领域提供高端核心装备最多的龙头企业。

2. 重构创新体系

机床产业是技术密集型产业，科技创新始终是推动机床产业发展的第一动力。但与此同时，我国机床产业原有研发体系不健全、研发资源碎片化问题，大大影响着我国机床产业尤其是高端机床产业的发展。2020 年 9 月 10 日，对机床行业是个重要的日子。这一天，通用技术集团正式组建通用技术集团机床工程研究院。从通用技术集团机床工程研究院的规划来看，将打造总院负责开放共性技术研究、分院负责核心产品技术研究、生产单位负责用户服务技术开发的 3 层科技创新体系。“我们要努力把集团机床工程研究院建设成为国家级高端数控机床及关键功能部件技术创新平台和机床行业高端人才聚集培养基地。”中国通用技术集团董事长、党组书记于旭波对该研究院寄予厚望，他认为智能制造带来的信息连接能力、数据智能能力，通过工业互联网、物联网、数字孪生等工作方式为机床行业的振兴带来了全新机遇。因而，集团要积极推动工业互联网在机床产业的加快落地，打造面向未来的机床领域智能化产品，并构建新发展阶段装备制造创新联合体。

为了适应机床设备的发展需要，通用技术集团在集团层面成立了科技创新部以加强对科技创新的顶层设计和统筹推进，成立了协同发展部以加强与战略客户的合作，这两个新成立的部门的主要服务对象就是集团的机床产业。中国通用技术集团总经理、党组副书记陆益民表示，集团机床产业的发展将坚持务实创新的理念，一方面，充分尊重工业的发展规律，基础科学、产品设计、生产工艺的改进容不得半点马虎；另一方面，积极利用数字技术的创新解决各环节具体问题，探索数字化应用的创新之路。

科技创新离不开资金投入，因债务问题被战略重组的沈阳机床就是“绊”在了研发资金上。领导沈机集团多年的关锡友曾坦言：“这是我犯的错误，用短期的商业银行贷款做了长期研发投入。”对此，于旭波表示，机床行业高技术、重资产、低回报的特点，决定了只有长期持续的投入和技术积累，才能占领技术制高点，并迈向产业链中高端，通用技术集团将持续稳健地加大对机床产业的研发投入，努力攻克关键核心技术，推动机床产业走出中低端。2020 年 1 月至 11 月，沈阳机床在企业经营十分困难的情况下，仍投入研发费用 1.1 亿元。

“希望通过国家相关支持，将行业的基础共性技术做好，实现行业企业整体能力的提升。”通用技术集团齐齐哈尔二机床(集团)有限责任公司董事长杨平多次呼吁。

3. 重推管理变革

“把难事做成，把好事办好。”通用技术集团在发展机床方面下了大决心。说难能有多难？在推进司法重整和战略重组进程中，截至 2020 年 11 月，通用技术集团累计向沈阳机床提供借款、资本金注入等各类资金 63 亿元。然而，和沈阳机床一样，重组和并购而来的企业，大多存在历史欠账多、人员包袱重、产品质量有待提高、返修率较高等问题。这么难的事怎么办好？通用技术集团明确了实施管理变革、推进精益管理的工作思路，一系列管理变革围绕市场展开。比如，各机床企业紧密对接重点用户，大力加强产品技术创新，以先进高端装备服务客户制造水平升级；完成对大连机床、沈阳机床领导班子的市场化选聘；聘请专业咨询机构以齐二机床为试点实施管理变革项目，通过机制变革和精益运营，推动企业提升运营质量和产品质量，实现减亏扭亏，并逐步在集团机床企业全面推广。

精益管理推动机床企业经营向好。集团机床板块营业收入从二季度开始呈现逐月恢复态势，2020 年营业收入相比上一年增长 21%。陆益民表示，集团计划通过 10 年时间的不懈努力，在高端数控机床及关键功能部件领域打造一批具有国际话语权和行业影响力的“单项冠军”，成为带动行业高质量发展的重要力量，成为代表中国高端机床装备和智能制造水平、具有自主核心技术和全球竞争力的世界一流企业。

“作为国有重要骨干企业，作为中国机床行业的‘国家队’，通用技术集团将坚定不移把发展高端机床装备作为第一核心主业，举全集团之力推动集团机床产业转向高质量发展轨道。”于旭波强调。[广东财大 2024 年研]

**问题：**

**1. 从创新的源泉来看，导致通用技术集团进行创新的原因有哪些？**

**2. 从创新的战略来看，促使通用技术集团创新成功的因素有哪些？**

**案例二　海尔洗衣机“无所不洗”**

创立于 1984 年的海尔集团，经过 20 多年的持续发展，现已成为享誉海内外的大型国际化企业集团。1984 年海尔只生产单一的电冰箱，而目前它拥有白色家电、黑色家电、米色家电在内的 96 大门类 15100 多个规格的产品群。作为在白色家电领域最具核心竞争力的企业之一，海尔有许多令人感慨和感动的管理故事。

1996 年，海尔营销人员调查四川农民使用洗衣机的状况时发现，在盛产红薯的成都平原，每当红薯大丰收的时节，许多农民除了卖掉一部分新鲜红薯，还要将大量的红薯洗净后加工成薯条。但红薯上沾带的泥土洗起来费时费力，于是农民就动用了洗衣机。更深一步的调查发现，在四川农村有不少洗衣机用过一段时间后，电机转速减弱、电机壳体发烫。向农民一打听，才知道他们冬天用洗衣机洗红薯，夏天用它来洗衣服。这令张瑞敏萌生一个大胆的想法：发明一种洗红薯的洗衣机。1997 年海尔为该洗衣机立项，1998 年 4 月投入批量生产，不仅具有一般双桶洗衣机的全部功能，还可以洗地瓜、水果甚至蛤蜊，价格仅为 848 元。首次生产了 1 万台投放农村，立刻被一抢而空。

一般来讲，每年的 6 至 8 月是洗衣机销售的淡季。每到这段时间，很多厂家就把促销员从商场里撤回去了。张瑞敏纳闷儿：难道天气越热，出汗越多，老百姓越不洗衣裳？调查发现，不是老百姓不洗衣裳，而是夏天里 5 公斤的洗衣机不实用，既浪费水又浪费电。于是，海尔的科研人员很快设计出一种洗衣量只有 1.5 公斤的洗衣机——小小神童。小小神童投产后先在上海试销，结果上海人马上认可了这种世界上最小的洗衣机。该产品在上海热销之后，很快又风靡全国。张瑞敏告诫员工说：“只有淡季的思想，没有淡季的市场。”

在西藏，海尔洗衣机甚至可以打酥油。2000 年 7 月，海尔集团研制开发的一种既可洗衣又可打酥油的高原型“小小神童”洗衣机在西藏市场一上市，便受到消费者欢迎，从而开辟出自己独有的市场。这种洗衣机 3 个小时打制的酥油，相当于一名藏族妇女三天的工作量。藏族同胞购买这种洗衣机后，从此可以告别手工打酥油的繁重家务劳动。

在 2002 年举办的第一届合肥“龙虾节”上，海尔推出的一款“洗虾机”引发了难得一见的抢购热潮，上百台“洗虾机”不到一天就被当地消费者抢购一空，更有许多龙虾店经营者纷纷交定金预约购买。过去洗 2 公斤龙虾一个人需要 10～15 分钟，现在用“龙虾机”只需三分钟就可以搞定。

2003 年海尔洗衣机公司在接到用户需求后，仅用了 24 小时，就在已有的洗衣机模块技术上，创新地推出了一款可洗荞麦皮枕头的洗衣机，受到用户的极力称赞，更成为继海尔洗地瓜机、打酥油机、洗龙虾机之后，在满足市场个性化需求上的又一经典之作。［河工大2023 年研］

**根据案例内容回答下列问题：**

**1. 结合案例谈一谈，海尔的创新动力来源是什么？创新对象是什么？**

**2. 结合案例谈一谈，我国企业应如何走自主创新道路？**

**案例三**

江苏中圣集团的前身是1997 年成立的南京圣诺化工设备有限公司。成立之初，他们看到传输长输管线的能量损失这个实际问题，想帮客户解决问题。工业上大量采用管道传输，这些管道在输送过程中，消耗了大量能量，消耗的能量需要定点补充。热的要再冷却，冷的要再加热。尤其是在化工领域，20% 以上的消耗都是在这儿损失掉。他们发现这个问题，针对这个问题进行攻关，解决办法是：给这个支撑管架加一个垫子，这个垫子必须既要具备钢铁般的强度，否则会影响安全；又要绝热，否则还会散热。就这么一个小措施，就形成了他们的第一个产品——节能型管架。这个产品为公司赢得了机会和市场，它减少了管道80% 的能耗。比如400 度的蒸汽管子，支撑管架每个地方年能耗是400 瓦，一公里有150个支架，能耗60 千瓦。南京是一个化工城市，整个南京地区的管道加起来有一万多公里，一年损耗是60 多万千瓦，相当于一个下关电厂一年的发电量，这叫小创新大节能。不经意之间的问题解决，可以为节能减排带来一个很大的空间。中圣集团针对大家都忽略的问题，把它挖掘出来，在节能减排中，创造明显效果，同时形成了一个产业。［南京大学2015 年研］

**这是一种怎么样的创新？你从该创新中看到了什么？**

## 15.2　考研真题与典型题详解

### 一、单项选择题

1. D 【**解析**】创新与维持在逻辑上相互连接、互为延续。创新是维持基础上的发展，而维持是创新的逻辑延续；维持是实现创新的成果，而创新为更高层次的维持提供了依托和框架。

2. D 【**解析**】管理创新按创新程度可分为：①渐进式创新，即局部性改进现有管理理念和管理方法。②破坏性创新，即对现有管理理论、手段和方法的根本性突破，如基于人性假设的创新管理活动。ABC 三项属于渐进式创新。

3. C 【**解析**】AB 两项，按变革方式划分，管理创新可分为局部创新、整体创新、要素创新和结构创新。

C 项，按组织化程度划分，管理创新可分为自发创新、有组织的创新。

D 项，按创新程度划分，管理创新可分为渐进式创新、破坏性创新。

4. A 【**解析**】管理创新按职能领域不同可分为：①战略创新；②组织创新；③领导创新。组织创新又主要包括制度创新、结构创新和文化创新。其中，组织结构创新涉及组织横向结构和纵向结构的调整，重点在于重新分配工作、划分权力和责任关系以及优化沟通系统。题中的创新属于组织创新中的结构创新。

5. D 【解析】组织创新主要有制度创新、结构创新和文化创新。其中，文化创新通过变革旧习俗和理念，使组织文化适应外部环境变化，从而获得竞争优势。题中内容属于文化创新。

6. D 【解析】管理技术与方法是指实现管理目标所采用的手段、方式、途径和程序。管理技术与方法创新主要是通过融合现代信息技术和管理理念来转变生产方式、经营方式、业务流程和组织方式。

7. A 【解析】创新管理决策包括创新基础、对象、水平、方式和时机等多个方面。其中，创新基础选择需要明确创新层次和创新主体，并解决资金定位问题。

8. B 【解析】管理学家约翰·科特的创新领导包括八个环节：①树立紧迫感；②建立强有力领导联盟；③构建愿景规划；④沟通创新愿景；⑤广泛的授权运动；⑥夺取短期胜利；⑦巩固已有成果、深化创新；⑧将创新成果制度化。其中，实现组织创新愿景的基础是广泛的授权运动。

9. B 【解析】陈劲等人提出的技术创新审计模型认为，技术创新过程由技术创新核心过程、周边系统和技术能力积累三个模块共同作用。其中，技术创新的核心过程包括技术获取、产品开发和工艺创新。

## 二、多项选择题

1. ABCDE 【解析】熊彼特认为，管理创新有五种基本形式：①引入一种新产品或某产品的一种新特性；②引入一种新生产方式；③开辟新市场；④获得原材料或半成品的一种新供应来源；⑤建立一种新组织形式。

2. ACD 【解析】组织、领导与控制是保证实现计划目标所不可缺少的，从某种意义上来说，它们同属于管理的维持职能，其任务是保证系统按预定的方向和规则运行。与“维持职能”相对应的是管理的“创新职能”，其核心是不断调整系统活动的内容和目标，以适应环境变化的要求。

## 三、填空题

1. 局部创新　　　2. 产品

## 四、判断题（正确的打“√”，错误的打“×”）

1. √　2. √　3. ×　4. ×

2. 消费者的认知和观念会影响其消费态度，进而影响消费行为，最终影响产品的市场表现。

3. 题中所述为源创新。流创新是在既有管理思维下的职能创新。

4. 创新是维持基础上的发展，而维持是创新的逻辑延续。

## 五、概念题

**1. 渐进式创新**［天津商大 2022 年研］

**答：**渐进式创新是指对现有的管理理念和方法进行局部性改进，通过不断小规模的、连续的创新逐步实现管理创新的目标。这种方式通常利用现有资源和技术，主要服务于现有用户群。其特点是持续的小改进，适用于软件迭代和产品设计等领域。

**2. 要素创新**［天津商大 2024 年研］

**答：**要素创新是指对构成管理活动的基本要素进行的创新，如信息处理、资源配置和工作流程等。要素创新不仅涉及产品或服务本身，还涉及企业的战略、流程、组织结构等多个方面。通过改进这些基本要素，可以提升整体管理效率和效果。

**3. 文化创新**［湖南师大 2021 年研］

**答：**文化创新是指通过变革旧习俗和理念，使组织文化适应外部环境变化，从而获得竞争优势。这种创新不仅包括价值观和行为规范的更新，还涉及组织结构和沟通方式的调整。文化创新在传承传统文化的基础上，结合时代特点，创造出新的文化形态和表达方式，使传统文化焕发新的活力。它不仅仅是文化内容的激活，更是文化模式或文化范式的革命性转型，涵盖文化价值观念、体制机制以及传播手段的创新。

**4. 环境创新**［东北大学 2025 年研；武工大 2022 年研］

**答：**环境创新是指组织通过积极的创新活动来改造和引导外部环境，使其朝着有利于组织发展的方向变化。这不仅仅是调整内部结构，而是组织主动通过积极的创新活动影响外部环境。企业环境创新主要包括：①市场创新，指通过企业的营销活动引导消费、创造需求，如通过市场地理转移、揭示产品新用途或广告宣传来增加销售量。②人才环境创新，不仅是从外部引进合格的新人才，还注重内部员工的继续教育和培训，使其适应技术进步的要求。通过环境创新，企业可更好地应对外部挑战，实现可持续发展。

## 六、简答题

**1. 熊彼特管理创新有哪些类型？**［中南财大 2023 年研］

**答：**熊彼特在《经济发展理论》中指出，管理创新是建立一种新的生产组合过程，即将一种从未有过的关于生产要素和生产条件的“新组合”引入生产体系。这种创新包括五种基本形式：

(1)引入一种新产品或某产品的一种新特性。即开发市场上从未有过的新产品，或对现有产品进行重大改进，引入新的特性。

(2)引入一种新的生产方式。即采用新的商业层面的生产方式，这不仅仅是技术上的改进，而是涉及生产流程、管理和运营方式的创新。

(3)开辟新市场。即开拓组织以前未曾进入的新市场，将现有产品引入新的地理区域或新的客户群体。

(4)获得新的供应来源。即发现并利用新的原材料或半成品的供应来源，以降低成本或提高产品质量。

(5)建立一种新的组织形式。即引入新的企业组织结构或管理模式，以提高企业的运营效率和竞争力。

这些创新形式共同构成了熊彼特所描述的“创造性破坏”过程，通过不断创新来推动经济的发展和进步。

**2．为什么说管理创新是一个独立的管理职能？**［广西科大2024年研］

**答：**管理创新之所以是一个独立的管理职能，一是因为维持管理只是管理工作的一部分，二是因为管理创新有其内在逻辑，是人类理性活动的一部分，可以被认知和实践。与决策、组织、领导、控制等其他管理职能相比，管理创新具有独特的地位。

(1)创新是一个管理过程。创新管理工作是组织内的大量创新活动所共有的逻辑与原则，而不只是个别偶然的创新活动。创新管理包括以下环节：

①内外因素分析，即评估内外环境、创新需求和潜在问题。

②创新计划和决策，即确定新的愿景、战略和具体计划。

③组织和实施创新活动，即组建团队、培训骨干、重新分配资源、控制进程并评估成果。

通过这些步骤，组织进入新的管理阶段，巩固创新成果，提升整体绩效。创新工作在这种逻辑下持续进行，循环往复。

(2)管理创新的内在精神：

管理创新具有企业家精神，这种精神以发展机会为导向，敢于承担风险和不确定性，并将变革视为常态。德鲁克认为，企业家精神追求标新立异，而非按部就班。企业家勇于改革现状，进行创造性破坏。这种精神不仅限于经济领域的企业家，还包括所有具有此类精神的社会行动者。社会创新也越来越受到重视，其目的是创造公共财富。

## 七、论述题

**1．创新是企业发展的永恒主题。在传统经济时代，创新活动常面临诸多的瓶颈制约，结合熊彼特创新的基本理论，谈一谈互联网时代为企业创新活动带来了哪些新契机。**［安徽财大2020年研］

**答：**熊彼特在其创新理论中提出了“创造性破坏”的概念，认为创新是通过引入新的产品、新的生产方法、新的市场、新的供应来源和新的组织形式来实现的。这些创新活动会破坏旧有的经济结构，推动经济发展。在互联网时代，企业创新活动面临着许多新的契机，具体表现在以下几个方面：

(1)新产品与服务：

①数字化产品。互联网技术使得企业能开发和提供各种数字化产品和服务，如软件、应用程序、在线教育、数字媒体等。这些产品具有低成本、高可扩展性的特点，能够迅速推向市场。

②个性化定制。大数据和人工智能技术可以帮助企业收集和分析用户数据，从而提供更加个性化的产品和服务，满足消费者的多样化需求。

(2)新的生产方法：

①智能制造。物联网(IoT)、机器人技术和自动化设备的应用使生产过程更智能化、高效化。例如，智能工厂可以通过传感器实时监控生产状态，并通过数据分析优化生产流程。

②云计算与协作工具。云计算和协同工具使得企业可以更灵活地管理和调度资源，提高生产效率。例如，云存储和云计算平台可以支持远程工作和跨地域协作。

(3)新的市场：

①全球市场。互联网打破了地理限制，企业可以通过电子商务平台将产品和服务销往世界各地，拓展全球市场。例如，阿里巴巴和亚马逊等电商平台为企业提供了进入全球市场的渠道。

②虚拟市场。互联网创造了全新的虚拟市场，如在线游戏、社交媒体和虚拟现实应用。这些市场为企业提供了新的增长点。

(4)新的供应来源：

①供应链透明化。物联网和区块链技术可以提高供应链的透明度，帮助企业更好地管理供应商和物流。例如，区块链可以确保供应链中的每一环节都可追溯，减少欺诈和假冒伪劣产品。

②全球化采购。互联网使得企业可以更容易地在全球范围内寻找和选择供应商，降低成本并提高质量。例如，通过 B2B 电商平台，企业可以快速找到合适的供应商并进行交易。

(5)新的组织形式：

①无边界组织。互联网技术使得企业可以构建更加灵活和扁平化的组织结构，减少管理层级，提高决策效率。例如，敏捷开发方法强调跨部门协作和快速迭代，有助于提高企业的响应速度。

②虚拟团队。远程工作和协同工具使得企业可以组建虚拟团队，吸引全球范围内的优秀人才。例如，GitHub 等平台支持分布式团队的合作和项目管理。

(6)创新生态系统：

①开放式创新。互联网时代的企业可以利用外部资源进行创新，如众包、开源社区和合作伙伴网络。这种开放式创新模式可以加速技术创新和产品开发。例如，特斯拉通过开源其电动汽车专利，鼓励更多的企业和个人参与电动汽车的研发。

②创业生态。互联网降低了创业门槛，促进了创业生态的繁荣。初创企业可以通过众筹、风险投资等途径获得资金支持，并借助互联网平台快速成长。例如，Kickstarter 和 Indiegogo 等众筹平台为初创企业提供了一个展示和融资的平台。

(7)数据驱动的决策：

①大数据分析。互联网时代的数据爆炸为企业提供了丰富的信息资源。通过大数据分析，企业可以更好地了解市场需求、优化运营和制定战略决策。例如，零售企业可以通过分析消费者行为数据来优化库存管理和营销策略。

②人工智能辅助决策。人工智能技术可以帮助企业处理海量数据，并提供预测和建议。例如，AI 算法可以用于预测市场趋势、优化资源配置和提升客户体验。

总之，互联网时代为企业创新活动带来了前所未有的新契机。企业应充分利用这些机会，通过引入新的产品和服务、采用新的生产方法、开拓新的市场、优化供应链管理、构建新的组织形式、参与创新生态系统以及利用数据驱动的决策等，推动自身持续发展。

**2. 论述管理创新的类型与基本内容。**［湖南师大2021年研］

**相关试题：简述不同职能领域和不同要素水平的创新。**［简答题，湖南师大2020年研］

**答：**管理创新的类型及其基本内容如下：

（1）不同方式的管理创新：

①按创新程度划分，管理创新可分为：

a. 渐进式创新，指局部改进现有管理理念和方法。

b. 破坏性创新，指对现有管理理论、手段和方法的根本性突破。

②按变革方式划分，管理创新可分为：

a. 局部创新，指在系统性质和目标不变的前提下，变革某些内容或要素。

b. 整体创新，通常改变系统的目标和使命，涉及系统运行方式并影响社会贡献性质。

c. 要素创新，指创新构成管理活动的基本要素。

d. 结构创新，指在核心概念不变的情况下，创新要素组合方式。

③按组织化程度划分，管理创新可分为：

a. 自发创新，指系统内外部子系统接收到环境变化信号后，自动调整以应对变化。

b. 有组织的创新，指通过系统的计划和组织进行创新。

（2）不同职能领域的管理创新：

①战略创新，指发现和变革组织目标，探寻新的行动路径。进行战略革命，使新进入者在资源短缺的情况下也能成功。

②组织创新，指创新旧的组织管理方式以实现组织战略创新。其内容包括变革组织结构、创新组织人才配备和构建创新型组织。组织创新又可分为三种：

a. 制度创新，指对企业制度进行的创新，创新方向是调整优化所有者、经营者、劳动者之间的关系。

b. 结构创新，指横纵向结构变革总和，重点是调整工作分配、划分权责关系和沟通系统。

c. 文化创新，即从环境变化入手变革组织文化，让组织文化与创新活动匹配。

③领导创新，指领导工作的创新及对创新工作的有效领导。其研究重点是：培养领导者的创新素质、创新领导方式、构建激励创新的氛围。

（3）不同要素水平的管理创新：

①管理思维创新。管理行为受制于管理思维，发展创新思维有助于提升管理效果。提升管理者的创新思维能力，使其适应新的管理认知水平。

②管理环境创新。指组织通过积极创新活动改造和引导环境，使其利于组织发展。其内容有：

a. 市场创新，通过企业活动引导消费，创造需求（如新产品开发）。

b. 人才环境创新，即从外部获取合格新人力资源，在内部则注重人力资源继续教育，以新技术、知识培训使其适应技术进步。

③管理技术与方法创新。指不断创新管理手段、方式、途径和程序，以实现管理目的。作为衡量组织管理实力的重要标志，其过程包括将现代信息技术与现代管理理念相结合，转变组织的生产方式和经营方式，优化业务流程和组织结构。通过这些创新，组织能够提

高效率，增强竞争力，并更好地适应市场变化。

## 八、案例分析题

### 案例一　通用技术集团：矢志国产机床争高端

**问题：**［广东财大2024年研］

**1. 从创新的源泉来看，导致通用技术集团进行创新的原因有哪些？**

**答：** 从创新的源泉来看，导致通用技术集团进行创新的原因有：

(1)市场需求驱动：

①高端数控机床需求。中国制造业转型升级需要大量的高端数控机床，但目前国产机床在高端市场上的竞争力不足，大量依赖进口。这种市场需求推动了通用技术集团进行技术创新，以满足国内高端市场的需要。

②市场竞争压力。国际市场上，高端数控机床主要由欧美和日本企业垄断，价格高昂且存在技术壁垒。为了提高竞争力，通用技术集团必须通过创新来提升自身产品的技术水平和性价比。

(2)技术落后与核心部件缺失：

①技术差距。我国机床产业虽然在规模上已经很大，但在高端技术和核心部件方面仍存在明显的技术差距。例如，数控系统、关键功能部件等核心技术仍需依赖进口，这直接影响了国产机床的性能和可靠性。

②利润率低。由于缺乏高端技术和核心部件，国产机床的利润率较低，难以支撑持续的研发投入。因此，通用技术集团需要通过创新来提高产品附加值和技术含量，从而提高利润率。

(3)产业升级与国家战略：

①国家政策支持。中国政府高度重视高端装备制造业的发展，出台了一系列支持政策和措施。作为国有重要骨干企业，通用技术集团肩负着实现国家战略目标的责任，需要通过创新来推动高端机床产业的发展。

②产业升级需求。中国制造业正从低端向中高端转型，对高端数控机床的需求日益增加。通用技术集团通过创新来满足这一需求，推动整个行业升级。

(4)企业内部问题：

①历史遗留问题。重组和并购的企业普遍存在历史欠账多、人员包袱重等问题，这些问题制约了企业的长期发展。通过创新，通用技术集团可以优化管理，提高运营效率，解决这些历史遗留问题。

②产品质量与返修率。部分企业的产品质量不高，返修率较高，影响了企业的声誉和市场竞争力。通过创新，通用技术集团可以改进生产工艺，提高产品质量，降低返修率。

(5)技术变革与智能制造：

①智能制造趋势。随着工业互联网、物联网、数字孪生等技术的发展，智能制造成为新的发展趋势。通用技术集团通过创新来适应这一趋势，开发智能化产品，提高生产效率和产品质量。

②新技术应用。新材料、新工艺、新设计方法等新技术的应用为机床产业带来了新的

发展机遇。通用技术集团通过创新来引入这些新技术，提升产品的技术水平和市场竞争力。

**2. 从创新的战略来看，促使通用技术集团创新成功的因素有哪些？**

答：从创新的战略来看，促使通用技术集团创新成功的因素有：

(1)明确的战略定位：

①第一核心主业。通用技术集团将发展高端机床装备作为第一核心主业，明确了战略方向。这种明确的战略定位有助于集中资源和精力，推动创新工作。

②长远发展目标。通用技术集团提出了用10年时间建成世界一流高端机床装备集团的目标，具有明确的时间表和具体目标，有助于指导创新工作的开展。

(2)重构创新体系：

①多层次科技创新体系。通用技术集团建立了总院负责开放共性技术研究、分院负责核心产品技术研究、生产单位负责用户服务技术开发的3层科技创新体系，形成了系统的创新网络。

②国家级创新平台。通用技术集团机床工程研究院致力于建设国家级高端数控机床及关键功能部件技术创新平台，聚集高端人才，推动关键技术的研发和突破。

(3)加强顶层设计和统筹推进：

①成立科技创新部。通用技术集团成立了科技创新部，加强对科技创新的顶层设计和统筹推进，确保创新工作有组织、有计划地进行。

②加强协同合作。成立协同发展部，加强与战略客户的合作，推动产学研用结合，形成协同创新机制。

(4)持续的资金投入：

①稳定的研发投入。通用技术集团承诺将持续稳健地加大对机床产业的研发投入，确保研发工作的连续性和稳定性。

②资金支持。通过提供借款、资本金注入等方式，为重组和并购的企业提供资金支持，保障其研发投入和技术创新活动。

(5)管理变革与精益管理：

①市场化选聘。通过市场化选聘方式组建领导班子，引入高素质的管理人才，提升企业管理水平。

②精益管理。实施精益管理，推动企业提升运营质量和产品质量，实现减亏扭亏。通过机制变革和精益运营，提高企业的整体管理水平和市场竞争力。

(6)政策与环境支持：

①国家政策支持。政府出台的支持政策和措施为通用技术集团的创新提供了良好的外部环境和支持。

②行业资源整合。通过重组和并购，整合行业资源，形成完整的产业链布局，提高整体创新能力。

(7)人才培养与引进：

①高端人才聚集。通用技术集团通过建立创新平台，吸引和培养高端人才，形成人才聚集效应。

②培训与教育。加强对员工的培训和教育，提高员工的技术水平和创新能力，形成良

好的创新氛围。

通过上述战略措施，通用技术集团能够有效地推动创新，提升高端机床装备的技术水平和市场竞争力，逐步实现成为世界一流高端机床装备集团的目标。

## 案例二 海尔洗衣机“无所不洗”

**根据案例内容回答下列问题：**［河工大 2023 年研］

**1. 结合案例谈一谈，海尔的创新动力来源是什么？创新对象是什么？**

**答：**(1)结合案例，海尔的创新动力来源有：

①市场需求导向。海尔通过市场调研，深入了解消费者的实际需求。例如，调查发现农民使用洗衣机洗红薯的情况，促使其开发了专门的洗红薯洗衣机。

②解决用户痛点。海尔关注用户在使用产品过程中遇到的问题，如大容量洗衣机在夏季的低效使用，从而推动了“洗虾机”和“小小神童”等产品的创新。

③适应环境变化。海尔根据不同地区的特殊需求，如西藏地区的酥油制作，开发高原型洗衣机，显示出其对地域文化和环境的敏锐洞察。

(2)结合案例，海尔的创新对象有：

①产品功能。海尔不断根据用户的具体需求创新产品功能，如洗红薯、打酥油等。

②产品规格。针对不同市场的需求，海尔推出了不同容量和功能的洗衣机，如小小神童洗衣机。

③市场细分。海尔根据不同地区和消费者的特点，开发针对性产品，满足特定市场的个性化需求。

**2. 结合案例谈一谈，我国企业应如何走自主创新道路？**

**答：**我国企业要走自主创新道路，可以从以下几个方面着手：

(1)深入市场调研。企业应加强市场调研，了解消费者的真实需求和痛点，以市场为导向进行产品研发。借鉴海尔的做法，定期进行消费者调查，倾听用户反馈。

(2)注重技术积累与研发。企业需加大研发投入，培养创新团队，积累核心技术，形成自主知识产权。应鼓励科研人员进行技术创新，提升产品竞争力。

(3)灵活应对市场变化。企业要对市场的变化保持敏感，快速响应市场需求，灵活调整产品策略，及时推出符合市场需求的新产品，以适应不同的消费环境。

(4)跨界合作与开放创新。企业可以通过与高校、科研机构和其他企业的合作，拓展创新思路，形成开放式的创新生态。借助外部资源，提升自身的创新能力。

(5)建立创新文化。企业内部应鼓励创新，树立容错机制，允许失败，激励员工提出新想法和解决方案，形成积极向上的创新氛围。

## 案例三

**这是一种怎么样的创新？你从该创新中看到了什么？**［南京大学 2015 年研］

**答：**(1)中圣集团的创新分析：

①按创新程度划分，中圣集团的创新属于渐进式创新。通过在支撑管架上添加具备特定性能的垫子，解决了管道传输中的能量损失问题。这种创新是在现有技术基础上进行的改进，而非彻底颠覆。

②按创新的变革方式划分，中圣集团的创新属于要素创新、局部创新。

a. 要素创新。中圣集团的创新主要集中在产品的一个具体要素即支撑管架的垫子上。这个垫子既要具备钢铁般的强度，又要有绝热性能。这种创新改变了产品的某个关键部分，从而实现了显著的节能效果。

b. 局部创新。虽然这项创新改变了支撑管架的设计，但它并没有改变整个管道系统的结构和功能。因此，它属于局部创新，而不是整体创新或结构创新。

③从创新的组织化程度上看，中圣集团的创新属于有组织的创新。中圣集团的创新经过系统研究与开发，可能有专门的研发团队和资源投入，体现出有组织、有计划的创新活动。

(2)从该创新中看到的内容：

①创新意识与市场导向：

a. 敏锐的问题洞察力。中圣集团能发现工业传输管道能量损失这一被大多数人忽视的问题，说明其有敏锐的观察力和市场洞察力，善于从日常生产实践中寻找创新机会。这是创新的重要前提。

b. 以客户需求为导向。创新的出发点是为客户解决实际问题，满足客户降低能耗、节约成本的需求，从而使创新成果具有明确的市场价值和应用前景。这体现了企业创新与市场需求的紧密结合，是创新成功的关键之一。

②技术创新与产品优化：

a. 技术要素的巧妙组合。通过在支撑管架上添加垫子这一简单而巧妙的措施，实现了技术要素的创新组合。这体现了创新不一定需要复杂的技术和高昂的成本，关键在于对现有技术和资源的有效整合与优化利用。

b. 持续的产品创新能力。节能型管架成功后，要不断进行技术创新和产品优化，展现企业的持续创新能力。这是企业保持竞争优势的重要源泉。

③创新管理与组织支持：

a. 营造创新的组织氛围。中圣集团内部可能营造了一种鼓励创新、支持尝试的组织氛围，使得员工能积极参与创新活动，敢于提出新的想法和解决方案。这种氛围的营造有助于激发员工的创新潜力，促进创新成果不断涌现。

b. 合理的资源配置与团队协作。要合理配置研发资源，组建专业团队，提供技术支持。

④社会价值与可持续发展：

a. 显著的节能减排效果。节能型管架的应用减少了管道80%的能耗，这不仅为企业带来了经济效益，还产生了巨大的社会效益，对节能减排和可持续发展做出了积极贡献，体现了企业创新的社会责任感和对可持续发展目标的积极响应。

b. 产业带动与示范作用。中圣集团的创新形成了一个新的产业，带动了相关领域的发展，为其他企业提供了创新的思路和借鉴，具有一定的产业示范作用，促进了整个行业的技术进步和可持续发展。

综上，中圣集团的创新实践为其他企业提供了经验借鉴。企业应注重市场洞察力，以客户需求为导向，加强技术创新与产品优化，营造良好的创新氛围，同时积极履行社会责任，实现经济与社会效益的统一。

# 第十六章　组织创新

## 16.1　考研真题与典型题

### 一、单项选择题

1. “通过加强和支持手段，使得变革与创新活动锁定成为组织的新范式和新规范”是指理性组织变革的三个阶段模式中的(　　)。[湖南师大 2021 年研]

A. 解冻　　B. 转变　　C. 冻结　　D. 凝结

2. 中国电子商务时代到来时，某电商公司与时俱进提出云商模式，从传统家电渠道商销售模式，根本转向了线上线下虚实结合的 O2O 模式，这种变革的路径属于(　　)。[2024 年河南省专升本真题]

A. 演化　　B. 适应　　C. 改造　　D. 革命

3. 组织变革中的哪一条路径，它分阶段缓慢进行，往往不会造成根本性的变革？(　　)[2023 年河南省专升本真题]

A. 演化　　B. 适应　　C. 改造　　D. 革命

4. 为使组织获取持久的动力，按照创新人才配置需要招募有权力倾向、有个人计划、敢作敢为的领导者。按照创新人才特质招募的管理者属于哪一种？(　　)[2024 年河南省专升本真题]

A. 个人成就者　　B. 超级营销者　　C. 真正管理者　　D. 思想创造专家

5. 关于组织学习，叙述正确的是(　　)。[2023 年河南省专升本真题]

A. 再学习是寻求问题的“症状解”

B. 再学习是质疑学习的整个过程，又称“学习如何学习”

C. 双循环学习是对单循环学习经验的转化和再应用，又称为组织的能力

D. 单循环学习是检视组织规范，目标及可能存在的错误假设，并予以矫正

6. 马奇和奥尔森提出的学习中断的四种类型中，组织成员不能说服他人改变组织的行为规范，导致失去了组织学习的信念，属于哪一种学习中断？(　　)[2024 年河南省专升本真题]

A. 迷信学习　　B. 听众学习

C. 行为受限学习　　D. 模棱两可学习

### 二、多项选择题

1. 后工业社会的基本特征有(　　)。[2022 年黑龙江省专升本真题]

A. 权力派生于资本的供应　　B. 权力派生于知识的供应

C. 利益归属于劳动者　　D. 利益由知识的拥有者所控制

E. 权力共使，利益分享，风险同担

2. 作为工业企业的主要组织形式，层级结构曾表现出的主要特征有（　　）。

A. 直线指挥，分层授权　　B. 分工细致，权责明确

C. 层级分明，结构统一　　D. 标准统一，关系正式

## 三、填空题

1. 有效的组织变革需要经历解冻、______、再冻结三个有机联系的过程。[2019年河南省专升本真题]

2. 在知识社会，企业内部的权力关系正朝向知识拥有者的方向变化，企业的制度结构正从______转向“知识的逻辑”。[2023年黑龙江省专升本真题]

3. 知识创新创造过程可以分成社会化、______、组合化和内在化四种模式。[2024年河南省专升本真题]

4. 组织中存在四类创新者：个人成就者、______、真正管理者、______。

5. ______是指不以营利为目标，热衷于创意、设计、制造活动，努力把各种创意转变为现实的个人或群体。

## 四、判断题（正确的打“√”，错误的打“×”）

1. 人的因素是组织变革与创新抵触力中最活跃的因素。（　　）[2021年河南省专升本真题]

2. 成功的创新要经历“寻找机会、提出构思、迅速行动、坚持不懈”几个阶段。（　　）[2012年河南省专升本真题]

3. 知识经济下的企业文化强调主导价值观与行为准则，但是不允许异质价值观和行为准则的存在。（　　）

4. 网络化层级组织是一元性与多元性的统一。（　　）

## 五、概念题

组织学习[中南财大2024年研]

## 六、简答题

1. 简述组织变革的模式和路径。[沈工大2022年研]

相关试题：勒温最早提出了理性组织变革的三个阶段模式，简述三个阶段的内容。[2022年河南省专升本真题]

2. 结合新经济常态背景，论述如何进行组织变革。[2020年河南省专升本真题]

## 七、论述题

1. 论述组织知识创新过程的五个阶段。[湖南师大2022年研]

2. 坚定文化自信是实现中华民族伟大复兴的重要内容，文化自信是在继承基础上的与时俱进，需要结合时代的发展进行创新。试述工业社会中企业文化的特征，以及后工业化时代企业文化的创新。[2023年河南省专升本真题]

相关试题：在知识条件下的企业文化创新。[2019年河南省专升本真题]

## 八、案例分析题

建峰集团成立于1985年，是主营业务为水泥、门窗和玻璃制造的大型工业集团。随着

近年来房地产、基建行业的快速发展，集团实力也迅速增长，已成为华中地区知名建材企业，集团各项业务的销售额和利润都在当地名列前茅，并成功上市。在快速发展过程中，集团的规模迅速壮大，员工数也大幅度地增长，由原来创业初期的200余人发展到现在的近6000人。随着实力的增强，集团也面临着“成长的烦恼”：管理层级过多。比如水泥分公司的管理层级为7级，再加上集团总部的4级管理，集团的总体管理层级数目惊人，这使得集团信息传送速度变慢，而且管理的成本过高。新上任的集团总经理洞悉了这一情况，准备着手进行集团结构扁平化改革。[2018年河南省专升本真题]

**请分析：**

**1. 结合案例说明高耸式和扁平式组织结构的优缺点。**

**2. 你认为建峰集团组织结构变革中会遇到哪些阻力？如何消除这些阻力？**

## 16.2　考研真题与典型题详解

### 一、单项选择题

1. C　**【解析】**勒温的理性组织变革模式包括三个阶段：①解冻，宣传变革与创新的必要性；②转变，实施变革与创新；③冻结，锁定变革与创新并制度化。

2. D　**【解析】**组织变革的四条基本路径为：演化、适应、改造和革命。其中，革命是指在外部环境突变时，组织进行的革命性变革。本题中，该电商公司的销售模式发生了根本性改变，符合变革的革命路径。

3. B　**【解析】**在组织变革的基本路径中，适应是一种非典型的被动变革，常是在现有理念下的不断调整，不会造成根本性的转型革命。

4. C　**【解析】**组织中的四类创新者为：①个人成就者，即那些视野开阔、胆大、敢于冒险尝试的人；②超级营销者，指善于交际的社会活动家；③真正管理者，即有权力倾向、有计划、敢为的领导者；④思想创造专家或技术发明家等，专注于创意和技术革新。

5. B　**【解析】**A项，再学习寻找问题的“根本解”，单循环、双循环学习寻求问题的“症状解”。C项，再学习是单循环、双循环两种学习经验的转化与再应用，借此内化为组织的能力。D项所述为双循环学习。

6. C　**【解析】**马奇和奥尔森提出的学习中断的四种类型有：①行为受限学习。组织成员无法说服他人改变行为规范，导致失去学习信念，出现个人信仰与个人行为之间的关系中断。②听众学习。组织成员未能从学习过程中获得足够激励，导致行为游离组织之外，出现个体行为与组织行为之间的关系中断。③迷信学习。组织成员不能正确理解组织行为与环境之间的作用结果，得出错误结论，导致对环境反应的学习中断。④模棱两可学习。当环境变化不明确时，组织成员无法建立个体信念，导致学习过程未能完成。

### 二、多项选择题

1. BD　**【解析】**后工业社会的基本特征有：①权力派生于知识的供应，即知识成为最重要的资源；②利益由知识拥有者控制，即经营成果的分配越来越多地由掌握知识的人决定。AC 两项为工业社会的特点；E 项，虽然这种理念在某些后工业社会的组织和社区中存在，但它并不是后工业社会的基本特征。

2. ABD 【解析】层级结构，是按照分层授权的原则来设计组织中的职务、机构以及结构，以此为框架来整合组织中的各项活动特别是组织中的管理活动。其主要特征有：①直线指挥，分层授权；②分工细致，权责明确；③标准统一，关系正式。

## 三、填空题

1. 转变
2. 资本的逻辑
3. 外在化
4. 超级营销者；思想创造专家
5. 创客

## 四、判断题(正确的打"√"，错误的打"×")

1. √ 2. √ 3. × 4. √

3. 知识经济下企业文化将在强调主导价值观与行为准则的同时，允许异质价值观和行为准则的存在。

## 五、概念题

**组织学习**[中南财大 2024 年研]

**答**：组织学习是指"组织成员发现并纠正组织应用理论中的错误，并将探索结果深深印入个人意象和组织的共享图式中"。组织学习是组织通过获取、分享和应用知识，以提高绩效和适应能力的过程。它涉及个人、团队和整个组织层面的学习，强调系统性、持续性和集体性。组织学习是因外部环境改变引发组织内部决策规则发生变化，进而凭借各类决策规则提升其对不同环境的适应性。它是组织成员共同构建知识的过程，也是一种实践活动，不仅涉及理论思考，更注重形成实际行动。组织学习有助于提升竞争力、适应变化、促进创新和提高整体绩效。

## 六、简答题

**1. 简述组织变革的模式和路径。**[沈工大 2022 年研]

**相关试题：勒温最早提出了理性组织变革的三个阶段模式，简述三个阶段的内容。**[2022 年河南省专升本真题]

**答**：(1)理性组织变革的模式：

勒温最早提出了理性组织变革模式，包括三个阶段：

①解冻。在该阶段，组织侧重于变革必要性的宣传，让组织成员认识到组织变革的重要性和必要性，从而接受变革与创新的挑战。这一阶段的核心问题是削弱变革阻力，使组织变革获得合法性。这可通过教育、沟通、物质支持和政治手段来实现。

②转变。指实施变革与创新的过程。其环节包括寻找机会、提出构想、迅速行动和坚

持不懈。其目标是使组织成员认同变革的价值观、态度和行为，并将其内在化。

③冻结。在该阶段，组织通过加强和支持手段，使变革与创新活动锁定为组织的新范式和新规范。该阶段，组织变革的主要工作是对已有的变革成果进行科学化评估，并逐渐稳定创新成果，将变革制度化。

(2)组织变革的四条路径：

组织变革可以从结果强度、过程方式两个维度来衡量：按结果强度，可分为转型和调整；按过程方式，可分为渐进式和突变式。由此，组织变革可分为四条基本路径：

①演化，指通过不同的变革阶段和相互联系的变革行动逐步进行的一种转型式变革，即通过逐步、连续的变革阶段实现根本性转型。演化是管理者根据未来预测，有计划地主动转型的过程。其适用于需要长期、系统性变革的情况。

②适应，指企业基于现有理念分阶段缓慢进行的一种非典型变革。一般来说，组织是被动适应的，通常不会造成根本性的转型。适应适用于在现有理念下进行业务调整的情况。

③改造，指显著且快速地调整组织运作方式，如采用变革计划、调整组织惯例等。改造适用于需要迅速改变现状的情况，常涉及多个变革计划，如大规模经营转向。

④革命，指短时间内在多个领域同时进行的革命性变革。其与环境的突然变化有关，需要快速和根本性的变化。革命适用于面对急剧变化的外部环境时，需要进行全面变革的情况。

这些模式和路径为组织提供了不同的变革策略，管理者可以根据组织的具体情况选择合适的变革方式。

**2. 结合新经济常态背景，论述如何进行组织变革。**[2020年河南省专升本真题]

**答：**组织变革是指组织根据内外环境的变化，及时对组织中的要素进行结构性变革，以适应未来组织发展的要求。组织创新首先要识别变革障碍，明确变革路径，并获得变革合法性。结合新经济常态背景，进行组织变革如下：

(1)明确勒温的理性组织变革三阶段模式，即激发人们变革通常要经过三个阶段：①解冻阶段，是变革前的心理准备阶段，主要包括如何削减变革阻力、如何获取组织变革的合法性。②转变阶段，是变革过程中的行为转换阶段，其核心工作为：a. 如何设计组织变革的干预措施；b. 领导和管理组织变革，完成过渡状态的转型。③再冻结阶段，是变革后的行为强化阶段，即评估变革的成果，将变革制度化。

(2)了解组织变革的四条基本路径。四条基本路径为：①演化，指一种转型式变革，它是通过不同的变革阶段和相互联系的变革行动逐步进行的，其中每一次变革都建立在上一次变革的基础上。②适应，指一种非典型变革。它分阶段缓慢进行，往往不会造成根本性的转型革命。③改造，即调整组织运作方式，比适应更加显著和快速。④革命，指短时间内在多个领域同时进行的革命性变革。

(3)明确组织变革的障碍。对组织变革产生阻碍的因素有：①认知与心理因素，包括缺乏了解、评价差异和认知惰性。②资源路径依赖因素，包括核心能力刚性、企业家行为选择的路径依赖性和企业文化的组织记忆特征。③社会与政治影响因素，包括个人利益、道德困境和团队心理压力。

(4)组织变革过程管理。当组织变革受到障碍和阻力时，可以通过以下方法解决：

①激发组织变革的意愿：a. 感受变革的需求。组织管理者要促使组织成员对现状进行否定，认知到现状与未来状态之间的巨大差距，感受到组织变革的需求，为组织变革做好思想准备。b. 消除组织变革障碍。通过沟通、教育、鼓励参与等方式消除组织成员对组织变革的担忧，产生正面的可置信预期。

②创造组织共同愿景与意义给赋：a. 组织愿景为组织成员提供发展目标，为组织变革提供价值导向，同时也会增强各级成员对组织变革的承诺。b. 创造共同愿景的过程，是对核心价值观念进行测试的过程，是对组织和岗位工作意义的构建和给赋过程。

③获取持久变革的动力：a. 创新活动的人才配置。组织需要根据组织目标和愿景引进和开发适合的创新人才、创造人才，并对组织内的创新人才进行职能管理，如招聘、培训、绩效、薪酬、职业生涯等管理内容。b. 创新人才的特质和角色。c. 创客时代的动力。创客是指出于兴趣与爱好、不以营利为目的、热衷创造等活动并努力把各种创意转变为现实的个人或群体。创客时代的到来也给组织创新提供了动力。

## 七、论述题

**1. 论述组织知识创新过程的五个阶段。**［湖南师大2022年研］

**答：**组织知识创新是一个螺旋式上升的过程，从个人层面开始，通过不断扩大的互动超越小组、部门乃至组织的界限。这个过程不仅涉及成员之间的互动，还涉及成员与环境之间的互动。知识创造是在隐性知识与显性知识、个体知识与集体知识之间的交互作用中进行的。知识创新过程的五个阶段具体如下：

(1)共享隐性知识阶段。组织知识创新始于分享隐性知识。个人所掌握的丰富但未被利用的知识在组织中放大，通过社会化过程实现共享。由于隐性知识难以交流和传递，不同背景、观点和动机的人需要通过共享情感和心智模式来建立信任，从而共同创造知识。

(2)创造新概念阶段。在这一阶段，将共享的隐性知识转化为显性知识。通过对话和合作，将共享的知识和共同的心智模式用文字表述出来，形成新的概念。这一过程中，组织成员需要彻底思考现有的假设，并引入多样性以获得不同的视角和观点。例如，本田公司通过“汽车进化论”“人性最大化”“机器最小化”等概念来激发创造性思维方式。

(3)证明概念阶段。在这一阶段，主要是检验新概念的价值和可行性。新的概念需要接受严格的检验，以确定其是否值得付诸实践。检验的标准包括成本、边际利润及产品对企业成长的重要性。此外，还需要判断创造的最佳时机，并通过明确的方式来检验组织意愿是否完整。

(4)构建原型阶段。在这一阶段，将验证过的概念转化为实际成果。新的概念进一步转化为具体的产品、价值观、管理系统或组织结构。这个过程较为复杂，需要不同部门之间的动态合作。组织内部的多样性和冗余信息有助于这一阶段的成功实现。

(5)知识层次交叉阶段。这一阶段是将新的知识在组织内外扩散。新的知识不仅在部门内部扩散，还要在部门之间以及外部利益相关者(如客户、供应商、分销商)之间传播。创新公司处于一个开放的体系中，而不是封闭系统内，这有助于知识的广泛传播和应用。

通过这五个阶段，组织能有效地进行知识创新，推动持续发展和竞争优势。

**2. 坚定文化自信是实现中华民族伟大复兴的重要内容，文化自信是在继承基础上的与时俱进，需要结合时代的发展进行创新。试述工业社会中企业文化的特征，以及后工业化时代企业文化的创新。**[2023 年河南省专升本真题]

**相关试题：在知识条件下的企业文化创新。**[2019 年河南省专升本真题]

**答：**(1)工业社会中企业文化的特征：

①企业文化是企业经营的副产品。成功的企业文化是通过几代经营者在实践中形成的，通过领导风格和行为方式潜移默化地影响员工，形成广泛认同的价值观和行为准则。

②企业文化反映企业组织的记忆。企业文化反映了企业在历史上的成功行为方式和价值观念，用这些经验来指导员工的行为。

③企业文化作为辅助手段。在工业社会中，企业主要通过制度结构和奖惩机制来规范员工行为；而企业文化则在制度无法触及的地方发挥作用，作为补充手段。

④企业文化是一元的。具有不同价值观的员工难以融入企业文化。企业文化排斥异种价值观和行为准则，与层级组织的等级指挥、标准作业和规则一致的特点相呼应。

(2)后工业化时代的企业文化创新：

①企业文化成为主要管理手段。在网络化的层级结构中，企业文化通过价值观和行为准则影响各工作单元的行为方向、内容和方式，成为企业一体化的重要黏合剂。

②企业文化是自觉创造的结果。管理者通过制定政策和沟通渠道，倡导和宣传适合企业特点的文化，促进这种文化被各工作单元迅速接受。

③企业文化是学习型的。在知识经济条件下，企业需要不断创新行为准则和方式。企业文化必须是学习型的，而不是仅仅依赖过去的记忆和惯例。

④企业文化允许多元性。学习型企业文化允许异质价值观和行为准则的存在，以促进创新。没有对异质价值观的容忍，就不可能有企业文化的创新。

## 八、案例分析题

**请分析：**[2018 年河南省专升本真题]

**1. 结合案例说明高耸式和扁平式组织结构的优缺点。**

**答：**(1)高耸式组织结构的优点：

①管理层级较多，管理幅度较小，每一管理层级上的主管都能对下属进行及时的指导和控制。

②层级之间关系比较紧密，这有利于工作任务的衔接，同时为下属提供更多的提升机会。

(2)高耸式组织结构的缺点：

①过多的管理层级往往会影响信息传递速度，信息失真度可能会较大。

②增加高层主管和基层之间沟通和协调的成本，增加管理工作的复杂性。

(3)扁平式组织结构的优点：

①由于管理的层级比较少，信息的沟通和传递速度比较快，信息失真度较低。

②上级对下属的控制不会太呆板，有利于发挥下属的积极性和创造性。

(4)扁平式组织结构的缺点：

①过大的管理幅度会增加主管对下属的监督和协调的难度。

②下属缺少了更多的提升机会。

随着生产力和技术的发展，当代管理组织结构变革的一大趋势是组织结构扁平化。本案中，建峰集团也意识到了这一问题，准备对公司进行扁平化改革。

**2．你认为建峰集团组织结构变革中会遇到哪些阻力？如何消除这些阻力？**

**答：**组织变革是指组织根据内外环境的变化，及时明确组织活动的内容或重点，并据此对组织中的岗位、机构以及结构进行调整，以适应组织发展的要求。

(1)建峰集团组织结构变革中可能会遇到以下阻力：

①个人阻力。包括利益上的影响和心理上的影响。变革从结果上看可能会威胁到某些人的利益，如机构的撤并、管理层级的扁平化等都会给组织成员造成压力和紧张感。对未来不确定性的担忧、对失败风险的惧怕等担忧，都可能造成人们心理上的倾斜，进而产生心理上的变革阻力。

②团体阻力。包括组织结构变动的影响和人际关系调整的影响。组织结构变革可能会触及某些团体的利益和权力。如果变革与这些团体的目标不一致，团体就会采取抵制和不合作的态度，以维持原状。同时，组织变革意味着组织固有关系结构的改变。在这种新的关系结构未确立之前，组织成员之间很难磨合一致，这导致员工对组织的变革产生抵触情绪。

(2)建峰集团可以通过以下途径来消除阻力：

①客观分析变革的推力和阻力的强弱。采取有效措施，增强支持因素，削弱反对因素，进而推动变革的深入进行。

②创新组织文化。只有创新组织文化并渗透到每个成员的行为中，才能使露出水面的改革行为变得更为坚定，也才能使变革具有稳固的发展基础。

③创新策略方法和手段。变革者必须采用比较周密可行的变革方案，从小范围开始逐渐延伸扩大。特别是要注意调动管理层变革的积极性，力争使变革的目标与团体的目标相一致，提高员工参与度。

总之，变革成功的关键在于尽可能消除阻碍变革的各种因素，缩小反对变革的力量，使变革的阻力尽可能降低，必要时还应该运用行政力量保证组织变革的顺利进行。

# 结语：互联网时代的管理展望

## 考研真题与典型题

### 一、判断题（正确的打“√”，错误的打“×”）

1. 在互联网发展过程中，原来以 PC 为基础的互联网正在逐渐进入以智能终端为基础的 App 互联网时代。（　　）［天津商大 2021 年研］

2. 信息流通的快速特征提高了进入新行业的技术壁垒。（　　）

3. 通用电气的 CEO 韦尔奇将组织边界分为整体边界、地理边界、水平边界和垂直边界。（　　）

### 二、概念题

互联网 +［沈工大 2020 年研］

### 三、论述题

1. 论“互联网 +”对企业管理的影响。［湖南师大 2020 年研］

2. 结合实践，阐述互联网的发展与应用对企业经营可能带来哪些影响、可能引发哪些管理变革。［沈工大 2023 年研］

相关试题：

（1）互联网的广泛应用可能会引发哪些管理变革？［中南财大 2024 年研］

（2）互联网广泛应用可能引发哪些管理革命？［湖南师大 2021 年研］

（3）互联网的广泛应用对管理革命的影响。［山东财大 2021 年研］

## 考研真题与典型题详解

### 一、判断题（正确的打“√”，错误的打“×”）

1. √　2. ×　3. ×

2. 信息流通的快速特征降低了进入新行业的技术壁垒。

3. 杰克 · 韦尔奇将组织边界分为外部边界、地理边界、水平边界和垂直边界。

### 二、概念题

**互联网 +**［沈工大 2020 年研］

**答**：“互联网 +”是指利用互联网平台和技术，与传统产业进行深度融合，创造新的发展生态。其核心在于通过互联网技术的应用来推动传统行业的转型升级，提高效率、创新服务模式和增强用户体验，从而实现经济社会的创新发展。简而言之，“互联网 +”就是互联网与各行各业相结合，以促进产业升级和社会进步为目标的一种新型发展模式。其要点包括：①利用互联网技术改造传统产业；②促进跨界融合，激发创新活力；③提升经济运行效率和服务质量；④推动形成开放共享的经济发展新格局。

## 三、论述题

**1．论“互联网+”对企业管理的影响。**［湖南师大2020年研］

**答：**“互联网+”是指将互联网技术与传统行业深度融合，通过互联网的创新成果推动经济社会各领域的创新发展。这一概念对企业管理产生了深远影响，具体表现在以下方面：

（1）组织结构与管理模式的变化：

①扁平化管理。互联网技术使得信息传递更加迅速和透明，减少了管理层级，促进了组织结构的扁平化。这种变化提高了决策效率和响应速度。

②虚拟团队与远程协作。云计算、协同工具和视频会议系统使得远程工作和跨地域协作变得更加便捷。企业可以组建虚拟团队，吸引全球范围内的优秀人才。

③灵活的工作方式。弹性工作制和移动办公成为可能，员工可以在任何时间、任何地点进行工作，提高了工作效率和员工满意度。

（2）市场营销与客户服务：

①数字化营销。企业可以通过社交媒体、电子邮件营销、内容营销等多种渠道进行精准营销，提高品牌知名度和客户参与度。

②个性化服务。大数据和人工智能技术帮助企业收集和分析用户数据，提供更加个性化的服务和产品，提升客户体验。

③即时反馈。在线客服系统和社交媒体平台使得企业能实时接收客户反馈，及时解决问题，提高客户满意度。

（3）供应链管理：

①透明度提升。物联网和区块链技术可以提高供应链的透明度，实现从原材料采购到产品交付的全程跟踪，减少欺诈和假冒伪劣产品。

②成本优化。通过数据分析和预测，企业可以优化库存管理，减少浪费，降低成本。

③全球化采购。互联网使得企业可以更容易地在全球范围内寻找和选择供应商，降低成本并提高质量。

（4）人力资源管理：

①招聘与培训。互联网平台为企业提供了更广泛的招聘渠道，如LinkedIn、智联招聘等，有助于找到合适的人才。在线学习平台和虚拟现实技术使员工培训更加灵活和高效。

②绩效管理。数字化工具可帮助企业更好地进行绩效管理和评估，提高员工的工作积极性和效率。

③多元化管理。远程工作和全球化团队增加了员工背景的多样性，企业需要制定包容性的管理政策，促进团队协作。

（5）数据驱动的决策：

①大数据分析。互联网时代的数据爆炸为企业提供了丰富的信息资源。通过大数据分析，企业可以更好地了解市场需求、优化运营和制定战略决策。

②人工智能辅助决策。人工智能技术可以帮助企业处理海量数据，并提供预测和建议。例如，AI 算法可以用于预测市场趋势、优化资源配置和提升客户体验。

(6)创新与研发：

①快速迭代。互联网技术使得产品开发周期大大缩短，企业可以通过敏捷开发方法快速推出新产品并根据市场反馈进行迭代。

②开放式创新。企业可以利用互联网平台与外部创新资源合作，如众包、开源社区等，加速技术创新。

③知识产权保护。在开放式创新的过程中，企业需注意保护自己的知识产权，防止核心技术被竞争对手窃取。

(7)风险管理与合规：

①信息安全。随着企业数字化程度的提高，信息安全变得尤为重要。企业需要加强网络安全措施，保护敏感数据免受攻击。

②合规管理。互联网时代的法律法规不断更新，企业需要确保其业务活动符合相关法规要求，避免法律风险。

总之，“互联网 +”对企业管理的影响是全方位的，从组织结构、市场营销、供应链管理到人力资源管理和决策支持，都带来了新的机遇和挑战。企业需要积极拥抱这些变化，通过不断创新和优化管理方式，抓住机遇，应对挑战，从而在竞争中立于不败之地。

**2. 结合实践，阐述互联网的发展与应用对企业经营可能带来哪些影响、可能引发哪些管理变革。**[沈工大 2023 年研]

**相关试题：**

**(1)互联网的广泛应用可能会引发哪些管理变革？**[中南财大 2024 年研]

**(2)互联网广泛应用可能引发哪些管理革命？**[湖南师大 2021 年研]

**(3)互联网的广泛应用对管理革命的影响。**[山东财大 2021 年研]

**答：**互联网的广泛应用给企业经营带来了深远的影响，并引发了多方面的管理变革。具体如下：

(1)企业组织形式的适应性变革：

互联网时代下，企业的组织形式逐渐从“法理型设计”转变为无边界组织、无组织。韦尔奇首先提出了无边界组织的概念，将组织边界分为：

①外部边界。在传统经济中，企业的规模由边际收益等于边际成本时确定。然而，在信息经济和知识经济的推动下，生产活动的边际收益增加而边际成本递减，这使得企业可更加灵活地扩展其规模，进入无边界企业时代。例如，通过外包和合作，企业可将非核心业务交给外部合作伙伴，从而专注于核心竞争力。

②地理边界。互联网打破了地域限制，企业可以通过虚拟平台进行全球运营。消费者可以利用互联网技术办理各种业务，不再受地理位置的限制。这种变化削弱了本地企业的地域优势，但同时也为企业提供了更广阔的市场机会。

③水平边界。随着信息的高速制造和传播，企业内部的信息量大幅增加，同时外部环境的不确定性也增加了。为了应对这种情况，许多企业开始淡化部门之间的职责边界，强调跨部门、跨领域的沟通与协作。例如，项目管理中的敏捷开发方法就是一种典型的跨部

门协作模式。

④垂直边界。扁平化的管理结构逐渐取代了传统的层级结构。这种变化减少了管理层级，精简了管理人员，降低了管理费用，促进了上下级关系的紧密化。扁平化结构加快了信息的纵向流动，提高了决策效率。例如，谷歌等科技公司采用扁平化的管理模式，鼓励员工直接与高层管理者交流。

(2)员工管理方式的适应性变革：

①员工技能综合化。在互联网时代，企业的工作内容从单一机械动作向综合性工作转变，更加依赖员工的综合能力。例如，软件工程师不仅需要掌握编程技能，还需要具备项目管理和团队协作的能力。企业通过培训和职业发展计划来提升员工的综合技能。

②员工自主行动空间扩大。互联网的发展加速了信息的制造和传播，员工的被动反应式工作已不再符合市场变化需求。因此，企业越来越重视员工的自主意识和主观能动性。例如，许多企业采用OKR(目标与关键结果)管理体系，鼓励员工设定并追求自己的目标，提高工作效率和创新力。

(3)管理者决策方式的适应性变革：

随着信息的爆炸式增长，管理者很难在海量信息中做出完全理性的分析。在这种情况下，直觉在管理决策中的作用愈发重要。管理者需要将理性分析与直觉结合起来，做出快速而准确的决策。例如，亚马逊的创始人杰夫·贝索斯就经常依靠直觉进行战略决策，同时辅以数据分析支持。

**【拓展】实践案例：**

案例一：阿里巴巴

①无边界组织：阿里巴巴构建了一个庞大的生态系统，涵盖了电子商务、金融科技、云计算等多个领域。通过与众多合作伙伴的合作，阿里巴巴实现了业务的全球化扩展。

②员工管理：阿里巴巴倡导“让天下没有难做的生意”的使命，注重员工的综合能力和自主意识。公司通过内部培训和激励机制，培养了一大批具有高度自主性和创新能力的员工。

③决策方式：阿里巴巴的管理层在决策过程中，既重视数据驱动的理性分析，也注重领导者的直觉判断。例如，在推出新的业务线时，公司会进行详细的市场调研和数据分析，同时也会考虑领导层的经验和直觉。

案例二：特斯拉

①无边界组织：特斯拉通过建立全球供应链和生产网络，实现了汽车生产的全球化。公司的垂直整合策略使其能够更好地控制生产过程，提高效率。

②员工管理：特斯拉强调员工的多技能和跨部门协作。例如，工程师不仅参与产品设计，还参与到生产和测试环节，确保产品质量。

③决策方式：特斯拉的CEO埃隆·马斯克在决策过程中，经常依靠直觉和大胆的设想。例如，他在决定推出Model S时，就是基于对电动汽车市场的直觉判断，而不是仅仅依赖于现有的市场数据。

通过上述分析和实践案例，可以看出互联网的发展与应用对企业经营产生了深刻的影响，并推动了一系列管理变革。企业需要不断适应这些变化，以保持竞争力和持续发展。